CURRÍCULO, PODER E LUTAS EDUCACIONAIS

AUTORES

Michael W. Apple (org.). Professor John Bascom na Universidade de Wisconsin-Madison. Entre seus livros estão *Educação e poder* e *Ideologia e currículo*, publicados pela Artmed.

Kristen L. Buras (org.). Doutoranda e Wisconsin-Spencer Fellow na Universidade de Wisconsin-Madison.

Dolores Delgado Bernal. Professora na Universidade de Utah, no Departamento de Educação, Cultura e Sociedade e no Programa de Estudos Étnicos.

Glenabah Martinez (Taos/Diné). Professora no Departamento de Línguas, Alfabetização e Estudos Socioculturais na Universidade do Novo México, em Albuquerque, Novo México.

Jyh-Jia Chen. Professora no Instituto de Educação da Chiao Tung University, Hsinchu, Taiwan.

Kevin K. Kumashiro. Diretor do Centro de Educação Anti-Opressiva, em Washington, D.C., Estados Unidos.

Luís Armando Gandin. Professor na Universidade Federal do Rio Grande do Sul, Porto Alegre, Brasil.

Paulino Motter. Formação em estudos críticos sobre políticas públicas. Ministério da Educação em Brasília, Brasil.

Stanley Aronowitz. Professor no Centro de Pós-Graduação da City University of New York.

Thomas C. Pedroni. Professor na Oakland University, Rochester, Michigan.

A648c   Apple, Michael W.
          Currículo, poder e lutas : com a palavra, os subalternos / Michael W. Apple, Kristen L. Buras ; tradução Ronaldo Cataldo Costa. – Porto Alegre : Artmed, 2008.
          296 p. ; 23 cm.

          ISBN 978-85-363-1054-1

          1. Sociologia Educacional. I. Buras, Kristen L. II. Título

          CDU 37.015.4

Catalogação na publicação: Juliana Lagôas Coelho – CRB 10/1798

CURRÍCULO, PODER E LUTAS EDUCACIONAIS
com a palavra, os subalternos

**MICHAEL W. APPLE
KRISTEN L. BURAS**
e colaboradores

Tradução:
Ronaldo Cataldo Costa

Consultoria, supervisão e revisão técnica desta edição:
Luís Armando Gandin
Graduado em Ciências Sociais. Mestre em Sociologia pela UFRGS.
Doutor, Ph.D., em Educação pela University of Wisconsin-Madison

2008

Obra originalmente publicada sob o título
The subaltern speak: curriculum, power, and educational struggles, 1st Edition.
ISBN 0-415-95082-1
© 2006 by Taylor & Francis Group, LLC.
All rights reserved authorized translation from English language edition published by Routledge part of Taylor & Francis Group LLC.

Capa: Ângela Fayet Programação Visual

Preparação do original: Jô Santucci

Leitura final: Márcia da Silveira Santos

Supervisão editorial: Mônica Ballejo Canto

Projeto gráfico
Editoração eletrônica

artmed®
EDITOGRÁFICA

Reservados todos os direitos de publicação, em língua portuguesa, à
ARTMED® EDITORA S.A.
Av. Jerônimo de Ornelas, 670 - Santana
90040-340 Porto Alegre RS
Fone (51) 3027-7000 Fax (51) 3027-7070

É proibida a duplicação ou reprodução deste volume, no todo ou em parte, sob quaisquer formas ou por quaisquer meios (eletrônico, mecânico, gravação, fotocópia, distribuição na Web e outros), sem permissão expressa da Editora.

SÃO PAULO
Av. Angélica, 1091 - Higienópolis
01227-100 São Paulo SP
Fone (11) 3665-1100 Fax (11) 3667-1333

SAC 0800 703-3444

IMPRESSO NO BRASIL
PRINTED IN BRAZIL
Impresso sob demanda na Meta Brasil a pedido de Grupo A Educação.

SUMÁRIO

Introdução 9
KRISTEN L. BURAS e MICHAEL W. APPLE

PARTE I
OS SUBALTERNOS FALAM: NA VOZ DE QUEM?

1 **A trajetória do movimento *Core Knowledge*:**
Aulas de história segundo as visões de cima para baixo e de baixo para cima 49
KRISTEN L. BURAS

2 **"Somos os novos oprimidos":**
Gênero, cultura e o trabalho da escolarização em casa 83
MICHAEL W. APPLE

3 **Podem os subalternos agir?**
O envolvimento afro-americano em planos de vale-educação (vouchers) 101
THOMAS C. PEDRONI

PARTE II
OS SUBALTERNOS FALAM: CONTEXTOS AMERICANOS

4 **"Em minhas aulas de história, eles sempre distorcem as coisas da maneira oposta":**
A oposição da juventude indígena à dominação cultural em uma escola urbana 125
GLENABAH MARTINEZ

5 Repensando o ativismo popular:
A resistência das mulheres chicanas nas paralisações estudantis de 1968 em Los Angeles 145
DOLORES DELGADO BERNAL

6 Detração, medo e assimilação:
Raça, sexualidade e reforma educacional após o 11 de setembro 167
KEVIN K. KUMASHIRO

7 Subalternos no paraíso:
A produção do conhecimento na academia corporativa 181
STANLEY ARONOWITZ

PARTE III
OS SUBALTERNOS FALAM: CONTEXTOS INTERNACIONAIS

8 Lutando por reconhecimento:
O Estado, os movimentos de oposição e as mudanças curriculares 201
JYH-JIA CHEN

9 Criando alternativas reais às políticas neoliberais em educação
O projeto da Escola Cidadã 221
LUÍS ARMANDO GANDIN

10 Uma contribuição para um multiculturalismo cosmopolita subalterno 245
KRISTEN L. BURAS e PAULINO MOTTER

11 Respondendo ao conhecimento oficial 273
MICHAEL W. APPLE e KRISTEN L. BURAS

Índice 287

AGRADECIMENTOS

Michael agradece ao Seminário das Sextas-Feiras (Friday Seminar), da University of Wisconsin-Madison, por ajudar a manter viva e vibrante a insistência em relacionar análises e ações críticas em educação. Agradece também a Rima D. Apple, por seus minuciosos comentários sobre diversas questões abordadas no livro.

Kristen agradece especialmente a Michael Apple, Keffrelyn Brown, Mary Ann Doyle, Carl Grant, Diana Hess, Gloria Ladson-Billings, Paulino Motter, Bekisizwe Ndimande, Thomas Pedroni, Júlio Diniz Pereira, Bill Reese, Simone Schweber e aos membros do Seminário das Sextas-Feiras – do passado e do presente. Ela agradece também a seu marido, Joe Aguilar, que certamente merece um Ph.D. honorífico, por conta das tantas horas que passou discutindo questões educacionais. Para seus pais, Christine e Michael Buras, uma simples palavra de agradecimento nunca poderia transmitir sua dívida para com eles por seu apoio. Finalmente, Kristen gostaria de expressar sua gratidão a Minnie e Joe Aguilar.

Também é essencial dedicar uma palavra a Catherine Bernard, da Routledge, e sua assistente, Brook Cosby, pelo apoio e comprometimento. Também somos gratos a Eva Lewarne.

INTRODUÇÃO

KRISTEN L. BURAS E MICHAEL W. APPLE

TEM MAIS VALOR O CONHECIMENTO DE QUEM?

Sagoyewatha era líder do povo sêneca, um grande orador e uma figura fundamental nas Seis Nações dos Iroquois. Seu nome significa "aquele que os mantêm alertas". Sagoyewatha é conhecido por um discurso que fez em 1805 em resposta a Cram, um missionário da Sociedade Missionária de Boston. Cram buscava converter os indígenas e falou aos sênecas (Velie, 1991, p. 136):

> Eu desejava muito ver vocês e saber sobre suas condições e seu bem-estar ... Como vocês lembram [a Sociedade Missionária de Boston], já enviou missionários para instruí-los sobre religião e trabalho, para seu bem ... Irmãos, não vim aqui tomar suas terras ou seu dinheiro, mas para iluminar suas mentes.

Falando em defesa da terra e da espiritualidade dos nativos, Sagoyewatha respondeu, em parte (p. 137-138):

> Irmão, nosso espaço já foi grande, e o seu, pequeno. Hoje vocês se tornaram um grande povo, e nós quase não temos lugar para estender nossos cobertores. Vocês já tomaram nossa terra, mas não estão satisfeitos; querem forçar sua religião sobre nós.

Em outra ocasião, ele questionou as práticas religiosas e educacionais dos missionários cristãos, os quais consideravam a cultura sêneca atrasada, afirmando (p. 141-143):

> Vocês levaram vários de nossos jovens para suas escolas. Vocês os educaram e ensinaram sua religião. Quando retornaram à sua família e à sua cor, não eram nem homens brancos nem índios. As artes que aprenderam são incompatíveis com a caça e não se adaptam a nossos costumes. Eles aprenderam coisas que são inúteis para nós.... Nós acreditamos que é errado vocês tentarem promover sua religião entre nós ou introduzir suas artes, suas maneiras, seus hábitos e seus sentimentos....Talvez vocês pensem que nós somos ignorantes e desinformados. Vão, então, e ensinem aos brancos ... Desenvolvam sua moral e refinem seus hábitos – façam com que sintam menos vontade de enganar os índios.

As palavras de Sagoyewatha – pronunciadas há pelo menos dois séculos – nos lembram da longa história de lutas dos grupos oprimidos (nesse caso específico, as nações indígenas) contra a dominação, principalmente em torno de questões de profunda significância cultural e educacional.

Sua voz também lembra que encontros entre grupos com poderes desiguais e que disputas pelo conhecimento nunca surgem por questões simples, conforme evidenciado nos jovens que, ao retornarem, "não eram nem homens brancos nem índios". No contexto do colonialismo, as comunidades indígenas da América do Norte, incluindo os sênecas, muitas vezes, dividiam-se entre facções tradicionais e facções cristãs, entre neutralistas, francófilos, anglófilos, e posteriormente, entre militantes que clamavam por uma unidade pan-indígena contra os brancos e contra aqueles que defendiam diferentes níveis de acomodação ao poder "americano"* (Calloway, 1997; Dowd, 1992; Richter, 1992). Ainda assim, mesmo a acomodação não era uma questão clara, já que os povos indígenas encontraram muitas maneiras de falar por meios europeus, seja no comércio, na arquitetura, nas suas roupas, seja na sua religião, e de redefini-los nas linhas ameríndias – ainda que não sem conflitos, contradições e conseqüências (Calloway, 1997).

Essa história de luta ecoa no presente. Como um estudante do povo Diné em uma escola do sudoeste protestou recentemente (ver Martinez, capítulo 4, p. 134-135):

> Em minhas aulas de história (nos Estados Unidos), sempre se tenta distorcer as coisas.... Sempre tentam mostrar que os brancos ou os espanhóis são melhores que os nativos americanos.... Isso me deixou louco e eu quase levantei na frente da turma e mostrei informações [alternativas] a eles.... [Mas] achei que poderiam me expulsar.

O fato de que essas vozes costumam ser marginalizadas na teoria cultural e no trabalho educacional fez com que Cameron McCarthy (1998, p. 5-6) nos lembrasse de que, em muitas de nossas análises

> estão ausentes as vozes, as práticas culturais e o significado do estilo de sujeitos concretos, pós-coloniais históricos e da minoria indígena. Ainda mais perturbadora é a ... tendência de negar todo o campo de acomodações, negociações e estruturas de associação e afiliação que unem entidades políticas e culturais dominantes e dominadas em âmbito local e global.

São exatamente essas ausências e essas formas de lutas históricas e contemporâneas que devem ser ouvidas, além das complexidades que as circundam, as quais também levaram Gayatri Chakravorty Spivak (1988, 1999) a fazer a conhecida pergunta: "Os subalternos podem falar?". Ela levantou diversas questões instigantes sobre a política de quem pode falar e de quais maneiras, e sobre a política de como essas vozes são e não são ouvidas. Retornaremos mais adiante ao trabalho de Spivak e a sua relação com a compreensão das disputas educacionais, mas é importante entender que as questões envolvidas são complicadas. Quando trazidas ao campo da educação, sua complexidade aumenta, pois os educadores devem, ao fim e ao cabo, atuar nessa complexidade no mundo real.

---

*N. de R.T. Mantivemos americanos e seus derivados, como no original, para indicar os cidadãos dos Estados Unidos.

Em essência, o trabalho crítico no campo da educação sustenta-se nos ombros de Sagoyewatha e de outros que lutaram por reconhecimento e sobrevivência. Uma das primeiras declarações educacionais que faz parte dessa tradição é *Ideologia e currículo* (Apple, 1979/2004), onde um de nós colocou a seguinte questão: "Tem mais valor o conhecimento de quem?". Esse livro levanta o debate sobre a perspectiva, a experiência e a história privilegiadas no currículo, assim como nas instituições educacionais de um modo mais geral. À luz da distribuição desigual do poder político, econômico e cultural que caracteriza os Estados Unidos e outras nações, essa questão é tão relevante hoje quanto era quando *Ideologia e currículo* foi escrito, talvez ainda mais. Assim, as lutas educacionais por conhecimento e voz compreendem o foco deste livro – no qual educadores críticos respondem com novas visões sobre circunstâncias e condições inconstantes.

Para se entender a necessidade desse foco, deve-se apenas considerar as recentes intervenções no Texas para "restaurar" as definições tradicionais do casamento nos livros didáticos de saúde. Terri Leo, membro da Secretaria de Educação Estadual, e outras pessoas associadas à direita cristã exigiram que os editores de livros didáticos promovessem a lei estadual em defesa do casamento, deixando claro nos livros que o casamento é a união entre um homem e uma mulher. Essa definição, em sua opinião, estava sendo enfraquecida pelo uso de palavras como "casal", que os estudantes podem entender como um apoio a casais do mesmo sexo, em vez de referências a um homem e uma mulher (Ledbetter, 2004). Apesar de ativistas *gays* terem criticado a diretriz, organizações como o conservador Conselho de Pesquisa Familiar louvaram a iniciativa, indicando que "a verdade é que esses ativistas estão tentando derrubar a antiga e louvável definição de casamento, que é honrada por sociedades e culturas há milênios" (Perkins, 2004). Devemos compreender que essas batalhas são constitutivas, criando os que estão por dentro e os que estão por fora, e revelam a relação muitas vezes tensa entre visões "populares" e "oficiais" (ver Buras, 2005a).

Existem muitas histórias de lutas educacionais, algumas das quais os colaboradores deste livro tentarão rastrear. Juntos, esperamos ilustrar a complexidade das lutas entre grupos com diferentes níveis de poder para influenciar a construção do conhecimento e a apropriação de recursos na área da educação. Queremos enfatizar especialmente as possibilidades e limitações da ação subalterna, mas, antes de falar mais sobre isso, é importante dizer algo sobre a história do "subalterno". O conceito desempenha um papel fundamental em nossa compreensão e nas lutas contra relações de dominação e subordinação. É nas palavras de Antonio Gramsci – alguém que entendia o poder das lutas culturais, o significado das sensibilidades populares e a importância de construir movimentos de oposição; alguém cujo trabalho tem tido uma profunda influência na pesquisa e na ação críticas educacionais – é onde podemos encontrar a gênese de algumas das visões culturais e políticas mais profundas do conceito.

GRAMSCI E O SUBALTERNO

Assim como todas as palavras, o termo "subalterno" tem uma história. No inglês do final da Idade Média, a palavra se referia a vassalos e camponeses, e, em 1700, já significava pessoas das classes mais baixas do exército. Dessa forma, até o final do século XIX e começo do século XX, os autores que defendiam uma "perspectiva subalterna" escreviam relatos narrativos de campanhas militares (Ludden, 2002). Antonio Gramsci, um ativista político encarcerado na Itália fascista durante o final da década de 1920, usou a palavra em seus *Cadernos do cárcere* – uma coletânea de textos que girava em torno da dinâmica da ideologia e do poder e das lutas das classes inferiores para transformar formações estatais e econômicas opressoras (Hoare e Nowell Smith, 1971). Nesses textos, o termo "subalterno" funcionava como um código para grupos oprimidos, como operários industriais e camponeses, enquanto, simultaneamente, protegia Gramsci dos censores da prisão. Finalmente, a circulação dos *Cadernos* nas décadas de 1960 e 1970 garantiu à conceituação de Gramsci para o subalterno um futuro nos estudos culturais, estudos pós-coloniais, novas histórias na visão que vem de baixo e, de maneira bastante importante, em teorias e pesquisas críticas educacionais.

O fato de falar nos subalternos permitiu que Gramsci enfatizasse a posição de uma variedade de grupos submetidos a relações de poder desiguais. Apesar de crer que as classes subalternas eram oprimidas pelos grupos dominantes, ele também acreditava que o poder, muitas vezes, era exercido mais por meio do consentimento do que pela força. Com isso, Gramsci queria dizer que a matriz de poder predominante era sustentada ideologicamente uma vez que as elites incorporaram novos elementos às formas de senso comum existentes – visões de mundo "espontâneas", em geral não-examinadas pelas coletividades – e fizeram concessões aos grupos subordinados para garantir seu consentimento. Gramsci enfatizou que (Hoare e Nowell Smith, 1971, p. 161):

> A hegemonia pressupõe que se devem levar em conta os interesses e as tendências dos grupos sobre os quais ela deve ser exercida, e que se deve formar determinado equilíbrio conciliatório – em outras palavras, que o grupo dominante deve fazer sacrifícios.

Apesar de conciliações materiais garantirem vitórias parciais, era igualmente importante reconhecer que a consciência ou subjetividade também constituía um campo de batalha no qual os poderosos manobravam para defender sua posição dentro da ordem existente.

A conseqüência disso é que a consciência também pode ser um espaço onde se pode forjar uma política libertária. De fato, Gramsci afirmava que (Hoare e Nowell Smith, 1971, p. 9):

> Todos os homens [e mulheres] são intelectuais.... Não existe nenhuma atividade humana da qual se possam excluir todas as formas de participação intelectual... Finalmente, fora de sua atividade profissional, cada homem tem alguma forma de atividade intelectual, ou seja, ele é um "filósofo", um artista, um homem de bom gosto, ele participa de determinada concepção do mundo, tem uma linha de conduta moral e, desse modo, contribui para sustentar uma concepção de mundo ou para modificá-la, ou seja, para a criação de outros modos de pensamento.

Embora as concepções do mundo fossem sustentadas pelos grupos subalternos e até estivessem arraigadas em sua vida cotidiana, essas concepções exigiam uma investigação explícita e um certo grau de renovação. Em outras palavras, era necessário distinguir as "várias camadas" envolvidas em sensibilidades cotidianas e separar os elementos "conservadores e reacionários" e, ao mesmo tempo, partir daqueles "que consistem de uma série de inovações, muitas vezes criativas e progressistas ... e que contradizem ou simplesmente diferem da moralidade das elites governantes" (Forgacs e Nowell Smith, 1985, p. 190). Em suma, acreditava-se que os elementos do bom e mau senso estavam em tensão na consciência cotidiana das pessoas (Apple, 1996, 2006).

Para Gramsci, o papel do "intelectual orgânico" era manter as raízes subalternas e "tornar coerentes os princípios e os problemas que as massas levantam em suas atividades práticas" (Hoare e Nowell Smith, 1971, p. 330). Foi essa elaboração e esse aperfeiçoamento crítico que transformaram um senso comum fragmentado e espontâneo em uma "filosofia criativa", uma ordem intelectual enraizada na crítica, fundamentada no conhecimento histórico do pensamento popular e de elite, e produtiva, no sentido de guiar as intervenções ativas do subalterno na história. Enfim, uma "guerra de posições" – a disputa ideológica para criar entendimentos novos e mais justos (em essência, uma "nova hegemonia") que levassem os oprimidos a ter acesso ao poder estatal – pressupunha sujeitos subalternos mobilizados com base em formas coletivas de consciência crítica. Uma política cultural libertária, segundo Gramsci, poderia mudar o curso da história e engendrar as condições necessárias para uma existência mais justa.

Antes de ser preso, Gramsci escrevia para diversos jornais socialistas, incluindo *L'Ordine Nuovo* – o jornal que ajudou a fundar e a produzir em Turim. Conforme implica o seu nome, Gramsci visava facilitar o nascimento de uma nova ordem, retrabalhando formas predominantes de senso comum. Participou de diversas atividades culturais, escrevendo resenhas de livros e teatro. Organizou e participou de círculos de estudo, que também considerava centrais para o projeto de educação política. Também participou ativamente do Movimento dos Conselhos de Fábrica de Turim, uma iniciativa da classe operária que visava estabelecer instituições proletárias. Em abril de 1920, foi anunciada uma greve geral em Turim, quando os trabalhadores lutaram pelo controle da produção por meio dos conselhos de fábrica. Derrotada 10 dias depois, a rebelião demonstrou o potencial das mobilizações subalternas, além das dificuldades de se construir e manter um movimento de massa (Fiori, 1970).

Enquanto esteve na prisão, Gramsci propôs em seus *Cadernos* o desenvolvimento de uma história das classes subalternas e começou a escrever essa história, com relação ao *Risorgimento* italiano – o período de unificação entre 1815 e 1871, durante o qual foi forjado o Estado Nacional italiano. Essa história, segundo acreditava Gramsci, tornaria mais visíveis as possibilidades para construir uma consciência e uma prática críticas. Pode-se dizer que o livro que você está lendo foi concebido como parte desse projeto, pois representa uma tentativa de identificar os encontros entre a elite e os grupos subalternos no campo da educação, na intenção de tornar mais visíveis as possibilidades de ação transformadora.

HISTÓRIA E DISPUTAS EDUCACIONAIS

Os ensaios contidos neste livro concentram-se nas disputas entre grupos dominantes e subalternos para definir o que conta como conhecimento e para se apropriar de recursos políticos, econômicos, culturais e sociais em uma variedade de contextos educacionais, em âmbito nacional e internacional. Seja em salas de reunião, seja em salas de aula, tanto na escolarização em casa quanto em comunidades escolares – universidades ou fundações –, cada espaço se caracteriza pela dinâmica do poder diferencial e pelas complexidades e contradições da identidade e da ação. Nas áreas do currículo, da política educacional e da reforma, lutas de todos os tipos ocorrem nos circuitos de produção, distribuição e recepção. Alguns desses conflitos são organizados, com determinadas facções buscando agendas bastante definidas. Os experimentos de livre-mercado com a escolha escolar, financiados por poderosas fundações de direita, são um exemplo de como os grupos dominantes tentam se associar aos elementos do bom senso das pessoas e, assim, colocá-las sob sua liderança. Outras lutas envolvem ações mais sutis ou construções do conhecimento em livros didáticos de geografia, história ou literatura, por exemplo (ver Dance, 2002; Dolby, Dimitriadas e Willis, 2004).

A maioria desses conflitos é formada ou gerada fora das condições da *modernização conservadora*. A modernização conservadora refere-se ao crescente poder de um novo "bloco hegemônico" – uma nova aliança de forças direitistas que atualmente exerce liderança na sociedade. Ela tem a intenção de forçar a educação e tudo que é social, cultural e econômico para direções notavelmente conservadoras. Porém, esse bloco não é simples, mas, de fato, bastante complexo. Como um de nós já afirmou (Apple, 1996, 2000, 2006), os neoliberais têm trabalhado para redefinir a democracia nos termos do livre-mercado, com os "consumidores" escolhendo "produtos" educacionais como interesses pessoais, e não como cidadãos que se mobilizam coletivamente pela educação como um bem público. Enquanto isso, os neoconservadores, fundamentalistas religiosos e cristãos evangélicos lutam pelo controle sobre os fundamentos culturais e morais da nação, temendo a perda da coesão nacional ou a perda de almas. Além disso, a classe média gerencial tem buscado honrar o código de eficiência neoliberal nas escolas, enquanto também determina, por formas intermináveis de avaliação, o grau em que se atinge (em geral) os padrões neoconservadores. Com esses grupos econômicos e culturais específicos trabalhando para manter sua dominação, a agenda da direita avança e perde espaço em disputas educacionais (pequenas e grandes), à medida que as iniciativas de grupos menos poderosos complicam o processo de exercício do poder.

Até aqui, a política subalterna e a política da educação foram tratadas de forma histórica e geral. Talvez, nesse ponto, seja útil um exemplo concreto de luta educacional, que é simultaneamente local e global e que ilustra algumas das dinâmicas da identidade e poder que estamos discutindo. Como veremos, essa história diz respeito e levanta questões sobre os temas complexos envolvidos no ato de os subalternos "falarem", no que realmente conta como "fala", e sobre a maneira como os grupos dominantes podem reagir a isso.

A Alliance for Democracy (Aliança para a Democracia), uma organização de ativistas estudantis da University of Wisconsin-Madison, dirigiu uma campanha no final da década de 1990 com o intuito de pressionar o conselho universitário – o grupo apontado pelo governador para supervisionar as políticas da universidade – a fazer investimentos com responsabilidade social. O investimento socialmente responsável exigiria que a universidade rejeitasse ações de empresas conhecidas por abuso dos direitos humanos e do meio ambiente e desse a vez a empresas comprometidas com um salário mínimo razoável, com direitos trabalhistas e com práticas mais humanas e sustentáveis. Essa iniciativa da aliança foi associada ao trabalho anterior da Free Burma Coalition (Coalizão por Burma Livre) (ZarNi e Apple, 2000). A coalizão conseguiu fazer com que o conselho renunciasse a mais de 200 mil dólares em ações da Texaco, por violações dos direitos humanos na Birmânia (Evers, 1998). Essa vitória exigiu um imenso trabalho dos estudantes, que desafiaram as elites universitárias a reconhecer como suas práticas de investimento contribuíam para a opressão de povos além das fronteiras de Wisconsin e dos Estados Unidos.

Organizando-se com a Alliance for Democracy, os estudantes propuseram uma reunião com o conselho. A ação visava pressionar o conselho ainda mais sobre a questão do investimento com responsabilidade social. Inicialmente, os ativistas constituíram uma presença silenciosa na reunião. Com cartazes de protesto na mão, o grupo esperou pela sua vez na pauta. Chegado o momento, os ativistas, um por um, leram em voz alta cartões com os nomes de pessoas exploradas ou mortas pelas corporações que fazem parte da carteira de investimentos da universidade. Uma das pessoas homenageadas foi Ken Saro-Wiwa, um ambientalista nigeriano cuja "fala" contra uma grande corporação petrolífera e contra o regime militar custou-lhe a vida. Cada cartão foi colocado diante de um membro do conselho. Sentados silenciosamente em posição de poder, a maior parte dos conselheiros parecia inabalável pelo protesto simbólico e nada disposta a considerar as demandas por investimentos alternativos. Quando os ativistas saíram da reunião e passaram por uma pequena saleta onde se passava café para os conselheiros, vozes ecoaram: "No café deles também há sangue!"

Os casos de ativismo citados levantam diversas questões complexas sobre quem "fala" e como fala, quem permanece em silêncio ou é silenciado e quem fala por quem. De maneira mais central, esses exemplos ilustram como grupos com poder desigual lutam para falar e agir com relação a conjuntos de interesses complicados e, muitas vezes, divergentes. Eles revelam não só como o poder pode ser exercido em silêncio, mas também como o ato de silenciar alguém não impede necessariamente as possibilidades de expressão e resistência (ver Kelley, 1993; Scott, 1990), além de dizerem respeito à maneira como aqueles que falam também podem ser, ao mesmo tempo, calados. Esses são exatamente os tipos de questão que queríamos que este livro abordasse, sobretudo na área da educação.

Podemos perguntar o que fez esses ativistas pensarem que tinham poder para falar, ou pelo menos para tentar interromper o regime de poder existente. Parte da resposta, pensamos nós, tem a ver com a identidade. Isso ficou especialmente claro quando a Alliance for Democracy planejou outra iniciativa – uma série de conferências sobre democracia –, parte da qual girava em torno do Teatro do Oprimido (Boal, 1985). No nível mais fundamental, esse tipo de teatro diz respeito ao processo de formação da identidade. Como veremos, é um experimento educacional que visa promover no oprimido um sentido de consciência e de ação. Dessa forma, o Teatro do Oprimido também nos ajuda a introduzir algumas das questões mais relacionadas com o conteúdo deste livro: *Currículo, poder e lutas educacionais: com a palavra, os subalternos*.

O Teatro do Oprimido foi desenvolvido por Augusto Boal, um ativista teatral brasileiro que, em 1971, foi preso e torturado pelo regime militar por suas atividades revolucionárias com operários e camponeses (Boal, 1985; Schutzman e Cohen-Cruz, 1994). Consistindo de um grande arsenal de jogos e exercícios dramáticos desenvolvidos ao longo de várias décadas, o Teatro do Oprimido baseia-se na premissa de que "o espaço estético possui ... propriedades que estimulam o conhecimento e a descoberta". "O teatro", segundo Boal, "é uma forma de conhecimento" (1995, p. 20). Mas conhecimento de quem, mais precisamente?

Desenvolvendo um exercício chamado Teatro Fórum, Boal (1985, 1992) buscou envolver os "espectadores" diretamente na ação dramática. Com base em uma experiência de opressão conhecida dos membros da comunidade, improvisa-se uma cena até o ponto de conflito entre o antagonista (opressor) e o protagonista (oprimido). Após a exibição inicial da cena, os presentes são convidados a se tornar "espect-atores", a entrar no papel do protagonista e tentar confrontar o antagonista. Em suma, o fórum continua à medida que vários membros da comunidade entram em cena e exploram alternativas para desafiar a opressão.

Boal (1985, p. 122) descreveu a significância educacional da confrontação teatral da seguinte forma:

> Para entender essa *poética do oprimido*, deve-se ter em mente seu principal objetivo: transformar as pessoas – "espectadores", seres passivos no fenômeno teatral – em sujeitos, em atores, transformadores da ação dramática.... Ele mesmo assume o papel de protagonista, muda a ação dramática, experimenta soluções, discute planos para mudar – em suma, treina-se para a ação real. Nesse caso, talvez o teatro não seja revolucionário em si, mas certamente é um ensaio para a revolução.

Boal nos lembra das relações de poder desiguais que definem a experiência pessoal e social, enfatizando as transações íntimas que ocorrem quando o "opressor" e o "oprimido" tentam garantir seus interesses afins, ainda que geralmente opostos. É esse dar e receber entre atores dominantes e subalternos que os colaboradores deste livro buscam entender melhor. Na verdade, verificamos que existe muito teatro em atuação, à medida que grupos diversos envolvem-se na "ação real", visando formar e reformar a situação educacional. Também verificamos que os choques podem ter implicações nos níveis micro e macro, que as estratégias e os resultados podem incorporar tendências progressistas e retrógradas e que as ações podem ser executadas por grupos específicos e por redes mais amplas de grupos, cujas afiliações, muitas vezes, são tensas e baseadas em concessões constantes.

Entretanto, talvez mais relevante para este livro seja a compreensão de Boal de que cada um de nós pode usar muitas "máscaras" e participar de muitos "rituais". Em outras palavras, nossas identidades e ações são múltiplas e complicadas. Posicionamo-nos de diversas maneiras ao longo de eixos variados de poder e dentro de um nexo de relações e contextos inconstantes. A linha que divide o opressor e o oprimido nem sempre é clara, algo que Boal (1995) reconhecia quando estava desenvolvendo suas técnicas "Policial na cabeça", do livro *Arco-íris do desejo*. Em parte, essas formas teatrais foram inventadas para tornar visíveis os conflitos de identidade, os diversos interesses e a variedade de contextos que informam o comportamento dos atores. Na educação, também gostaríamos de mostrar como a dominação e a subalternidade se misturam e se confundem, formando uma teia enredada de inter-relações baseadas em questões de classe, raça, gênero, orientação sexual, "habilidade", religião, língua e afiliações locais, nacionais e globais.

Em função do foco deste livro referente aos esforços de atores subalternos para falar e às questões associadas sobre o que conta como fala, o trabalho teatral realizado nas conferências sobre democracia tem algo mais a nos ensinar – que o mundo não é unicamente discursivo no sentido usual da palavra. Isso é abordado centralmente pelo Teatro Imagem, outra forma teatral incluída no Teatro do Oprimido. Ao contrário do Teatro Fórum, o Teatro Imagem (Boal, 1985, 1992) não se baseia na língua falada. Em vez disso, os membros da comunidade usam seus corpos para "esculpir" os corpos de outras pessoas, de maneira a produzir uma representação visual da opressão. A imagem corporificada é um local de disputa interpretativa e de transformação, à medida que os atores "falam" ou transmitem suas perspectivas e críticas sem usar palavras. Após diversas imagens serem compartilhadas, elas podem ser "dinamizadas" ou postas em movimento. As imagens "reais" representam a maneira como as coisas são (ou estão sendo compreendidas) no presente, e as imagens "ideais" representam o modo como as coisas poderiam se tornar no futuro. A mudança entre as imagens reais e ideais exige a reformulação gradual das imagens iniciais, revelando finalmente várias possibilidades para reformular a realidade por meio da ação. Nesse caso, o teatro de Boal enfatiza as inúmeras maneiras como os atores podem "falar" e demonstra que as intervenções não se baseiam apenas na língua. Agir (ou negar-se a agir) também é importante, como mostram diversos capítulos deste livro.

Ainda assim, nada disso significa que Boal ou os colaboradores desta coletânea sejam exageradamente românticos com relação às possibilidades de resistência. Em um jogo chamado "Máquina de Ritmos" (Boal, 1992), por exemplo, cada participante encena um movimento repetitivo e um som correspondente que capte a maneira como os rigores da vida cotidiana regem os oprimidos – o operário se torna uma extensão do moinho de pilões (Bum! Bum!), a secretária, uma extensão do telefone que não pára de tocar ("Alô? Alô?"), professores e alunos, extensões do teste (A, B ou C?, A, B ou C?). As condições opressivas não inspiram necessariamente uma rebeldia construtiva, mas podem embotar a consciência crítica e levar o oprimido a agir de modo que sejam reforçadas as estruturas de poder existentes, como ficará claro mais adiante. De maneira semelhante, o Teatro do Invisível (Boal, 1985) – um tipo de teatro encenado em circunstâncias em que a atividade política aberta não é bem-vinda ou é até perigosa – nos força a reconhecer que a "fala" nem sempre pode ser feita de forma direta ou aberta, mas, muitas vezes, deve ser disfarçada ou feita sob arranjos estruturais sobre os quais não se tem controle (Kelley, 1993; Scott, 1990). Em vez de se pressupor que os atores subalternos sejam esclarecidos e resistentes em todas as circunstâncias, os colaboradores deste livro exploram as limitações de determinadas intervenções, assim como as restrições que limitam a ação.

O Teatro do Oprimido mostra-se adequado a investigações históricas, teóricas e empíricas mencionadas neste livro. Assim como o trabalho teatral que ocorreu durante a série de conferências, os capítulos desta obra abrem a cortina e permitem que os leitores considerem o palco em que os atores educacionais competem por influência sobre produção, distribuição e recepção de currículos, políticas e reformas. Quem fala e atua, os espaços para falar e atuar, bem como seus efeitos e suas implicações são iluminados de diversas maneiras por seus colaboradores. Do ponto de vista coletivo, os capítulos constituem uma reflexão sobre como os grupos dominantes e subalternos "falam" no teatro da educação.

É importante entender que as tentativas de falar e de ser ouvido também geram dinâmicas de reação. Esse "teatro" tem muitos atores, alguns dos quais vêm de grupos dominantes. E os membros de grupos dominantes podem, por sua vez, se *reapropriar* da linguagem e da ação dos grupos dominados nos intensos conflitos que organizam e desorganizam as relações de poder dentro e fora da educação. De fato, como veremos mais adiante no livro, não é incomum que certos membros de grupos poderosos reivindiquem o *status* subalterno em suas tentativas de impedir e eliminar as vitórias dos membros de grupos menos poderosos (Apple, 2006).

Um exemplo disso ocorreu durante esse mesmo período de ativismo na University of Winsconsin-Madison. Scott Southworth e vários outros ativistas estudantis conservadores alegaram que eram, em essência, os "novos oprimidos" e abriram um processo judicial para impedir que a universidade exigisse o pagamento de taxas para sustentar organizações estudantis que opunham. Financiado pelo Alliance Defense Fund, uma organização externa filiada à Direita Cristã, o processo pretendia "enterrar" o ativismo de esquerda e, assim, comprometer a capacidade de muitos grupos progressistas e tradicionalmente oprimidos de falar sobre questões de central importância para eles (Evers, 1998). O processo *Board of Regents of the University of Winsconsin System v. Southworth et al.* chegou até a Suprema Corte dos Estados Unidos. No ano de 2000, a Suprema Corte revogou as decisões de tribunais federais inferiores, que determinavam que o pagamento dessas taxas violava o direito dos estudantes de se recusarem a financiar formas de expressão que os ofendam (*Board of Regents of the University of Winsconsin System v. Southworth et al.*, 2000). Essa disputa proporciona fortes evidências da energia que determinados grupos investem para controlar a circulação de certas formas de conhecimento em contextos educacionais.

Se Southworth e seus apoiadores financeiros e ideológicos ultraconservadores tivessem vencido em sua tentativa de vestir o manto do oprimido, teria ficado muito difícil para os ativistas estudantis progressistas e seus aliados da comunidade combater, por exemplo, as políticas econômicas da universidade, as quais priorizam os lucros sobre as pessoas. Em vez disso, os ativistas estudantis persuadiram a universidade a adotar uma política de investimentos com responsabilidade social, o que enfraqueceu pelo menos simbolicamente a cultura empresarial da universidade, assim como o regime neoliberal sustentado por determinados tipos de investimento. Contudo, ainda foi necessário que a Alliance for Democracy e outras organizações ocupassem por quase 100 horas o Bascom Hall, onde se localizam os escritórios do reitor da universidade, para garantir os avanços diante da exploração da mão-de-obra (Manski, 1999).

Esse tipo de voz coletiva mostrou-se essencial. As mobilizações coletivas e o trabalho *constante* para que elas sejam ouvidas são cruciais e podem mudar o terreno ideológico e cultural de maneiras significativas.

Tomemos o exemplo de Augusto Boal outra vez. Silenciado pelo regime militar no Brasil, Boal foi forçado a se exilar na Argentina e depois teve que fugir para o Peru. Ainda assim, seu trabalho continuou em toda a América Latina, Europa,

África e América do Norte, onde o Teatro do Oprimido passou a ser usado e reinterpretado em uma variedade de contextos educacionais e políticos, e onde suas "técnicas" proporcionaram as ferramentas necessárias para que os silenciados tivessem uma voz verdadeira (Boal, 1992; Schutzman e Cohen-Cruz, 1994). Boal acabou retornando ao Brasil, onde continuou o seu trabalho teatral/educacional, participou ativamente do Partido dos Trabalhadores (um dos primeiros partidos no Brasil a se voltar para os interesses das classes subalternas) e foi eleito vereador na cidade do Rio de Janeiro (Boal, 1995).

Enfim, essas histórias revelam que as disputas educacionais por valores – morais, culturais e econômicos – não são conflitos simples ou diretos, mas disputas que persistem entre perdas e ganhos. Essas lutas são travadas pela direita e pela esquerda, por atores e movimentos dominantes e subalternos, e ocorrem de modo bastante pessoal e amplamente político. Isso ocorreu no Brasil da década de 1970 e na University of Wisconsin-Madison no final da década de 1990, continuando a ocorrer nas escolas, em âmbito local, nacional e global.

A EDUCAÇÃO COMO TEATRO POLÍTICO

As lutas relacionadas com a educação superior citadas na seção anterior e as interações dialéticas entre ações hegemônicas e contra-hegemônicas que envolvem fazer sua voz ser ouvida são constantes – e não se limitam à educação superior. As lutas educacionais estão intimamente vinculadas aos conflitos em áreas econômicas, políticas e culturais mais amplas. Assim, a influência crescente de posições direitistas em cada uma dessas áreas é acentuada e tem tido grandes efeitos na educação e nas políticas da identidade e da cultura, nas disputas sobre produção, distribuição e recepção do currículo, bem como nas relações entre mobilizações nacionais e internacionais. Juntos, esses domínios formam o "palco" em que se encena atualmente o teatro político da educação.

Entendendo o contexto da modernização conservadora

Conforme observado anteriormente, no decorrer das duas últimas décadas, a política daquilo que se chama *modernização conservadora* tem avançado. Nações como os Estados Unidos, a Grã-Bretanha, a Suécia, a Noruega, a Nova Zelândia e muitas outras experimentaram uma desintegração do pacto social-democrata em educação e em quase todas as áreas sociais. Ao mesmo tempo, a globalização tornou-se a nova forma colonial, sustentando e até piorando as desigualdades históricas do chamado Terceiro Mundo (Apple et al., 2003; Apple, Kenway e Singh, 2005; Chomsky, 1999). De fato, em escalas nacionais e globais, os neoliberais promoveram e instituíram políticas para comercializar, gerenciar e mercantilizar as escolas e transformar a atividade inerentemente coletiva da educação em uma "escolha individual baseada no mercado". Da mesma forma, os neoconservadores contribuíram para a virada à direita, defendendo o "retorno" ao conhecimento tradicional, muitas vezes por meio de mecanismos de avaliação e currículos padronizados. À medida que os neoconservadores trabalham para bloquear a corrente contra a "ameaça multicultural", populistas autoritários – fundamentalistas religiosos e evangélicos conservadores – buscam lidar com a ameaça secular, clamando por um retorno a (seu) Deus em todas as nossas instituições. E, finalmente, uma fração da classe média gerencial e profissional mantém-se pronta para auxiliar o processo de modernização conservadora, oferecendo várias formas de conhecimento técnico e organizacional. Assim, avaliam o desempenho de alunos e professores, administram as escolas de forma mais eficiente e atribuem as dificuldades às deficiências do sistema escolar público (Apple, 1996, 2006; Buras, 1999).

As alterações das políticas social-democratas, a ascensão de novas posições de esquerda e pós-coloniais e o avanço concomitante de movimentos de restauração cultural e políticas econômicas globais produziram um terreno conservador e, muitas vezes, contraditório. Esse terreno é dominado por um conjunto de alianças tensas entre frações de grupos dominantes, como neoliberais e neoconservadores, e entre frações dominantes e dominadas, como os neoconservadores hegemônicos e grupos tradicionalmente oprimidos (Apple, 1996, 2006). De fato, as forças da modernização conservadora, particularmente as mais voltadas à manutenção das configurações culturais dominantes, apenas se intensificaram após o 11 de setembro (Buras, 2005b).

Essas alianças são construídas pela troca de benefícios materiais; por outro lado, também são costuradas ideologicamente, pela apropriação, reconfiguração e união de um conjunto de concepções culturais e históricas. Veja, por exemplo, a noção de "escolha" em relação à iniciativa educacional do presidente George W. Bush – *No Child Left Behind* (NCLB – nenhuma criança deixada para trás). Grande parte da iniciativa visa promover uma agenda de livre-mercado em educação, ordenando que escolas "que necessitam aprimoramentos" proporcionem soluções e rotas alternativas específicas para os estudantes – rotas essas que garantam lucros para entidades educacionais privadas, proporcionando aulas particulares de recuperação ou (potencialmente) vagas em salas de aula alternativas quando os estudantes procurarem transferências (Karp, 2003). Mesmo assim, a NCLB não foi formulada apenas em termos neoliberais.

Ao contrário disso, Keita Takayama (2005, p. 2) revela que diversos "discursos de 'escolha' historicamente constituídos são mobilizados criativamente e costurados ... para submeter grupos de uma ampla variedade de interesses políticos à liderança hegemônica do governo Bush".

A "escolha" surgiu nos Estados Unidos após a decisão *Brown*, em 1954, e foi usada pelos segregacionistas sulistas, que alegavam que o padrão contínuo de segregação escolar refletia o fato de que os brancos e os negros simplesmente preferiam ficar entre os seus. Com o fim da segregação nas escolas públicas, os brancos racistas argumentaram que tinham o direito de escolher escolas particulares para seus filhos, uma "escolha" facilitada por bolsas de estudo estatais. Com a ascensão do movimento por direitos civis na década de 1960, James Coleman propôs uma "escolha" controlada e "redefiniu-a como um meio para permitir que as minorias pobres escapem das escolas de 'guetos' da periferia, desarticulando-a de seu legado racista e segregacionista" (p. 6). Em outras palavras, para esse grupo de estudantes, a escolha funcionaria para nivelar as oportunidades. No regime neoliberal emergente da década de 1980, a escolha foi imbuída de um novo significado, circulando não como um discurso de igualdade, e sim como um discurso focado no valor da escolha em um mercado sem controles – algo que Milton Friedman começou a defender na década de 1950.

Uma análise de textos do ex-ministro de educação Rod Paige demonstra como esses discursos variados "são usados para fazer com que o NCLB e outros programas contemporâneos de escolha falem para públicos múltiplos" (Takayama, 2005, p. 13). Em um artigo intitulado "A Child's Hope" (A esperança de uma criança), Paige costura os discursos orientados para a igualdade e os orientados para o mercado:

> Queremos que as escolas melhorem. A melhora escolar exige mudança, e a mudança positiva exige criatividade e inovação. As forças do mercado aumentam a criatividade e a inovação; a escolha escolar motivará esse processo. Também há a questão da justiça social. Uma criança não deve ter suas circunstâncias educacionais limitadas pela renda dos pais, pela cor de sua pele ou pelo dialeto que fala.... Pais com dificuldades devem ter o mesmo direito que outros pais têm de fazer escolhas para seus filhos (citado em Takayama, 2005, p. 15-16).

É assim que se produz o consentimento, em parte, à medida que são criadas políticas para "falar" para um público variado. Ainda assim, o processo de construir alianças entre grupos subalternos e dominantes exige mais do que a elaboração de argumentos de múltiplos níveis. Conforme Thomas Pedroni (2003) documentou, o que será discutido no Capítulo 3 deste livro, as organizações conservadoras, como a Bradley Foundation, financiam grupos como a Black Alliance for Educational Options (Aliança Negra por Opções Educacionais) como parte de uma iniciativa mais ampla para promover esquemas de escolha educacional, incluindo deduções no imposto a pagar em função do pagamento de mensalidades escolares e vales-educação (ver também Apple e Pedroni, no prelo). Essas formas de afiliação e as tensões e implicações associadas a elas serão exploradas nos capítulos seguintes.

Da mesma forma, foram criadas associações entre outras facções sob a égide da modernização conservadora. Um dos organizadores deste livro (Apple, 1996, 2006) mostrou como a Direita Cristã exerceu um excepcional poder por meio de ativismo, retórica populista e de uma sólida base financeira. Reformulando o liberalismo conforme seus próprios interesses, os conservadores religiosos se apresentam como uma minoria perseguida que sofre discriminação em um sistema educacional secular que desrespeita suas crenças, suas tradições e até o seu direito de falar livremente. Apelando também para sentimentos nacionais específicos, eles retratam os Estados Unidos como uma nação cristã, na qual a prosperidade e a liberdade somente continuarão a reinar se a (suposta) crise moral for controlada. Falando essas "verdades" em igrejas e em programas de televisão e rádio com financiamentos de vulto, além de organizações como a Christian Coalition (Coalização Cristã) e a Focus on the Family (Foco na Família), defendem a visão de que é possível salvar as escolas públicas se o ensino for purificado de influências descrentes – formas permissivas de educação sexual, tendências anti-racistas, feministas e anti-homofóbicas de multiculturalismo, debates sobre valores, histórias antinacionalistas e educação global, ciência evolucionista e coisas do gênero. Ainda assim, quando não conseguem forçar o sistema escolar público a respeitar as suas tradições, defendem escolas *charter** e programas de vales-educação, para deleite dos defensores do mercado.

Enquanto isso, a Direita Cristã se identifica, em parte, com as preocupações dos neoconservadores com a desintegração cultural, com a coesão nacional e com o declínio das tradições ocidentais (Bennet, 1992; Leming, Ellington e Porter, 2003) . Conforme revela a pesquisa de Kristen Buras, o *Core Knowledge* (Conhecimento nuclear) – o currículo inspirado pela obra de E. D. Hirsch (1987), que propõe a volta ao básico e é promovido por sua Core Knowledge Foundation (1999) – ganhou a lealdade de muitos administradores escolares que usam seus materiais. Outro atrativo é o fato de que esse currículo também presta especial atenção ao conhecimento da Bíblia e é fácil para os pais usarem, com conteúdo seqüencial e materiais de apoio. Além disso, o *Core Knowledge* atraiu o interesse não apenas de conservadores culturais e religiosos, como também de muitos grupos tradicionalmente oprimidos, incluindo comunidades afro-americanas de baixa renda, latinos e nativos americanos. Hirsch (1996), de fato, articulou uma visão da escolarização que habilmente (e de forma problemática) mistura críticas ao analfabetismo cultural com promessas de direitos civis e mobilidade social, uma visão que estimulou uma variedade de comunidades a se unirem ao movimento nacional pelo currículo *Core Knowledge*, como Buras discute no Capítulo 1 (ver também Buras, 1999; Apple, 2005a; Hirsch, 2005).

A manutenção de vantagens sociais, culturais e econômicas – e não apenas sua aquisição – é uma preocupação central no atual contexto político que estamos analisando. Um grupo que ocupa uma posição contraditória (Wright, 1997) dentro desse nexo de relações é a classe média, incluindo especialistas profissionais e técnicos que simultaneamente servem aos interesses de facções da elite voltadas para o controle cultural e econômico (Apple, 1995, 2006). Esse tipo de situação implica que seus interesses estão alinhados e são *simultaneamente* antagônicos aos de elites mais poderosas. O sujeito da classe média é patrão e empregado, explorador e explorado.

Essa posição contraditória resulta naquilo que Stephen Ball (2003) caracteriza como um sentido de "risco", "incerteza" e "medo". Em suma, os grupos da classe média estão ansiosamente envolvidos em uma variedade de estratégias de classe, que visam garantir benefícios educacionais futuros para seus filhos. Por meio da mobilização de formas de capital social, cultural e econômico, os pais de *status* médio negociam seu caminho em instituições estatais e particulares, obtêm recursos de apoio e orientação preparatória para seus filhos, utilizam-se de redes para ter acesso a informações relevantes, a atividades de desenvolvimento e a colocações profissionais, bem como à orientação sobre entrevistas de trabalho; por fim, buscam a admissão de seus filhos em escolas e universidades respeitadas. Desempenhando

---

*N. de R.T.: *"Charter schools* [são escolas públicas que] organizam-se a partir da iniciativa de professores, de associações, de líderes locais ou de empresas. Essas escolas mantêm um contrato com o governo, que autoriza sua criação com base no seu projeto educativo e no seu plano de desenvolvimento. O seu funcionamento é controlado por critérios relacionados ao desempenho dos alunos e à avaliação de seu plano de desenvolvimento. Essas escolas gozam de grande autonomia financeira, administrativa e pedagógica, estando, no entanto, sujeitas a um controle rígido por parte do Estado, em termos de resultados" [Comitê Editorial (Com colaboração de Lucíola Licinio de C. P. Santos). *Educação e Sociedade*, v. 24, n. 85, 2003. Disponível em: <http://www.scielo.br>.

um trabalho que não é apenas influenciado por classe, mas também por gênero – pois, geralmente, são mulheres que administram as decisões educacionais na Inglaterra, na França e nos Estados Unidos (ver Andre-Bechely, 2005; Griffith e Smith, 2005) –, uma mãe relata uma conversa que teve com sua filha (Ball, 2003, p. 93):

> Falei para ela – você deveria ... faltam oito semanas para os testes, você não pode procurar um professor particular? Não, não, não, não, não! Ela insistia. Então, o melhor que pudemos fazer foi ir até a W. H. Smith e comprar um livro de revisão, que foi muito útil para ela... Aí, chegaram os resultados dos testes, e ela se saiu tão mal em relação ao que precisava para a universidade, que tomou um susto. E disse – está bem, vou procurar um professor particular.... E, no fim, também concordou em fazer um curso de revisão.

Da mesma forma, estudantes de classe média descreveram as seguintes oportunidades (p. 86):

> Quando fiz estágio, conversei com vários médicos. E um dos médicos ... mantive contato com ele, e ele me ajudou nas entrevistas e me orientou.
>
> Havia professoras, como a Sra. Plummer, que estudaram em Cambridge e ... ajudaram muito e foram boas comigo, me ajudaram a escrever meu memorial descritivo e me ajudaram na entrevista, ou seja, o tipo de coisa que realmente faz a diferença. (p. 87)

Apesar de as políticas e a modernização conservadora criarem determinadas estruturas de oportunidade, é importante lembrar que as classes médias (e outros grupos) devem agir dentro desses espaços para garantir e aumentar suas vantagens. Em outras palavras, a posição de classe não é garantida, mas é algo reproduzido e mantido pela aplicação intencional dos recursos disponíveis e por uma série de decisões cuidadosas, às vezes conflituosas, nem sempre "racionais" (ver Ball, 2003).

Com base nessas observações, fica claro que a modernização conservadora proporciona grande parte do contexto ideológico para as políticas e práticas educacionais nos Estados Unidos e em outros países. Ela estabeleceu as condições em que tantos de nós agimos, mas também deve ficar claro que não é um fenômeno simples – um grupo, um conjunto único de interesses. Pelo contrário, ela é uma mistura ideologicamente complexa e, muitas vezes, contraditória de forças, mas cujas tendências gerais nos movem em direções direitistas. Por causa disso, nossas análises de quem fala e quem não fala, de como esse discurso é tornado público, de quem é ou não ouvido, de quem reivindica *status* subalterno e outras preocupações urgentes e semelhantes devem ser sutis e matizadas. Contudo, ao mesmo tempo, essa sutileza não deve perder de vista os vencedores e os derrotados nas intensas batalhas por reconhecimento e redistribuição nessa sociedade (Fraser, 1997). Precisamos tomar cuidado para não sacrificar nosso comprometimento com a transformação social e educacional no altar da "complexidade".

Isso exige um ato de equilíbrio. Aquilo que dissemos no último parágrafo sobre tomar cuidado não deve nos fazer ignorar os ganhos que foram feitos na compreensão da profundidade dos problemas que enfrentamos e das dificuldades envolvidas para entendê-los de forma mais plena. Os efeitos da modernização conservadora sobre o conhecimento escolar e a vantagem educacional exigem uma investigação mais ampla, particularmente para se criarem e potencialmente construírem alternativas mais democráticas. Neste livro, diversos autores documentam empiricamente e teorizam a política por trás de alguns dos movimentos conservadores voltados ao currículo escolar e ao acesso à escola nos Estados Unidos. Ao se enfatizarem os movimentos educacionais motivados pelas tendências da modernização conservadora, também se presta atenção à frágil relação das agendas direitistas com os interesses das comunidades subalternas.

A política da identidade e da cultura: os subalternos podem falar realmente?

Mesmo que os movimentos conservadores tenham ganho mais poder, os grupos menos poderosos não se mantiveram passivos. Isso levou a avanços teóricos e empíricos significativos com relação a questões de identidade e cultura. A década de 1960 e o começo da de 1970 representaram uma época turbulenta, em que um espectro de movimentos sociais buscava desafiar as profundas relações de poder desigual. Nos Estados Unidos – de lares, escolas, ônibus, ruas e campos, até tribunais, empresas e o complexo militar-industrial –, todos foram sacudidos por um coro de vozes sobrepostas e às vezes conflitantes. Essas vozes exigiam a transformação de modelos estruturais classistas, racistas, patriarcais, heterossexistas e de modelos de perfeição corporal, que eram globalmente destrutivos.

Isso veio acompanhado por avanços intelectuais cruciais, à medida que esses mesmos movimentos desafiavam a base epistemológica de muitas disciplinas e motivavam o desenvolvimento de novos campos, como estudos afro-americanos, nativo-americanos e femininos. A "nova história", um revisionismo do passado a partir da perspectiva dos oprimidos, passou a ser cada vez mais aceita. O historiador Eric Foner (1997, p. ix) reflete:

> No decorrer dos últimos 20 anos, a história americana foi refeita.... A ascensão de "novas histórias", a ênfase na experiência de americanos comuns, o impacto da quantificação e da análise cultural, o eclipse da política e da história intelectual convencional – essas tendências hoje são tão conhecidas (e tema de tantas controvérsias), que necessitam de pouca reiteração.

Acompanhando esse avanço, as posições marxistas mais ortodoxas, que pressupunham uma reprodução relativamente simples das relações de classe, se tornaram mais complexas com o trabalho neomarxista que enfatizava a relativa autonomia de instituições superestruturais, a contradição e o potencial de ação de grupos subalternos, bem como a importância geral das disputas da sociedade civil (Apple e Weis, 1986; Borg, Buttigieg e Mayo, 2002). O campo dos estudos culturais foi mais além, incluindo o subalterno e o pós-colonial (Chaturvedi, 2000; Dimitriadis e McCarthy, 2001). Para complicar o terreno ainda mais, surgiram tradições variadas de pós-modernismo, com sua ênfase no caráter local, particular, fragmentado e hibridizado da identidade e da cultura. Algumas das formas desconstrucionistas mais radicais questionam a própria noção de identidade, rejeitam qualquer compreensão da cultura como uma construção coerente e concentram-se na impossibilidade do conhecimento (Ellsworth, 1997). Também houve críticas relativas à legitimidade de se compreender a identidade como algo inevitavelmente fragmentado, as quais vieram acompanhadas de narrativas alternativas que enfatizavam as tentativas de gerar coerência entre os eixos múltiplos da identidade (Carlson e Apple, 1998).

Esses ganhos e debates teóricos são importantes, no mínimo, porque, quando perguntamos "o conhecimento *de quem* tem mais valor?", evocamos uma forma de política de identidade. Ou seja, essa evocação requer que consideremos minuciosamente os avanços citados no trabalho de identidade e os debates que esse conhecimento produziu. A significância desses debates para compreender as questões que envolvem o subalterno pode ser vista em outro exemplo, o qual nos leva de volta à questão de Spivak – "Os subalternos podem falar?" – que está no cerne deste livro. Consideremos o trabalho do South Asian Subaltern Studies Collective (Coletivo de Estudos Subalternos Sul-Asiáticos). Esse grupo foi formado no final da década de 1970 para escrever a história da Índia na visão das classes inferiores, um projeto concebido no espírito da história subalterna imaginada inicialmente por Gramsci. O primeiro de muitos volumes de estudos subalternos foi publicado sob organização de Ranajit Guha em 1982 (ver Guha, 1988b, p. 35). Guha (1988a, p. 37) argumenta que a historiografia da Índia há muito era dominada "pelo elitismo colonial e pelo elitismo burguês-nacionalista". Em outras palavras, as histórias coloniais louvavam a cultura, as instituições e os governantes britânicos pelo progresso da Índia, enquanto as histórias nacionalistas atribuíam o crédito às elites, às idéias e às iniciativas indianas. "O que é claramente deixado de fora nessa historiografia a-histórica", segundo Guha (p. 37), "é a *política do povo*". "A historiografia elitista", continua (p. 43), "deve ser combatida de forma resoluta, desenvolvendo-se um discurso alternativo, baseado ... no reconhecimento da coexistência e na interação da elite com os domínios subalternos da política".

Além da pesquisa de Guha (1983), outros membros do grupo também desafiaram as narrativas dominantes (Guha e Spivak, 1988). Por exemplo, Gyan Pandey (1988) traçou a trajetória do movimento camponês em Awadh de 1919 a 1922. Os britânicos haviam estendido privilégios aos *taluqdars*, uma classe nativa proprietária de terras, em troca da manutenção da ordem no campo, enquanto a maior parte da população nativa permanecia formada por trabalhadores sem terra própria. Como resultado, foram organizadas as *Kisan Sabhas* – ou associações de camponeses – em âmbito local, independentes do envolvimento de líderes urbanos no Congresso Nacional Indiano, o principal partido nacionalista da Índia colonial. Pandey (p. 239) explica:

> As associações camponesas agora clamam por ... resistência a qualquer coisa além do arrendamento contratado. Elas pregam a não-cooperação com o regime colonial. Em seguida, os observadores coloniais estavam reclamando que ... no código de procedimentos criminais "não havia nenhuma cláusula para uma zona rural toda arregimentada contra a lei e a ordem". Mas, a liderança do Congresso não deu tempo aos protagonistas ... e essa nova fase do movimento foi reprimida por uma grande força de policiais e de militares armados.

Pandey mostra como líderes nacionalistas como Gandhi tentaram diminuir a significância de conflitos entre os proprietários de terras e os camponeses, de maneira a promover uma unidade mais ampla contra os britânicos – uma abordagem que os camponeses provavelmente leram como "uma declaração em favor do *status quo* e contra qualquer mudança radical na configuração social quando os britânicos finalmente entregassem as rédeas do poder" (p. 277). Talvez mais do que os líderes nacionalistas urbanos, sugere Pandey, os camponeses de Awadh entendiam a aliança que sustentava o poder colonial e o que seria necessário para abalá-la.

Todavia, à medida que os estudos subalternos avançavam, as complexidades inerentes ao projeto inspiravam debates calorosos – complexidades e debates que ficam evidentes nos capítulos que se seguem à nossa introdução. Os debates giravam em torno de diversas questões substanciais, incluindo o grau de autonomia subalterna em relação aos grupos de elite, a natureza da resistência e o perigo de essencializar a subjetividade subalterna, enquanto se omitem a heterogeneidade e os limites dentro de comunidades subalternas (ver Chaturvedi, 2000; Spivak, 1996a). Talvez, de forma mais crucial, foram levantadas questões relacionadas com a *possibilidade* de o subalterno histórico falar. Cada um desses debates é relevante para o trabalho com a subalternidade em estudos educacionais críticos. Optamos por discutir aqui os dois últimos debates, pois está claro que este livro situa-se parcialmente em relação a esse trabalho e até parece, por seu título, desafiar a conhecida afirmação de Gayatri Spivak (1988): "Os subalternos não podem falar".

Juntando-se aos estudos subalternos em 1985, Spivak (1996a, p. 214) refletiu sob o trabalho historiográfico do grupo até aquele ponto, especialmente em relação à questão do essencialismo. Ela afirmava que o trabalho do grupo, muitas vezes, sugeria uma consciência subjacente única e unitária, que constituía a base da solidariedade e da resistência subalternas. Ao mesmo tempo, argumentava que o trabalho do grupo era concomitantemente desconstrutivo, no sentido de que questionava o "sujeito soberano", particularmente a voz de autoridade incorporada no arquivo imperial. Dessa forma, Spivak alegava que o trabalho dos estudos subalternos deveria ser lido como "um uso *estratégico* do essencialismo positivista, com um interesse político escrupulosamente visível". Dito de outra forma, a construção do subalterno *como* uma consciência coletiva coerente foi um método para restaurar o subalterno como agente e força na história – mesmo que o método exigisse simultaneamente que o historiador reconhecesse a parcialidade de sua construção e a impossibilidade de conhecer os sujeitos do passado em toda a sua complexidade.

Spivak articulou a questão mais fundamental desses debates em seu clássico ensaio *Can the Subaltern Speak?* (O Subalterno Pode Falar?). Quando publicou o ensaio em 1988, ela respondeu de modo negativo. A "recuperação" do sujeito (sexualmente) subalterno na história indiana, segundo ela, era complicada pela posição do historiador investigativo, pelo imperialismo dos registros coloniais britânicos e pelo patriarcado das elites nativas – que pareciam "não deixar espaço para o sujeito subalterno falar" (p. 307). Essas são exatamente as questões que os educadores críticos enfrentam quando alegam falar pelos silenciados e estão entre as mais difíceis que os estudantes marginalizados encontram quando enfrentam o currículo oficial, tentam construir visões e conhecimentos alternativos e pressionam por um espaço onde esse conhecimento seja reconhecido como legítimo.

Spivak acredita que os críticos que argumentam que o subalterno *pode* falar não compreenderam adequadamente a natureza de sua afirmação. Em uma entrevista de 1993, Spivak (1996b, p. 306) esclareceu: "A insurgência subalterna ... é uma tentativa de se envolver na representação, mas *não* segundo as linhas dispostas pelas estruturas institucionais de representação oficial. Na maioria das vezes, ela não funciona, e esse é o momento que estou chamando de 'não falar'". Esclarecendo seu argumento, Spivak explica (p. 289): "Com a palavra 'falar', eu obviamente estava me referindo a uma transação entre o que fala e o que ouve", incluindo tentativas de falar por meio de "ações" voltadas para observadores que devem ouvir ou ler o significado delas. Em suma, as tentativas subalternas de representação e a recepção dessas representações dentro dos circuitos de poder existentes são dois aspectos muito diferentes.

Considerando a importância do debate, Spivak reescreveu seu artigo em 1999 e, mais adiante, discutiu o contexto de sua afirmação de que "os subalternos não podem falar". Ela explica que essa afirmação refletia a frustração que sentiu quando tentou reconstruir as histórias de duas mulheres indianas. No primeiro caso, Spivak confrontou um registro histórico insuficiente, no qual Rani de Simur, uma mulher que declarou que sua intenção de se auto-imolar (um ritual executado por viúvas hindus, que os britânicos chamavam de *sati*) somente foi documentada quando suas ações preocuparam autoridades patriarcais nativas ou coloniais. No segundo caso, Spivak tentou investigar o suicídio de Bhubaneswari Bhaduri, uma jovem envolvida na luta armada pela independência indiana, que se enforcou para não trair a confiança de seus camaradas, que dependiam dela para cometer um assassinato político – plano este que não conseguiu executar. Spivak sugere que (p. 307), esperando até o início da menstruação para tirar a própria vida, Bhubaneswari pode ter evitado o assassinato, enquanto simultaneamente "reescreveu o texto social do suicídio *sati*", rejeitando, "na inscrição fisiológica de seu corpo", a "proibição contra o direito de uma viúva menstruada de se imolar".

Em 1926, o suicídio era considerado um enigma pelas autoridades, que não entendiam o discurso simbólico de Bhubaneswari. Talvez ainda mais desconcertantes fossem as respostas de uma mulher bengalesa que questionou por que Spivak queria pesquisar essa mulher, e das sobrinhas de Bhubaneswari, que afirmavam que o seu suicídio havia sido causado por um relacionamento ilícito – uma interpretação invalidada pelo começo de sua menstruação. À luz dessas reações, Spivak (1999, p. 273) declarou: "Seu ato discursivo foi rejeitado. Ela foi forçada a se calar, postumamente, por outras mulheres.... Eu já havia (anteriormente) sintetizado essa indiferença histórica e seus resultados como "os subalternos não podem falar". Dessa forma, os silêncios e as distorções do registro histórico e a indiferença de gerações posteriores motivaram Spivak a tirar suas conclusões. Contudo, em vez de significar uma declaração definitiva sobre as impossibilidades de resistência e sobre a representação dos subalternos, Spivak esperava que o pronunciamento enfatizasse as dificuldades genuínas manifestadas nesse trabalho histórico, bem como os efeitos do poder sobre a maneira como a voz subalterna é ouvida.

Ainda assim, Spivak (1999, p. 307) também enfatizou a necessidade política desse difícil projeto, declarando que "a alternativa de *não* considerar o passado subalterno com todas as suas dificuldades seria não considerá-lo de forma alguma". Reconhecendo as dificuldades – mesmo as encobertas – envolvidas nos processos de definir e representar a "verdadeira" consciência e experiência subalternas, Spivak concluiu, mesmo na primeira versão de seu texto (1988, p. 295), que: "Relatar, ou melhor, participar do trabalho [antiopressivo] ... está inquestionavelmente na agenda. Devemos ... louvar toda a recuperação de informações nessas áreas silenciadas que tem ocorrido na antropologia, na ciência política, na história e na sociologia". Ao mesmo tempo, ela enfatizou que "o pressuposto e a construção de uma consciência ou de um sujeito sustentam o trabalho e ... [assim] misturam a violência epistêmica com o avanço da aprendizagem e da civilização".

Detalhamos o histórico da intervenção de Spivak em debates sobre o subalterno, pois desejamos levar suas opiniões a sério. As complexidades do "discurso" subalterno e a política de como ele é ouvido e transmitido estão no centro deste livro.

Colocando o subalterno no ônibus escolar

Ao lidarmos com questões e advertências que Spivak levanta sobre a "genuinidade" do discurso subalterno e sobre as identidades complexas que são representadas, somos orientados por uma posição adotada por Stuart Hall, um dos analistas culturais que pensou criativamente sobre as relações entre identidade, voz e poder. Hall (1996, p. 2) defende "não o abandono do 'sujeito [subalterno]', mas uma reconceituação – pensando-o em sua nova posição, deslocada ou descentralizada". Defendendo uma compreensão reconceituada do sujeito subalterno, os diversos colaboradores deste livro reformulam de forma incisiva e reorganizam os conceitos de identidade e de cultura cuidadosamente para iluminar importantes debates, passados e presentes, sobre o que conta como conhecimento nas escolas. Em suma, queremos colocar Spivak no ônibus escolar. Esse ônibus andará pelo contexto educacional, percorrendo seu caminho pelo currículo, pelas salas de aula urbanas, pela escolarização em casa, pela academia, pelas políticas e reformas educacionais e pelos movimentos sociais. Ao longo do caminho, devemos perguntar: até que ponto e de que maneira os grupos subalternos conseguiram resistir ou rearticular práticas, políticas e movimentos conservadores? Quando o ônibus retornar, esperamos ter uma compreensão mais matizada de limites e possibilidades para as comunidades subalternas falarem e agirem dentro da educação. Isso somente pode ser alcançado situando-se a complexa dinâmica da ação subalterna no processo de como o poder diferenciado age atualmente dentro da educação. Assim, combinamos uma análise das maneiras como as diferentes formas de dominação atuam, com um foco específico nos espaços criados como os grupos subalternos podem reafirmar suas próprias identidades, culturas e histórias. Dessa forma, queremos participar de um projeto mais amplo, concentrado em imaginar o tipo de trabalho que será necessário para desafiar a hegemonia conservadora e para construir escolas que sustentem afiliações e sensibilidades que conduzam a uma "nova ordem" radicalmente democrática.

Tudo isso é especialmente importante à luz dos atuais choques culturais. De fato, as afirmações de grupos subalternos têm dado início ao que alguns chamam de "guerras culturais" (Gates, 1992). Em oposição às ondas de multiculturalismo e aos avanços políticos e intelectuais citados, os neoconservadores travam uma batalha contra a "balcanização" da sociedade, contra a decomposição da unidade nacional e contra a crise da cultura "comum" e da tradição ocidental (Bennett, 1992; Hirsch, 1996). Essas batalhas ainda são bastante intensas, especialmente em educação, na qual a idéia de um "retorno" ao "conhecimento real" e de uma "cultura comum" tem gerado cada vez mais poder.

Consideremos um breve exemplo que leva a sério a dupla tarefa citada anteriormente e que enfatiza os riscos nas lutas atuais. Em seu livro *Holler if you hear me*, Gregory Michie (1999) reflete sobre sua luta como professor para desenvolver uma pedagogia relevante para os estudantes de origem mexicana quando lecionava em Chicago. Surpreso pela forma como "os estudantes *chicanos* que falavam inglês mantinham distância dos que falavam somente espanhol", ele discute como a própria escola contribuiu para isso (p. 73):

> A rejeição das crianças em relação à sua identidade étnica parecia vir, pelo menos em parte, de um choque de culturas que tinham entre a vida em casa e a vida na escola. Em casa, a maioria das crianças falava espanhol, mas, na escola, havia um professor que as multava – literalmente, fazia-as *pagar em dinheiro* – pelas palavras em espanhol que dissessem na aula.

Um projeto que Michie desenvolveu com diversos estudantes *chicanos* foi a produção de um áudio sobre o livro *The house on mango street*, de Sandra Cisnero, que traz uma série de vinhetas sobre uma garota mexicano-americana da classe operária que cresceu em Chicago – como seus alunos. À medida que o projeto avançava, ele revelava como um currículo relacionado com as vidas dos estudantes pode começar, em grandes e pequenas maneiras, a abrir espaços para um aprendizado que reconheça como valiosas as culturas dos grupos subalternos. Por exemplo, ao ler uma vinheta chamada *"Chanclas* [chinelos de dedos]", os alunos de Michie começaram a rir. Quando perguntou por que estavam rindo por causa de uma palavra que se referia a sapatos, um aluno respondeu que era um apelido ou algo assim: "Nunca vi essa palavra escrita antes em um livro. Não é que seja engraçado, é apenas ... é como uma palavra secreta, entende? É como uma palavra que ninguém de fora conhece. Sacou?" (p. 58). De maneira convincente, esse exemplo fala sobre o poder das formas culturais dominantes para dividir as pessoas entre os aceitos e os intrusos em instituições educacionais, além de possibilitar uma visão do espírito que desperta quando formas alternativas de conhecimento inspiram as escolas e quando o "intruso" passa a ser aceito (ver também Buras, 2005a).

Esse exemplo remete a uma questão mais ampla. Dolores Delgado Bernal (1999, 2002) defende a relevância epistemológica da subjetividade e das intuições culturais dos estudantes de cor nas escolas. Ela demonstrou como as perspectivas feministas *chicanas* e as eurocêntricas levam a interpretações divergentes da cultura e do conhecimento dos estudantes. Com base no privilégio branco, nos privilégios do inglês, no capitalismo e nas teorias "científicas" da inteligência, ela afirma que, por gerações, uma orientação epistemológica eurocêntrica posicionou os *chicanos* "como 'culturalmente deficientes' e caracterizou-os como ignorantes, atrasados, sujos, sem ambição e anormais" (2002, p. 112; ver também Valenzuela, 2005). Em comparação a isso, uma perspectiva feminista *chicana* coloca em foco o fato de que um valioso "conhecimento comunitário e familiar é ensinado para os jovens por meio de lendas, *corridos* e histórias", uma forma de conhecimento que geralmente é invisível na epistemologia eurocêntrica (p. 113). Delgado Bernal enfatiza que "aprender a ouvir essas histórias dentro do sistema educacional pode ser uma importante prática pedagógica para professores e estudantes", a qual expõe uma perspectiva "não-majoritária" que os estudantes em situação mais vantajosa geralmente não estão acostumados a ouvir (p. 116). Se pensarmos aqui na afirmação de Spivak de que, mesmo que os subalternos *pudessem* falar, os poderosos se recusariam a ouvir as histórias que eles contam, somos lembrados das dificuldades reais que surgem quando os membros de grupos dominantes e subalternos confrontam-se.

Ainda assim, até as formas culturais subalternas podem conter elementos dominantes e engendrar seu próprio "exterior constitutivo" (Butler, 1993). É importante distinguir as dimensões da cultura e da história que devemos defender e as que merecem críticas (Apple, 2005b) – uma tarefa do tipo recomendado por Gramsci, que pedia uma investigação dos "vários níveis", conservadores e progressistas, que existem dentro da consciência. Isso exige essencialmente que compreendamos os elementos do *insight* nas posições adotadas pelos grupos subalternos, mas que também reconheçamos os aspectos que podem ter implicações menos democráticas. Tudo isso deve ser feito sem romantismo. A realidade é complexa e contraditória, assim como a política que dela emana. O ato de "falar em resposta" pode ter resultados contraditórios e, como veremos, pode até envolver grupos com os quais os progressistas discordem. A subalternidade *nem* sempre significa progressivismo político e educacional. Essa questão é um entendimento crucial e será abordada em diversos capítulos, especialmente nos da primeira seção.

Nesse sentido, o trabalho de Kevin Kumashiro trouxe muitas contribuições (2002, p. 56). "É problemático", escreve o autor, "falar em identidades sempre e apenas em suas encarnações separadas, o que não apenas nega os modos como as identidades já se interceptam, mas, ainda, mais importante, também encobre os modos como certas identidades já são privilegiadas". Em vez de valorizar a cultura subalterna e enfatizar uma identidade coletiva singular e enraizada na opressão, Kumashiro mostra como determinadas dimensões da cultura subalterna e da consciência merecem ser preservadas, enquanto outros aspectos talvez devam ser criticados (ver também McCarthy, 1998).

Mais precisamente, Kumashiro (2002) revela como as culturas subalternas às vezes "citam" e "complementam" as ideologias dominantes, significando que incorporam certas formas da ideologia dominante, enquanto, simultaneamente, acrescentam algo novo. Em um exemplo, o autor mostra que garotos homossexuais de origem asiático-americana sofrem racismo e heterossexismo na sociedade. Ao mesmo tempo, eles também sofrem diferentes formas de heterossexismo e racismo nas comunidades homossexuais e asiático-americanas. Dessa forma, as comunidades asiático-americanas, muitas vezes, "normalizam a heterossexualidade e denigrem as sexualidades homossexuais [citam], mas também atribuem marcadores raciais a diferentes orientações sexuais [complementam]". Apesar de a heterossexualidade ser freqüentemente racializada como um "requisito do caráter asiático", a homossexualidade costuma ser racializada como branca, de modo que os asiático-americanos que são homossexuais "não são 'realmente' asiáticos, são mais brancos do que asiáticos, e têm a 'doença branca'" (p. 83). Enquanto isso, os homossexuais asiáticos podem ser aceitos nas comunidades homossexuais, mas os termos são racializados à medida que são considerados "exóticos" e, desse modo, "superdesejáveis" (p. 84). Assim como Spivak, Kumashiro enfatiza que as construções dominantes e subalternas da identidade criam suas próprias margens. Essas são as contradições engendradas quando os subalternos falam.

Circuitos de produção, distribuição e recepção do currículo

Apesar de termos apontado questões relacionadas com a identidade na seção anterior, a identidade não esgota os problemas que devemos enfrentar. Outras questões também estão intimamente vinculadas à questão que mencionamos anteriormente – "Tem mais valor o conhecimento de quem?" A política que envolve produção, distribuição e recepção do conhecimento curricular é intensa e complexa. As disputas pelo currículo – sobre quais experiências serão representadas como válidas ou qual língua ou história será ensinada – são inquestionavelmente permanentes (Apple, 2000; Kaestle, 1983; Zimmerman, 2002). Esses conflitos continuam até o presente, à medida que multiculturalistas de todas as linhas clamam por maior diversidade no currículo (Grant e Sleeter, 2003). Os neoconservadores, por outro lado, lutam para manter a dominação de determinadas tradições (por exemplo, "eurocêntrica"), enquanto os populistas autoritários pedem a volta da oração na escola e até a volta da escolarização em casa, quando o mal do humanismo secular parece inconquistável (Apple, 2006; Buras, 1999). O livro didático – talvez a personificação mais concreta daquilo que conta como conhecimento nas escolas – engendrou campanhas relacionadas com o conteúdo, da esquerda e da direita (Delfattore, 1992) – campanhas que levaram a todos os tipos de manobras por editores a fim de obter o mercado da adoção de livros por escolas estatais (Apple, 1998; Apple e Christian-Smith, 1991). Além disso, a busca de padrões nacionais e estaduais, bem como a da avaliação padronizada (McNeil, 2002; Ravitch, 1995), fez apenas com que o que está em jogo fosse ainda mais disputado.

Muitas das lutas mencionadas concentram-se na produção e na distribuição do conhecimento curricular. Contudo, ao mesmo tempo, há um foco crescente em como as próprias escolas funcionam como locais de recontextualização do *corpus* formal do conhecimento escolar (Bernstein, 2000). A ênfase está no fato de que o conhecimento nunca é transmitido de forma fácil do currículo para o professor, do livro didático para o aluno ou mesmo do professor para o aluno (Epstein, 1998; Grant, 2001; Willis, 1997). Em suma, o currículo oficial sempre é reconstruído no nível da recepção, à medida que professores e alunos entram no interminável processo cotidiano de compreensão, resistência e ensino e aprendizado. Claro que nenhum dos conflitos associados à política da produção, da distribuição e da recepção do currículo ocorre em um solo nivelado. Nem todas as partes têm acesso a recursos, canais de comunicação ou poderes equivalentes – questão fundamental que é levantada ao longo deste livro.

Essas desigualdades ficam notavelmente claras em trabalhos recentes sobre como esses canais são controlados por legisladores conservadores. Mary Lee Smith e seus colaboradores (2004, p. 11) endossam a "teoria do espetáculo político" no que diz respeito a explicar a formação de políticas educacionais e a distribuição de valores associados às políticas. Segundo a explicação dos autores:

> Essa teoria diz que a política contemporânea se parece com o teatro, tendo diretores, palcos, elencos de atores, enredos narrativos e (mais importante) uma cortina que separa a ação que ocorre no palco – à qual o público tem acesso – dos bastidores, onde ocorre a verdadeira "alocação de valores".

Esse definitivamente *não* é o tipo de teatro proposto por Boal, cujo objetivo, como vimos, é reduzir a dominação, em vez de perpetuá-la. No teatro do espetáculo político, em comparação, o público somente recebe – na maior parte – o benefício simbólico da linguagem tranqüilizadora dos legisladores, enquanto a elite adquire benefícios concretos por trás das cortinas. As explicações "racionais" sobre as políticas públicas pressupõem que os atores envolvidos negociem seus interesses conjuntamente, com atenção ao bem comum. Contudo, geralmente se omite a política que orienta o desenvolvimento das políticas públicas.

Uma análise de programas de avaliação educacional da década de 1990 no Arizona proporciona uma visão do teatro das políticas públicas. Com uma retórica voltada para a necessidade de elevar os padrões e de responsabilizar as escolas, as autoridades estaduais acabaram com o programa deficiente de testes da administração anterior e o substituíram rapidamente por outro sistema, igualmente fracassado. Embora ambos os programas estivessem causando mais mal do que bem para os estudantes, a revisão de padrões e o desenvolvimento e a implementação de um novo regime de testes prometiam amenizar a crise de desempenho e simultaneamente aumentaram a confiança na administração. Ao mesmo tempo, os orçamentos estaduais e distritais eram canalizados ao longo do processo, políticos e seus aliados na indústria dos exames obtinham grandes lucros e louvores públicos. Enquanto isso, o desperdício de recursos educacionais e de tempo, além da pouca confiabilidade e validade dos exames, impedia o progresso escolar, particularmente para estudantes pobres e estudantes de cor. No nível da recepção, testes de nível elevado produziram grande resistência em diversos Estados, pois nem todos os grupos ficaram satisfeitos com o desempenho dos legisladores (Smith et al., 2004; ver também Valenzuela, 2005).

Essa resistência nos lembra de que os circuitos de produção, distribuição e recepção de políticas e currículos consistem em uma densa e dinâmica rede de relações (Johnson, 1983). Os atores em um nível podem considerar que seus mandatos são desafiados por atores em outra parte do circuito. O uso de currículos no nível escolar pode ser bastante diferente dos currículos produzidos e distribuídos originalmente, pode servir a finalidades que seus criadores não previram e até inspirar lições ou resistências imprevistas. Enfim, o roteiro curricular deve ser trazido à vida, mas a plataforma mais ampla em que sua reprodução ocorre representa desafios para a integridade da visão oficial (ver Schweber, 2004).

As complexidades desse circuito são claras quando vistas com atenção, não apenas nos Estados Unidos, como também internacionalmente. Em Cingapura, no final da década de 1980, por exemplo, o governo controlava rigidamente o desenvolvimento de um currículo religioso que visava (pelo menos no palco) proteger Cingapura do alegado "declínio moral" do Oeste. Embora alegasse neutralidade e convidasse os pais a optar entre várias alternativas disciplinares, a opção da Ética confucionista recebia uma desproporcional atenção de políticos e dos meios de comunicação – uma intervenção moldada pelo desejo oculto do governo de promover seus próprios preceitos. Todavia, os pais optavam mais por estudos budistas, que acreditavam ser mais fáceis para os alunos e, assim, priorizavam "a opção que garantisse 'retornos mais fáceis' no sistema educacional competitivo" (Tan, 2000, p. 89). Embora imprevisto, o renascimento budista e cristão evangélico foi fortalecido pelo currículo religioso. Essa mediação revela que, apesar do "rígido controle" do governo sobre o currículo, a implementação estava "repleta de inúmeras contradições e tensões que, por sua vez, lançaram as sementes da revisão do programa" (p. 96). De forma clara, o desenvolvimento curricular não pode ser compreendido separadamente dos contextos de sua adoção e implementação (ver também Wong, 2002).

Em outro cenário internacional, Nadine Dolby (2000) mostrou como dois diferentes "locais de memória" sobre o *apartheid* exerceram influência sobre a compreensão histórica de estudantes brancos em uma escola de elite na África do Sul. O primeiro local, a Comissão da Verdade e Reconciliação, iniciada em 1995 com o apoio do governo, concentrava-se nas narrativas de vítimas negras e nas de brancos que violaram os direitos humanos, implicando cada pessoa a contar sua história, o perdão, a cura e a unificação nacional. O segundo local foi a classe de história da professora West. Em comparação, ela pedia para os alunos considerarem a ação dos negros sul-africanos, que buscavam coletivamente mudar o *apartheid*. Dolby (p. 183) explica que os alunos tendiam a "rejeitar" as interpretações da professora. "Muitos deles sobrepunham a apresentação histórica da professora com os temas predominantes que emergiam das audiências da Comissão de Verdade e Reconciliação, substituindo o foco na ação e na luta por uma ênfase na moralidade, na compaixão e na confissão". Considerando a receptividade desigual dos estudantes, ela conclui que as "aulas de história da professora West, que buscavam transmitir aos alunos a vibração e o poder da mudança coletiva, *não podem falar* da compreensão dos estudantes sobre a história, que é influenciada pelo discurso nacional·da reconciliação" (itálico acrescentado, p. 190). Nesse caso, histórias subversivas foram suprimidas em favor de narrativas mais conciliadoras do passado, revelando como as iniciativas dos professores são influenciadas pelas próprias origens raciais e classistas dos estudantes e pelo contexto político mais amplo em que se situam as escolas.

De forma clara, é importante que os estudiosos sejam específicos ao analisarem esses circuitos. Concordamos com Catherine Cornbleth (2000, p. 2), a qual enfatiza que "dizer que a educação em geral ou o currículo em particular são políticos não é dizer muito, a menos que se descreva o que político significa, como a política atua e por que a política é importante.... Relativamente poucos observadores ou analistas contemporâneos explicaram a política educacional além de abstrações". De que modo os grupos dominantes e subalternos – as classes pobres e trabalhadoras, as pessoas de cor, os estudantes homossexuais, os estudiosos progressistas na academia empresarial, os grupos cada vez mais fortes como os evangélicos conservadores e até os grupos nacionalistas e os movimentos sociais – intervêm nos circuitos de produção, distribuição e recepção curriculares? De que maneiras as estruturas de oportunidades criadas por certas políticas educacionais foram adotadas por diferentes grupos? As coletividades dominantes e subalternas buscam influenciar a produção e a circulação do conhecimento e reinterpretar as representações que permeiam a vida escolar cotidiana. Os colaboradores deste volume abordam as contestações, concessões e reconstruções associadas aos circuitos de políticas curriculares e educacionais. Analisando uma variedade de contextos, esperamos compreender melhor a dinâmica do poder, as apostas e as possibilidades democráticas.

Contextos nacionais e internacionais

O uso dos exemplos de Cingapura e da África do Sul nos leva a nossos últimos argumentos. O caráter global da modernização conservadora e a globalização das relações econômicas e culturais exigem uma análise mais aprofundada das conexões entre contextos nacionais e internacionais. De fato, os avanços em estudos subalternos e pós-coloniais revelam a importância crucial de entender as relações interconectadas e inconstantes entre a "periferia" e o "centro", particularmente em termos de disputas sobre o conhecimento (Mignolo, 2000; Hardt e Negri, 2000).

Com base nessas visões, especialistas exploraram a relevância da política educacional neoliberal e seus efeitos em nações tão diferentes quanto o Chile, a China, a África do Sul e a Inglaterra, demonstrando a relevância das experiências dessas nações para debates sobre escolha escolar, igualdade e inovação curricular nos Estados Unidos. A maior parte das evidências desses contextos diversos revela que os planos educacionais baseados no mercado apenas aumentaram as vantagens para aqueles que já eram relativamente privilegiados e pioraram as disparidades existentes (Plank e Sykes, 2003; ver também Whitty, Power e Halpin, 1998; Apple, 2006). O que é igualmente perturbador é que, apesar dessas evidências, os modernizadores conservadores em nações como os Estados Unidos, onde as formas de mercado em educação são menos avançadas, ainda persistem em fazer promessas sobre a qualidade redentora dos mercados educacionais. Essa recusa em aprender com outros países é uma prática perigosa, baseada no desejo de ignorar e em pressupostos hierárquicos sobre qual experiência é mais proveitosa para orientar as reformas educacionais (ver Buras e Apple, 2005).

Uma perspectiva mais ampla sobre as questões de identidade, conhecimento curricular e resistência pode ser obtida com trabalhos que consideram as visões possibilitadas pela conexão entre o local, o nacional e o global – um projeto que foi prejudicado pelo nacionalismo e pelo excepcionalismo ocidentais. O nível de resistência a esse projeto é exemplificado nas denúncias neoconservadoras não apenas do multiculturalismo esquerdista, como também da educação global nos Estados Unidos. Em meados da década de 1980, Phyllis Schafly afirmou que a educação global promovia "a falácia de que outras nações, outros governos, outros sistemas legais, outras culturas e outros sistemas econômicos são essencialmente equivalentes a nós e merecem igual respeito" (citado em Lamy, 1990, p. 52). Esse modo de condenação das formas mais básicas de educação transnacional apenas aumentou (Burack, 2003). Rejeitamos essa visão insular e o nacionalismo retrógrado em que ela se baseia. De fato, diversos autores deste livro afirmam o valor do pensamento de fronteira ou o "reconhecimento e a transformação do imaginário hegemônico a partir da perspectiva de pessoas em posições subalternas" (Mignolo, 2000, p. 736). De que maneiras, podemos perguntar, as disputas pelo conhecimento escolar em determinados contextos informam os trabalhadores da educação e da cultura em e além das fronteiras nacionais? Quais são as implicações possíveis e as barreiras à construção de um currículo que seja subalterno, criticamente multicultural e transnacional em sua ênfase?

Essas questões são essenciais. A globalização, em todas as suas formas, contribuiu para um mundo cada vez mais cosmopolita, ainda que um mundo onde as trocas sejam extremamente desiguais. Dominadas pelos interesses das elites em países ocidentais, as entidades financeiras internacionais, como o Fundo Monetário Internacional (FMI) e o Banco Mundial, impuseram formas neocoloniais de dívida escravagista sobre as nações menos poderosas e o fizeram tendo pouca consideração com práticas democráticas básicas. Joseph Stiglitz (2002, p. 18-19) defende o seguinte argumento:

> Subjacente aos problemas do FMI e de outras instituições econômicas internacionais, há o problema da governança: quem decide o que elas fazem... As instituições não apenas são dominadas pelos países industrializados mais ricos, como também por interesses comerciais e financeiros nesses países, e as políticas das instituições naturalmente refletem isso.

Novamente, surge a questão das vozes de elite e de subalternos e sua capacidade correspondente de serem ouvidas e de influenciarem processos decisórios cruciais. Usando nossa metáfora do teatro mais uma vez, podemos dizer que, no palco, o FMI proclama que não dita acordos de empréstimos – que os negocia. Contudo, nos bastidores, ele é bastante ditatorial e "efetivamente reprime quaisquer discussões no governo cliente – e mais ainda no país como um todo – sobre políticas econômicas alternativas" (p. 43). Os países pobres, por sua vez, exigem o direito de participar de forma mais significativa da formação de políticas de desenvolvimento. Essas demandas levaram o FMI e o Banco Mundial a ceder e começar a realizar avaliações "participativas" da pobreza, em que os governos clientes ajudam a avaliar o nível dos problemas existentes, pelo menos como um primeiro passo. Como um exemplo do espetáculo em cartaz, o FMI, *antes* de sua visita a determinado país, exige que o Banco Mundial envie um esboço da avaliação da pobreza dessa região "assim que possível" (p. 50). Claramente, há um mundo de diferenças entre o real e o ideal, com atos como esse demonstrando amplamente a distância que os grupos dominantes percorrerão para controlar quem fala e as condições em que o "diálogo" pode ocorrer.

Dessa forma, os artifícios substituem a democracia, e a luta continua. Em reconhecimento a esse fato, alguns estudiosos voltam-se para as complicadas maneiras como as políticas e os discursos neoliberais e neoconservadores são interrompidos em parte por arranjos democráticos sociais históricos ou rearticulados por grupos subalternos em uma variedade de contextos internacionais (Apple et al., 2003). É fundamental que não esqueçamos que é possível recriar a globalização, à medida que os grupos subalternos resistem ao papel de espectadores e agem para desafiar as atuais estruturas econômicas que impedem o acesso aos serviços de saúde, educação e outros direitos sociais fundamentais – algo que é poderosamente demonstrado por Luís Armando Gandin no Capítulo 9.

Porém, precisamos ter cautela. Essas forças econômicas globais, muitas vezes, são vistas como a única via que estrutura as relações internacionais. Fluxos e trocas culturais facilitados por novas tecnologias, pela migração pós-colonial, pela destituição e pela educação internacional tiveram um impacto profundo na vida cotidiana, na prática política e na imaginação (Apple, Kenway e Singh, 2005; Burbules e Torres, 2000; Cheah e Robbins, 1998). Dessa forma, desenvolveram-se redes de representação transnacional, que facilitam as mobilizações internacionais e reforçam as nacionais (Keck e Sikkink, 1998). Esses processos, assim como os processos econômicos que discutimos, também são desiguais, à medida que as trocas culturais nos e entre os países ocorrem em meio a desigualdades imensas.

Anteriormente, fizemos alusão às "guerras culturais" nos Estados Unidos. Pode-se argumentar que a atual "guerra contra o terrorismo" (desde setembro de 2001) é *a* guerra cultural por excelência – embora seja inegavelmente claro que interesses econômicos explícitos também motivem essa campanha tão brutal. Desde aquele fatídico momento, muitas elites passaram a ver as trocas culturais como ainda *mais* poluentes e perigosas do que antes. Certos grupos raciais e religiosos, imigrantes e "estrangeiros", protestos "antipatrióticos", civis de Estados "terroristas" e outras classes "suspeitas" são perfilados, interrogados, detidos, deportados e torturados. Portanto, não podemos ignorar os "termos" do contato e da miscigenação culturais, pois nem todas as formas culturais merecem reconhecimento nesse contexto (ver Apple, 2002; Buras, 2005b; Pieterse, 2004). A globalização da cultura, combinada com linhas opressoras de nacionalismo e identidade nacional, formas e práticas neocoloniais e Estados policiais móveis, significa que a circulação do conhecimento que vem de baixo é mais difícil *e* muito mais essencial.

Com todo o discurso sobre uma nova ordem global e mundial *pós*-colonial, existe muita coisa que não é tão "nova". As formas coloniais manifestam-se como imperialismos reconfigurados, mas familiares, que alimentam as lutas e os novos movimentos sociais. Por exemplo, desde o "fim" do *apartheid* na África do Sul, surgiram diversas tendências neocoloniais ou re(colonizadoras). Embora o isizulu seja uma língua nacional oficial, que é mais falada do que o inglês, a política lingüística no campo da educação facilita a continuação da hegemonia do inglês (Ndimande, 2004; ver também Singh, Kell e Pandian, 2002). Em muitas escolas públicas, apesar das tentativas de democratizá-las e acabar com a segregação, o inglês é o único meio oficial de comunicação até a sexta série. Os livros didáticos usados nas escolas apresentam tendências comparáveis. A estrutura de um desses textos e seu conteúdo seguem um padrão confortável: as histórias da Europa e dos Estados Unidos recebem prioridade, com a história da África tratada por último. O colonialismo na África estava praticamente ausente, com atenção desproporcional para o período da descolonização. A cobertura da história sul-africana não é melhor, com o período entre 1976 e 1994 – uma época de contestação mundial contra o *apartheid* – tratado como um adendo que nem merecia ser abordado, segundo a cartilha de história. "Os livros didáticos, que são (racialmente) preconceituosos", conclui Ndimande (2004, p. 208), "refletem uma das tendências do neocolonial[ismo]", ou seja, a tendência de "apagar a memória coletiva dos povos oprimidos". Essas tendências (re)colonizadoras, assim como os movimentos de oposição que visam reescrever geografias nacionais e passados a partir da visão e na língua dos subalternos, envolvem lutas pelo "centro" e pelas "margens" e serão enfatizadas em capítulos posteriores.

Paulo Freire (1993) entendia o potencial libertário de se enxergar o mundo a partir do ponto de vista daqueles que vivem nas margens, assim como muitos ativistas em movimentos contra-hegemônicos mais recentes em educação. Com relação a essa filosofia, Michael Apple lembra: "Durante uma das vezes em que estive no Brasil trabalhando com Paulo Freire, lembro-me de ele me dizer repetidas vezes que a educação deve começar no diálogo crítico" (Apple, 2001, p. 218). A importância desse diálogo estende-se não apenas para indivíduos e grupos nas nações, mas também implica "a eficácia de nos voltarmos às experiências de outros países para aprendermos quais são realmente os efeitos das políticas neoliberais e conservadoras" e como "os grupos marginalizados nessas regiões estão ajudando a construir o apoio para políticas mais progressistas e democráticas" (p. 219). Nessa tradição de diálogo, este livro incorpora o conhecimento de contextos educacionais nacionais e internacionais para estimular uma reflexão crítica que cruze fronteiras.

DOMINAÇÃO E SUBALTERNIDADE – DIREITA E ESQUERDA

Deve ficar claro que o propósito deste livro é articular respostas históricas, teóricas e empíricas às muitas questões geradas quando se consideram a voz, a identidade e "o conhecimento de quem tem mais valor" nas atuais condições políticas, econômicas e culturais. Os autores que contribuíram para este livro avaliam rigorosamente os efeitos da modernização conservadora sobre o conhecimento escolar. De forma cuidadosa e prática, analisam as lutas dos grupos subalternos por reconhecimento cultural e redistribuição econômica nos diversos contextos educacionais, exploram as maneiras pelas quais as formações e os atores dominantes e subalternos intervêm nos circuitos de produção e distribuição do currículo. Além disso, recontextualizam o conhecimento no nível da escola e da sala de aula e avaliam de forma crítica a política do conhecimento em contextos nacionais e internacionais, com ênfase na significância local e transnacional de determinadas controvérsias e de certos projetos. Considerados coletivamente, os capítulos desta coletânea esclarecem muitas das grandes lutas pelo conhecimento que caracterizam o momento contemporâneo e proporcionam uma lente para considerar como as iniciativas dominantes e, muitas vezes, antidemocráticas de construir e reconstruir o currículo e as políticas escolares devem ser combatidas por mobilizações progressistas e subalternas, às vezes contraditórias.

Queremos desafiar algumas das maneiras predominantes de entender o subalterno. Nossos pressupostos comuns sobre quem são os subalternos e as vozes com que falam nos levam a pressupor quase automaticamente que os grupos oprimidos falam com vozes progressistas. Além disso, muitas vezes, ignoramos o fato de que o *status* subalterno é cada vez mais reivindicado por um número crescente de grupos, alguns dos quais podem ocupar posições dominantes e subalternas. Devemos considerar seriamente o argumento de Fraser (1997) de que, às vezes, as disputas por reconhecimento podem interromper a dominação e até influenciar vigorosamente as disputas por redistribuição. Por outro lado, gostaríamos de ir além de Fraser, enfatizando o fato de que as lutas por reconhecimento podem e ocorrem da mesma forma entre os grupos dominantes.

Currículo, poder e lutas educacionais: com a palavra, os subalternos é dividido em três partes. A primeira parte é "Os subalternos falam: na voz de quem?". À luz das questões que levantamos anteriormente, os capítulos que fazem parte dessa seção identificam e analisam iniciativas curriculares e movimentos educacionais sob a direção principal de facções dominantes da aliança conservadora nos Estados Unidos, incluindo neoconservadores, conservadores religiosos e neoliberais. Os autores concentram-se nos esforços desses grupos para influenciar a produção, a distribuição e a recepção do currículo, a reforma educacional e a relação dessas iniciativas com vários grupos subalternos. Um dos focos principais será nas vozes, nos esforços e nos movimentos contraditórios daqueles que reivindicam, correta ou incorretamente, o *status* subalterno, ou que dizem falar pelos subalternos. Colocamos essa seção no começo porque queremos questionar e provocar a noção de subalternidade no início do livro.

No Capítulo 1, Kristen L. Buras argumenta que estamos entrando em uma era em que as formas progressistas de multiculturalismo estão sendo redefinidas ao longo de linhas conservadoras por grupos poderosos e aceitas como parte de uma conciliação decisiva – pretendendo-se ganhar o consentimento das comunidades subalternas para determinadas reformas educacionais. Ela faz uma análise crítica das premissas subjacentes à visão conservadora de E. D. Hirsch sobre a escolarização, que ajudaram a introduzir o que ela chama de "multiculturalismo direitista". Na seqüência, Buras identifica os interesses diversos e as alianças peculiares que contribuíram para o movimento *Core Knowledge* e que o fortaleceram e combateram nas duas últimas décadas. De maneira igualmente significativa, detalha como o currículo *Core* de Hirsch constrói uma "*nova* velha história" nos livros didáticos, que potencialmente interessa a grupos de cima e de baixo.

Concentrando-se em uma diferente linha de modernização conservadora no Capítulo 2, Michael W. Apple avalia as maneiras como os papéis de gênero tradicionais para as mulheres, o acesso a novas tecnologias como a internet, o crescimento das editoras cristãs e até mesmo o desenvolvimento de legislação para as escolas *charter* facilitaram o surgimento da escolarização em casa dirigidas por mulheres religiosas fundamentalistas e evangélicas conservadoras. O autor esclarece as contradições nos movimentos conservadores que posicionam as mulheres como subservientes e, ainda assim, simultaneamente proporcionam identidades de atores poderosos a essas mesmas mulheres. No processo, levanta questões complexas e perturbadoras sobre a maneira como essa facção adotou a linguagem e a identidade da comunidade subalterna.

No Capítulo 3, Thomas C. Pedroni examina a formação da identidade e a ação de pais afro-americanos de baixa renda envolvidos no programa de vale-educação para escolas privadas na cidade de Milwaukee. Mais especificamente, analisa a aliança condicional formada com grupos dominantes – particularmente neoliberais – em torno do vale-educação e sugere que os grupos subalternos não se tornam necessariamente direitistas (politicamente) quando apóiam a reforma escolar baseada no mercado. De fato, o autor revela várias tensões que caracterizam essa aliança, mas sugere que mesmo o apoio tático dos grupos subalternos para o programa de vale-educação pode aumentar o poder conservador e prejudicar os interesses dos excluídos.

Em suma, os capítulos da primeira parte enfatizam movimentos educacionais que foram pouco estudados e que são motivados pelas tendências da modernização conservadora, assim como a relação frágil e, muitas vezes, contraditória de agendas direitistas com os interesses de comunidades oprimidas.

Como um dos nossos propósitos na primeira parte é complicar ainda mais a nossa compreensão das políticas da subalternidade em relação às forças agressivas da modernização conservadora, existe o perigo de esquecer as disputas justificáveis desses grupos, que estão claramente entre os mais oprimidos, cultural, econômica e politicamente, seja nos Estados Unidos, seja em tantos outros. Assim, também queremos prestar especial atenção às vozes e às disputas dos grupos que continuam a sofrer as conseqüências, muitas vezes assassinas, do racismo, do patriarcado, da homofobia e do capitalismo. No processo, queremos mostrar uma visão mais clara da ação e das lutas cruciais desses grupos na esfera da educação.

Dessa forma, a segunda parte, "Os subalternos falam: contextos americanos", concentra-se no posicionamento e na participação de grupos subalternos variados nos Estados Unidos, incluindo estudantes nativo-americanos, ativistas educacionais feministas *chicanas*, estudantes homossexuais e estudantes de cor, bem como intelectuais progressistas, em uma variedade de lutas educacionais. De maneira mais específica, os autores examinam as iniciativas de grupos subalternos para desafiar os efeitos da modernização conservadora na escolarização, para intervir nos circuitos de produção, distribuição e recepção do currículo e para exercer sua influência em resposta a questões de reconhecimento e redistribuição.

No Capítulo 4, Glenabah Martinez concentra-se na recepção de currículos "regulares" e de estudos nativo-americanos por estudantes indígenas em uma escola urbana e revela como a dominação, as concessões e a resistência ocorrem no nível da sala de aula. Além disso, a autora explora a complicada relação entre o entendimento dos estudantes sobre o que é considerado útil do ponto de vista educacional e as noções sobre o conhecimento "branco" obrigatório e o conhecimento "vermelho" opcional.

No Capítulo 5, Dolores Delgado Bernal concentra-se em um protesto histórico de estudantes *chicanos* contra currículos racistas e contra a desigualdade de recursos nas escolas públicas da zona leste de Los Angeles. Após tentarem inicialmente ser ouvidos pelos canais oficiais – sendo ignorados pelas autoridades escolares –, os ativistas estudantis organizaram e fizeram uma grande greve. Ainda assim, de maneira irônica, as *chicanas* envolvidas na mobilização não foram percebidas como líderes. Por meio de histórias orais, Delgado Bernal mostra como determinadas construções da ação ocultam as contribuições das mulheres e, assim, discute o que significa "falar" no nível popular. Novamente, isso mostra que a ação subalterna, muitas vezes, é complexa e contraditória.

No Capítulo 6, Kevin K. Kumashiro reflete sobre a dinâmica racial e sexual do contexto pós-11 de setembro e questiona como essa dinâmica se relaciona com formas de "diferença" nas escolas. Na sociedade e na educação, argumenta o autor, as diferenças raciais e sexuais engendraram o medo e as reformas voltadas à assimilação, que estimulam a conversão, a omissão e o disfarce – que sobrecarregam as identidades de estudantes subalternos, enquanto deixam inquestionado o poder das formas dominantes. Segundo o autor, as iniciativas educacionais antiopressivas geralmente não estão dispostas a "ir além" ao abordarem questões de reconhecimento.

Stanley Aronowitz mostra, no Capítulo 7, como interesses militares e empresariais infectaram a produção, a distribuição e a recepção do conhecimento em instituições educacionais de ensino superior e reduziram as possibilidades de formas mais esclarecidas de ensino e pesquisa. Os estudiosos da academia dedicados a produzir conhecimento para o bem público em vez de para privado tornar-se-ão subalternos, afirma o autor, à medida que o trabalho intelectual é cada vez mais mercantilizado e comprometido com os ditames das elites econômicas e das forças conservadoras estatais. O desafio de Aronowitz é o seguinte: os intelectuais públicos, mesmo os que têm privilégios relativos, devem agir em solidariedade contra o capital global.

Mapeando as condições educacionais e as mobilizações de uma ampla variedade de grupos subalternos, os autores da segunda seção revelam possibilidades e contradições envolvidas na maneira como esses grupos resistiram ou organizaram-se (ou potencialmente poderiam) com base em determinadas identificações e em espaços disponibilizados por forças progressistas e conservadoras.

A terceira parte, "Os subalternos falam: contextos internacionais", analisa a significância da subalternidade para produção, distribuição e reconstrução do conhecimento escolar em contextos fora dos Estados Unidos. Ela considera seriamente uma das principais tarefas deste livro – ajudar-nos a entender os elementos específicos de como as disputas se desenvolvem em uma variedade de contextos. As realidades da globalização nos levam a pensar além das fronteiras e a reconhecer que as histórias e lutas são conectadas com as de tantas outras nações. Em essência, queremos lembrar que grande parte da história dos países que reivindicam o centro para si mesmos ocorre fora de suas fronteiras (ver também Hardt e Negri, 2000).

Dessa forma, no Capítulo 8, Jyh-Jia Chen documenta os conflitos ocorridos em Taiwan em torno do reconhecimento da história, da língua e da cultura nativas nos currículos escolares. A autora analisa o tratamento de um massacre histórico sob a dominação chinesa e da representação geográfica do território em relação a questões de soberania, além de discutir como os ativistas buscaram combater as representações oficiais. Depois disso, Chen faz uma análise das políticas lingüísticas dominantes que reforçaram o valor do mandarim sobre as línguas nativas. Sua análise também discute a força dos movimentos oposicionistas para reconstruir o currículo e a identidade e para influenciar a ação do Estado.

Ampliando nosso foco crítico internacional, no Capítulo 9, Luís Armando Gandin analisa iniciativas subalternas em Porto Alegre, no Brasil, um local que vem atraindo atenção mundial por causa de suas políticas educacionais progressistas. O autor enfatiza como as comunidades oprimidas rearticularam discursos neoliberais sobre concorrência internacional e devolução de responsabilidades, na tentativa de fundamentar o aumento em investimentos em educação, a gestão escolar participativa e o currículo popular no projeto da Escola Cidadã. Ao mesmo tempo, o autor considera alguns dos desafios envolvido em democratizar o conhecimento e as decisões em um contexto construído por desigualdades de poder e por concepções opostas sobre o que constitui uma mudança educacional "conservadora" ou "revolucionária"

No Capítulo 10, Kristen L. Buras e Paulino Motter analisam como as tradições do multiculturalismo ocidental – de esquerda e direita – estão arraigadas em um modelo que enfatiza a afiliação e a diferença *dentro* da Nação. Para ampliar o potencial libertário de tradições mais críticas, os autores defendem e detalham as complexidades envolvidas na construção de um "multiculturalismo cosmopolita subalterno", o qual coloca a subalternidade epistemológica e um sentido mais abrangente de identificação no centro do currículo. Isso não é uma escolha, afirmam os autores, entre um multiculturalismo crítico localizado e um cosmopolitismo contra-hegemônico, mas um desafio para imaginar e desenvolver um currículo que estimule uma variedade de solidariedades, promova os interesses de comunidades subalternas em âmbito local, nacional e global e que possibilite que os estudantes pensem e ajam "em" e "além" das fronteiras nacionais.

Examinando as campanhas travadas por ativistas em Taiwan para desafiar o legado do colonialismo na representação do conhecimento, enfatizando as iniciativas de comunidades pobres no Brasil para democratizar a educação e combater os efeitos de políticas globais e construindo uma visão curricular que transponha fronteiras e redefina a relação entre formas insurgentes de educação multicultural e global, os autores que participam da terceira seção indicam pontos de partida para a reflexão, para o diálogo e para as ações transacionais.

O livro conclui com um capítulo, "Respondendo ao conhecimento oficial", que coloca diversas questões sobre o que pode significar o desenvolvimento de teorias mais complexas sobre o reconhecimento cultural e como elas podem nos ajudar a entender melhor as complexidades, as contradições, os limites, os perigos e as possibilidades das lutas educacionais que ocorrem hoje em dia.

REFERÊNCIAS

Andre-Bechely, L. (2005). *Could it have been different?* New York: Routledge.

Apple, M. W. (1979/2004). *Ideology and curriculum.* New York: Routledge.

Apple, M. W. (1988). *Teachers and texts: A political economy of class and gender relations in education.* New York: Routledge.

Apple, M. W. (1995). *Education and power* (2nd ed.). New York: Routledge.

Apple, M. W. (1996). *Cultural politics and education.* New York: Teachers College Press.

Apple, M. W. (2000). *Official knowledge: Democratic education in a conservative age* (2nd ed.). New York: Routledge.

Apple, M. W. (2001). *Educating the "right" way: Markets, standards, god, and inequality.* New York: Routledge-Falmer.

Apple, M. W. (2002). Patriotism, pedagogy, and freedom: On the educational meanings of September 11 [Versão eletrônica]. *Teachers College Record,* 104 (8).

Apple, M. W. (2005a). Comment on E. D. Hirsch. In D. Ravitch (Ed.), *Brookings papers on education policy 2005* (p. 186-197). Washington, DC: Brookings Institution.

Apple, M. W. (2005b). Education, markets, and an audit culture. *Critical Quarterly,* 47 (1-2), 11-29.

Apple, M. W. (2006). *Educating the "right" way: Markets, standards, god, and inequality* (2nd ed.). New York: Routledge.

Apple, M. W., et al. (2003). *The state and the politics of knowledge.* New York: Routledge-Falmer.

Apple, M. W., & Christian-Smith, L. K. (Eds.). (1991). *The politics of the textbook.* New York: Routledge.

Apple, M. W., Kenway, J., & Singh, M. (Eds.). (2005). *Globalizing education: Policies, pedagogies, and politics.* New York: Peter Lang.

Apple, M. W., e Pedroni, T. C. (no prelo). Conservative alliance building and African American support for voucher reforms: The end of *Brown's* promise or a new beginning? *Teachers College Record.*

Apple, M. W., & Weis, L. (1986). Seeing education relationally: The stratification of culture and people in the sociology of school knowledge. *Journal of Education,* 168 (1), 7-33.

Ball, S. J. (2003). *Class strategies and the education market: The middle classes and social advantage.* New York: Routledge-Falmer.

Bennett, W. J. (1992). *The de-valuing of America: The fight for our culture and our children.* New York: Simon & Schuster.

Bernstein, B. (2000). *Pedagogy, symbolic control and identity.* New York: Rowman & Littlefield.

Boal, A. (1985). *Theatre of the oppressed.* New York: Theatre Communications Group.

Boal, A. (1992) *Games for actors and non-actors.* New York: Routledge.

Boal, A. (1995). *The rainbow of desire.* New York: Routledge.

Board of Regents of the University of Wisconsin System v. Southworth et al. (2000). Disponível em: http:// laws.findlaw.com/us/000/98-1189.html

Borg, C., Buttigieg, J., & Mayo, P. (2002). *Gramsci and education.* New York: Rowman & Littlefield.

Burack, J. (2003). The student, the world, and the global education ideology. In J. Leming, L. Ellington, & K. Porter (Eds.), *Where did social studies go wrong?* (p. 40-69). Washington, DC: Thomas B. Fordham Foundation.

Buras, K. L. (1999). Questioning core assumptions: A critical reading of and response to E. D. Hirsch's The Schools We Need and Why We Don't Have Them. *Harvard Educational* Review, 69(1), 67-93.

Buras, K. L. (2005a, Janeiro). Review of Parker, W. C. Teaching democracy: Unity and diversity in public life. *Education Review.* Disponível em: http://edrev.asu.edu/reviews/rev341.htm

Buras, K. L. (2005b). The (un)patriotic teacher: Schooling, dissent, and the "war on terrorism". Original inédito, University of Wisconsin-Madison.

Buras, K. L., & Apple, M. W. (2005). School choice, neoliberal promises, and unpromising evidence. *Educational Policy,* 19 (3), 550-564.

Burbules, N. C., & Torres, C. A. (2000). *Globalization and education: Critical perspectives.* New York: Falmer Press.

Butler, J. (1993). *Bodies that matter: On the discursive limits of "sex".* New York: Routledge.

Calloway, C. G. (1997). *New worlds for all: Indians, Europeans, and the remaking of early America.* Baltimore, MD: Johns Hopkins University Press

Carlson, D. & Apple, M. W. (Eds.). (1998). *Power-knowledge-pedagogy: The meaning of democratic education in unsettling times.* New York: Westview Press.

Chaturvedi, V. (Ed.). (2000). *Mapping the subaltern and the postcolonial.* New York: Verso.

Cheah, P., & Robbins, B. (Eds.). (1998). *Cosmopolitics: Thinking and feeling beyond the state.* Minneapolis: University of Minnesota Press.

Chomsky, N. (1999). *Profit over people: Neoliberalism and global* order. New York: Seven Stories Press.

Core Knowledge Foundation (1999). *Core knowledge sequence: Content guidelines for grades K-8.* Charlottesville, VA: Author.

Cornbleth, C. (Ed.). (2000). *Curriculum politics, policy, and practice: Cases in comparative context*. Albany: State University of New York Press.

Dance, L. J. (2002). *Tough fronts: The impact of street culture on schooling*. New York: Routledge-Falmer.

Delfattore, J. (1992). *What Johnny shouldn't read: Textbook censorship in America*. New Haven, CT: Yale University Press.

Delgado Bernal, D. (1999). Using a Chicana feminist epistemology in educational research. *Harvard Educational Review*, 68 (4), 555-582.

Delgado Bernal, D. (2002). Critical race theory, Latino critical theory, and critical raced-gendered epistemologies: Recognizing students of color as holders and creators of knowledge. *Qualitative Inquiry*, 8 (1), 105-126.

Dimitriadis, G., & McCarthy, C. (2001). *Reading and teaching the postcolonial: From Baldwin to Basquiat and beyond*. New York: Teachers College Press.

Dolby, N. (2000). Curriculum as a site of memory: The struggle for history in South Africa. In Catherine Cornbleth (Ed.), *Curriculum politics, policy, and practice: Cases in comparative context* (p. 175-194). Albany: State University of New York Press.

Dolby, N., Dimitriadis, G., com Willis, P. (Eds.). (2004). *Learning to labor in new times*. New York: RoutledgeFalmer.

Dowd, G. E. (1992). *A spirited resistance: The North American Indian struggle for unity, 1745-1815*. Baltimore, MD: Johns Hopkins University Press.

Ellsworth, E. (1997). *Teaching positions: Difference, pedagogy, and the power of address*. New York: Teachers College Press.

Epstein, T. (1998). Deconstructing differences in African-American and European-American adolescents' perspectives on U.S. history. *Curriculum Inquiry*, 28 (4), 397-423.

Evers, T. (1998, 19 de Novembro). The state of student activism 1998 [Eletrônico]. *Shepherd Express*, 19(47).

Fiori, G. (1970). *Antonio Gramsci: Life of a revolutionary*. London: NLB.

Foner, E. (1997). *The new American history*. Philadelphia, PA: Temple University Press.

Forgacs, D., & Nowell Smith, G. (Eds.). (1985). *Antonio Gramsci: Selections from cultural writings*. Cambridge, MA: Harvard University Press.

Fraser, N. (1997). *Justice interruptus*. New York: Routledge.

Freire, P. (1993). *Pedagogy of the oppressed*. New York: Continuum.

Gates, H. L., Jr. (1992). *Loose canons: Notes on the culture wars*. New York: Oxford University Press.

Grant, C. A., & Sleeter, C. E. (2003). *Turning on learning: Five approaches for multicultural teaching plans for race, class, gender, and disability*. New York: John Wiley e Sons.

Grant, S. G. (2001). An uncertain lever: Exploring the influence of state-level testing in New York State on teaching social studies. *Teachers College Record*, 103 (3), 398-426.

Griffith, A., & Smith, D. (2005). *Mothering for schooling*. New York: RoutledgeFalmer.

Guha, R. (1983). *Elementary aspects of peasant insurgency in colonial India*. Delhi: Oxford.

Guha, R. (1988x). On some aspects of the historiography of colonial India. In R. Guha & G. C. Spivak (Eds.), *Selected subaltern studies* (p. 37-43). New York: Oxford University Press.

Guha, R. (19886). Preface. In R. Guha e G. C. Spivak (Eds.), *Selected subaltern studies* (p. 35-36). New York: Oxford University Press.

Guha, R., & Spivak, G. C. (1988). *Selected subaltern studies*. New York: Oxford University Press.

Hall, S. (1996). Introduction: Who needs "identity?" In S. Hall & P. du Gay (Eds.), *Questions of cultural identity* (p. 2-17). Thousand Oaks, CA: Sage Publications.

Hardt, M., & Negri, A. (2000). *Empire*. Cambridge, MA: Harvard University Press.

Hirsch, E. D., Jr. (1987). *Cultural literacy: What every American needs to know*. New York: Vintage Books.

Hirsch, E. D., Jr. (1996). *The schools we need and why we don't have them*. New York: Doubleday.

Hirsch, E. D., Jr. (2005). Education reform and content: The long view. In D. Ravitch (Ed.), *Brookings papers on education policy 2005* (p. 175-186). Washington, DC: Brookings Institution.

Hoare, Q., & Nowell Smith, G. (Eds.). (1971). *Selections from the prison notebooks of Antonio Gramsci*. New York: International Publishers.

Johnson, R. (1983). What is cultural studies anyway? Original inédito, University of Birmingham Centre for Contemporary Cultural Studies.

Kaestle, C. F. (1983). *Pillars of the republic: Common schools and American society, 1780-1860*. New York: Hill & Wang.

Karp, S. (2003, 7 de Novembro). The no child left behind hoax [Discurso para a Portland Area Rethinking Schools] em www.rethinkingschools.org/special-reports/bushplan/hoax.shtml

Keck, M. E., & Sikkink, K. (1998). *Activists beyond borders: Advocacy networks in international politics*. Ithaca, NY. Cornell University Press.

Kelley, R. D. G. (1993). "We are not what we seem": Rethinking black working-class opposition in the Jim Crow south. *Journal of American History*, 80 (1), 75-112.

Kumashiro, K. (2002). *Troubling education: Queer activism and anti-oppressive education*. New York: RoutledgeFalmer.

Lamy, S. L. (1990). Global education: A conflict of images. In K. A. Tye (Ed.), *Global education: From thought to action* (p. 49-63). Alexandria, VA: Association for Supervision and Curriculum Development.

Ledbetter, T. R. (2004, 9 de Novembro). Traditional definition of marriage restored to Texas textbooks. Acesso 8 de março de 2005, www.bpnews.net/bpnews.asp?Id=19504.

Leming, J., Ellington, L., & Porter, K. (Eds). (2003). *Where did social studies go wrong?* Washington, DC: Thomas B. Fordham Foundation.

Ludden, D. (Ed.). (2002). *Reading subaltern studies: Critical history, contested meaning, and the globalization of South Asia*. London: Anthem Press.

Manski, B. (1999, Maio). 97 hours of struggle. *Z Magazine*.

McCarthy, C. (1998). *The uses of culture*. New York: Routledge.

McNeil, L. M. (2002). *Contradictions of reform: Educational costs of standardized testing*. New York: Routledge.

Michie, G. (1999). *Holler if you hear me: The education of a teacher and his students*. New York: Teachers College Press.

Mignolo, W. D. (2000). *Local histories/global designs: Coloniality, subaltern knowledges, and border thinking*. Princeton, NJ: Princeton University Press.

Ndimande, B. S. (2004). (Re)Anglicizing the kids: Contradictions of classroom discourse in Post-Apartheid South Africa. In N. K. Matua & B. B. Swadener (Eds.), *Decolonizing research in cross-cultural contexts: Critical personal narratives* (p. 197-214). Albany: State University of New York Press.

Pandey, G. (1988). Peasant revolt and Indian nationalism: The peasant movement in Awadh, 1919-1922. In R. Guha & G. C. Spivak (Eds.), *Selected subaltern studies* (p. 233-287). New York: Oxford University Press.

Pedroni, T. C. (2003). *Strange bedfellows in the Milwaukee "parental choice" debate: Participation among the dispossessed in conservative educational reform*. Dissertação de doutorado inédita, University of Wisconsin, Madison.

Perkins, T. (2004, 9 de Novembro). Washington update: Texas textbooks will teach truth about marriage. Acesso 8 de março de 2005, www.frc.org/get.cfm?i=WU04KO 8&v=Print.

Pieterse, J. N. (2004). *Globalization and culture: Global mélange*. New York: Rowman e Littlefield Publishers.

Plank, D. N., & Sykes, G. (Eds.). (2003). *Choosing choice: School choice in international perspective*. New York: Teachers College Press.

Ravitch, D. (1995). *National standards in American education: A citizen's guide*. Washington, DC: Brookings Institution Press.

Richter, D. K. (1992). *The ordeal of the Long-House: The Peoples of the Iroquois League in the era of European colonization*. Chapel Hill, NC: University of North Carolina Press.

Schutzman, M., & Cohen-Cruz, J. (1994). *Playing Boal: Theatre, therapy, and activism*. New York: Routledge.

Schweber, S. A. (2004). *Making sense of the Holocaust: Lessons from classroom practice*. New York: Teachers College Press.

Scott, J. (1990). *Domination and the arts of resistance*. New Haven, CT: Yale University Press.

Singh, M., Kell, P., & Pandian, A. (2002). *Appropriating English: Innovation in the global business of English language teaching*. New York: Peter Lang.

Smith, M. L., Miller-Kahn, L., Heinecke, W., & Jarvis, P. F. (2004). *Political spectacle and the fate of American schools*. New York: Routledge-Falmer.

Spivak, G. C. (1988). Can the subaltern speak? In C. Nelson & L. Grossberg (Eds.), *Marxism and the interpretation of culture* (p. 271-313). Urbana: University of Illinois Press.

Spivak, G. C. (1996a). Subaltern studies: Deconstructing historiography (1985). In D. Landry & G. Maclean (Eds.), *The Spivak reader: Selected works of Gayatri Chakravorty Spivak* (p. 203-235). New York: Routledge.

Spivak, G. C. (1996b). Subaltern talk: Interview with the editors (1993-94). In D. Landry & G. Maclean (Eds.), *The Spivak reader: Selected works of Gayatri Chakravorty Spivak* (p. 287-308). New York: Routledge.

Spivak, G. C. (1999). *A critique of postcolonial reason: Toward a history of the vanishing present*. Cambridge, MA: Harvard University Press.

Stiglitz, J. E. (2002). *Globalization and its discontents.* New York: W. W. Norton & Company.

Takayama, K. (2005, Março). "Choice" as a hegemonic policy keyword: Mobilization of multiple "choice" discourses in NCLB. Artigo apresentado na reunião anual da International Comparative Education Society, Stanford, Califórnia.

Tan, J. (2000). The politics of religious knowledge in Singapore. In C. Cornbleth (Ed.), *Curriculum politics, policy, and practice: Cases in comparative context* (p. 77-102). Albany: State University of New York Press.

Valenzuela, A. (Ed.). (2005). *Leaving children behind: How "Texas-style" accountability fails Latino youth.* Albany: State University of New York Press.

Velie, A. R. (Ed.). (1991). *American Indian literature: An anthology.* London: University of Oklahoma Press.

Whitty, G., Power, S., & Halpin, D. (1998). *Devolution and choice in education: The school, the state and the market.* Philadelphia, PA: Open University Press.

Willis, P. (1977). *Learning to labor: How working class kids get working class jobs.* New York: Columbia University Press.

Wong, T. H. (2002). *Hegemonies compared.* New York: RoutledgeFalmer.

Wright, E. O. (1997). *Class counts: Comparative studies in class analysis.* Cambridge: Cambridge University Press.

ZarNi, & Apple, M. W. (2000). Conquering Goliath: The free Burma coalition takes down Pepsico. In G. White (Ed.), *Campus incorporated: Corporate powering the ivory tower* (p. 280-290). Amherst, NY. Prometheus Books.

Zimmerman, J. (2002). *Whose America? Culture wars in the public schools.* Cambridge, MA: Harvard University Press.

PARTE I
OS SUBALTERNOS FALAM: NA VOZ DE QUEM?

1

A TRAJETÓRIA DO MOVIMENTO *CORE KNOWLEDGE**:
Aulas de história segundo as visões de cima para baixo e de baixo para cima

KRISTEN L. BURAS

Há quase duas décadas, E. D. Hirsch (1987) escreveu *Cultural literacy: what every american needs to know* (Alfabetização cultural: o que todo americano deve saber). Esse *best-seller* gerou uma onda de debates, pois não apenas declarava a importância da cultura comum para a unidade nacional, como também definia o conteúdo relevante dessa cultura e culpava a educação multicultural pelo seu enfraquecimento. Tachado de eurocêntrico pelos críticos (Aronowitz e Giroux, 1991), o *Cultural Literacy* mesmo assim transformou-se no *Core Knowledge* – um currículo da pré-escola à oitava série que trazia diretrizes curriculares específicas em história, línguas, matemática, ciências e artes musicais e visuais (Core Knowledge Foundation [CKF], 1998), além de materiais como séries literárias e livros didáticos de história alinhados com essas diretrizes (Hirsch, 2002). A primeira escola a implementar o currículo abriu em 1990. Desde aquela época, a visão de Hirsch orientou um movimento nacional nos Estados Unidos concentrado em reformar a educação por meio do currículo *Core knowledge*, que foi adotado por quase mil escolas em uma ampla variedade de comunidades (CKF, 2003e, 2004b). Por que, podemos questionar, uma iniciativa educacional desenvolvida para combater a "ameaça" do multiculturalismo obteve apoio de diversas comunidades – algumas constituídas por grupos tradicionalmente oprimidos?

Pretendo considerar essa questão fazendo uma análise crítica da visão de Hirsch sobre a educação e das maneiras como esses pressupostos orientadores atraem grupos com um nível de empoderamento tão diverso. Além disso, traço o crescimento do movimento, analiso a lealdade de grupos dominantes e subalternos em relação ao *Core Knowledge* e identifico as tensões geradas pelos diversos atores e pelos interesses dentro do movimento.[1] Mais adiante, avalio a representatividade de vários grupos nas narrativas dos livros didáticos do *Core Knowledge* e a relação entre essas narrativas e a história contada de cima para baixo e de baixo para cima. Com essas análises, podemos aprender essencialmente que estamos entrando em uma era em que as formas mais progressistas de multiculturalismo concentradas na experiência subalterna, no

---

*N. de R. A tradução deste termo seria "Conhecimento nuclear", refere-se a um programa curricular implementado nos Estados Unidos na década de 1990.

poder das elites e na luta libertária (Freire, 1993; Giroux, 1995) estão sendo redefinidas por grupos dominantes ao longo de linhas distintamente conservadoras e aceitas como parte de um pacto decisivo. Por meio desse pacto, algumas reformas específicas atendem em parte às preocupações das comunidades marginalizadas e ganham seu consentimento, enquanto, simultaneamente, mantêm as relações de dominação cultural.

No final da década de 1990, Nathan Glazer (1997) afirmou que "hoje somos todos multiculturalistas". Com isso, ele quis dizer que o multiculturalismo defendido pelos grupos oprimidos havia adquirido tanta força, que a "simples denúncia ... já não serviria" (p. 33). "Já existe e existirá alguma forma de multiculturalismo", afirmou. "A disputa diz respeito a quanto, de que tipo, para quem, com que idade, sob quais padrões" (p. 19). Ao considerar o tipo de multiculturalismo que Glazer imaginava, é importante lembrar seu esclarecimento de que a declaração de que "hoje somos todos multiculturalistas" reflete resignações passadas, "pronunciadas de forma irônica por pessoas que reconheciam que algo desagradável também seria inevitável; ela não indica uma aceitação total" (p. 160).

O pronunciamento de Glazer conduz à primeira aula de história deste capítulo e oferece uma forma de começar a pensar sobre o avanço do *Core Knowledge*. As décadas de 1960 e 1970 foram épocas de ativismo social engajado, durante as quais muitos grupos subalternos – afro-americanos e mulheres, para citar apenas dois – lutavam por uma distribuição mais igualitária dos recursos e por respeito cultural e reconhecimento. Questões relacionadas com a produção e com a legitimização do conhecimento eram centrais para esses grupos, à medida que exigiam que suas perspectivas e histórias contribuíssem para reconstruir a nação. As demandas dos ativistas inspiraram a ascensão da política direitista remodelada na década de 1980, incluindo iniciativas de reforma neoconservadoras visando reduzir a influência do multiculturalismo progressista nas escolas e na sociedade (Apple, 1996). Em suma, esse tipo de multiculturalismo – concentrado em identidades oprimidas e histórias ignoradas – era compreendido como algo desagregador e uma ameaça à coesão cultural, à identidade nacional compartilhada e à supremacia da civilização ocidental (Bennett, 1992; Kramer e Kimball, 1997).

É verdade que os conservadores culturais começaram a trabalhar para "restaurar" as tradições ameaçadas, mas é aí que a história fica mais complicada do que se reconhece geralmente. Dizer que "hoje somos todos multiculturalistas", mesmo que alguns sejam multiculturalistas relutantes, na verdade, encobre as diversas estratégias empregadas pelas várias facções neoconservadoras, além de complicar qualquer tentativa de avaliar criticamente essas diferentes estratégias por seu relativo sucesso ou fracasso em ajudar os neoconservadores a construir alianças com grupos subalternos e em reforçar ou enfraquecer a hegemonia. Se o poder da direita trai as concepções mais radicalmente democráticas da existência, e aqueles que se dedicam a essas concepções esperam travar uma "guerra de posições" (Hoare e Nowell Smith, 1971), devemos entender os processos pelos quais a direita promove sua agenda e aumenta sua influência. O estudo minucioso do movimento *Core Knowledge* proporciona uma boa visão, particularmente quando comparado com outras iniciativas afins.

Permita-me ilustrar brevemente o que quero dizer com "estratégias diversas de facções neoconservadoras". Consideremos primeiramente a Free Congress Foundation (2004b), a qual anuncia seus propósitos da seguinte forma: "Nosso foco principal é a Guerra Cultural. Retornará a América à cultura que a tornou grande, nossa tradicional cultura ocidental e judaico-cristã, ou continuará esse longo deslize para a decadência cultural e moral do politicamente correto?" Em sua proposta de "Declaração de Independência Cultural", o Centro (2004b) para o Conservadorismo Cultural da fundação sugere o seguinte:

> Até recentemente, o objetivo dos conservadores culturais ... era retomar as instituições culturais existentes – as escolas públicas, as universidades, os meios de comunicação, a indústria do entretenimento e as artes – daqueles que são hostis à nossa cultura e transformá-las novamente em forças para o bem, para a verdade e para a beleza.... Infelizmente, devemos reconhecer que essa estratégia não foi bem-sucedida... Portanto, não buscamos nada menos do que a criação de toda uma estrutura alternativa de instituições culturais paralelas.

A indisposição para buscar uma conciliação com a tradição multicultural supostamente dominante representa uma das estratégias seguidas. Todavia, outras facções neoconservadoras tentaram fomentar alianças com comunidades populares e até tradicionalmente marginalizadas. Na tentativa de ganhar o consentimento de pais e mães latinos, por exemplo, a Core Knowledge Foundation de Hirsch começou a traduzir para o espanhol sua série de livros *What Your K-6 Grader Needs to Know* (O que o aluno da pré-escola até a sexta série precisa saber) e a distribuir os volumes gratuitamente. Essas cartilhas traduzidas visam "proporcionar complementos para os livros originais aos pais interessados que falam espanhol, possibilitando que ajudem seus filhos a ler e aprender com o volume correspondente em inglês" (Hirsch, em Hirsch e Holdren, 2001, About Supplement). Ao contrário da Free Congress Foundation, que defende uma doutrina intolerante e separatista como forma de reconstruir o poder, a Core Knowledge Foundation envolveu-se na complexa tarefa de promover alianças no campo de batalha da cultura.[2] De fato, sua iniciativa a fim de defender as formas culturais dominantes – nesse caso, usar o espanhol como elo para inculcar o inglês e o conteúdo do currículo *Core* – teve mais sucesso do que a Free Congress Foundation sugere.

A propensão a determinadas formas de concessão – aquelas capazes de agradar às sensibilidades culturais de grupos marginalizados, enquanto, ao mesmo tempo, direcionam essas sensibilidades em direções culturais dominantes – revela a emergência de uma estratégia hegemônica nova e potencialmente mais "bem-sucedida", que pode ser chamada de *multiculturalismo direitista*. Quando digo que essa estratégia é nova, quero enfatizar que ela é mais sofisticada e abrangente do que o multiculturalismo aditivo (McCarthy, 1998) ou a "menção" curricular de "elementos limitados ou isolados da história e da cultura de grupos menos poderosos" (Apple, 1993, p. 56) que seguidamente caracteriza o trabalho cultural conservador. Desenvolverei melhor essa questão quando analisar os livros de história do currículo *Core*. Por enquanto, passemos à análise da visão educacional de Hirsch e sua atratividade para os interesses, muitas vezes, distintos de grupos dominantes e subalternos.

A VISÃO EDUCACIONAL DE E. D. HIRSCH

Muito antes de Hirsch apresentar suas visões sobre a cultura e sobre o currículo, um conceito neoconservador já estava sendo construído. A suposta hegemonia da esquerda nas principais instituições sociais, a ameaça representada pelas contraculturas para a civilização americana e ocidental e a fragilidade da unidade nacional à luz da política de identidade foram modelos que orientaram trabalhos conservadores em diversas áreas, incluindo as políticas públicas domésticas, as artes, a religião e, finalmente, a educação (Gerson, 1997; Steinfels, 1979). As marcas dessa história são visíveis na visão educacional de Hirsch, apresentada por meio de publicações e discursos. *The Schools We Need and Why We Don't Have Them* (As Escolas de que Precisamos e porque não as Temos) (Hirsch, 1996) é o seu tratado mais abrangente sobre educação e, na verdade, pode ser lido como um manifesto em favor do movimento *Core Knowledge*. Assim, concentro-me mais nesse texto, fazendo uma leitura crítica de suas premissas básicas, e sugiro como essas premissas podem fazer sentido com a visão de grupos dominantes e subalternos (ver também Buras, 1999).

Para começar, Hirsch afirma que o progressivismo reina supremo nas escolas. "Os críticos há muito reclamam", escreve, "que a educação pública nos Estados Unidos é um monopólio institucional e intelectual" (1996, p. 63). Ele descreve esse monopólio como um *corpus* de crenças e práticas educacionais norteadoras que valoriza uma escolarização centrada no estudante, naturalística, prática, voltada ao processo e orientada para habilidades de raciocínio. Abrindo seu manifesto com as assustadoras palavras: "teorias fracassadas, mentes famintas", Hirsch lamenta "nossa lentidão nacional ... em deixar de lado as teorias fracassadas que levaram à total ausência de um currículo coerente e baseado no conhecimento" (p. 2). Ao citar poetas românticos que escreveram sobre a bondade inerente da criança e citar passagens acadêmicas sobre a escolarização centrada na criança, escritas pelos primeiros estudiosos curriculares progressistas, Hirsch infere (p. 78-79):

> As faculdades de educação ... converteram-se ao progressivismo nas décadas de 1920 e 1930. A partir dessas células, a doutrina emergiu vitoriosa nas escolas públicas na década de 1950... Depois disso, foi necessária toda uma geração de estudantes progressistas, estendendo-se da pré-escola ao ensino médio, antes que todos os efeitos do progressivismo romântico se manifestassem nos formandos da década de 1960.

Segundo ele, o progressivismo nas escolas substituiu a instrução verbal concentrada na transmissão de um *corpus* sólido de conhecimento, reforçado pela prática repetitiva.

Em oposição à crônica de Hirsch, o trabalho de Herbert Kliebard (1995) sustenta-se em quatro ideologias ativas na luta para definir o currículo americano entre 1893 e 1958. As perspectivas dos humanistas e dos desenvolvimentistas são mais relevantes aqui, com os primeiros focados no estudo da civilização ocidental e os segundos centrados na natureza da criança e em um currículo correspondente. Ao contrário de Hirsch, Kliebard aborda a maneira como o contexto social influenciou o impacto relativo dessas ideologias no currículo. Enquanto isso, Hirsch caracteriza o campo da educação como um campo envolvido apenas na doutrina progressista, ignorando o abismo existente entre a teoria e a prática. Os estudiosos documentaram que, de um modo geral, as escolas continuam sendo instituições tradicionais que oferecem instrução para toda a classe, centrada no professor e baseada no livro didático (Cuban, 1993; Goodlad, 1984). Todavia, o fato de que as demandas dos grupos marginalizados por reconhecimento cultural foram acomodadas pelo menos em parte nas escolas pode explicar o temor infundado e mais generalizado de Hirsch de que a autoridade tradicional tenha sido enfraquecida.

Uma segunda afirmação de Hirsch é que o currículo existente é incoerente. "A idéia de que há um plano coerente para ensinar o conteúdo", escreve ele, "é um mito gravemente ilusório" (1996, p. 26). Segundo Hirsch, o monopólio progressista cultivou escolas que carecem de um esquema de comum acordo para a transmissão de conteúdos específicos para os alunos. Ele combate o que chama de formalismo (a ênfase em adquirir as ferramentas intelectuais formais necessárias para a aprendizagem por toda a vida) e denuncia que, sob o atual regime, "o conteúdo específico usado para desenvolver essas ferramentas não precisa ser especificado" (p. 21). Ele também culpa o naturalismo ou a crença de que a educação é um processo natural que deve estabelecer relações com objetivos e cenários reais pela incoerência do currículo, enfatizando que, embora a pedagogia natural "pressuponha que a maneira adequada de aprender envolve projetos holísticos e realistas", ela "se mostra um modo muito inseguro de aprendizagem" (p. 86). Essas metodologias de ensino, amplamente aplicadas e prescritivamente fracas, são responsáveis pelo estado obscuro do currículo. Finalmente, Hirsch acredita que o localismo, a tradição de determinar localmente o que as crianças devem aprender, apenas excluiu conteúdos valiosos.

Ainda assim, Hirsch ignora a forma como diversos mecanismos conferem coerência indiretamente ao currículo, incluindo a adoção de certos livros didáticos, os modelos de representação textual, os padrões e os testes padronizados. Por exemplo, a adoção de livros didáticos pelos Estados tem uma grande influência na regulação do conhecimento escolar, com apenas alguns Estados controlando uma parte suficiente do mercado para determinar quais livros serão vendidos em âmbito nacional (Apple e Christian-Smith, 1991). Desde o final da década de 1970, grupos conservadores organizam campanhas para influenciar o conteúdo dos livros didáticos, e sua influência tem sido notável (Cornbleth e Waugh, 1999; Delfattore, 1992). De fato, os estudos que analisam livros didáticos de diferentes séries e áreas temáticas observaram padrões relativamente coerentes de representação de classe, raça, gênero e deficiência (Banks, 1969; Sleeter e Grant, 1991; Cobble e Kessler-Harris, 1993). Enfim, embora Hirsch seja parcialmente criterioso ao reconhecer a ausência de uma lógica curricular explícita, ele não reconhece os mecanismos que se combinam indiretamente para conferir coerência. Para Hirsch, esses mecanismos não servem adequadamente ao objetivo da restauração cultural. Além disso, não consta na lista de Hirsch a possibilidade de que o conflito sobre o que constitui conhecimento legítimo possa proporcionar uma oportunidade para os estudantes descobrirem "o que está em jogo no conflito entre um ou outro modo de saber" (Graff, 1992, p. 186).

O fato de Hirsch não considerar o que está em jogo está relacionado com sua terceira premissa – que a educação é um processo técnico-cognitivo, pelo qual se transmite conteúdo factual. Ele critica que uma importante barreira para melhorar a educação tem sido "a politização das questões educacionais que são basicamente técnicas, e não políticas" (1996, p. 66). Apropriando-se da psicologia cognitiva e da neurofisiologia para sustentar sua visão da escolarização, Hirsch argumenta que a excelência em educação depende de uma compreensão da memória de curta e longa duração, repetição e automação, do desenvolvimento de esquemas mentais formados por vocabulário e fatos específicos, e da decomposição, assimilação e armazenamento contínuos de novas informações de forma precisa. Para Hirsch, a aprendizagem é o consumo daquilo que ele chama de conteúdo fundamental, conhecimentos básicos relevantes, capital intelectual, temas tradicionais, cultura nacional compartilhada e fatos sólidos.

Esses referenciais protegem Hirsch de ter de discutir o caráter político do conhecimento e da escolarização. De fato, ele decide conscientemente não explorar o papel do poder em determinar qual conhecimento e de quem, é considerado relevante, raciocinando: "Depois que se entra nesse caminho, onde se vai parar?" (1996, p. 31). Ao contrário de explorar esse escorregadio terreno político, Hirsch enfatiza a necessidade de chegar a um acordo sobre uma seqüência comum no currículo, "pelo menos em áreas como matemática e ciências além de fatos básicos da história e geografia, que, ao contrário da educação sexual, não são nem devem ser temas de controvérsia" (p. 37). O fato de que a construção do conhecimento é um processo político e de que o privilégio e a obliteração da cultura têm sido centrais para a história educacional da nação americana são tópicos que Hirsch evita. Ao desafiar a visão técnico-cognitiva da educação que Hirsch defende, é crucial perguntar: a educação diz respeito a depositar informações nas mentes das pessoas, ou a se envolver em um processo crítico de reflexão e ação, nomear o mundo para transformá-lo (Freire, 1993)?

Um quarto pressuposto defendido por Hirsch é que as escolas devem compensar os déficits de conhecimento de crianças de origens culturalmente empobrecidas. Ele argumenta que "estudantes que tiveram uma boa educação no lar sempre terão uma vantagem educacional sobre estudantes que não tiveram uma boa educação no lar" (1996, p. 43). Traçando paralelos alarmantes entre estudantes que sabem e estudantes que não sabem, Hirsch elogia os benefícios do conhecimento e da pedagogia tradicionais para "o príncipe educado no palácio e também para o pobre negligenciado" (p. 226). Ele não aborda por que tradições culturais, as práticas lingüísticas ou os costumes sociais de um lar são considerados bons, enquanto outros são considerados sintomáticos do analfabetismo, da ignorância e dos déficits culturais. Pelo contrário, expressa um otimismo cauteloso:

> Crianças pequenas que chegam à escola com um vocabulário muito limitado e com uma base de conhecimento também limitada, felizmente, *podem* ser trazidas a um vocabulário adequado para sua idade, com um apoio concentrado e inteligente ... [mas] quando não se compensa cedo esse déficit de linguagem e conhecimento, isso se torna quase impossível ... nas séries mais avançadas. (p. 146)

Embora articulada com benevolência e até declarada como parte da "nova fronteira dos direitos civis", a posição de Hirsch baseia-se em um tipo de supremacia cultural que não reconhece a si mesma como tal.

Sua perspectiva o impede de reconhecer que as crianças – sejam elas da classe trabalhadora, de cor ou falantes do espanhol – tragam suas experiências de vida, tradições culturais e línguas para a sala de aula, que são fontes ricas e diversas de conhecimento. Com base em sua pesquisa etnográfica em escolas, Gloria Ladson-Billings (1994) sugere que o ensino de qualidade não ocorre quando os estudantes precisam abandonar suas identidades culturais para aprender, mas quando os educadores consideram a cultura dos alunos como um recurso, em vez de um impedimento. Ela descobriu que os professores bem-sucedidos de estudantes afro-americanos consideravam "ensinar como 'desenterrar o conhecimento' dos estudantes" e tinham "uma crença esmagadora de que os estudantes vinham para a escola com conhecimento e de que esse conhecimento devia ser explorado e utilizado" (p. 52). Essas e outras visões (Apple e Beane, 1995; Delgado Bernal, 2002; Michie, 1999) implicam uma visão da escolarização – uma promessa – que Hirsch rejeita.

Finalmente, Hirsch pressupõe que todos os membros da sociedade compartilham uma cultura comum, que deve ser promovida por meio de um currículo nacional em favor da democracia. Fazendo uma leitura questionável da história, por exemplo, ele alega que a fundação da escola regular baseou-se no "objetivo de dar a todas as crianças o capital intelectual e social compartilhado" necessário para a participação na "economia e na política da Nação" (1996, p. 233). Essa interpretação da história permite que Hirsch esqueça que o capital intelectual transmitido pela escola regular não era compartilhado. Conforme observou Carl Kaestle (1983), as escolas regulares foram construídas com base em uma ideologia anglo-americana, protestante, republicana e capitalista nativa que deixava muitos grupos alienados. Além disso, o propósito subjacente da escola regular era promover a estabilidade moral, social e cultural, e não o desenvolvimento educacional e político genuíno. Hirsch desconsidera essas evidências e rejeita a idéia de que a "cultura comum" há muito representa uma tradição seletiva.

A visão educacional de Hirsch é construída com base na noção de que uma cultura inclusiva e compartilhada – uma cultura mítica que nunca existiu – está sendo prejudicada por um "tipo retrógrado" de multiculturalismo que chama de "fidelidade étnica". Em lugar de permitir essa tradição "particularista", que enfatiza a lealdade à própria cultura local e étnica, para promover divisões sociais, Hirsch defende uma tradição "universalista" que chama de "cosmopolitanismo", que enfatiza "participar da humanidade como um todo" (Hirsch, 1992b, p. 3). Ele também argumenta que os Estados Unidos devem adotar um currículo nacional para defender a cultura compartilhada e promete que esse currículo resolverá as deficiências de estudantes culturalmente empobrecidos. Embora reconheça que a formação desse currículo inicialmente pode envolver alguns conflitos, ele indica que deve ser possível chegar a um consenso sobre algum núcleo de conhecimento. Essa crença é corroborada pelo fato de que ele considera o conhecimento como algo relativamente estático e incontestável, afirmando que "para a maioria dos problemas que exigem pensamento crítico por parte da pessoa comum ... o conhecimento mais necessário costuma ser bastante básico, duradouro e lento para mudar" (1996, p. 155). Enfim, o cosmopolitanismo de Hirsch baseia-se em um consenso mítico que encoberta a realidade da desigualdade cultural e econômica. Sua tentativa de estabelecer o conteúdo curricular comum também encoberta o fato de que aquilo que se deve compartilhar em uma democracia é um processo contínuo de negociação com relação ao que conta como conhecimento, em vez da adesão a um cânone imutável (ver Apple, 1996).

O imaginário neoconservador de Hirsch baseia-se em uma variedade de premissas problemáticas. Ainda assim, os discursos que ele adota ressoam com as experiências, ansiedades e esperanças de grupos em diferentes situações – algo que explica em parte por que o movimento *Core Knowledge* atraiu um apoio tão amplo. Seu apelo pela volta à tradição – disfarçado de coerência curricular – mobiliza fortes temores com relação às questões de raça, gênero e sexualidade. No meio das demandas pelo reconhecimento de perspectivas culturais diversas, os conservadores culturais e religiosos, cansados de latinos, *gays* e lésbicas, mulheres e outros que politizam tudo, sentem-se atraídos pela posição de que o currículo escolar não deve gerar lutas políticas, mas ser reconhecido como um caminho para transmitir conteúdo "factual". Aqueles que se sentem ansiosos com a perda de privilégios proporcionados por arranjos sociais tradicionais acreditam que o *Core knowledge* pode reduzir em parte a ameaça.

Por outro lado, a alegação de Hirsch de que a aquisição de capital intelectual por meio do currículo *Core knowledge* garantirá a mobilidade ascendente responde às preocupações de grupos marginalizados. Ele afirma que "sempre que as escolas públicas ofereceram a opção de uma formação acadêmica tradicional verdadeiramente efetiva ... famílias das minorias optaram por ela de forma majoritária... Esses pais claramente reconhecem a conexão direta entre o avanço econômico para seus filhos e o domínio da ... cultura vigente" (1996, p. 208). Apesar de Hirsch não observar os apuros em que muitas minorias se encontram (elas devem se submeter à dominação cultural ou arriscar dificuldades econômicas) e também ignorar as realidades do mercado, sua afirmação ainda consegue associar o currículo *Core* a um maior acesso a recursos materiais. Não é difícil entender por que pais pobres ou mesmo pais ansiosos da classe média mobilizam-se em torno de um currículo que proporciona às crianças o conhecimento básico necessário para o "sucesso econômico".

É igualmente significativo que Hirsch formule sua iniciativa em termos de direitos civis e compensações. Baseado nesse argumento, Hirsch (1999) atacou: "No rastro da decisão *Brown*, no exato momento de nossas maiores esperanças por justiça social, a vitória do progressivismo sobre o conteúdo acadêmico já impediu a chance de que a integração escolar nivele os resultados e aumente a justiça social" (parágrafo 2). Forjando uma relação ainda mais próxima entre o *Core knowledge* e a igualdade racial, ele enfatiza: "O finado James Farmer, o grande ativista dos direitos civis, uma vez honrou nossa conferência anual do *Core knowledge*, fazendo um discurso na tradição de Du Bois, que dizia que um forte conteúdo comum nas primeiras séries é a nova fronteira do movimento pelos direitos civis" (parágrafo 9). Curiosamente, não foi isso que Farmer disse – como mostrarei mais adiante – mas essa declaração audaciosa vincula o currículo *Core* fortemente às histórias das lutas de baixo e aos direitos civis, uma antiga preocupação para as comunidades de cor e também para muitos outros grupos subalternos.

Em diversos níveis, a visão educacional de Hirsch sintetiza e redireciona uma variedade de sentimentos e convicções, o que fica evidente pelo crescimento do movimento *Core Knowledge*. Todavia, foi preciso mais que uma visão para construir o movimento. Também foi necessário um currículo. Vejamos sua história.

DA ALFABETIZAÇÃO CULTURAL AO *CORE KNOWLEDGE*

No final da década de 1970, Hirsch, um professor da University of Virginia, começou a formular suas idéias sobre a alfabetização cultural e a divulgá-las em encontros profissionais. Em 1983, publicou um ensaio intitulado "Cultural Literacy" na revista *American Scholar*. Nele, declarava que o inglês e a história eram "centrais para a formação da cultura" e afirmava (p. 160-161):

> Nas disciplinas de inglês, a diversidade e o pluralismo hoje reinam sem ser desafiados.... Se quisermos chegar a uma cultura mais culta do que temos hoje, devemos restaurar o equilíbrio entre as duas tradições igualmente americanas da unidade e da diversidade. Devemos restaurar certas preocupações comuns para o lado humanista do currículo escolar.

Professando sua filosofia emergente, Hirsch chamou a atenção da Exxon Education Foundation, que financiou sua produção de uma lista inicial de itens ligados à alfabetização cultural (Hirsch, 1987). Ao mesmo tempo, estabeleceu a Cultural Literacy Foundation. Em uma manobra para representar sua iniciativa educacional como algo desconectado da política, Hirsch (1996, p. 13) explicou a decisão de mudar o nome da organização para Core Knowledge Foundation, da seguinte maneira: "O termo 'cultural' levantou muitas questões sem importância, ao passo que o termo *'Core Knowledge'* descrevia melhor o principal objetivo ... introduzir conhecimentos sólidos de maneira coerente no currículo básico". Desde 1986, a fundação proporciona grande parte da estrutura organizacional e dos recursos necessários para transformar sua visão em uma iniciativa de reforma nacional. Com a publicação de *Cultural Literacy* em 1987 e do *The Dictionary of Cultural Literacy* no ano seguinte (Hirsch, Kett e Trefil, 1988), a *Core Knowledge Sequence* – diretrizes de conteúdos para as diversas áreas temáticas – veio em seguida (CKF, 1998).

Segundo a Core Knowledge Foundation, as diretrizes de conteúdos foram "o resultado de um longo processo de pesquisa e construção de consenso". Foram analisados relatórios de secretarias de educação estaduais e associações profissionais em busca dos resultados educacionais recomendados. Além disso, a organização "tabulou as habilidades e os conhecimentos especificados nos sistemas educacionais bem-sucedidos de vários outros países, incluindo a França, o Japão, a Suécia e a Alemanha Ocidental". Um comitê consultor sobre multiculturalismo foi convidado para sugerir as "tradições culturais diversas que todas as crianças americanas devem conhecer". "Três grupos independentes de professores, estudiosos e cientistas de todo o país" receberam os materiais e produziram listas básicas, que foram usadas para criar um "plano básico", finalizado por "cem educadores e especialistas" que participaram de "grupos de trabalho 24 horas por dia" em um encontro em março de 1990. A *Core Knowledge Sequence* foi aplicada como um piloto e aperfeiçoada durante seu primeiro ano de implementação na Three Oaks Elementary School, a primeira escola do *Core Knowledge*, na Flórida. A fundação esclarece, contudo, que havia "mais estabilidade do que mudança na seqüência", particularmente considerando-se a "estabilidade inerente ao conteúdo da cultura erudita" (CKF, 1998, p. 1-2).

Talvez a descrição da fundação pareça deixar claro o processo pelo qual o currículo *Core* foi produzido, mas as questões associadas à sua produção são mais complexas do que se reconhece. Por exemplo, não se considerou a política que orientou os padrões defendidos nos relatórios estaduais. Esses padrões, juntamente com aqueles que supostamente orientam sistemas educacionais bem-sucedidos em outras nações, foram aceitos aparentemente sem uma análise crítica. O processo é descrito em termos bastante técnicos – as recomendações de conteúdos foram tabuladas, desenvolvendo-se uma lista. A formação de um comitê consultor de multiculturalismo levanta várias questões que permanecem por ser articuladas, incluindo a questão de como seus membros e os participantes do encontro de 1990 foram escolhidos. Refletindo alguns anos depois sobre o grupo que se reuniu em 1990, Hirsch explicou: "Não tínhamos lituanos, mas tínhamos 24 grupos de trabalho" (Goldberg, 1997, p. 84). Essa declaração não chega a abordar as questões mais fundamentais. Quem determinou o que deveria contar como o conhecimento fundamental? Houve conflitos durante o processo? Se houve, como foram resolvidos? Se a política do conhecimento não foi abordada explicitamente, como sugerido pela abordagem técnica da fundação, que interesses implícitos podem ter determinado o conteúdo? Questões sobre o conhecimento *de quem* se valoriza nas escolas merecem uma reflexão contínua e coletiva, e as respostas revelam muita coisa sobre a qualidade da vida democrática na nação. Ainda assim, a política em torno da produção do currículo *Core Knowledge* tornou-se, em um grau significativo, invisível e além do terreno da investigação.

O fato de que o processo para determinar os padrões usados nas escolas estaduais e nos textos, muitas vezes, também é obscuro não isenta o currículo *Core* dessas críticas. O alcance da agenda da fundação e a popularidade cada vez mais crescente do currículo *Core* justificam esse escrutínio. Hirsch defende um currículo nacional, e existe uma iniciativa em andamento para alinhá-lo com os padrões educacionais em todos os 50 Estados dos Estados Unidos, indicando que deve existir um plano para as escolas estaduais, que mostra como misturá-lo com os requisitos de conteúdo específicos de cada Estado (CKF, 2003e). Ao contrário de padrões e testes estaduais, o *Core Knowledge* foi construído com um zelo missionário e evidencia uma atração popular que não é associada a mandatos educacionais estaduais. De fato, o currículo *Core* produziu um movimento educacional – que foi, em parte, facilitado pela fundação.

O PAPEL DA CORE KNOWLEDGE FOUNDATION

O desenvolvimento de redes locais, regionais e nacionais em torno do currículo *Core Knowledge* foi auxiliado pela Core Knowledge Foundation. O trabalho da fundação avançou de aplicar um projeto-piloto do currículo *Core* em uma única escola em 1990 para trabalhar com mais de 300 escolas em meados de 1996 (CKF, 1996b) e coordenar uma rede de quase mil escolas baseadas no *Core Knowledge* em 44 Estados em 2004 (CKF, 2003e, 2004b). Embora o currículo *Core* cobrisse da educação infantil à sexta série, foi desenvolvido posteriormente um currículo para a pré-escola e a sétima e oitava séries (Marshall, 1997d, 1997e). Aproximadamente a metade das escolas que usam o *Core Knowledge* é formada por escolas públicas, um quarto delas é composto por escolas *charter* e a fração restante é formada por escolas particulares ou religiosas. Em áreas urbanas, suburbanas e rurais, o currículo *Core* também chamou atenção, sendo um quarto das escolas rural, com a porcentagem restante dividida quase igualmente entre áreas urbanas e suburbanas (CKF, 2004b, 2004c).

Com todas essas comunidades em jogo, a fundação determinou que as escolas obedecessem a um processo de implementação e a padrões cada vez mais rigorosos para obter reconhecimento. Uma escola pode se qualificar como uma "amiga do *Core Knowledge*", uma "escola *Core Knowledge* oficial" ou um "local de visita", considerado "modelo". Dependendo de seu *status*, a escola talvez precise preencher um perfil anual, mas também pode ter que participar de cursos de desenvolvimento profissional oferecidos pela fundação, implementar integralmente o currículo, receber visitas de representantes da fundação e lidar com a forte pressão para usar os materiais do currículo, como os livros didáticos de história do *Core Knowledge*, além de fornecer dados de desempenho por meio de testes padronizados, referenciados pelo *Core Knowledge* (CKF, 2003b, 2003c, 2003d, 2004b). Esse monitoramento rígido, conforme comentarei mais adiante, talvez seja motivado por um desejo de disciplinar a própria diversidade que proporcionou o crescimento do movimento. Antes de tudo, devemos considerar o papel que a fundação desempenhou em facilitar esse crescimento e por que comunidades em posições diferentes aceitaram o currículo.

A fundação organiza uma conferência nacional desde 1992. Na primeira conferência, houve 50 participantes (Goldberg, 1997), mas, em comparação, na 13ª reunião, realizada em 2004, em Atlanta, 2.100 administradores, professores e pais participaram (Hassett, 2004). Na conferência, os participantes assistiram a discursos formais de oradores convidados, receberam prêmios pelo progresso de suas escolas na implementação do currículo e visitaram algumas escolas do *Core Knowledge*. Um dia inteiro foi dedicado para os professores apresentarem planos de aula baseados na *Seqüência*. Na verdade, essas atividades tiveram o grande papel de mobilizar os professores em torno do currículo. Embora os professores geralmente sejam responsabilizados pelos fracassos do sistema educacional, os professores que usam o *Core Knowledge* são vistos como profissionais cujas idéias curriculares contribuem para aumentar a qualidade da educação nas escolas baseadas no currículo. Na conferência nacional de 2004, Hirsch chamou os professores de "o coração e a alma do movimento" e continuou:

> Nosso potencial está se realizando por causa das grandes pessoas presentes nesta sala, vocês. Sinto isso toda vez que venho a uma destas conferências.... Ainda que seja difícil usar o currículo *Core Knowledge* e seja difícil ensinar o conhecimento da *Seqüência* e seja difícil transmiti-lo adequadamente para os alunos, é um trabalho no qual os professores dedicados estão se envolvendo, pois sabem que é melhor para as crianças.... E também é muito gratificante para os professores. Muitos de vocês já me falaram isso. (Buras, 2004)

O teor populista do movimento fica claro nas palavras de Hirsch e no decorrer da conferência, quando nomes são ligados a rostos e a equipe da fundação e seus aliados da comunidade trocam abraços. A equipe escuta os professores cuidadosamente, conforme revelado em uma sessão em que os professores fizeram comentários sobre esboços de manuais do professor baseados no currículo (Buras, 2004). Embora o equilíbrio entre a autonomia profissional dos professores e a produção de materiais pela fundação tenha gerado tensões, a conferência nacional certamente é o momento para formar uma comunidade envolvendo a rede nacional de defensores do *Core Knowledge*.

A fundação também distribui um boletim chamado *Common Knowledge*. Uma rápida folheada por suas páginas revela muito sobre a filosofia da fundação, esclarecendo em parte o caráter do movimento. Em uma leitura superficial do *Common Knowledge*, o leitor encontrará ensaios de Hirsch que discutem a visão orientadora por trás do currículo *Core*, como "por que o conhecimento geral deve ser um objetivo da educação em uma democracia" (1998b). Geralmente, artigos como "As más notícias sobre a aprendizagem por descoberta" (Marshall, 1998b) ou "O que os cientistas sabem sobre o modo como aprendemos?" (Willingham, 1999) transmitem o apoio da fundação para as técnicas de instrução direta. Outros artigos anunciam importantes avanços e comunicam um sentido de progresso. Um título diz que: "De costa a costa, instrutores espalham o *Core Knowledge* com entusiasmo" (Siler, 1999), enquanto outro declara: "O *Core Knowledge* oferece um modelo rico em conteúdo para a formação de professores" (Davis, 2002). Também não é incomum descobrir uma estranha convergência de elementos "tradicionais" e "multiculturais" na mesma página, embora sem considerar como esses elementos podem ter uma conexão crítica. As manchetes de um boletim sobre uma conferência nacional ilustram essa questão:

> Desde as visitas às escolas ... até os comentários finais do presidente da fundação, E. D. Hirsch, o tema "o conteúdo conta" foi enfatizado por oradores, apresentadores e professores. Falavam em matemática e em pontes, em direitos da mulher e em música clássica. E os professores compartilharam *slides* da Antártida e aperitivos japoneses.

Uma foto do encontro mostra professoras da pré-escola, brancas, com óculos enormes, dançando a "dança cerimonial dos astecas" com um homem de pele escura e cabelos longos, com vestimentas de nativos americanos. Outra revela estudantes do ensino fundamental vestindo bonés e cantando "canções da Guerra Civil" para os participantes da conferência. Outras fotos retratam estudantes de uma escola local marchando com um "dragão chinês pelos corredores" e um diretor de uma escola *charter* lendo *Cultural Literacy* durante a conferência (Siler, 1998, p. 10-11).

Apesar de a conferência e de seu boletim tentarem definir a visão do movimento e promover um sentido coletivo de missão, outros materiais da fundação proporcionavam um apoio mais tangível para o lar e para a sala de aula. A série *What Your K-6 Grader Needs to Know* (por exemplo, Hirsch, 1998a) é um conjunto enciclopédico de volumes, extremamente popular e seqüenciado de acordo com o currículo *Core*. Pelo título, esses livros atraem os pais com base em diversas ansiedades com relação ao conhecimento necessário para a ascensão social. O literário *Core Classics* (Marshall e Hirsch, 1997) traz versões infantis de obras abordadas pelo currículo, como *Robinson Crusoé, A Ilha do Tesouro, Poliana* e *Don Quixote*. O histórico *Rats, Bulls and Flying Machines: a History of the Renaissance and Reformation* é um texto que visa introduzir os estudantes à história européia (Prum, 1999). Esses materiais coexistem com os livros didáticos recém-publicados da série *Pearson Learning – Core Knowledge History and Geography*, sobre a história dos Estados Unidos e do mundo (Hirsch, 2002). Reunindo tudo, os manuais do professor detalham "o que os professores devem saber" para ensinar o currículo (CKF, 2004d).

Os materiais curriculares multiplicaram-se nos últimos anos, mas os serviços de apoio também melhoraram muito. A fundação patrocina seminários de adoção do currículo e oficinas de desenvolvimento profissional (CKF, 1997, 2003a), oferecendo orientação para escolas de baixa renda que desejam adotar o currículo, mas que precisam de ajuda para solicitar verbas do programa federal Comprehensive School Reform (Shields, 2003b). Da mesma forma, a fundação mantém um *site* na internet (CKF, 2004e) que serve como um canal de comunicação e sempre publica literatura informativa e livros que ajudam a sustentar financeiramente a organização, proporcionar apoio pedagógico a professores e pais e apoio ideológico para o movimento (por exemplo, CKF, 1996a, 2004f; Hirsch, 1992a, 1996).

A CONSTRUÇÃO DE UM MOVIMENTO

O trabalho da fundação foi fundamental para promover o *Core Knowledge* como reforma, mas é importante olhar o movimento de forma mais ampla. O movimento floresceu devido às motivações e aos esforços de uma variedade de atores, comunidades e fundações, sendo essencial que identifiquemos os mais importantes.

Em diversas áreas, o currículo *Core* foi adotado no sistema escolar público em âmbito regional. No pequeno distrito de Hobbs, no Novo México, leciona-se segundo o currículo *Core* em todas as escolas do ensino fundamental (Rounds, 2004). Da mesma forma, regiões escolares maiores implementaram o currículo, incluindo Polk County, na Flórida, e Nashville, no Tennessee (Jones, 1997a). Em Polk County, 63 escolas fundamentais com 37 mil crianças adotaram o currículo, e as escolas do ensino médio juntaram-se a elas depois. Lembrando sua campanha eleitoral, Glenn Reynolds, o superintendente do distrito escolar, explicou a decisão de adotar o programa em toda a região escolar: "Eu só ouvia falar que as escolas públicas não eram competitivas... Nossas escolas públicas vinham perdendo a credibilidade e a confiança das pessoas. A população estava pronta para uma grande mudança" (Marshall, 1997c, p. 1).

Embora não seja parte de uma iniciativa regional, existem concentrações notáveis de escolas do *Core Knowledge* em outros locais. Baltimore, onde se desenvolveram aproximadamente 15 escolas baseadas no currículo, abriga o Baltimore Curriculum Project. Financiado pela Abell Foundation, que visa prestar apoio a um "modelo promissor de reforma educacional", o projeto se dedica a criar planos de aula que correspondam às diretrizes de conteúdo do currículo. Várias escolas de Baltimore estão diretamente ligadas ao projeto e já testaram os planos de aula (Marshall, 1997a; Baltimore Curriculum Project, 2004; Buras, 2004). Outra iniciativa em Baltimore girou em torno da implementação do currículo em três escolas do nível fundamental no bairro de Sandtown-Winchester. Nessa comunidade de baixa renda e predominantemente afro-americana, a educadora Sylvia Peters associou-se à Enterprise Foundation para facilitar a iniciativa – sustentada por um orçamento anual de mais de 500 mil dólares (Scherer, 1996; Enterprise Foundation, 2000). Como participante da Conferência Nacional do Core Knowledge, Peters discursou para os professores, chamando-os de "as conexões mais importantes na recivilização de nossa sociedade" (Siler, 1997, p. 1). "O *Core Knowledge* diz respeito à alma do nosso país", declarou (p. 8). As palavras que Peters usa, como "recivilizar" e "alma" captam o espírito missionário do movimento, que busca, em parte, efetuar a conversão cultural de comunidades pobres, particularmente comunidades de cor.

Em Atlanta, existem nove escolas que seguem o currículo, embora o Estado da Geórgia tenha em torno de 25 (CKF, 2004b). A cidade de Atlanta foi o local da reunião anual de 2004, onde os participantes assistiram estudantes de uma escola local cantarem canções do currículo. Com Hirsch sentado na primeira fila do salão lotado, um coral de alunos da Morningside Elementary fez uma apresentação impecável. A intensa apresentação de uma seleção de canções, incluindo a patriótica "America", a música *country* "The Yellow Rose of Texas" (que, segundo a lenda popular, se refere a uma mulata escravizada) e o *spiritual* afro-americano "Swing Low, Sweet Chariot", revelou a esquisita e nada crítica relação entre as tradições do conhecimento incorporadas no currículo *Core*. Entretanto, esse momento com canções garantiu que houvesse algo para todos, que é uma das razões para a atração popular do movimento (Buras, 2004).

No Colorado, existem mais de 60 escolas do *Core Knowledge* (CKF, 2004b). William Moloney, o ex-superintendente escolar de Calvert County, em Maryland (o primeiro sistema a adotar o currículo em âmbito regional), foi apontado comissário de educação do Colorado em 1997 (Siler, 1997; Jones, 1997b). Nesse mesmo ano, ele se tornou membro do conselho da fundação e fez um discurso na conferência nacional de Atlanta no ano seguinte. O discurso de Moloney (1998) abordou preocupações ligadas à estabilidade da tradição e do sentimento nacional:

> A odisséia do *Core Knowledge* é uma história notável da jornada americana em busca de escolas melhores.... Reporto-me a 1983 e ao relatório "A Nation at Risk", que serviu como trampolim para o movimento atual pela reforma escolar em geral e para o movimento *Core Knowledge* em particular.... Os americanos queriam respostas para questões e preocupações que vinham se acumulando havia muitos anos.... Por que todas as pesquisas públicas revelavam a preocupação de nosso povo de que as escolas não estavam conseguindo manter os valores, a disciplina e a ética de trabalho que foram as bases de nossa herança nacional?

A razão para esse declínio, afirmou Moloney, era que se "estabeleceu uma séria confusão na missão das escolas quando elas foram declaradas o fórum ideal para resolver questões polêmicas relacionadas com classe, língua, raça, religião e sexualidade". Rejeitando o multiculturalismo como uma mera confusão da missão, o autor passou a evocar um discurso racialmente codificado para explicar a erosão da ordem nacional, enfatizando que "em ambientes mais estáveis, seria possível remendar as rachaduras do edifício, mas, em cenários menos estáveis, como nossos grandes sistemas urbanos, foi impossível mascarar o declínio até o caos educacional" (p. 5). Para Moloney, o declínio ao caos educacional exigia a defesa contínua do currículo *Core*, e ele não estava só nessa cruzada. Holly Hensey, originalmente uma professora adepta do *Core Knowledge* no Texas, onde existem mais de 50 escolas que usam o currículo (CKF, 2003e; Hitchcock, 2002), foi recrutada pela Core Knowledge Foundation para organizar a região do Colorado. Ela levantou quase 900 mil dólares em doações e instituiu muitas iniciativas no Estado, incluindo um *site* na internet, um Instituto de Verão para professores do currículo desenvolverem planos de aula, a Conferência Anual do *Core Knowledge* do Colorado e um projeto que alinhava o currículo com os padrões educacionais do Estado (Colorado Schools, 2003; National Core Knowledge Coordinator of Colorado, 2004).

Em 1997, a Comissão de Humanidades de Minnesota promoveu um seminário para grupos estaduais interessados no *Core Knowledge* (Jones, 1997b, 1997c). Mae Schunk, uma hábil e talentosa professora de uma escola do *Core Knowledge* da cidade de St. Paul, ajudou a alinhar o currículo com os padrões de Minnesota e foi eleita vice-governadora de Minnesota em 1999. Nessa posição, Schunk apresentou o currículo a pais e autoridades escolares de todo o Estado, explicando que o "currículo *Core* é apenas bom senso" (Marshall, 1999, p. 3). A cidade de St. Paul abriga o Midwest Core Knowledge Center, financiado pela Comissão de Humanidades de Minnesota. Atualmente, o Estado tem 21 escolas do *Core Knowledge*, e existem outras 21 no Estado de Michigan (CKF, 2004b).

Na Califórnia, havia poucas escolas do *Core Knowledge* no final da década de 1990. Talvez o mais importante para aumentar o interesse no Estado tenha sido o convite para que Hirsch falasse para a Secretaria Estadual de Educação da Califórnia. "Se eu fizesse parte desta secretaria", advertiu Hirsch, "eu começaria a transferir muitos recursos para uma educação que se iniciasse desde muito cedo na vida das crianças" (1997, p. 7). Concluindo, enfatizou que "se a pesquisa confiável se tornar seu guia ... poderá se dizer que esta foi a secretaria que pôs fim à era dos modismos e fracassos educacionais" (p. 8). A exortação para a adoção de uma reforma educacional baseada na "pesquisa confiável", uma referência que geralmente evoca concepções bastante limitadas do método científico, de evidências e do desempenho educacional, é uma abordagem que Hirsch e a fundação usam com freqüência – e que tem um certo apelo. Atualmente, existem 29 escolas do *Core Knowledge* na Califórnia (CKF, 2004b).

Com a difusão do currículo *Core* em diferentes regiões em todo o país, não é de surpreender que a atenção da mídia tenha sido atraída. Publicações de grande circulação, como o *Wall Street Journal* (Putka, 1991), *Life* (Meyer, 1991), *Newsweek* (Kantrowitz, Chideya e Wingert, 1992), *Reader's Digest* (Perry, 1994) e *Forbes* (Summers, 1999), enfatizaram os aspectos positivos do movimento.

O crescimento do movimento *Core Knowledge* e a notoriedade que ele recebeu são indicativos da atratividade que essa reforma teve em vários tipos de comunidade. Uma análise ainda mais detalhada de escolas específicas e determinados adeptos do movimento pode ajudar a esclarecer por que certos grupos são atraídos para a reforma, quais são os diferentes posicionamentos desses grupos e os interesses em jogo nas alianças formadas.

ALIANÇAS PECULIARES

Na Washington (hoje Traut) Core Knowledge School, uma escola que atende predominantemente a classe média branca na cidade de Fort Collins, no Colorado, as descrições dos pais sobre o currículo das escolas que não usam o currículo *Core* "costumam ser repletas de imagens de decadência. Muitos descrevem como o currículo que conheceram quando crianças, enraizado nas sólidas verdades da civilização ocidental, desapareceu da maioria das escolas". Preocupados com a desintegração cultural e com a perda da tradição, esses pais fizeram uma petição para a secretaria de educação em busca de uma solução – uma escola que seguisse o *Core Knowledge*, que "enfatizasse um currículo rico em conteúdo e que não deixasse nada para o acaso ... [e] que fosse dirigida pelo professor do começo ao fim" (Ruenzel, 1996-97, p. 8).

Nessa comunidade, parece que o currículo *Core* possibilitou um retorno a dias "melhores", antes do ataque multicultural contra a verdade e a ordem dominante.

Em comparação, a Nathaniel Hawthorne Elementary School é uma escola do *Core Knowledge* que atende principalmente a população latina de baixa renda na zona urbana de San Antonio, no Texas. Dois professores (Mentzer e Shaughnessy, 1996, p. 14-16) da escola refletem sobre como ela era antes da adoção do currículo *Core*:

> Como professores, estávamos frustrados. As coisas não funcionavam bem. Não sabíamos o que fazer.... Estávamos apavorados com o que aconteceria com as crianças se não encontrássemos uma intervenção.... Podíamos ver que, se não fizéssemos nada para interromper o ciclo de fracasso, nossas crianças acabariam ou nas ruas ou mortas.

Após uma análise detalhada do currículo *Core* por pais e professores, os professores disseram: "Encontramos a peça que faltava... O que não tínhamos era um conteúdo comum". Para essa escola, o currículo *Core* foi compreendido como uma contribuição para a renovação, proporcionando uma visão educacional unificada e um plano que levaria ao avanço das crianças com dificuldades. Embora a especificidade do conteúdo fosse considerada importante, os professores enfatizaram que renovaram o currículo apenas parcialmente, dizendo: "Adicionamos itens que considerávamos importantes para nossos alunos aprenderem, como a cultura e as tradições hispânicas" (p. 20).

Na localidade rural de Crooksville, Ohio, a adoção do currículo *Core* pela Crooksville Elementary School – uma escola dirigida principalmente para a comunidade branca de baixa renda – significa que os "estudantes começam a enxergar e entender o mundo além das montanhas". Por exemplo, os estudantes "aprendem as histórias de Zeus e Hades e Perséfone ... participam de feiras da Renascença, lêem Don Quixote, assistem atores shakespearianos, pesquisam e encenam eventos da Guerra Civil" e "comem com palitos chineses e dramatizam tratados com os nativos americanos" (Vail, 1997, p. 14). Timm Mackley, o superintendente da Crooksville, enfatiza que "estamos lidando com crianças que estão confinadas demais em seu pequeno mundo. Estamos tentando compartilhar a riqueza do conhecimento humano com elas" (Vail, p. 15; ver também Mackley, 1999). Dessa forma, essa escola rural específica considera que o currículo *Core Knowledge* conecta estudantes isolados com um mundo multicultural mais amplo.

O fato de que escolas em contextos tão diferentes puderam utilizar o currículo revela as alianças complexas que se formaram no movimento. Hirsch está bastante ciente dessa situação e diz: "O fato de que tanto os Bushies (os aliados de Bush) quanto a Federação Americana de Professores (AFT) gostam de mim mostra que há algo muito peculiar acontecendo" (Lindsay, 2001, p. W24). A realidade é que Hirsch e a fundação têm trabalhado para construir essas relações. A relação de Hirsch com o ex-presidente da AFT, Albert Shanker, data de meados da década de 1980. Foi então que Shanker começou a elogiar a teoria recém-articulada de Hirsch relativa à alfabetização cultural como o caminho para maior igualdade educacional. Depois disso, o sindicato declarou que o currículo *Core* era uma reforma mais promissora para a melhora nas escolas do que o sistema de vale-educação (AFT, 2003; Lindsay, 2001). A AFT conferiu a Hirsch o prêmio QuEST (padrões de qualidade educacionais) em 1997, e Sandra Feldman, presidente da AFT, passou a ocupar um assento no conselho da Core Knowledge Foundation em 1998 (Marshall, 1997b, 1998a).

Além disso, muitos estudiosos e membros de grupos historicamente marginalizados foram cortejados pela fundação, particularmente após o *Cultural Literacy* ter sido atacado por seu conteúdo eurocêntrico. Por exemplo, Henry Louis Gates, professor de humanidades e estudos afro-americanos da universidade Harvard, foi convidado para participar do comitê consultor multicultural do *Core Knowledge* (Hirsch, 1992b). Ainda assim, a formação dessas alianças não foi fácil. James Farmer, o conhecido ativista dos direitos civis e fundador de um *CORE* diferente – sigla em inglês do Congresso de Igualdade Racial –, foi convidado para falar na conferência nacional de 1996. Ele enfatizou em seu discurso a idéia de que "estamos todos ligados" e provocou os professores e a Core Knowledge Foundation (Farmer, 1996, p. 2):

> O que estou pedindo é algo que talvez vocês tenham como parte de seu currículo. Uma cultura pluralista. Não é difícil para pessoas em uma sociedade como a nossa amarem a si mesmas e, ao mesmo tempo, unirem-se a outros no amor a suas histórias e tradições. Eu ... *insisto* que vocês se unam a mim e a nós e *nos louvem* como *louvam a si mesmos*. Não será difícil se as pessoas aprenderem dessa forma. *Talvez o ensino disso devesse fazer parte do currículo básico* [itálico acrescentado].

Ainda que a presença de Farmer na conferência possa ser lida como uma aceitação por parte dele do *Core Knowledge* – conforme Hirsch sugere –, ela também pode ser lida como um desafio para incorporar o conhecimento, a cultura e a história dos grupos oprimidos de forma mais significativa ao currículo, em vez de apenas ensinarmos às crianças sobre a cultura dos grupos mais poderosos.

Em outro fato instigante, Richard Rodriguez, um renomado autor e palestrante *chicano*, participou da conferência no ano seguinte. Em comparação com a fala de Farmer, seu discurso enfatizou que a "assimilação é um fato". Ele (1997, p. 12) declarou para os defensores do *Core Knowledge*:

> Esta não é a voz com a qual eu falava na primeira série. Não é como soava. Esta é a *sua* voz. Esta é a voz que *vocês* me enfiaram goela abaixo.... Houve uma época em minha vida em que eu me descrevia como minoria e, por causa de vocês, eu não sou uma minoria no sentido cultural.

Relegando sua própria língua e cultura à esfera privada, Rodriguez enfatizou a necessidade de que as crianças de minorias recebam a cultura pública, implicando formas dominantes de falar, agir e saber. E continuou (p. 13):

> Existem muitos professores nessa era bilíngüe da *ebonics** que realmente não entendem que a questão não é a simples expressão pessoal. A questão é fazer com que as crianças consigam falar de um modo que as outras pessoas possam entendê-las. Isso é o que eu quero dizer com "escola pública".

---

*N. de T. Termo cunhado em 1973 por Robert Williams, um psicólogo afro-americano; de ébano, referindo-se aos dialetos falados pelas comunidades de origem africana dos Estados Unidos, Caribe, etc.

Em um grau muito mais significativo do que Farmer, Rodriguez defendeu a adaptação da cultura dominante, em vez de exigir uma alfabetização transcultural. O fato de que ambos fizeram discursos na conferência ressalta os comprometimentos ideológicos variados que informam o movimento e as tensões que caracterizam as alianças existentes. O desejo da fundação de construir essas relações é ainda mais interessante quando lembramos a iniciativa citada de traduzir a série "O que o Aluno da Pré-Escola até Sexta-Série Precisa Saber"para o espanhol a fim de usá-la juntamente com a versão em inglês. De forma clara, a força por trás dessa intervenção está mais alinhada com as visões de Rodriguez do que com as de Farmer, embora ambos tenham sido bem-vindos sob o guarda-chuva do *Core Knowledge*.

Conforme observa Hirsch, esse guarda-chuva é largo e amplo. Hirsch e seus apoiadores fizeram tentativas de atrair não apenas pais e crianças para a coalizão, mas mesmo pessoas nos níveis mais elevados do governo. Em 1996, um núcleo de indivíduos associados à visão Matematicamente Correta escreveu uma carta ao então presidente Clinton, dizendo que "existem razões para crer que os padrões baseados no conteúdo e na academia serão subvertidos antes de sequer chegarem às salas de aula do país" (parágrafo 2). Ao contrário da *matemática integral*, um método que enfatiza o entendimento conceitual e a resolução de problemas por meio da investigação, essa organização defende a repetição constante e a memorização de fórmulas – abordagens que acreditam ter desaparecido das escolas. Com essas condições educacionais em mente, o grupo implorou a Clinton:

> Tudo o que lhe pedimos é que, pessoalmente, leia *The Schools We Need & Why We Don't Have Them*.... Acreditamos que, lendo este livro, o senhor terá uma visão importante da gravidade do problema.... Inclusive, acreditamos que o senhor começará a sentir, como nós, que é imperativo que E. D. Hirsch seja chamado para aconselhá-lo diretamente (parágrafos 3-4).

Um ano depois, Wayne Bishop (professor de matemática e um dos que assinaram a carta) analisou, a pedido da Core Knowledge Foundation, vários livros de matemática, com relação à sua utilidade para ensinar o currículo *Core*. Aqueles que enfatizavam muita revisão e roteiros prontos para o professor ficaram melhor classificados (Marshall, 1997f). Essas abordagens são as mesmas que os "Bushies" defendem, os quais apoiaram as formas educacionais defendidas por Hirsch e pelo grupo Matematicamente Correto (Hoff, 2002).

Assim, não é de surpreender que Hirsch tenha se dedicado a construir alianças em Washington, onde, em abril de 2003, falou para o Forum on Civic Literacy da Casa Branca e foi homenageado em um jantar pelo vice-presidente e sua esposa, Lynne Cheney. Alguns meses depois, Hirsch retornou para uma comemoração patrocinada pelo Center for Educational Reform, da qual participaram o Ministro da Educação, Rod Paige, o governador da Flórida, Jeb Bush, e John Walton, da Walton Foundation, um patrocinador financeiro do *Core Knowledge*. Com relação a essas tentativas de formação de redes, a Core Knowledge Foundation observa que "Hirsch continua a ser o nosso embaixador nômade, promovendo a reforma educacional e procurando aliados que pensem de forma semelhante" (CKF, 2003e, p. 20).

Ainda assim, o próprio Hirsch reconheceu que nem todos os seus aliados pensam de forma exatamente igual. Então, como indivíduos de bairros privilegiados e comunidades urbanas e rurais de baixa renda, assimilacionistas e pluralistas culturais, pais subalternos e autoridades estatais, a Federação Americana de Professores e fundações conservadoras reúnem-se todos em torno do *Core knowledge*? Como pode, para usar as palavras da vice-governadora de Minnesota, o currículo *Core* ser "apenas bom senso"? Como já vimos, o *Core knowledge* é formulado oficialmente em termos de mobilidade social e direitos civis – preocupações centrais para os grupos subalternos. Além disso, sua coerência curricular oferece um horizonte promissor para as escolas urbanas que enfrentam desafios variados. A associação entre pessoas de cor conhecidas com o currículo *Core* – algumas com posições bastante moderadas sobre cultura e escolarização – também confere à reforma um ar de respeitabilidade nas comunidades marginalizadas. As comunidades pobres e as comunidades de cor que adotaram o currículo são estrategicamente enfatizadas pela fundação. A mensagem é que o currículo *Core* tem em seu centro os interesses desses grupos. Tudo isso serve para proteger a reforma de críticas de elitismo e eurocentrismo e ajuda a promover a agenda da fundação nesse sentido.

Os restauradores culturais do governo, com fundações de direita ou em distritos escolares em bairros de elite, também podem defender o currículo – uma reforma baseada, em parte, na premissa da defesa da tradição e da ordem. Aqueles que acreditam que a herança nacional está "em risco" e mesmo aqueles que defendem uma agenda cultural direitista sob a bandeira da ciência e da "pesquisa confiável" consideram o *Core Knowledge* um refúgio confortável. Contudo, nesses casos, a fundação geralmente evita apresentar as demandas de natureza classista e racial desses grupos, usando uma linguagem democrática sobre a cultura comum e a unidade nacional que oculta os aspectos coercitivos da reforma.

AUTONOMIA, DISCIPLINA E RECONSTRUÇÃO DE UM MOVIMENTO

O posicionamento social dos defensores do *Core Knowledge* e os diversos interesses incluídos no movimento realmente são "peculiares", conforme aponta Hirsch. As tensões geradas por esse equilíbrio de forças no movimento não podem ser ignoradas. Afinal, esses investimentos diversos levaram a fundação a redefinir sua relação com as escolas baseadas no *Core Knowledge*.

Com quase uma década de movimento, Hirsch (1998b) garantiu aos professores que eles eram sua vanguarda, em vez da fundação: "Desde o início, o *Core Knowledge* tem sido um movimento *de baixo para cima, e não de cima para baixo.... Vocês o construíram sem coação* e com dedicação, com números cada vez mais crescentes" (itálico adicionado; p. 1, 14). Orientados por diretrizes de conteúdos do currículo *Core*, professores de toda a nação passaram incontáveis horas pesquisando materiais relevantes e desenvolvendo planos de aula originais (CKF, 2004e, 2004g). No começo, esse trabalho foi essencial, pois as diretrizes de conteúdos eram praticamente tudo o que havia. Depois que a primeira escola baseada no currículo *Core* abriu em 1990, Connie Jones (1991, p. 10), sua diretora, relatou:

> Nossos professores ficaram contentes com *o grau de independência e autonomia* que a *Core Knowledge Sequence* lhes possibilitou.... A seleção e o uso dos recursos e materiais ficaram *completamente a critério dos professores*.... Nosso corpo docente *não gostaria da publicação de um livro didático rígido com guias para os professores* (itálico adicionado).

Essa autonomia relativa, em mãos diversas, levou a interpretações do currículo *Core* que ficam além dos limites da visão oficial. Pesquisadores (Datnow et al., 2000, p. 183) que estudaram a implementação do currículo em diversos locais a pedido da fundação entrevistaram estudantes e relataram:

> Todas as escolas que seguem o currículo *Core Knowledge* devem ensinar a respeito de Thomas Jefferson na quinta série.... Em uma escola que atende uma maioria de estudantes afro-americanos, os alunos lembraram que Jefferson teve filhos com uma de suas escravas. Contudo, os alunos de uma escola com maioria branca em um bairro de elite nos disseram que Jefferson era um herói.

Os pesquisadores encontraram ainda diferenças na implementação e nos métodos de ensino. Sabe-se que os professores influenciam as iniciativas educacionais em suas salas de aula (Grant, 2001; Schweber, 2004), e os planos de aula desenvolvidos de forma independente por professores do *Core Knowledge* indicam que, historicamente, tem havido um elevado grau de diversidade onde se usa o conteúdo. Ao mesmo tempo, esse tipo de variação curricular somente foi estimulado pela falta de materiais padronizados para acompanhar as diretrizes de conteúdos. Na verdade, havia algo certo no reconhecimento de Hirsch de que "vocês o construíram sem coação", mas ficava cada vez mais claro que algumas escolas não o estavam cumprindo plenamente ou de modo correto. Nos últimos anos, diversos mecanismos disciplinares – livros didáticos do *Core Knowledge* e guias do professor, novas exigências da fundação para as escolas, testes referenciados pelo currículo *Core* (CKF, 2004a, n.d.), a coleta de dados de desempenho (Telling, 2003) e uma nova iniciativa de reforma na formação do professor fundamental (CKF, 2002) – começaram a tomar forma.[3]

Os livros de história do *Core Knowledge* (Hirsch, 2002), que comentarei a seguir, devem ser compreendidos nesse contexto. É claro que a principal questão é o grau em que esses materiais exercem uma influência disciplinar. O estudo citado sobre o currículo *Core* é relevante aqui. Enquanto os professores que usam o currículo valorizam a autonomia que a relativa carência de materiais possibilita, a autonomia teve um lado negativo – principalmente a grande demanda por esse tipo de trabalho (Datnow et al., 2000). O trabalho associado à implementação de currículos independentes dos materiais do currículo *Core*, combinado com a ausência geral de materiais alternativos para o nível fundamental com relação ao conteúdo de história, provavelmente causará maior dependência dos livros didáticos de história do *Core*. Dessa forma, é importante avaliar qual conhecimento informa as histórias que a fundação defende oficialmente. Também é importante pensar sobre como essas histórias podem, de forma concomitante e estratégica, atrair grupos diversos dentro do movimento, ajudar os professores em salas de aula baseadas no currículo e potencialmente disciplinar a inclusão mais radical das diretrizes de conteúdo do currículo *Core*.

O *CORE KNOWLEDGE* E A *NOVA* VELHA HISTÓRIA

Geralmente, a história é ensinada nas escolas de forma narrativa, um gênero discursivo incorporado aos livros didáticos que os professores usam e os alunos lêem. Com relação aos gêneros discursivos, Mikhail Bakhtin enfatizou:

As afirmações feitas não são indiferentes umas às outras e não são auto-suficientes; elas estão cientes umas das outras e se refletem mutuamente.... Cada afirmação dita é repleta de ecos e reverberações de outras afirmações com as quais está relacionada.... Cada afirmação deve ser considerada principalmente como uma *resposta* a afirmações anteriores da esfera em questão.... Cada afirmação refuta, afirma, complementa e baseia-se nas outras, pressupõe que elas sejam conhecidas e, de alguma forma, as leva em conta" (em Morris, 1994, p. 85).

Se cada afirmação contém "ecos e reverberações" de afirmações passadas em campos sociais afins e as leva em conta, devemos considerar as conversas, os debates e os contextos mais amplos (ver também Gee, 1999) que foram relevantes para escrever a história do *Core Knowledge*. A trajetória de luta entre velhas e novas histórias – significando a história vista de cima e a história vista de baixo – é muito pertinente. Afinal, grande parte da reação neoconservadora foi movida pelo desejo de sustentar determinada orientação epistemológica no estudo do passado – centrada nos pais fundadores e em grupos mais poderosos, naquilo que fizeram para construir a nação. A necessidade de defender a tradição da velha história contra o violento ataque do novo foi o que levou Arthur Schlesinger (1992, p. 17-18) a advertir quanto à "desunião da América". "Os militantes da etnicidade", escreveu o autor, "hoje afirmam que o principal objetivo da educação pública deve ser a proteção, o fortalecimento, a celebração e a perpetuação das origens e identidades étnicas." Soando o alarme, ele continua, "contudo, o separatismo alimenta o preconceito, aumenta as diferenças e promove antagonismos.... O resultado só pode ser fragmentação, ressegregação e tribalização da vida americana". A culpa é das novas histórias focadas em grupos subalternos e em conflitos, em vez de no consenso. Os historiadores de passados há muito ignorados – de afro-americanos, mulheres, asiático-americanos, imigrantes, da classe trabalhadora, e assim por diante – defendem esse trabalho como sendo legítimo e há muito esperado (Foner, 1997; Stearns, 1993; Wiener, 1989).

Tais são o discurso e o contexto em que os textos de história do *Core Knowledge* se inserem e aos quais respondem. Ao contrário do multiculturalismo aditivo, no qual "meia página aqui, meia página lá" discutem os grupos subalternos (McCarthy, 1998, p. 115), a história do *Core Knowledge*, creio eu, representa uma inovação estratégica que vai além do multiculturalismo aditivo, para algo que chamei de a *"nova* velha história".[4] Com isso, quero dizer que os textos do currículo *Core* refletem, em um *grau maior*, as tendências de *ambas*, as velhas e as novas histórias, e que a relação entre essas tradições no currículo é mais complexa do que a abordagem aditiva que tem caracterizado tantos livros escolares nas últimas décadas (por exemplo, ver Zimmerman, 2002). Apesar de poder citar alguns exemplos selecionados, é importante dizer que eles refletem os padrões amplos que encontrei nos vários textos de história do currículo *Core* que analisei.[5] Apresentando esses exemplos, espero mostrar como os textos, como as *novas* velhas histórias, contribuem para a "desunião da história da América".

De forma mais relevante para a questão, segundo o padrão que documentei (ver também Buras, 2005), os grupos de elite e os subalternos são reconhecidos nos textos de história do currículo *Core*, mas esse reconhecimento baseia-se em duas condições principais. Em primeiro lugar, refletindo o velho e o novo, o passado de grupos dominantes e subalternos são narrativizados, mas *não em relação* uns aos outros; as elites são poderosas, mas não exercem poder sobre nenhum outro grupo; os subalternos são oprimidos, mas não vivem entre os opressores. Em segundo lugar, o passado de grupos dominantes e subalternos são narrativizados *em relação* uns aos outros, por meio de um arcabouço que enfatiza o *consenso* (o bastião da velha história) e obscurece ou ignora o conflito e o poder (fundamentais na nova história). Além disso, o enredo histórico principal reflete a velha história, enquanto o enredo secundário "leva em conta" e "ecoa" a nova história. De maneira semelhante, as imagens nos textos geralmente respeitam essas condições. As narrativas do currículo *Core* não representam aquilo que se tem chamado de história *integrativa* (Said, 1988) ou *sintética* (Bender, 1989, p. 198-199), a qual não significa uma história total, mas um número qualquer de histórias parciais, nas quais os "grupos interagem para fazer a política e a cultura nacionais" e o fazem em uma "disputa contínua ... para definir a si mesmos e a nação como um todo". Ao contrário disso, a *velha* história construída pelos textos do currículo *Core* constitui uma estratégia de multiculturalismo direitista no nível epistemológico.

De maneira significativa, Hirsch (2001, p. 4) afirmou que "as pessoas que chamam essa reforma de ... 'eurocêntrica' e 'elitista' não se preocupam em descobrir o que está no currículo do *Core Knowledge*". Vamos começar a descobrir, tendo em mente que "cada história escrita é uma seleção e uma organização de fatos.... E que a seleção e a organização de fatos ... sempre é um ato de escolha, convicção e interpretação" (Beard, 1934, p. 220). A questão, então, é avaliar que forma de seleção e organização de "fatos" caracteriza a história escolar do *Core Knowledge* – fatos, devemos lembrar, que Hirsch acredita que "não são e não devem ser temas de controvérsia".

Imigrantes

Antes de sequer virar a primeira página, não há como não notar que a história escolar do currículo *Core*, apesar da crítica de Hirsch ao "legalismo étnico", é formulada segundo a política de identidade. Os livros didáticos das séries mais avançadas, por exemplo, não apresentam uma imagem unificadora, como a bandeira americana. Pelo contrário, uma colagem, com um presidente e um general, mas também com um nativo americano e um imigrante, é o que adorna a capa. Uma olhada rápida pela série sugere que o passado nacional é a história de grupos diversos, desde os presidentes esculpidos no Monte Rushmore e líderes de direitos civis a gigantes industriais e operários. Ainda assim, a estrutura profunda das narrativas e as conexões e desconexões que elas promovem levantam sérias questões sobre a legitimidade desse apelo.

Como exemplo, consideremos um texto da sexta série sobre imigrantes (Hirsch, 2002, p. 244). Esse texto, vale observar, tem 21 páginas e, a princípio, parece ser uma longa análise da experiência dos imigrantes durante a metade do século XIX e o começo do século XX. O tema principal afirma que os imigrantes são *forçados* a imigrar devido às suas condições terríveis em sua terra natal e são *atraídos* para os Estados Unidos, a terra da oportunidade. O velho país, diz um imigrante irlandês, era um lugar "onde não havia nada para nós, além da morte". Em comparação, os

Estados Unidos geralmente são apresentados de forma positiva. Quando os subalternos falam nesse texto, geralmente é para louvar a grandeza da América. Isso é ilustrado pela inclusão de longos trechos de cartas desses primeiros imigrantes, um após o outro. "Ouça as vozes desses primeiros imigrantes", diz o texto, "você não terá dificuldade para entender por que um fazendeiro ou trabalhador europeu, passando por dificuldades, pensaria em abandonar tudo e se mudar". A partir das palavras dos imigrantes, sugere-se aos alunos que "aqui não se vêem pobres... Não é possível diferenciar a esposa do pedreiro e a esposa de um cavalheiro importante" (p. 245). Todavia, há um enredo secundário também. Nesse tema, o sucesso na América não é absoluto. Os estudantes lêem que as "condições de vida para a maioria dos imigrantes nas cidades americanas eram simplesmente calamitosas" (p. 249). Notavelmente, pouquíssimos imigrantes falam sobre isso no texto.

Essa é a história vista de baixo, no sentido de que gira em torno de vozes e experiências de imigrantes; porém, a narrativa torna-se mais complicada. Apenas imigrantes europeus falam – imigrantes asiáticos estão virtualmente ausentes – e, quando falam, apenas "podem" falar de maneiras que sustentem o enredo principal. A narrativa secundária sobre as dificuldades e desigualdades na América é constantemente enfraquecida por seu relacionamento com a narrativa mais ampla. Isso ocorre por meio de um processo que inclui *reconhecimento, qualificação, comparação* e *afirmação*. Antes de tudo, há o reconhecimento da luta dos imigrantes: "Viver na cidade não era fácil.... Geralmente, os imigrantes tinham os trabalhos mais difíceis, com mais horas e menos salário" (p. 254). Então, depois de um ou dois parágrafos sobre o salário e as condições de trabalho para imigrantes, e uma citação de "alguém" que escreveu que "as ruas [da América] não foram pavimentadas com ouro" e que os imigrantes é que "deveriam pavimentá-las", o texto indica:

> Por mais difícil que possa ter sido a vida para eles, contudo [qualificação], esses novos americanos sabiam que estavam em situação muito melhor do que em suas terras natais [comparação].
>
> Com o tempo, muitos aprendiam novas habilidades e melhoravam sua renda. Eles podiam morar melhor.... Em uma geração, ou às vezes em duas, muitos de seus filhos entraram para os campos da medicina, da educação, da administração de empresas e do direito [afirmação]. (p. 255)

Dessa forma, o enredo secundário e a história de luta dos imigrantes que ele representa são consumidos por uma narrativa afirmativa de sucesso e consenso nos Estados Unidos.

Um dos exemplos mais instigantes em que a experiência dos subalternos é reformulada a partir da visão dos dominantes está relacionado com a perseguição no país de origem e com a oportunidade de se tornar americano nesse novo país. Logo no início, os estudantes lêem que muitos imigrantes (p. 253):

> eram perseguidos em suas terras natais simplesmente porque falavam uma língua diferente, tinham costumes diferentes ou seguiam uma religião [diferente].... Eles não podiam ter jornais ou livros em sua própria língua, ou avançar muito na escola ou no trabalho, a menos que abrissem mão de sua língua.

Ainda assim, essas mesmas tendências são descritas como desejadas nos Estados Unidos e, na verdade, são uma parte essencial de tornar-se americano. Com relação à primeira geração de imigrantes, questiona-se (p. 262): "Será que o fato de morarem em seus próprios bairros e lerem jornais em suas próprias línguas não retardou o processo de se tornarem americanos?" Foi a terceira geração, afirma o texto, que se sentiu "plena e confortavelmente americana", algo facilitado pelo fato de que "não existiam mais jornais em línguas estrangeiras" e de que poucos nessa geração ainda se sentiam "divididos entre as maneiras antigas e as novas maneiras". Em suma, os imigrantes fugiram da perseguição para uma experiência semelhante, chamada "tornar-se americano", mas essa experiência é retratada como positiva.

De maneira significativa, o enredo principal é mantido por meio de uma história não-relacional. Em vez de confrontarem autoridades da imigração, os capitães da indústria ou cidadãos nativos, os imigrantes encontram locais geográficos (por exemplo, Nova York), a Nação americana (por exemplo, o Novo Mundo), forças despersonificadas (por exemplo, o espírito do país, as maneiras americanas, demandas de que o governo limite quem entra), símbolos (por exemplo, a Estátua da Liberdade), instituições (por exemplo, programas de americanização) e presenças não-identificadas (por exemplo, as pessoas que removem as faixas de bem-vindo). Apenas 20 das 170 referências a indivíduos ou grupos dominantes correspondem a atores com atributos específicos de classe, raça, religião, língua ou origem nacional. Entre esses poucos, há um funcionário da Ellis Island, trabalhadores talentosos nascidos nos Estados Unidos, um congressista e protestantes. Ao todo, não é uma narrativa em que os grupos subalternos e dominantes se relacionem – cada um como um grupo identificado e personificado. Mesmo quando a narrativa se volta à questão dos nativos, os alunos aprendem que alguns "americanos" favoreciam a imigração, enquanto outros eram perturbados por indivíduos parecidos "com eles mesmos" (p. 258). O "espírito do país" e o "sentimento nativo" são muito mais presentes do que os "protestantes" que "pediram leis" para impedir a imigração. Uma figura mostra atos de violência contra chineses, mas a legenda diz que "revoltas ... resultaram em agressões contra imigrantes chineses". O texto a seguir explica que "os responsáveis" raramente foram punidos (p. 259).

Líderes dos direitos civis

Na segunda série, os alunos lêem um texto de história dedicado aos líderes dos direitos civis, particularmente afro-americanos (Hirsch, 2002). O velho e o novo, o que vem de cima e o que vem de baixo, ambos são incorporados de forma condicional a essa narrativa. O tema principal é que todos os americanos lutaram para garantir direitos iguais. Contrário a isso, há um tema secundário, de que alguns grupos não tinham direitos iguais. Mais especificamente, essa história desenvolve-se como declarações sobre a experiência negra, alternadas com afirmações sobre a benevolência dos brancos. Assim, o texto indica que Mary McLeod Bethune, cujos pais "haviam sido escravos", acreditava que "toda criança negra tinha direito à educação". Ela "fundou uma escola" para garotas afro-americanas, com quem aparece em uma figura. Nesse modelo narrativo, a experiência de Bethune é racializada, pois ela tenta igualar as condições educacionais para as crianças *negras* (p. 4). A seguir, aparece Eleanor Roosevelt, que "queria ajudar os outros" (p. 5). Bethune e Roosevelt, finalmente, são apresentadas juntas em uma fotografia, sorrindo uma para a outra. Os estudantes lêem que elas "trabalharam juntas para ajudar todas as crianças americanas a ter uma boa educação" (p. 6). Nesse modelo, a luta racial de Bethune transforma-se em um esforço conjunto com Roosevelt para ajudar todas as crianças *americanas*.

Esse padrão persiste à medida que a narrativa continua: "Pessoas brancas jogavam nas ligas principais e pessoas negras jogavam nas ligas negras", mas Branch Rickey, um administrador dos Brooklyn Dodgers, que era branco, "mesmo assim quis que Jackie Robinson" jogasse no seu time (p. 7-8). Martin Luther King "queria a integração", mas, no Memorial Lincoln, falou para milhares de pessoas que "queria uma vida melhor para todos os americanos". Os estudantes aprendem que King sabia que Gandhi havia libertado o seu país "sem violência" (p. 12-13). Esses discursos alternados – um focado em condições desiguais e o outro em relações cooperativas e em um esforço de "todos os americanos" para garantir a igualdade – são reforçados pelas imagens textuais. Jackie Robinson e Branch Rickey são apresentados juntos apertando as mãos e sorrindo. Martin Luther King aparece em uma figura no Memorial Lincoln, com a estátua elevada atrás dele – em si, uma imagem de relações não-violentas, à medida que Lincoln "olha" King de cima.

De forma notável, essa narrativa é simultaneamente não-relacional e relacional. As condições desiguais predominam no tema secundário, mas os afro-americanos nunca encontram brancos exercendo o poder de formas diretas ou explícitas. Os violentos segregacionistas sulistas não trabalharam para ajudar "todos" os americanos. E a luta pela integração revelou muita violência – notadamente perpetrada por brancos contra negros. Ainda assim, tudo isso está ausente em um modelo não-relacional que consegue transmitir uma história na visão de baixo sobre a luta pelos direitos civis negros, mas sem brancos malévolos. Em outra parte, o texto explica (p.10): "As pessoas negras deviam sentar no fundo do ônibus. Rosa Parks transgrediu a lei no Alabama quando não foi para o fundo do ônibus para dar seu assento a um homem branco". Todavia, acompanhando essas palavras, há uma foto que mostra Parks sentada *em frente* a um homem branco que está sentado calmo e não reconhece sua presença. Assim, parece que Parks pôde confrontar o tratamento desigual sem problemas, muito menos sem ser presa. A seção de "Leitura em voz alta" do Guia do Professor – para o professor ler para a classe – faz alusão ocasional a relações conflituosas, por exemplo, dizendo que "Rosa Parks foi presa no ônibus", e afirma que ela "estava cansada de ser mandada para lá e para cá" (p. 14). Mas essas representações não são refletidas no texto escrito ou visual que os estudantes recebem diretamente. Pelo contrário, os grupos raciais subalternos e dominantes apenas se encontram de forma consensual. O tema secundário sobre a desigualdade, conforme vivido pelos de baixo, é subvertido por uma história na qual os negros têm relações de cooperação com brancos benevolentes.

LIÇÕES DE CIMA PARA BAIXO E DE BAIXO PARA CIMA

Segundo Glazer (1997, p. 33), apenas pedir o retorno à velha história "já não serve mais", ainda que avançar além da história aditiva certamente seria melhor para o *Core Knowledge*. Essa estratégia pode ter o poder de mobilizar os grupos subalternos e dominantes em torno do currículo *Core*, sem nenhum dos grupos sentir que seus interesses ou suas histórias estão sendo sabotados. Na 5ª Conferência Nacional do *Core Knowledge*, Diane Ravitch (1996, p. 11), atual membro do conselho da fundação, declarou: "Vocês, como professores e líderes das escolas do *Core Knowledge*, devem fomentar uma revolução.... A América precisa de *mais* escolas baseadas no *Core Knowledge*". Já sugeri que aqueles de nós que se dedicam a concepções mais progressistas de democracia devem pensar sobre a maneira exata em que essa revolução está sendo fomentada. Os grupos de baixo podem tentar redefinir o currículo *Core*, mas eles também estão rodeados por uma rede de forças conservadoras muito poderosas que tentarão, a cada momento, criar e recriar o movimento e escrever e reescrever as páginas da história de maneiras que promovam os interesses dominantes. O grau em que o multiculturalismo direitista conseguirá servir a esses interesses está na ordem do dia. Por enquanto, vamos apenas dizer que a Free Congress Foundation poderia aprender uma lição com a Core Knowledge Foundation. Por mais estranho que isso possa soar vindo de alguém do campo da educação, espero que essa lição não seja aprendida.

NOTAS

1. Aqueles que se interessam pelo modo como se desenvolveram tensões em torno de outras reformas educacionais nas alianças entre grupos em condições diferentes devem ver Apple (1996), Pedroni (2003) e Apple e Pedroni (no prelo).
2. Por outro lado, é importante refletir sobre o que a esquerda pode ter aprendido com essa iniciativa. Apple (2001), por exemplo, discute o potencial progressista de se construírem coalizões entre grupos política, econômica e culturalmente diferentes. Por outro lado, quero seguir essa linha e enfatizar os perigos de se aprender com o sucesso da direita. Em outras palavras, existem lições que a esquerda talvez prefira rejeitar – como quando as estratégias empregadas baseiam-se na reapropriação de vozes subalternas e na redefinição de preocupações subalternas de maneiras que, na verdade, sirvam para enfraquecer, em vez de promover o processo de transformação democrática.
3. Algumas iniciativas do *Core Knowledge* foram financiadas por grupos conservadores, como a Walton Foundation e a John M. Olin Foundation.
4. Gertrude Himmelfarb (2004) usou os termos *nova* nova história e *velha* nova história e escreveu sobre a proposta de Lawrence Stone de uma nova velha história, mas nenhum desses usos corresponde à minha evocação do termo *nova* velha história.
5. Posso apenas fornecer exemplos selecionados aqui, mas os leitores interessados podem consultar outro texto (Buras, 2005), no qual apresento a aná-

lise crítica mais ampla que fiz sobre o discurso em trechos amostrados da série *Pearson Learning – Core Knowledge History and Geography Textbooks* (Hirsch, 2002). Os leitores também podem ver o texto para uma discussão de minha metodologia (Gee, 1999). Os exemplos apresentados neste capítulo refletem os padrões que encontrei de forma mais ampla nos muitos textos de história do currículo *Core* que analisei, incluindo tudo ou partes significativas de líderes dos direitos civis (segunda série) e reformistas americanos (quarta); explorando o oeste (primeira), os primeiros americanos (terceira) e os nativos americanos: culturas e conflitos (quinta); imigração e cidadania (segunda) e imigração (sexta); industrialização e urbanização na América (sexta); presidentes do Monte Rushmore (educação infantil) e primeiros presidentes (quarta). Também li e fiz uma análise rápida dos Guias do Professor associados aos textos da educação infantil à segunda série que analisei discursivamente, além de ler cuidadosamente todos os livros de história da educação infantil à sexta série. Também analisei as figuras em todos os textos examinados discursivamente.

REFERÊNCIAS

American Federation of Teachers (março de 2003). *American Federation of Teachers on Core Knowledge* [Compilação de artigos]. Washington, DC: Author.

Apple, M. W. (1993). *Official knowledge: Democratic education in a conservative age.* New York: Routledge.

Apple, M. W. (1996). *Cultural politics and education.* New York: Teachers College Press.

Apple, M. W. (2001). *Educating the "right" way: Markets, standards, god, and inequality.* New York: RoutledgeFalmer.

Apple, M. W., & Beane, J. (Eds.). (1995). *Democratic schools.* Alexandria, VA: Association for Supervision and Curriculum Development.

Apple, M. W., & Christian-Smith, L. K. (1991). *The politics of the textbook.* New York: Routledge.

Apple, M. W., & Pedroni, T. C. (no prelo). Conservative alliance building and African American support for voucher reforms. *Teachers College Record.*

Aronowitz, S., & Giroux, H. (1991). Textual authority, culture, and the politics of literacy. In M. W. Apple & L. K. Christian-Smith, *The politics of the textbook* (p. 213-241). New York: Routledge.

Baltimore Curriculum Project (2004). Baltimore curriculum project: Draft month-by-month content lesson plans based on the Core Knowledge sequence. Disponível em: http://www.cstone.net/~bcp/

Banks, J. A. (1969). A content analysis of the black American in textbooks. *Social Education, 33,* 954-957,963.

Beard, C. (1934). Written history as an act of faith. *American Historical Review, XXXIX* (2), 219-229.

Bender, T. (1989). Public culture: Inclusion and synthesis in American history. In P. Gagnon and The Bradley Commission on History in Schools (Eds.), *Historical literacy: The case for history in American education* (p. 188-202). New York: Macmillan.

Bennett, W. J. (1992). *The de-valuing of America: The fight for our culture and our children*. New York: Simon e Schuster.

Buras, K. L. (1999). Questioning Core assumptions: A critical reading of and response to E. D. Hirsch's *The Schools We Need & Why We Don't Have Them*. *Harvard Educational Review, 69* (1),67-93.

Buras, K. L. (2004). [Notas da conferência nacional do Core Knowledge]. Dados inéditos.

Buras, K. L. (2005). The disuniting of America's history: Core Knowledge and the new old history. Escrita em progresso. University of Wisconsin, Madison.

Cobble, D. S., & Kessler-Harris, A. (1993). The new labor history in American history textbooks. *Journal of American History, 79,* 1534-1545.

Colorado Schools (2003). Colorado schools grow through Holly Hensey's support [Versão eletrônica]. *Common Knowledge, 16 (3)*.

Core Knowledge Foundation. (1996a). Common misconceptions about Core Knowledge. Disponível em: www.coreknowledge.org

Core Knowledge Foundation. (1996b). Core Knowledge in the schools as of fall 1996 [Folheto]. Charlottesville, VA: Author.

Core Knowledge Foundation. (1997). Core Knowledge professional development workshops [Folheto]. Charlottesville, VA: Author.

Core Knowledge Foundation. (1998). *The Core Knowledge sequence: Content guidelines for grades K-6*. Charlottesville, VA: Author.

Core Knowledge Foundation. (2002). *What elementary teachers need to know: College course outlines for teacher preparation*. Charlottesville, VA: Author.

Core Knowledge Foundation. (1º de março de 2003a). Professional development workshops. Acesso em 22 de outubro de 2003, de http://www.coreknowledge.org

Core Knowledge Foundation. (15 de setembro de 2003b). Official Core Knowledge schools. Acesso em 14 de outubro de 2003, de http://www.coreknowledge.org/CKproto2/schools/schllst_O.htm

Core Knowledge Foundation. (25 de agosto de 2003c). Official Core Knowledge school application: Information for school year 2003-2004. Acesso em 14 de outubro de 2003, de http://www.core-knowledge.org/CKproto2/schools/schllst_O_app.htm

Core Knowledge Foundation. (1º de dezembro de 2003d). Core Knowledge schools: How to get started. Acesso em 20 de julho de 2004, de http://www.coreknowledge.org/CKproto2/schools/start.htm

Core Knowledge Foundation. (2003e). *Annual report of the Core Knowledge Foundation*. Charlottesville, VA: Author.

Core Knowledge Foundation. (10 de março de 2004a). Core Knowledge-TASA curriculum-referenced tests. Acesso em 29 de julho de 2004, de http://www.coreknowledge.org/CKproto 2/schools/testing.htm

Core Knowledge Foundation. (25 de maio de 2004b). Core Knowledge K-8 schools list. Acesso em 15 de junho de 2004, de http://www.coreknowledge.org

Core Knowledge Foundation. (16 de julho de 2004c). Becoming a Core Knowledge K-8 school [Breakdown of schools]. Acesso em 20 de julho de 2004, de http://www.coreknowledge.org

Core Knowledge Foundation. (2004d). *Core Knowledge teacher handbook, grade 1.* Charlottesville, V1: Author.

Core Knowledge Foundation. (2004e). Home page.www.coreknowledge.org

Core Knowledge Foundation. (2004f). Parent brochure. Acesso em 31 de março de 2005, de http:// www.coreknowledge.org/CKproto2/schools/schools-parentbrochure.htm

Core Knowledge Foundation. (2004g). Share the knowledge: Core Knowledge national conference units and handouts. Charlottesville, VA: Author.

Core Knowledge Foundation. (n.d.). Q&A: Core Knowledge testing program [Folheto]. Charlottesville, VA: Author.

Cornbleth, C., & Waugh, D. (1999). *The great speckled bird: Multicultural politics and education policymaking.* Mahwah, NJ: Lawrence Erlbaum Associates.

Cuban, L. (1993). *How teachers taught: Constancy and change in American classrooms.* New York: Teachers College Press.

Datnow, A., Borman, G., & Stringfield, S. (2000). School reform through a highly specified curriculum: Implementation and effects of the Core Knowledge sequence. *Elementary School Journal,* 101 (2), 167-191.

Davis, M. (2002). Core Knowledge offers blueprint for content-rich teacher education. *Common Knowledge,* 15 (3), 4.

Delfattore, J. (1992). *What Johnny shouldn't read: Textbook censorship in America.* New Haven, CT: Yale University Press.

Delgado Bernal, D. (2002). Critical race theory, Latino critical theory, and critical racedgendered epistemologies: Recognizing students of color as holders and creators of knowledge. *Qualitative Inquiry,* 8 (1), 105-126.

Enterprise Foundation. (2000). Community Building in Partnership, Baltimore, Maryland: A case study from on the ground with comprehensive community initiatives. Disponível em: http:// www.enterprisefoundation.org/resources/ERD/browse.asp?c=35

Farmer, J. (1996). We are bound together. *Common Knowledge,* 9 (1/2), 2.

Foner, E. (Ed.). (1997). *The new American history.* Philadelphia, PA: Temple University Press.

Free Congress Foundation. (2004a). Declaration of cultural independence. Acesso em 22 de junho de 2004, de http://www.freecongress.org/centers/cc/cultural independence.asp

Free Congress Foundation. (2004b). Home page. Acesso em 22 de junho de 2004, de http://www.free-congress.org/about/index.asp

Freire, P. (1993). *Pedagogy of the oppressed.* New York: Continuum.

Gee, J. P. (1999). *An introduction to discourse analysis.* New York: Routledge.

Gerson, M. (1997). *The neoconservative vision: From the cold war to the culture wars.* New York: Madison Books.

Giroux, H. A. (1995). Insurgent multiculturalism and the promise of pedagogy. In D. T. Goldberg (Ed.), *Multiculturalism: A critical reader* (p. 325-343). Oxford: Blackwell.

Glazer, N. (1997). *We are all multiculturalists now.* Cambridge, MA: Harvard University Press.

Goldberg, M. F. (1997). An interview with E. D. Hirsch, Jr.: Doing what works. *Phi Delta Kappan,* 79 (1), 83-85.

Goodlad, J. I. (1984). *A place called school.* New York: McGraw-Hill.

Graff, G. (1992). *Beyond the culture wars: How teaching the conflicts can revitalize American education.* New York: W. W. Norton.

Grant, S, G. (2001). An uncertain lever: Exploring the influence of state-level testing in New York State on teaching social studies. *Teachers College Record,* 103 (3), 398-426.

Hassett, M. K. (2004). A conference to remember [Versão eletrônica]. *Common Knowledge,* 17 (2).

Himmelfarb, G. (2004). *The new history and the old.* Cambridge, MA: Harvard University Press.

Hirsch, E. D., Jr. (1983). Cultural literacy. *American Scholar,* 52, 159-169.

Hirsch, E. D., Jr. (1987). *Cultural literacy: What every American needs to know.* New York: Vintage Books.

Hirsch, E. D., Jr, (1992a). *Fairness and core knowledge.* Charlottesville, VA: Core Knowledge Foundation.

Hirsch, E. D., Jr. (19926). *Toward a centrist curriculum: Two kinds of multiculturalism in elementary school.* Charlottesville, VA: Core Knowledge Foundation.

Hirsch, E. D., Jr. (1996). *The schools we need & why we don't have them.* New York: Doubleday.

Hirsch, E. D., Jr. (1997). An address to the California State Board of Education. *Common Knowledge,* 10 (1/2), 4-8.

Hirsch, E. D., Jr. (Ed.). (1998a). *What your second grader needs to know: Fundamentals of a good second-grade education* (Rev. ed.). New York: Doubleday.

Hirsch, E. D., Jr. (19986). Why general knowledge should be a goal of education in a democracy. *Common Knowledge,* 11 (1/2), 1, 14-16.

Hirsch, E. D., Jr. (1999). Why core knowledge promotes social justice [versão eletrônica]. *Common Knowledge,* 12 (4).

Hirsch, E. D., Jr. (2001). Breadth versus depth: A premature polarity. *Common Knowledge,* 14 (4), 3-4.

Hirsch, E. D., Jr. (Ed.). (2002). *Pearson Learning-Core Knowledge history and geography textbooks, grades K-6.* Parsippany, NJ: Pearson Learning Group.

Hirsch, E. D., Jr., & Holdren, J. (Eds.). (2001). *Lo que su alumno de kindergarten necesita saber* [Field copy]. Charlottesville, VA: Core Knowledge Foundation.

Hirsch, E. D., Jr., Kett, J. F., & Trefil, J. (1988). *The dictionary of cultural literacy: What every American needs to know.* New York: Houghton Mifflin Company.

Hitchcock, S. T. (2002). Teaching the teachers: New education school programs promise to help Core Knowledge teachers. *Common Knowledge,* 15 (1), 4-6.

Hoare, Q., & Nowell Smith, G. (Eds.). (1971). Selections from the prison notebooks of Antonio Gramsci. New York: International Publishers.

Hoff, D. J. (2002). Bush to push for math and science upgrade. *Education Week,* 22 (12), 19, 24.

Jones, C. (1991). *A school's guide to Core Knowledge: Ideas for implementation.* Charlottesville, VA: Core Knowledge Foundation.

Jones, C. (1997a). School clips. *Common Knowledge,* 10 (1/2), 10, 16.

Jones, C. (1997b). School clips. *Common Knowledge,* 10 (3), 6, 12.

Jones, C. (1997c). School clips. *Common Knowledge,* 10 (4), 6, 12.

Kaestle, C. F. (1983). *Pillars of the republic: Common schools and American society, 1780-1860.* New York: Hill & Wang.

Kantrowitz, B., Chideya, F., & Wingert P. (2 de novemrbro de 1992). What kids need to know: Putting cultural literacy into elementary school. *Newsweek,* 80.

Kliebard, H. M. (1995). *The struggle for the American curriculum, 1893-1958.* New York: Routledge.

Kramer, H., & Kimball, R. (Eds.). (1997). *The future of the European past.* Chicago, IL: Ivan R. Dee.

Ladson-Billings, G. (1994). *The dream-keepers: Successful teachers of African American students,* San Francisco, CA: Jossey-Bass.

Lindsay, D. (11 de novembro de 2001). *Against the establishment: How a U-VA professor, denounced as elitist and ethnocentric, became a prophet of the school standards movement.* Washington *Post,* W24.

Mackley, T. A. (1999). *Uncommon sense: Core knowledge in the classroom.* Alexandria, VA: Association for Supervision and Curriculum Development.

Marshall, M. (Ed.). (1997a). Baltimore lessons are on the net. *Common Knowledge,* 10 (3), 2.

Marshall, M. (Ed.). (1997b). Hirsch receives AFT's Quest Award. *Common Knowledge,* 10 (3), 1.

Marshall, M. (1997c). In Polk County, Florida: Going for Core in a big way. *Common Knowledge,* 10 (3), 1, 7, 11.

Marshall, M. (Ed.). (1997d). Preschool sequence now available. *Common Knowledge,* 10 (3), 3.

Marshall, M. (Ed.). (1997e). Sequence for 7th and 8th finalized. *Common Knowledge,* 10 (3), 4.

Marshall, M. (1997f). What math book to use? *Common Knowledge,* 10 (3), 1, 8, 11.

Marshall, M. (1998a). Feldman joins Core Knowledge Foundation board of trustees. *Common Knowledge,* 11 (3), 2.

Marshall, M. (1998b). The bad news about discovery learning: A nugget from the annals of research. *Common Knowledge,* 11 (3), 6-7.

Marshall, M. (Ed.). (1999). Minnesota's Lt. Governor is a core knowledge teacher. *Common Knowledge,* 12 (1/2), 3.

Marshall, M., & Hirsch, E. D., Jr. (Eds.). (1997). *Core classics series.* Charlottesville, VA: Core Knowledge Foundation.

Mathematically Correct (20 de novembro de 1996). A letter to the president. Acesso em 14 de julho de 2004, de http://www.mathematicallycorrect.com/clinton.htm

McCarthy, C. (1998). *The uses of culture.* New York: Routledge.

Mentzer, D., & Shaughnessy, T. (1996). Hawthorne Elementary School: The teachers' perspective. *Journal of Education for Students Placed at Risk,* 1 (1), 13-23.

Meyer, P. (setembro de 1991). Getting to the core. *Life,* 14 (11), 36-39.

Michie, G. (1999). *Holler if you hear me: The education of a teacher and his students.* New York: Teachers College Press.

Moloney, W. (1998). The place of Core Knowledge in American school reform. *Common Knowledge,* 11 (1/2), 5-6,12-13.

Morris, P. (Ed.). (1994). *The Bakhtin reader.* New York: Edward Arnold.

National Core Knowledge Coordinator of Colorado (2004). Home page.http://www.ckcolorado.org

Pedroni, T. C. (2003). Strange bedfellows in the Milwaukee "parental choice" debate: Participation among the dispossessed in conservative education reform. Dissertação de doutorado inédita, University of Wisconsin, Madison.

Perry, C. (1994, October). Maverick principal. *Reader's Digest,* 134-138.

Prum, D. M. (1999). *Rats, bulls, and flying machines.* Charlottesville, VA: Core Knowledge Foundation.

Putka, G. (5 de setembro de 1991). Florida schools to put cultural literary to test. *Wall Street Journal,* B1.

Ravitch, D. (1996). Why we need a literate core curriculum. *Common Knowledge,* 9 (1/2), 1, 6-11.

Rodriguez, R. (1997). Assimilation happens. *Common Knowledge,* 10 (1/2), 12-13.

Rounds, S. (fevereiro de 2004). *Hobbs Municipal Schools: Comprehensive K-12 reform programs-the Core Knowledge sequence.* Hobbs, NM: Hobbs Municipal Schools.

Ruenzel, D. (1996-97). Washington Core Knowledge school: Fort Collins, Colorado. *American Educator,* 20 (4), 8, 24-26, 28-29.

Said, E. (1988). Foreword. In R. Guha & G. C. Spivak (Eds.), *Selected subaltern studies* (p. v-x). New York: Oxford University Press.

Scherer, M. (1996). On better alternatives for urban students: A conversation with Sylvia Peters. *Educational Leadership,* 54 (2), 47-52.

Schlesinger, A. M, Jr. (1992). *The disuniting of America: Reflections on a multicultural society.* New York: W. W. Norton.

Schweber, S. A. (2004). *Making sense of the Holocaust: Lessons from classroom practice.* New York: Teachers College Press.

Shields, C. J. (2003b). Interview with CSR coordinator Yolanda Van Ness [versão eletrônica]. *Common Knowledge,* 16 (4).

Siler, J. N. (1997). Report on the sixth national core knowledge conference: Bigger is still better. *Common Knowledge,* 10 (1/2), 1, 8-9.

Siler, J. N. (1998). Atlanta '98: Core content with southern hospitality. *Common Knowledge,* 11 (1/2), 10-11.

Siler, J. N. (1999). Coast to coast, trainers spread Core Knowledge with enthusiasm. *Common Knowledge,* 12 (4), 5, 9.

Sleeter, C. E., & Grant, C. A. (1991). Race, class, gender, and disability in current textbooks. In M. W. Apple & L. K. Christian-Smith (Eds.), *The politics of the textbook* (p. 78-110). New York: Routledge.

Stearns, P. N. (1993). The old social history and the new. In M. K. Cayton, E. Gorn, & P. W. Williams (Eds.), *Encyclopedia of American social history* (p. 237-250). New York: Macmillan.

Steinfels, P. (1979). *The neoconservatives: The men who are changing America's politics.* New York: Simon e Schuster.

Summers, M. (26 de julho de 1999). Defining literacy upward. *Forbes*, 70, 72.

Telling. (2003). Telling your story with test data [Electronic version]. *Common Knowledge*, 16 (3).

Vail, K. (1997). Core comes to Crooksville. *The American School Board Journal*, 184 (3), 14-18.

Wiener, J. M. (1989). Radical historians and the crisis in American history, 1959-1980. *The Journal of American History*, 76, 399-434.

Willingham, D. B. (1999). What do scientists know about how we learn? A brief summary of the most important principles of learning and memory. *Common Knowledge*, 12 (1/2), 6-7.

Zimmerman, J. (2002). *Whose America: Culture wars in the public schools.* Cambridge, MA: Harvard University Press.

2

"SOMOS OS NOVOS OPRIMIDOS":
Gênero, cultura e o trabalho da escolarização em casa

MICHAEL W. APPLE

INTRODUÇÃO[1]

Em *Educating the "Right" Way* (Apple, 2001; ver também Apple et al., 2003), dediquei-me a detalhar o mundo conforme o olhar dos *populistas autoritários*, que são grupos conservadores de fundamentalistas religiosos e evangélicos, cujas vozes estão cada vez mais poderosas nos debates sobre políticas sociais e educacionais. Faço uma análise crítica das maneiras pelas quais eles se constroem como os *novos oprimidos*, pessoas cujas identidades e culturas são ignoradas ou atacadas nas escolas e na mídia. Eles assumiram identidades subalternas e apropriaram-se (de forma bastante seletiva) dos discursos e das práticas de figuras como o Dr. Martin Luther King para reivindicar o fato de que são os últimos grupos verdadeiramente excluídos.

Neste capítulo, analiso as maneiras como a reivindicação do *status* subalterno levou a um afastamento parcial das instituições dirigidas pelo Estado e a uma prática de escolarização que visa equipar os filhos de pais populistas autoritários com uma armadura para combater o que esses grupos acreditam ser ameaças contra sua cultura e com um conjunto de habilidades e valores para mudar o mundo, de maneira a refletir os compromissos religiosos conservadores que são tão centrais às suas vidas. Abordarei principalmente as maneiras como as novas tecnologias, como a internet, tornaram-se recursos essenciais naquela que os populistas autoritários consideram a luta hegemônica contra o humanismo secular e contra um mundo que não mais "escuta a palavra de Deus" (Apple, 2001). Grande parte da minha discussão estará centrada no lugar que o gênero ocupa nesses movimentos, já que as mulheres conservadoras possuem identidades múltiplas, sendo simultaneamente capazes de reivindicar *status* subalterno, com base na história de regimes de dominação de gênero, e de ter *status* dominante, por causa de sua posição em relação a outros grupos oprimidos.

A TECNOLOGIA E OS RECURSOS DOS MOVIMENTOS SOCIAIS

Atualmente, há uma explosão de análises sobre a internet na educação, nos estudos culturais, na sociologia, nos estudos sociais da tecnologia e ciência e em outras áreas. Grande parte desse material é de considerável interesse e levou a importantes discussões sobre o uso, os benefícios, a história e o *status* dessas tecnologias (ver, por exemplo, Bromley e Apple, 1998; Cuban, 2001; Godwin, 2003; Hakken, 1999; Jordan, 1999). Contudo, muito do debate ocorre com poucas referências aos contextos em que a internet é usada realmente, ou o contexto é mencionado como um problema, mas permanece relativamente intocado. Conforme afirma um dos mais perspicazes escritores sobre usos e benefícios sociais da internet, "somente poderemos entender o impacto da internet sobre a cultura moderna se considerarmos que o conteúdo simbólico e a interação *on-line* estão inseridos em diversos tipos de contexto social e histórico" (Slevin, 2000, p. ix). Conforme nos lembra Manuel Castells, em lugar de ter um significado e um uso unitário, as novas redes de comunicação que estão sendo criadas "são formadas por muitas culturas, muitos valores, muitos projetos, que passam pelas mentes e informam as estratégias dos diversos participantes" (1996, p. 199).

As novas tecnologias têm estimulado e têm sido estimuladas por três dinâmicas sobrepostas: (1) a intensificação da globalização, (2) a destradicionalização da sociedade e (3) a intensificação da reflexividade social (Slevin, 2000, p. 5). Nesse processo, tecnologias como a web e a internet formam as bases para novas formas de solidariedade, à medida que grupos de pessoas tentam lidar com as transformações trazidas por essas dinâmicas. No entanto, a busca por formas de solidariedade que restaurem ou defendam a tradição e a autoridade pode levar à produção de novas maneiras imediatas e simultâneas de *desintegração* social (p. 5-6).

Neste capítulo, analiso um exemplo crescente desse processo paradoxal de solidariedade e desintegração. Concentrando-me nos usos sociais da internet por um novo, mas cada vez mais poderoso grupo de ativistas educacionais – os cristãos evangélicos conservadores que praticam a escolarização em casa (*home schooling*) –, quero contribuir para o nosso entendimento de como os movimentos conservadores populistas crescem e sustentam-se ideologicamente e das maneiras complexas em que os recursos tecnológicos podem servir a uma variedade de agendas sociais. Discuto a idéia de que somente reinserindo essas tecnologias no contexto social e ideológico de seu uso por comunidades *específicas* (e por pessoas específicas nessas comunidades) é que podemos entender o significado e o funcionamento das novas tecnologias na sociedade e na educação. Para tal, também enfoco o trabalho do regime de escolarização em casa, no que diz respeito à sua organização, às novas definições do conhecimento legítimo e como tudo isso tem sido parcialmente transformado pelas maneiras como os mercados tecnológicos são criados.

A TECNOLOGIA E O CRESCIMENTO DA ESCOLARIZAÇÃO EM CASA

As conexões entre as formas evangélicas conservadoras e as tecnologias não são nada novas. Em outros trabalhos, eu e outros autores escrevemos sobre o uso criativo de pastores eletrônicos pela direita religiosa populista e autoritária, tanto em âmbito nacional quanto internacional (ver, por exemplo, Apple, 2001). Recursos tecnológicos como o rádio e a televisão têm sido empregados para expandir a influência de forças religiosas conservadoras e para disponibilizar "a palavra de Deus" para crentes e para "os que ainda vão crer".[2] Apesar de ser crucial compreender o alcance e o impacto crescentes dessas iniciativas, estou menos interessado nesses fatores aqui. Quero falar em usos mais mundanos, porém crescentes de tecnologias, como a internet, para sustentar as iniciativas evangélicas que estão mais perto de casa. E digo literalmente *casa*.

O uso da escolarização em casa tem aumentado rapidamente, mas não é o simples resultado de forças aditivas. Não representa um simples fenômeno atomístico em que, um por um, pais isolados decidem rejeitar as escolas públicas e ensinar seus filhos em casa. A escolarização em casa é um *movimento social*. É um projeto coletivo, com uma história e com um conjunto de apoios materiais e organizacionais (Stevens, 2001, p. 4).

Apesar de muitos educadores dedicarem grande parte de sua atenção para reformas, como as escolas *charter*, e dessas escolas terem recebido bastante publicidade positiva, existem muito menos crianças em escolas *charter* do que as que estão sendo ensinadas em casa. Em 1996, os defensores da escolarização em casa estimavam que havia aproximadamente 1,3 milhão de crianças sendo educadas em casa nos Estados Unidos. Estimativas mais recentes elevam o número ainda mais. Devido à cobertura quase reverencial e bastante romântica da escolarização em casa na mídia nacional e local (com o *New York Times* e a revista *Time* proporcionando uma cobertura ampla e muito positiva, por exemplo), os números realmente podem ser muito mais altos do que isso, e a curva de crescimento, sem dúvida, é ascendente.

O movimento em defesa da escolarização em casa não é homogêneo. Ele inclui pessoas de um amplo espectro de crenças políticas/ideológicas, religiosas e educacionais e atravessa linhas raciais e de classe. Conforme observa Stevens, em essência, existem dois agrupamentos gerais no movimento da escolarização em casa, o *cristão* e o *inclusivo*. Contudo, existem itens que são compartilhados entre essas linhas: (1) uma crença de que a educação padronizada oferecida pela escolarização institucional interfere no potencial de seus filhos, (2) que existe um sério perigo quando o Estado se intromete na vida da família, e (3) que os intelectuais e as burocracias tentam impor suas crenças e não conseguem satisfazer as necessidades das famílias e das crianças (Stevens, 2001, p. 4-7). Essas preocupações estimulam correntes que estão disseminadas na cultura americana e que atravessam divisões sociais e culturais.

Ainda assim, seria errado interpretar a desconfiança que muitos adeptos da escolarização em casa têm dos intelectuais como uma simples continuação da corrente de *antiintelectualismo* que parece fazer parte de muitos aspectos da história dos Estados Unidos. A desconfiança da ciência, de intelectuais do governo e da racionalidade tornou-se muito mais geral como resultado da Guerra do Vietnã, quando os ataques contra cientistas por sua desumanidade, contra o governo por mentir e contra formas específicas de racionalidade instrumental por sua perda de valores e da ética se disseminaram no senso comum da sociedade. Tudo isso vinha junto com uma desconfiança das autoridades em geral (Moore, 1999, p. 109). Os adeptos da escolarização em casa não são apenas imunes a essas tendências, como as combinam de maneiras criativas com outros elementos da consciência popular no que diz respeito à importância da educação em épocas de mudanças rápidas e ameaças econômicas, culturais e morais.

Existem poucas informações demográficas em relação aos adeptos da escolarização em casa; no entanto, de um modo geral, eles parecem ter um nível mais elevado de educação, ter um pouco mais de recursos financeiros e mais provavelmente são brancos, mais do que a média da população no Estado em que residem (Stevens, 2001, p. 11). Apesar da importância de se reconhecer a diversidade do movimento, é crucial entender que a maior parte das pessoas que educa seus filhos em casa tem crenças religiosas conservadoras e é composta por aqueles que chamei de "populistas autoritários" (Apple, 2001). Devido à predominância dos conservadores cristãos no movimento da escolarização em casa, esse quadro segue os padrões demográficos gerais dos cristãos evangélicos (Smith, 1998).

Com base na crença de que a própria escolarização é uma instituição bastante problemática (mas com interpretações bastante divergentes sobre o que causou esses problemas), os defensores da escolarização em casa criaram mecanismos que compartilham "histórias de terror" sobre as escolas, bem como histórias de práticas bem-sucedidas de escolarização em casa. As metáforas que descrevem o que ocorre nas escolas públicas e os perigos associados a elas são reveladores, especialmente as usadas por muitos evangélicos e conservadores adeptos da escolarização em casa. Stevens (2001, p. 53) coloca a questão da seguinte maneira:

> Evocando a retórica da doença ("câncer", "contágio") para descrever os perigos da interação descontrolada com os colegas, os crentes formulam o mundo infantil da escola como um tipo de selva para a qual os pais enviam seus filhos, que correm riscos de contrair infecções. A solução: mantê-los em casa, o mais longe possível desse ambiente.

Devido a esses perigos percebidos, por meio de grupos formados regional e nacionalmente, os defensores da escolarização em casa pressionam as secretarias de Educação e os legisladores para garantir seu direito de educar seus filhos em casa. Eles estabeleceram redes de comunicação – boletins, revistas e cada vez mais a internet – para construir e manter uma comunidade de crentes, uma comunidade que geralmente tem o apoio de pastores que reforçam a "sabedoria" (e, muitas vezes, a religiosidade) de sua escolha. E, como veremos, a comunidade empresarial cada vez mais começa a entender que esse pode ser um mercado lucrativo (Stevens, 2001, p. 4). As editoras religiosas, pequenas e grandes editoras comerciais, faculdades e universidades conservadoras, empresários da internet e outros entenderam que havia se criado um mercado de bens culturais – materiais de sala de aula, planos de aula, livros didáticos, materiais religiosos, CDs, e assim por diante. Todos correram para responder às necessidades declaradas e para estimular necessidades que ainda não são reconhecidas como tal. Porém, o mercado não estaria aí se aquilo que criou a oportunidade para esse mercado – o trabalho de identidade do próprio movimento evangélico – não tivesse proporcionado um espaço onde esse mercado pudesse operar.

COMPREENDENDO OS MOVIMENTOS SOCIAIS

Os cristãos conservadores adeptos da escolarização em casa fazem parte de um movimento evangélico mais amplo que tem influência cada vez maior na educação, na política e em instituições culturais, como os meios de comunicação (Apple, 2001; Binder, 2002). Em âmbito nacional, os brancos evangélicos constituem aproximadamente 25% da população adulta dos Estados Unidos (Green, 2000, p. 2). A população evangélica tem crescido de forma estável (Smith, 1998), à medida que ativamente proporciona posições e novas identidades para pessoas que se sentem desgarradas em um mundo onde, para elas, "tudo que é sagrado foi profanado" e onde as tensões e as estruturas emocionais do capitalismo avançado não proporcionam uma vida espiritual ou emocional satisfatória. A busca de um "retorno" – diante de grandes ameaças àquilo que consideram como relações aceitas de gênero/sexo, de autoridade e tradição, de país e família – é o impulso que orienta o crescimento desse movimento social cada vez mais poderoso (Apple, 2001).

Os movimentos sociais geralmente têm diversos objetivos, que podem ou não ser alcançados. Mesmo assim, é importante entender que eles podem produzir conseqüências que são muito mais amplas do que seus objetivos declarados e que nem sempre são previsíveis. Assim, os movimentos sociais que visam uma transformação estrutural em políticas estatais podem produzir mudanças profundas nos campos da cultura, da vida cotidiana e da identidade. As mobilizações em torno de objetivos específicos também podem fortalecer as solidariedades internas, firmar novas identidades individuais e coletivas, criar um novo senso comum e levar a mudanças profundas em posturas públicas com relação à determinada questão (Giugni, 1999, p. xxi-xxiii). Elas também criam "repertórios de ações inovadores" e têm influência sobre as práticas e sobre a cultura de organizações tradicionais (Amenta e Young, 1999, p. 34). Como veremos a seguir, é exatamente isso que está acontecendo tanto na vida dos adeptos da escolarização em casa quanto nas maneiras como os sistemas escolares públicos têm respondido à percepção de ameaça a seu bem-estar financeiro representada pelo crescimento na população que busca a escolarização em casa.

Uma das chaves para tudo isso é algo que mencionei há pouco – a importância da política de identidade. Para que os movimentos sociais prosperem, devem oferecer identidades que revivifiquem constantemente as razões para participar deles. Dessa forma, devem ter uma economia emocional, na qual os custos de ser "diferente" são compensados pelos intensos significados e pelas satisfações de agir em oposição a normas e a valores sociais dominantes. Isso tudo não acontece de uma vez só. As pessoas mudam quando participam de movimentos de oposição como a escolarização em casa. Como reconheceram os teóricos que estudam os movimentos sociais, existem impactos biográficos cruciais na participação em movimentos. As pessoas transformam-se no processo (ver, por exemplo, McAdam, 1999). Meyer (1999, p. 186) esclarece essa questão:

> Envolvendo-se na vida social de um movimento desafiador, a experiência de mundo do indivíduo é influenciada por uma visão compartilhada da maneira como o mundo funciona e, de maneira importante, da sua posição nele. Envolvendo-se no ativismo, o indivíduo cria a si mesmo como sujeito, em vez de ser um simples objeto da história e ... é improvável que volte a uma aceitação passiva do mundo como ele é.

A TECNOLOGIA E O FAZER DA ESCOLARIZAÇÃO EM CASA

Grande parte da atividade dos movimentos sociais está voltada ao Estado (Amenta e Young, 1999, p. 30) e isso se aplica especialmente ao movimento da escolarização em casa. Apesar de haver uma desconfiança fundamental do Estado entre muitos conservadores religiosos adeptos à escolarização em casa, existe um número considerável de pessoas que estão dispostas a buscar uma conciliação com o Estado. Elas usam programas e verbas estatais para obter vantagens táticas. Um dos exemplos mais claros disso é o crescente movimento de escolas *charter* na modalidade de escolarização em casa em Estados como a Califórnia. Embora muitos dos pais envolvidos nesses programas acreditem que não querem que seus filhos sofram uma "lavagem cerebral de um grupo de educadores" e não queiram "deixar seus filhos em um lugar como uma sala de aula para serem influenciados e ensinados por alguém que não conhecem" (Huerta, 2000, p. 177), um número crescente de pais cristãos conservadores aprendeu a tirar vantagem dos recursos governamentais. Aproveitando-se de programas *charter* de escolarização em casa que conectam famílias independentes pelo uso da internet, conseguem usar financiamento público para pagar pela escolarização de seus filhos, a qual antes ficava a cargo deles (p. 179-180).

Porém, não são apenas os pais evangélicos conservadores que estão aproveitando as possibilidades da escolarização em casa *charter* para benefício próprio. As próprias secretarias de educação estão ativamente concebendo estratégias, empregando essas conexões tecnológicas para aumentar seus recursos financeiros com a manutenção das matrículas existentes ou recrutando pais que educavam seus filhos em casa para se juntarem a um grupo *charter* de escolarização em casa.

Por exemplo, ao criar um grupo *charter* de escolarização em casa, um pequeno distrito escolar da Califórnia, que atravessava dificuldades financeiras, conseguiu resolver grande parte de seus problemas econômicos. Nos dois primeiros anos de operação, o modelo *charter* cresceu de 80 para 750 alunos (Huerta, 2000, p. 180), e os resultados foram surpreendentes.

> Juntamente com os muitos alunos novos, veio uma onda de verbas estatais para o pequeno distrito, aumentando o orçamento em mais de 300%. O modelo *charter* de escolarização em casa atraiu famílias adeptas desta modalidade, proporcionando uma variedade de materiais e apoio didático. Em troca pelos materiais, as famílias enviavam os registros de aprendizagem dos alunos mensalmente para a escola. Os registros de aprendizagem são o único meio de contato com a escola e servem a dois propósitos – identificar o conteúdo acadêmico estudado e servir como uma lista de freqüência para que a equipe [da escola *charter*] possa calcular a freqüência média diária.... Dessa forma, os dados de matrícula dos pais permitem que [o distrito escolar] receba uma grande captação de verbas do Estado.

Assim, obedecendo aos requerimentos mínimos, os pais cristãos conservadores conseguem agir conforme seu desejo de manter o governo e as influências seculares a distância deles, e, ao mesmo tempo, os distritos escolares conseguem afirmar que as crianças dessas famílias estão matriculadas na rede pública e satisfazem os requisitos da escolarização secular.

Devemos ter cautela ao utilizar a palavra *secular* aqui. A partir dos registros de aprendizagem enviados pelos pais, fica claro que há um uso disseminado de materiais religiosos em todo o conteúdo. Os pais integram as leituras da Bíblia, as lições de devoção e os ensinamentos morais obtidos diretamente com vendedores *on-line* aos materiais seculares que a escola fornece. "Escrever e ler Lucas 1:37, memorizar Lucas 1:37 e fazer um diário de oração" estão entre as muitas partes nada seculares dos registros de aprendizagem que os pais enviam (Huerta, 2000, p. 188).

Esse conteúdo e a falta de fiscalização sobre ele levantam questões sérias sobre o uso de verbas públicas para propósitos religiosos claramente conservadores. Ele documenta o poder da afirmação de Huerta de que "na tentativa de recuperar sua autoridade em uma era de menos controles burocráticos sobre as escolas, o Estado abre mão de sua busca do bem comum à medida que a autoridade pública é devolvida às famílias locais" (2000, p. 192). No processo, lares tecnologicamente conectados são reconstituídos como uma escola "pública", mas uma escola em que o próprio significado da palavra *pública* foi radicalmente transformado, de maneira a refletir as necessidades de formas e conteúdos religiosos conservadores.

A ESCOLARIZAÇÃO EM CASA E A QUESTÃO DO GÊNERO

Mesmo com o uso estratégico de recursos estatais para auxiliar suas iniciativas, a escolarização em casa exige um trabalho árduo. Porém, antes de avançarmos, devemos fazer uma pergunta importante: *quem* faz o trabalho? Uma grande parte desse trabalho é oculta. Encontrar e organizar materiais, ensinar, avaliar o progresso, estabelecer e manter um ambiente "apropriado", o trabalho emocional de cuidar além de instruir as crianças – e a lista continua –, tudo isso requer um esforço considerável. A maior parte desse esforço é feita por *mulheres* (Stevens, 2001, p. 15)

Como a escolarização em casa é um trabalho basicamente feminino, ela combina uma quantidade extraordinária de trabalho físico, cultural e emocional e constitui uma intensificação do trabalho das mulheres no lar, pois é acrescentado às responsabilidades já grandes que as mulheres têm em casa, especialmente em lares religiosos conservadores, com sua divisão do trabalho, na qual os homens podem ser ativos, mas são vistos como "ajudantes" de suas esposas, que têm a responsabilidade principal na esfera doméstica. As demandas desse trabalho intensificado levaram as mulheres a usar maneiras bastante criativas para lidar com suas vidas. As novas tecnologias, como dispositivos para reduzir o trabalho, desempenharam papéis fundamentais nessas respostas criativas (ver Schwartz Cowan, 1983; Strasser, 1982).[3]

Esse trabalho e os significados que as próprias mulheres atribuem a ele devem ser situados em uma história muito mais longa e em um contexto muito mais amplo. Diversas pessoas argumentam que muitas mulheres acreditam que posições sociais e religiosas de direita e os grupos que as defendem proporcionam um modelo familiar e inofensivo de discurso e prática, centrado diretamente naquilo que percebem como questões de importância vital: a imoralidade, a desordem social, o crime, a família e as escolas. Ainda assim, os sentimentos de vínculo pessoal não são suficientes. Sua ação direitista nas esferas *pública* e *privada* (ver Fraser, 1989, com relação à maneira como esses conceitos estão totalmente implicados na história das realidades, nas diferenças de poder e nas lutas de gênero) dá-lhes poderes como mulheres. Dependendo do contexto, elas se posicionam como "agentes de mudança respeitáveis e abnegadas, consideradas necessárias, ou como rebeldes independentes" (Bacchetta e Power, 2002, p. 6).

Do ponto de vista histórico, as mulheres de direita sempre exaltaram a família, que é vista como um lugar privilegiado de realização pessoal e poder para elas, mas que é ameaçado por uma variedade de *outros* aspectos internos e externos. A família é o pilar da sociedade, a base da segurança, da ordem e da hierarquia natural da sociedade, determinada por Deus (Bacchetta e Power, 2002, p. 8).

Geralmente, as mulheres fundamentalistas e evangélicas são representadas como pessoas essencialmente dedicadas a agir e promover os objetivos de homens religiosos conservadores (Brasher, 1998, p. 3). Isso é simplista demais. A mensagem é mais complexa e instigante – e ligada a uma compreensão bastante clara das realidades das vidas de muitas mulheres. As mulheres não devem ser passivas, devendo ter um envolvimento bastante ativo na vida de sua família e do mundo que as rodeia. Elas podem e devem "influenciar as ações do marido e alterar comportamentos que perturbem a família", tarefas que estão tornando-se especialmente importantes porque estamos em uma época em que muitos homens estão abdicando de suas responsabilidades familiares, geralmente empobrecendo as mulheres e seus filhos dependentes (p. 3). Ademais, somente uma mulher forte poderia enfrentar as pressões as normas e os valores competitivos que os homens trazem consigo do mundo do trabalho para casa. O capitalismo pode ser a "economia de Deus" (ver Apple, 2001); todavia, permitir que as suas normas dominem a casa pode ser realmente destrutivo. As mulheres, juntamente com homens "responsáveis", podem proporcionar o conjunto de valores alternativos, mas complementares, tão necessários para manter o mundo a distância e para usar a família como base para proteger valores religiosos básicos e para armar as crianças contra os perigos do mundo secular e profano.

Para as mulheres devotas conservadoras, o que, visto de fora, pode parecer uma vida restrita e orientada por normas patriarcais é muito diferente quando vista de dentro. Essa vida proporciona uma identidade que é completamente aceita, pois aumenta sua capacidade de direcionar o curso de suas vidas e as fortalece em seu relacionamento com os outros. Dessa forma, a religiosidade intensa é uma fonte de considerável poder para muitas mulheres (Brasher, 1998, p. 4-5).

Com base em suas pesquisas sobre mulheres cristãs conservadoras, Brasher (1998, p. 6) é bastante clara sobre isso. Conforme a autora coloca,

> [Ainda que essas mulheres] alegassem insistentemente que a relação adequada entre uma mulher e seu marido é de submissão, elas declararam de forma consistente que essa submissão ocorre por obediência a Deus, e não aos homens, e deve ser uma norma relacional mútua, observada por ambos os cônjuges, em vez de uma capitulação de um ao outro... Ao contrário de diminuí-la, a submissão aumenta o poder da mulher no relacionamento marital.

A criação divina dita que as mulheres e os homens são tipos diferentes de seres. Apesar de se complementarem, cada um tem tarefas distintamente diferentes a realizar. Esses muros sagrados de gênero não são percebidos como barreiras, mas proporcionam e legitimam um espaço de ação e poder para as mulheres. Interferir com essa ação e com esse poder nessa esfera também significa interferir no plano de Deus (p. 12-13).

Ecos dessa visão podem ser encontrados em outras épocas e em outras nações. Assim, uma ativista na União Britânica de Fascistas – um grupo protonazista anterior à Segunda Guerra Mundial – refletiu sobre suas atividades e disse que sua participação ativa demonstrava que ela sempre havia sido "um indivíduo independente, que pensava livremente" (Gottlieb, 2002, p. 40). Essa visão da independência daquilo que se pode chamar de *pensamento contra-hegemônico* foi crucial naquela época e é crucial agora, pois se relaciona com a crença atual entre os religiosos conservadores que são adeptos da escolarização em casa de que o mundo e a escola se tornaram politicamente corretos demais. Trazer a religião evangélica conservadora de volta ao centro da escolarização coloca a escolarização secular em situação hegemônica, possibilitando que as mulheres de direita interpretem seus atos como independência e pensamento livre – mas sempre a serviço de Deus.

RESOLVENDO CONTRADIÇÕES

Um dos elementos que faz da Direita Cristã um movimento social tão vital e crescente é a estrutura interna característica do protestantismo evangélico. O evangelismo combina crenças cristãs ortodoxas com um individualismo intenso (Green, 2000, p. 2).

Essa é uma das chaves para entender as formas como algo que parece um trabalho doméstico interminável e intensificado quando visto de fora seja interpretado de maneiras bastante diferentes do ponto de vista das mulheres devotas conservadoras, as quais, voluntariamente, assumem o trabalho de educar seus filhos em casa e o acrescentam a suas responsabilidades na esfera doméstica, que já são consideráveis. Essas formas ideológicas conservadoras acreditam que as mulheres são subservientes aos homens e têm a responsabilidade principal de construir e defender um "lar-fortaleza" devoto e vibrante como parte do "plano de Deus" (Apple, 2001). Contudo, seria errado pensar que as mulheres que participam de movimentos ideológicos ou religiosos de direita se submetam à autoridade em si. Essa obediência também se baseia em um chamado para agir conforme seu dever como mulheres (Enders, 2002, p. 89). Isso pode ser considerado como uma *abnegação ativista*, na qual o *eu* supostamente submergido reemerge no papel ativista de defensora do lar, da família, dos filhos e do plano de Deus. As vidas tornam-se significativas e satisfatórias – e as identidades são amparadas – nas esferas pública e privada, reconstituídas dessa forma.

Nos Estados Unidos e em outros países, existe uma história extremamente longa de vínculos entre o ativismo religioso e a domesticidade.[4] Isso, muitas vezes, levou a mobilizações que atravessam as linhas políticas que unem as esferas pública e privada. Nas palavras de Koven e Michel (1992, p. 10):

> Essencial a essa mobilização foi a ascensão de ideologias domésticas que enfatizam as diferenças entre mulheres e homens, preocupações humanitárias com as condições da vida e do trabalho infantis e o surgimento de interpretações ativistas do Evangelho ... [incluindo] o evangelismo, o socialismo cristão, o catolicismo social e o Evangelho social. A visão moral, a compaixão e a capacidade das mulheres de nutrir tornaram-se cada vez mais ligadas ao caráter materno.

Geralmente guiada por um sentido de superioridade moral, quando unida a um forte elemento de compromisso político, essa força torna-se poderosa. O maternalismo pode ser progressista e retrógrado, muitas vezes ao mesmo tempo. Ainda que os elementos conservadores dessa construção ideológica tenham adquirido proeminência atualmente, certas formas de maternalismo também tiveram um grande impacto em grande parte da legislação e dos programas progressistas que existem hoje em dia (ver, por exemplo, Kessler-Harris, 2001; Koven e Michel, 1993; Ladd-Taylor, 1994).

As forças restauradoras da domesticidade e da "espiritualidade feminina" foram combinadas com um forte comprometimento com a educação, com os princípios democráticos e com novas oportunidades para as mulheres (Koven e Michel, 1993, p. 17). A chave era e é o modo como a democracia – um significante escorregadio – é *definida*.

Proteger e educar os filhos, cuidar dos vínculos íntimos e cada vez mais frágeis da vida comunitária e familiar, preocupações com a segurança pessoal, e tudo isso em uma sociedade exploradora e, muitas vezes, desrespeitosa não são temas de domínio apenas da direita e não devem ser o domínio apenas das mulheres. Temos que perguntar como pessoas identificáveis podem ser mobilizadas em torno e por esses temas, e por quem.

O uso de um tipo de discurso maternalista e o foco no papel da mulher como mãe e como alguém cuja responsabilidade principal é o lar e a esfera doméstica não impede necessariamente que as mulheres exerçam poder na esfera pública. De fato, pode servir como uma forte justificativa para essa ação e, na verdade, *reconstitui* a esfera pública. O ato de educar os filhos em casa, para que recebam a blindagem necessária para transformar suas vidas e as de outras pessoas fora de casa, estabelece o lar como o modelo perfeito de conduta ética de motivação religiosa para todos os tipos de instituição social (ver Apple, 2001). Essa tradição, aquilo que foi chamado de dimensão social dos cuidados com o lar (*social housekeeping*), pode vir a reivindicar responsabilidade por espaços sociais não-familiares e estender o idealizado papel de mãe das mulheres para muito além do lar. Nas palavras de Marijke du Toit (2002, p. 67), isso foi e ainda pode ser usado para forjar "uma definição nova e mais includente do político".

Historicamente, esse maternalismo proporcionou que as mulheres buscassem um grau de poder direto na arena pública redefinida. Ao mesmo tempo, podiam-se exaltar as virtudes da domesticidade e ampliar aquilo que conta como lar. Dessa forma, o Estado e muitas instituições da esfera pública eram "um lar onde as mulheres deveriam exercer suas ... habilidades superiores para criar [tanto] ordem [quanto uma sociedade melhor]".[5]

Tudo isso nos ajuda a entender por que muitos dos defensores mais visíveis da escolarização em casa dedicam grande parte de sua atenção a "compreender a categoria social da maternidade". Como parte de "um roteiro maior de relações familiares idealizadas, a maternidade é um papel de protagonista no plano de Deus" para os conservadores religiosos populistas e autoritários (Stevens, 2001, p. 76). Novamente nas palavras de Stevens (p. 83), "uma das coisas que a escolarização em casa oferece, então, é uma domesticidade renovada – uma maternidade em horário integral, enriquecida pelas tarefas de ensinar e [por] parte do *status* que acompanha essa tarefa".

Ainda assim, não é apenas o trabalho interno do lar que interessa aqui. O regime de escolarização em casa também olha para fora no que diz respeito às tarefas da mulher. Em muitos casos, a escolarização em casa é um projeto coletivo, que exige habilidades organizacionais para coordenar conexões e atividades cooperativas (grupos de apoio, saídas de campo, grupos de jogos, tempo livre das responsabilidades que as mães têm, etc.) e para manter o próprio movimento vibrante nos níveis local e regional. Também nesse caso, as mulheres fazem a maior parte do trabalho, o que levou a outras oportunidades para as mulheres como representantes e empreendedoras. Assim, o desenvolvimento e a comercialização dos pacotes curriculares, dos manuais administrativos, dos materiais de auto-ajuda e religiosos mais populares, e assim por diante, são feitos por mulheres. De fato, os materiais refletem o fato de que a escolarização em casa é trabalho de mulher, com uma quantidade considerável de figuras nos textos e materiais promocionais mostrando mães e filhos juntos (Stevens, 2001, p. 83-96). Uma proporção considerável dos defensores nacionais de modelos evangélicos de escolarização em casa também envolve mulheres ativistas.

VENDENDO DEUS

Defender é uma coisa – colocar em prática a política defendida é outra bastante diferente. Para realmente se *executar* a escolarização em casa, deve haver uma grande quantidade de planos, materiais, orientações e até de conforto disponível. A "escolarização religiosa" criou um mercado. Mesmo com o mercado crescente para todo o tipo de escolarização em casa, fica claro que os conservadores evangélicos e fundamentalistas têm muitas opções para escolher em termos de currículos, lições, livros e material de inspiração educacional e religiosa (a separação entre esses dois geralmente é fictícia) (Stevens, 2001, p. 54). Esses materiais não apenas auxiliam nas aulas que os pais desenvolvem, como cada vez mais se tornam *as* aulas de matemática, alfabetização, ciências, estudos sociais e de todos os outros assuntos que são ensinados. Esse tipo de material também costuma incluir tarefas de casa e testes, além do material de instrução. Dessa forma, pode-se montar ou comprar um pacote completo, possibilitando que pais comprometidos criem um universo de experiências educativas, com uma seqüência rigorosa e rigidamente controlada – e impedindo a "poluição indesejada" do mundo exterior.

O programa *A Beka Book* é um exemplo claro. Uma ramificação do Pensacola Christian College vende material para ser usado desde a pré-escola até o final do ensino médio e oferece ao adepto da escolarização em casa um currículo em que os ensinamentos cristãos estão entremeados em cada aspecto do conhecimento, ficando pouco ao acaso. As crianças da pré-escola aprendem pelo uso de histórias da Bíblia no flanelógrafo. Aos 5 anos, elas começam um currículo bíblico completo e, à medida que sua idade aumenta, seus textos envolvem *Doutrinas Bíblicas para Hoje* e *Administrando sua Vida Segundo Deus*. Os livros didáticos de ciências do nível fundamental, *O Mundo de Deus,* baseiam-se em uma abordagem exata da Bíblia e na leitura literal do Gênese e da criação – na qual se ignora a evolução. Acredita-se que a diferença entre certo e errado somente possa ser respondida em referência aos ensinamentos bíblicos (Stevens, 2001, p. 55).

Facilmente solicitados pela internet, outros tipos semelhantes de materiais são disponibilizados por editoras religiosas – a Bob Jones University Press, Christian Liberty Academy, Alpha Omega Publications, KONOS, a Weaver Curriculum Series e várias outras. Apesar de existirem diferenças pedagógicas entre esses conjuntos de materiais, todos eles estão profundamente comprometidos com a integração de mensagens, valores e instruções bíblicas ao longo de todo o currículo. A maioria não apenas reproduz as visões de mundo particularmente bíblicas dos pais, como também cria um ambiente educativo que se fundamenta em uma visão específica da escolarização "apropriada", que é organizada em torno de lições formais rigidamente seqüenciadas, com um objetivo expressamente moral. São comercializados recursos tecnológicos, como vídeos, que proporcionam um modelo de como a educação deve ser feita e os materiais para executá-la (Stevens, 2001, p. 56).

A *forma organizacional* que é produzida aqui é muito importante. Conforme já argumentei em outro texto (Apple, 2001), como grande parte do movimento religioso conservador da escolarização em casa tem um sentido de pureza e de perigo, segundo o qual todos os elementos do mundo já têm seu lugar estabelecido, essa organização de conhecimento e pedagogia incorpora a estrutura ideológica subjacente ao universo evangélico. Conforme nos lembra Bernstein (1977), é na forma do currículo que muitas vezes se reproduz o cimento social que organiza a nossa consciência em seu nível mais básico.

Apesar de a forma do currículo ser claramente a de uma coletânea (Bernstein, 1977), o conteúdo é parcialmente integrado. As práticas de muitos adeptos conservadores da escolarização em casa também usam a metodologia de projetos. Por exemplo, ao mesmo tempo em que os pais podem usar o currículo seqüencial detalhado comprado da Weaver Curriculum Series, pois possibilita uma boa relação das aulas com uma leitura seqüencial da Bíblia, esses mesmos pais também aprovam as maneiras como esse material curricular sugere idéias criativas para os projetos dos estudantes. Assim, uma mãe colocou seus filhos a fazer tijolos como parte do estudo da Torre de Babel, usando as genealogias do Antigo Testamento para estimular seus filhos a estudarem sua árvore genealógica (Stevens, 2001, p. 58).

Esse tipo de integração é encontrado em quase todo o material usado. Stevens (2001, p. 58-59) descreve de forma clara uma situação comum.

> Por meio da elaboração criativa, os autores de currículos produzem uma ampla variedade de aulas a partir de passagens bíblicas. Cada palavra e expressão pode ser uma metáfora para um traço de caráter desejado, um ponto de partida para uma aula de ciências. Nesse caso, a primeira linha do primeiro verso do Sermão da Montanha, "Ao ver a multidão, Jesus subiu a um monte", dá início à aula sobre a visão, a luz e a estrutura biológica do olho, assim como estudos sobre a virtude da atenção. [A mãe] observou que "todo o currículo de seu filho será Matheus, 5, 6 e 7. Até o ensino médio". Planos de aula detalhados trazem descrições de projetos e guias de aprendizagem para crianças de idades variadas, de modo que toda a família pode fazer a mesma lição ao mesmo tempo. "Nossa parte nisso", explicou [a mãe], "é ler o livreto".

Esse sentido da importância de experiências educacionais estruturadas e permeadas de fortes mensagens morais não é de surpreender, devido à visão de um mundo secular repleto de possíveis pecados, tentações e perigos. A ênfase em equipar as crianças com uma blindagem de crenças contundentes sustenta uma crença pedagógica de que o *treinamento* é um ato pedagógico crucial. Mesmo que os interesses das crianças tenham de ser considerados, eles são menos importantes do que prepará-las para viver em um mundo governado pela palavra de Deus. Esse compromisso de proporcionar uma blindagem de "crenças corretas" "estimula a demanda por material escolar" (Stevens, 2001, p. 60). Um mercado para materiais curriculares, para livros de exercícios, para planos de aula, para gratificações aos bons trabalhos, como crachás de mérito, videoteipes e CDs, e tantas outras opções que fazem o regime de escolarização em casa parecer mais exeqüível, foi criado não apenas como uma estratégia de comercialização agressiva e de uso da internet representando um mecanismo importante para esse mercado, mas também foi criado e estimulado por causa dos elementos ideológicos e emocionais que fundamentam as estruturas de sentimentos que ajudam a organizar o mundo evangélico conservador dos adeptos da escolarização em casa (ver Apple, 2001).

A TECNOLOGIA E AS REALIDADES DA VIDA COTIDIANA

É claro que os pais não são fantoches. Apesar de poderem comprar ou baixar materiais bastante estruturados e inflexíveis, devido à própria natureza da escolarização em casa, os pais são constantemente confrontados com as realidades das vidas de seus filhos, seu tédio, seus interesses inconstantes. Nesse ponto, as salas de bate-papo e os recursos da internet tornam-se ainda mais importantes. Manuais de orientação, orações, sugestões de como se deve lidar com crianças desobedientes e mensagens inspiradoras de motivação bíblica sobre a importância do árduo trabalho de criar e educar os filhos e como se pode desenvolver paciência para tal – tudo isso proporciona maneiras de lidar com a imensa quantidade de trabalho educacional e especialmente *emocional* que a escolarização em casa exige.

A tecnologia possibilita que as mulheres que vivem isoladas em casa por causa das grandes responsabilidades da escolarização em casa tenham conexões emocionais íntimas, mesmo que virtuais. Ela também exige habilidades – algo que ratifica a visão do *eu* que, muitas vezes, acompanha os pais adeptos da escolarização em casa. Não precisamos de "especialistas". Com muito trabalho e com atividades criativas, podemos promover uma educação séria e disciplinada por conta própria. Assim, a tecnologia proporciona amparo, reconhecendo-se e orando-se pelas feridas e tensões psíquicas uns dos outros e, ao mesmo tempo, promove a própria identidade como alguém que é intelectualmente merecedor, que pode escolher, de maneira racional, conhecimentos e valores apropriados. Dessa forma, aquilo que pode parecer um antiintelectualismo, em muitos sentidos, é exatamente o oposto. Sua rejeição do conhecimento secular da escola e do Estado baseia-se em uma visão de pais conhecedores – especialmente mães que têm uma forma de conhecimento que obtiveram com a fonte principal, Deus.

Um dos mais populares *sites* da internet entre os de orientação evangélica que comercializam produtos para a escolarização em casa vende , por exemplo, pôsteres com figuras de situações comuns e passagens bíblicas que falam sobre essas situações. A variedade de temas que os pôsteres cobrem fala sobre as realidades que os pais costumam enfrentar na escolarização em casa – servir a Deus, gratidão, honestidade, perseverança, obediência, perfeição, responsabilidade, iniciativa, consideração e a hora da absolvição. Em uma linguagem que não apenas os adeptos da escolarização em casa, como também qualquer um pode entender, eles dizem:

> Este pôster fornece aos pais textos das Escrituras para trabalhar com crianças que se distraem facilmente ou são "menos que diligentes". O pôster cobre cada área da preguiça que se pode imaginar, além de um versículo bíblico para cada problema, para referência fácil quando elas estiverem enlouquecendo você! Leve seu filho ao pôster, identifique sua ação ou postura indolente, leia o que Deus fala sobre isso e reze por sua força para obedecer. (http://doorposts.net/g_to_and.htm)

É importante observar que a internet não é uma ferramenta efetiva apenas para comercialização e para a construção do movimento, mas, como já observei, também para o enfrentamento do trabalho emocional e intelectual que a escolarização em casa exige. Além disso, ela se tornou uma ferramenta extremamente importante para o trabalho de representação e *lobby*. Assim, a Home School Legal Defense Association ou HSLDA (Associação da Defesa Legal da Escolarização em Casa) tem estado na vanguarda não apenas da escolarização em casa, mas também em iniciativas ativas e agressivas para coordenar lobistas dentro e fora de Washington. O Congressional Action Program (Programa de Ação no Congresso) da HSLDA mostrou o quanto uma ferramenta como a internet pode ser poderosa e sensível para mobilizar a favor e contra leis estaduais e nacionais e para defender os interesses de suas posições conservadoras (Stevens, 2001, p. 178-179).[6] Todavia, mais uma vez, essa mobilização em favor da escolarização em casa deve ser situada no seu contexto mais amplo, para que não omitamos algumas conexões cruciais que existem entre a escolarização em casa conservadora e o movimento autoritário mais amplo, do qual é parte fundamental. Nesse sentido, vale lembrar algo que mencionei antes – que um dos líderes mais visíveis do movimento nacional pela escolarização em casa é Michael Farris. Ele desempenha um papel fundamental na liderança da HSLDA (Green, Rozell e Wilcox, 2000) e é presidente do Patrick Henry College, uma faculdade dirigida principalmente para estudantes religiosos conservadores que estudam em casa e que tem um curso acadêmico – *governo*. Os princípios que movem suas atividades educacionais ficam bastante claros na descrição a seguir:

> A Visão do Patrick Henry College é ajudar na transformação da sociedade americana, formando estudantes cristãos para servir a Deus e à humanidade com paixão pela retidão, justiça e caridade, por meio de carreiras de serviço público e influência cultural. (http://www.phc.edu/about/FundamentalStatement.asp)

As Características do Patrick Henry College incluem metodologias de aprendizagem prática; um foco deliberado em estudantes adeptos da escolarização em casa; independência financeira; um núcleo educacional geral baseado nas humanidades clássicas; dedicação à orientação e à disciplina de estudantes cristãos; e uma vida comunitária que promova virtude, liderança e um comprometimento forte e vitalício com Deus, com a família e com a sociedade.

> A Missão do Departamento de Governo é promover a aplicação prática de princípios bíblicos e da intenção original dos documentos fundadores da república americana, enquanto prepara os estudantes para carreiras de serviço público, representação e liderança cidadã.

Esses objetivos são, ao mesmo tempo, louváveis e preocupantes. Crie um ambiente no qual os estudantes aprendam a desempenhar papéis ativos na reconstrução de suas vidas e da sociedade mais ampla, mas se certifique de que a sociedade que eles desejam construir se baseie inteiramente em princípios que não estão abertos a críticas sociais de incrédulos. Somente aqueles ungidos por sua visão particular de Deus e somente uma sociedade construída com base na visão dos ungidos são legítimos. Todo o resto é pecaminoso.

Dessa forma, com todos os seus usos criativos para a tecnologia, sua compreensão das "necessidades do mercado" e de como satisfazê-las, seus sacrifícios pessoais, o trabalho imenso das (principalmente) mulheres que se envolvem no trabalho de executá-lo e seu rápido crescimento, promovido pela publicidade positiva e por estratégias criativas de mobilização, grande parte da escolarização em casa fala a língua do populismo autoritário. Há um interior e um exterior e, para muitos populistas autoritários, a única maneira de proteger o interior é mudar o exterior, para que ele reflita os impulsos religiosos e os compromissos do interior. Fazer isso é um difícil trabalho político, educacional e emocional, e as novas tecnologias estão claramente desempenhando um papel crescente nesse trabalho pessoal e social.

CONCLUSÃO

Neste capítulo, analisei diversas das complexidades envolvidas nos esforços culturais e políticos em um movimento rapidamente crescente que reivindicou *status* subalterno. Isso envolveu fazer uma análise crítica de um conjunto de recursos tecnológicos – a internet – e situá-la no contexto social de seu uso em uma comunidade específica e por pessoas específicas naquela comunidade. Dessa forma, sugeri que, para entender o significado social e os usos dessas tecnologias, devemos analisar o movimento social que proporciona o contexto para seu uso e as identidades que estão sendo construídas naquele movimento social. Também argumentei que devemos fazer uma análise crítica do tipo de trabalho necessário para a escolarização em casa, *quem* está engajado nesse trabalho e como ele é interpretado pelos atores que o executam. Somente dessa forma, poderemos entender os problemas reais que essas tecnologias podem resolver verdadeiramente. Também mostrei como o espaço para a produção dessas "soluções" é cada vez mais ocupado por interesses ideológicos e/ou comerciais que respondem e ampliam o mercado para satisfazer as necessidades de religiosos conservadores adeptos da escolarização em casa.

Boa parte do meu foco concentrou-se no trabalho das mães – das "mulheres devotas" – que criaram identidades ativamente para si mesmas (e seus filhos e maridos)[7] e encontraram soluções nas novas tecnologias para uma imensa variedade de problemas pessoais e políticos em suas vidas cotidianas. Essas mulheres devotas não são tão diferentes de nenhum de nós, mas "dedicam-se a garantir para si mesmas e suas famílias uma vida plenamente religiosa e conservadora" (Brasher, 1998, p. 29). E o fazem com sacrifício e criatividade incomuns.

O quadro que apresentei é complicado, mas a realidade também é. Uma das dinâmicas que vemos é a desintegração social, ou seja, a perda da legitimidade de uma instituição dominante que supostamente nos unia – a escola comum. Ainda assim, de maneira muito importante, também estamos testemunhando o uso da internet não para destradicionalizar a sociedade, mas, nos casos que analisei aqui, para *retradicionalizá-la*. Todavia, chamar esse fenômeno simplesmente de retradicionalização seria ignorar as maneiras em que essas tecnologias estão embutidas não apenas nos valores e nas estruturas tradicionais de sentimentos. Elas também participam de um projeto mais "moderno", no qual o individualismo autorrealizado se mistura com a história do maternalismo social, que se mistura ainda com a reconstituição de masculinidades.

Esse maternalismo deve ser considerado positivo e negativo, e não apenas por sua revivificação parcial de elementos de relações patriarcais – embora, obviamente, essas questões não devam ser ignoradas de jeito algum. Devemos respeitar o trabalho e os significativos sacrifícios das mães que praticam a escolarização em casa e também dos pais (a questão das masculinidades modificadas em famílias adeptas da escolarização em casa é um tema importante, que deve ser abordado de modo a complementar o que fiz aqui). Talvez devamos basear-nos nas palavras de Jean Hardisty (1999, p. 2-3) para considerar essa sensibilidade às complexidades e às contradições envolvidas de forma tão profunda naquilo que esses pais religiosos estão fazendo, quando a autora reflete sobre os movimentos populistas de direita em geral.

> Continuo a crer que, nesse movimento, existem pessoas que são decentes e muito interessadas, que estão criando comunidades e encontrando estratégias que lhes possibilitem viver vidas funcionais no ambiente cruel e indiferente do capitalismo tardio.

Entretanto, o fato de reconhecermos esse interesse, esse trabalho e esse sacrifício – e os usos criativos das tecnologias que os acompanham – não deve fazer-nos perder de vista aquilo que esse trabalho e sacrifício também produzem. As tecnologias religiosas, a escolarização religiosa e as identidades religiosas podem ser pessoalmente satisfatórias e tornar a vida pessoalmente significativa em um mundo onde as tradições são destruídas ou mercantilizadas, mas a que custo para aqueles que não compartilham da visão ideológica que parece tão certa nas mentes daqueles que a produzem?

NOTAS FINAIS

1. Gostaria de agradecer a Harry Brighouse, Kurt Squire e aos membros do Friday Seminar por seus comentários sobre este capítulo. Um esboço anterior foi apresentado no Wisconsin/London/Melbourne Joint Seminar on New Technologies, Madison, Wisconsin, 6 de outubro de 2003.
2. A direita está na vanguarda do uso da internet para criar conexões entre seus membros sobre questões fundamentais. Compreendendo que os jovens estão entre os principais usuários da internet, organizações conservadoras empregam essa tecnologia de forma criativa para construir sofisticados *sites* da internet, cuja forma e cujo conteúdo atraem os jovens (Hardisty, 1999, p. 46).
3. Na verdade, muitas dessas tecnologias acabaram por *não* reduzir o trabalho. Ver Schwarz Cowan (1983) e Strasser (1982).
4. Grande parte dessa literatura, porém, baseia-se nas experiências de mulheres *brancas*. O significado da domesticidade e os discursos de maternidade entre as mulheres negras não podem ser compreendidos a partir do ponto de vista dos grupos dominantes. Para mais informações sobre essa questão crucial, ver Boris (1993). Como a vasta maioria dos adeptos da escolarização em casa de direita é formada por brancos, usei uma bibliografia baseada em suas experiências.

5. Gostaria de agradecer a Rima D. Apple por seus comentários valiosos nesta seção.
6. Uma das figuras mais poderosas na HSLDA é Michael Farris. Ele age como um porta-voz público para os conservadores adeptos da escolarização em casa e como representante legal em casos jurídicos nos Estados Unidos. Farris tem uma longa história de ativismo de direita. Concorreu a vice-governador da Virgínia em 1993, com uma plataforma notavelmente conservadora. De maneira interessante, não teve apoio de vários outros grupos cristãos conservadores e figuras nacionais, que acreditavam que suas posições públicas poderiam afastar eleitores indecisos e prejudicar a causa da direita. Ver Rozell e Wilcox (1996).
7. Não pressuponho a família heterossexual normativa aqui. Não existem referências sobre *gays* e lésbicas adeptos da escolarização em casa. Devido à posição ideológica que a vasta maioria dos evangélicos conservadores adota na questão da sexualidade, estou simplesmente refletindo suas visões.

REFERÊNCIAS

Apple, M. W. (2001). *Educating the "right" way*. New York: Routledge.

Apple, M. W., et al. (2003). *The state and the politics of knowledge*. New York: Routledge.

Amenta, E., & Young, M. P. (1999). Making an impact: Conceptual and methodological implications of the collective goods criterion. In M. Guigni, D. McAdam, & C. Tilly (Eds.), *How social movements matter* (p. 22-41). Minneapolis: University of Minnesota Press.

Bacchetta, P., & Power, M. (2002). Introduction. In P. Baccetta & M. Power (Eds.), *Right-wing women* (p. 1-15). New York: Routledge.

Bernstein, B. (1977). *Class, codes, and control* (Vol. 3, 2nd Ed.). London: Routledge e Kegan Paul.

Binder, A. (2002). *Contentious curricula*. Princeton: Princeton University Press.

Boris, E. (1993). The power of motherhood: Black and white activist women redefine the "political." In S. Koven & S. Michel (Eds.), *Mothers of a new world* (p. 213-245). New York: Routledge.

Brasher, B. (1998). *Godly women*. New Brunswick, NJ: Rutgers University Press.

Bromley, H., & Apple, M. W. (Eds.). (1998). *Education/technology/power*. Albany: State University of New York Press.

Castells, M. (1996). *The rise of network society* (Vol. 1). New York: Oxford University Press.

Connell, R. W. (1995). *Masculinities*. Cambridge, MA: Polity Press.

Cuban, L. (2001). *Oversold and underused*. Cambridge. MA: Harvard University Press.

du Toit, M. (2002). Framing volksmoeders. In P. Bacchetta & M. Power (Eds.), *Right-wing women* (p. 57-70). New York: Routledge.

Enders, V. (2002). And we ate up the world. In P. Bacchetta & M Power (Eds.), *Right-wing women* (p. 85-98). New York: Routledge.

Fraser, N. (1989). *Unruly practices: Power, discourse, and gender in contemporary social theory*. Minneapolis: University of Minnesota Press.

Giugni, M. (1999). How social movements matter: Past research, present problems, and future developments. In M. Giugni, D. McAdam, e C. Tilly (Eds.), *How social movements matter* (p. xiii-xxxiii). Minneapolis: University of Minnesota Press.

Godwin, M. (2003). *Cyber rights*. Cambridge, MA: MIT Press.

Gottlieb, J. (2002). Female "fanatics." In P. Bacchetta & M. Power (Eds.), *Right-wing women* (p. 29-41). New York: Routledge.

Green, J. (2000). The Christian right and 1998 elections. In J. Green, M. Rozell, & C. Wilcox (Eds.), *Prayers in the precincts* (p. 1-19). Washington, DC: Georgetown University Press.

Green, J., Rozell, M., & Wilcox, C. (2000). *Prayers in the precincts*. Washington, DC: Georgetown University Press.

Hakken, D. (1999). *Cyborgs@Cyberspace*. New York: Routledge.

Hardisty, J. (1999). *Mobilizing resentment*. Boston: Beacon Press.

Huerta, L. (2000). Losing public accountability: A home schooling charter. In B. Fuller (Ed.), *Inside charter schools* (p. 177-202). Cambridge, MA: Harvard University Press.

Jordan, T. (1999). *Cyberpower*. New York: Routledge.

Kessler-Harris, A. (2001). *In pursuit of equity*. New York: Oxford University Press.

Koven, S., & Michel, S. (Eds.). (1993). *Mothers of a new world: Maternalist politics and the origins of the welfare state*. New York: Routledge.

Ladd-Taylor, M. (1994) *Mother-work*. Urbana: University of Illinois Press.

McAdam, D. (1999). The biographical impact of activism. In M. Giugni, D. McAdam, & C. Tilly (Eds.), *How social movements matter* (p. 119-146). Minneapolis: University of Minnesota Press.

Meyer, D. S. (1999). How the Cold War was really won: The effects of the antinuclear movements of the 1980s. In M. Giugni, D. McAdam, e C. Tilly (Eds.), *How social movements matter* (p. 182-203). Minneapolis: University of Minnesota Press.

Moore, K. (1999). Political protest and institutional change. In M. Giugni, D. McAdam, & C. Tilly (Eds.), *How social movements matter* (p. 97-115). Minneapolis: University of Minnesota Press.

Rozell, M., & Wilcox, C. (1996). *Second coming*. Baltimore, MD: Johns Hopkins University Press.

Schwartz Cowan, R. (1983). *More work for mother*. New York: Basic Books.

Slevin, J. (2000). *The internet and society*. Cambridge, MA: Polity Press.

Smith, C. (1998). *American evangelicalism*. Chicago, IL: University of Chicago Press.

Stevens, M. (2001). *Kingdom of children*. Princeton, NJ: Princeton University Press.

Strasser, S. (1982). *Never done*. New York: Pantheon.

Wilcox, C., & Rozell, M. (2000). Conclusion: The Christian right in campaign '98. In J. Green, M. Rozell, & C. Wilcox (Eds.), *Prayers in the precincts* (p. 287-297). Washington, DC: Georgetown University Press.

3

PODEM OS SUBALTERNOS AGIR?
O envolvimento afro-americano em planos de vale-educação (*vouchers*)

THOMAS C. PEDRONI

> Se você está se afogando e alguém lhe estende a mão, você não pergunta se a mão pertence a um democrata ou a um republicano.... A partir da posição afro-americana – de baixo, olhando para cima – não há muita diferença entre democratas e republicanos. Nossa porta está aberta para quem for sincero ao trabalhar conosco.
>
> *Polly Williams*, deputada pelo Estado de Wisconsin, a "mãe da escolha escolar" em Milwaukee (Carl, 1995, p. 259)

A esquerda educacional branca não está entendendo algo essencial em sua desatenção em relação ao apoio considerável as comunidades marginalizadas às reformas educacionais baseadas no mercado. Meu interesse em entender de forma mais completa e em teorizar o apoio afro-americano para os vales-educação (*vouchers*) em Milwaukee, o tema deste capítulo, é um subproduto dessa preocupação. Mesmo que pesquisadores educacionais críticos tenham demonstrado o impacto particularmente negativo da mercantilização educacional sobre indivíduos já desprivilegiados (por exemplo, Lauder e Hughes, 1999; Whitty, Power e Halpin, 1998), não se presta suficiente atenção ao papel crucial que os excluídos desempenham em construir essas reformas conservadoras. A compreensão desse papel como uma manifestação da ação localizada e subalterna em um momento de pós-Estado de Bem-Estar (*Post-Welfare*)[1] – e não como uma submissão ingênua – será a base para um projeto mais amplo de *modernização progressista* das relações cada vez mais fragmentadas entre os blocos de atores sociais envolvidos na formação social americana que são mais propensos a defender as vitórias democráticas e sociais de uma maior erosão.

Os argumentos dos teóricos e pesquisadores educacionais críticos Michael Apple e Anita Oliver com relação ao papel da formação da identidade na construção de movimentos conservadores contribuíram para que minhas intuições sobre os defensores do vale-educação na cidade de Milwaukee tomassem uma forma mais concreta. Lendo seu trabalho, comecei a considerar como a formação da identidade também desempenhou um papel significativo no contexto do programa de vale-educação de Milwaukee, mas não exatamente da mesma maneira como suas análises da controvérsia sobre livros didáticos em uma pequena cidade sugerem (Apple, 1996; Apple e Oliver, 2003). Embora as ferramentas conceituais que os autores desenvolveram tenham contribuído para que eu fizesse uma teorização mais convincente sobre a dinâmica que percebi em Milwaukee, ainda resta muito trabalho conceitual, sem mencionar o trabalho empírico a fazer.

Neste capítulo, renovo elementos do argumento de Apple e Oliver com relação à formação da identidade na modernização conservadora, tornando-os mais fiéis à dinâmica do apoio afro-americano aos vales-educação em Milwaukee. Se as alianças negociadas de forma subalterna em Milwaukee são indicativos do rumo que a modernização conservadora pode assumir cada vez mais, essa renovação deve ajudar os educadores críticos, juntamente com outros pesquisadores culturais críticos, a melhor entender e contestar o pós-Estado de Bem-Estar.

Começo com uma avaliação da utilidade e das limitações da teoria de Apple e Oliver sobre a formação política de direita para explicar a mobilização entre afro-americanos pobres e da classe trabalhadora em favor da "escolha parental" e do sistema de vale-educação de Milwaukee, um dos centros do uso de vale-educação nos Estados Unidos. À medida que me debruço sobre essa tarefa, identifico e problematizo binários culturais embutidos na teoria que não explicam adequadamente a dinâmica significativa que ocorre na reforma educacional baseada no mercado em Milwaukee (e supostamente em outros locais). Com essa problematização, reteorizo a coalizão em favor dos vales-educação formada por representantes políticos afro-americanos, líderes comunitários e famílias pobres e da classe trabalhadora como representativa de uma *terceira força* na formação conservadora, além de avaliar o papel fundamental que esses grupos desempenharam em alianças condicionais que proporcionaram o sucesso de outros projetos de direita na educação e em outras áreas. Empregando os conceitos de ação subalterna e de formação de identidade em relação às construções discursivas que os afro-americanos que defendem o sistema de vales manifestaram em entrevistas, argumento que as alianças negociadas nessas mobilizações são mais fugazes e efêmeras do que o conceito de "aliança hegemônica", visto de forma isolada, poderia implicar. De maneira significativa, a reteorização que essa análise sugere – que a modernização conservadora, pelo menos inicialmente, se baseia em negociações subalternas – deixa a porta mais aberta do que os educadores críticos brancos poderiam supor para rearticular as preocupações educacionais das famílias marginalizadas em projetos mais efetivos, significativos e democráticos de reforma educacional.

Volto-me agora a uma discussão sobre a teoria da formação de movimentos conservadores proposta por Apple e Oliver.

POLÍTICA, ESTADO E FORMAÇÃO DO SUJEITO

Em seu ensaio "Becoming Right" (Tornando-se Direita), Apple e Oliver analisam a controvérsia ocorrida em uma comunidade semi-rural do oeste americano sobre a adoção, pela secretaria de Educação local, de uma série de livros didáticos nova e, segundo alguns pais, estranha. Seu propósito é entender melhor as maneiras como os movimentos educacionais de direita se formam no nível local e cotidiano (Apple, 1996; Apple e Oliver, 2003). Aquilo que os autores observam opõe-se significativamente a outras análises de como a direita educacional cresce, que "muitas vezes pressupõem um movimento ideológico unitário, visto como um grupo relativamente sem contradições, em vez de uma reunião complexa de tendências diferentes, muitas das quais mantêm uma relação tensa e instável entre si" (Apple, 1996, p. 44-45). Para Apple e Oliver, a direita não é simplesmente uma "força estruturadora massiva e preexistente, que é capaz de se envolver na vida cotidiana e em nossos discursos de maneiras planejadas" (Apple, 1996, p. 44). Pelo contrário, a direita cresce por meio de uma série complexa de "acidentes" e interações entre os "elementos do bom senso" dos indivíduos e a intransigência do Estado burocrático (Apple, 1996; Apple e Oliver, 2003).

Ao documentar e analisar a maneira como preocupações vagamente conservadoras do ponto de vista social, mas basicamente não-politizadas, com relação a uma série de livros didáticos, levaram ao crescimento da direita, Apple e Oliver baseiam-se na teorização anterior de Apple sobre o processo de modernização conservadora. No centro do processo, Apple (1996) identificou quatro grupos poderosos que, juntos, constituem aquilo que chama de aliança hegemônica na ordem social dos Estados Unidos: neoliberais, neoconservadores, populistas autoritários e uma fração da nova classe média (p. 7). Dito de forma mais simples, os neoliberais são aqueles atores sociais que essencialmente consideram os mercados desregulados como uma panacéia para todos os problemas sociais e econômicos. Assim, defendem a mercantilização ou mesmo a privatização de todo o setor de serviços públicos como um paliativo para a percepção de ineficiência estatal e desigualdade social. Os neoconservadores, por outro lado, clamam pela recentralização do conhecimento e de valores arraigados na tradição cultural "ocidental" como um antídoto para a balcanização social, a deterioração moral e o declínio econômico que percebem na sociedade americana. O terceiro grupo, os populistas autoritários, exigem e pregam formas de controle localizado, que acreditam ter protegido suas famílias das forças sinistras e do humanismo secular que cada vez mais permeiam as escolas públicas. Finalmente, os membros da classe média formada por profissionais liberais e executivos, apesar de, muitas vezes, não se alinharem abertamente com nenhuma dessas tendências, suprem o conhecimento técnico e profissional em questões de eficiência, avaliação e gestão, das quais dependem as reformas sociais e educacionais da direita (Apple, 2001).

Vistos como um todo, esses grupos são hegemônicos, no sentido de que conseguem manter a liderança e promover determinada agenda principalmente pela obtenção de um consenso em favor de sua visão social. Os grupos envolvidos na aliança hegemônica realizam isso de duas maneiras – chegando a um acordo mútuo sobre quais devem ser os elementos dessa visão e re(modelando) o terreno do senso comum na cultura mais ampla, para que seja cada vez mais compatível com suas mensagens e interpretações culturais (Apple, 1996, p. 15).

Como é formada e costurada por meio de acordos, a visão social dessa aliança hegemônica nunca é unitária – pelo contrário, ela existe sempre em uma tensão um tanto frágil, repleta de contradições que constantemente ameaçam atrapalhar o seu sucesso (Apple, 1996, p. 15). À medida que a aliança direitista costura suas contradições internas e permeia os discursos cotidianos da vida pública americana com suas construções explicativas, ela também cresce, pelo menos potencialmente.

Para Apple, esse bloco hegemônico é dinâmico (ou seja, está sempre em formação) de três maneiras importantes. Primeiro, ele é dinâmico no sentido temporal, pois pode e deve responder a mudanças nas condições históricas, a alianças inconstantes, à introdução de novas tecnologias, ao nascimento de novos movimentos sociais e a tendências econômicas mais amplas. Em segundo e terceiro lugares, essa modernização conservadora é dinâmica no sentido espacial, em termos de sentido discursivo, nos planos horizontal e vertical. O dinamismo horizontal está presente nas costuras que ocorrem à medida que diferentes grupos dominantes se reúnem em uma unidade tensa sob um único "guarda-chuva ideológico" (Apple, 1996, p. 15), ao passo que o dinamismo vertical está presente uma vez que os discursos desses grupos dominantes (p. 45)

> atuam de formas criativas para desarticular conexões prévias e rearticular grupos de pessoas (ideologicamente informadas) nesse movimento ideológico mais amplo, conectando-se às esperanças, aos temores e às condições reais das vidas cotidianas das pessoas e propondo explicações aparentemente "sensíveis" para os problemas que as pessoas estejam tendo.

Em suma, é um processo de *costura* horizontal e *articulação* vertical.

Todavia, o processo politicamente formativo de desarticulação e rearticulação não ocorre de maneira perfeita diretamente regida pela vontade política dos grupos dominantes. Pelo contrário, como Apple e Oliver demonstram em seu estudo da formação conservadora na controvérsia que mencionei anteriormente sobre os livros didáticos, as "pessoas comuns" são articuladas em movimentos sociais conservadores mais amplos por meio de uma série de "acidentes" e interações com o Estado (Apple, 1996, p. 45).

Para Apple e Oliver, não são apenas a aliança hegemônica e as subjetividades daqueles que podem ser articulados a ela que estão sempre em fluxo; o Estado, de um modo análogo, também é dinâmico. O Estado "cresce" em resposta a suas interações com movimentos sociais que buscam constantemente remodelá-lo conforme sua visão. Embora esse crescimento ocorra por meio de uma variedade de respostas potenciais (por exemplo, adotando, mediando e/ou resistindo às demandas dos movimentos sociais), no estudo de Apple e Oliver (Apple, 1996, p. 58), as famílias que se preocupavam com materiais que consideravam culturalmente desconhecidos e perturbadores na controvérsia sobre os livros didáticos encontraram um Estado principalmente em postura defensiva, resistindo a manifestações que identificou precocemente como sendo parte das forças organizadas de censura da direita.

> Quase todos os pais [preocupados] ... disseram que foram apresentados aos livros quando seus filhos chegaram em casa perturbados com algum trecho dos textos.... [Os pais] ficaram mais que surpresos ao ler histórias nos livros de seus filhos que pareciam inadequadas e ainda mais surpresos e chocados com o que consideraram uma resposta "dura" da secretaria e da administração.

O Estado, protegido nos escritórios burocráticos da secretaria local, respondeu às preocupações de grupos de pais e mães heterogêneos e relativamente sem formação ideológica,[2] oferecendo apenas duas posições em que poderiam ser vistos, ouvidos e compreendidos: a do pai ou da mãe responsável que defendia a "decisão profissional" das autoridades da secretaria e dos professores com relação ao currículo, e a do irresponsável censor de direita. Forçados à segunda posição pela frustração e persistência de suas preocupações, muitos pais relativamente sem formação política passaram a ter uma formação ideológica razoável, à medida que se voltaram para organizações nacionais de direita para pedir ajuda a fim superar a intransigência da burocracia escolar. No processo dessa formação de sujeitos "acidental" e bastante influenciada, no qual a ação dos pais preocupados foi articulada com a ação da direita mais ampla, a direita cresceu (Apple, 1996, p. 64).

POSSIBILIDADES E LIMITAÇÕES: A BATALHA PELA "ESCOLHA PARENTAL" EM MILWAUKEE

Em seu estudo sobre a formação conservadora na controvérsia sobre livros didáticos na pequena cidade que mencionamos, Apple e Oliver questionaram claramente as noções equivocadas que encontraram sobre uma direita unitária que cresce de forma perfeita, em isolamento e por meio de uma intencionalidade rígida. De muitas maneiras que lembravam as intervenções anteriores de Apple com relação à reprodução nas escolas (Apple, 1982), os pesquisadores nos proporcionaram uma rica narrativa das formas complexas, mediadas e contraditórias em que a aliança hegemônica cresce por meio da articulação com esperanças reais, temores reais e o bom senso de pessoas comuns reprimidas pelo Estado.

Nesta seção, analiso as maneiras como essa abordagem de formação conservadora simultaneamente propicia e limita nossa compreensão de outro momento em que os processos de modernização conservadora alteraram as políticas públicas de forma significativa – a construção da aliança em torno dos vales-educação e do programa de vale-educação criado em Milwaukee. Após identificar e analisar algumas das limitações possíveis do modelo de Apple, proponho alternativas substanciais.

Jim Carl (1996), em um artigo intitulado *Unusual Allies: Elite and Grass-roots Origins of Parental Choice in Milwaukee* (Aliados Incomuns: As Origens de Elite e Populares da Escola Parental em Milwaukee), adota um modelo teórico para entender os eventos ocorridos em Milwaukee que ressoa com as construções teóricas de Apple e Oliver. Todavia, como veremos, alguns elementos da história que Carl narra parecem não se encaixar de forma tão confortável nesse modelo.

Carl começa sua análise dos fatores que levaram à ascensão do debate sobre a "escolha parental" em Milwaukee descrevendo a emergência nacional de uma aliança hegemônica no início da década de 1980, que chama de restauração conservadora (um termo que Apple também usa em trabalhos anteriores). Nessa aliança, em relação a questões relacionadas com a escolha parental, Carl retrata as agendas, em constante tensão, de dois dos grupos dominantes que Apple descreve – os neoliberais e os neoconservadores. Segundo Carl (1996, p. 268), os reformistas educacionais neoliberais, por outro lado, acreditavam que a extensão de mercados privados ao sistema educacional estatal traria melhoras no nível educacional, além de lucros. Por outro lado, os reformistas educacionais neoconservadores privilegiavam as escolas particulares por seu suposto currículo acadêmico tradicional, por sua formação religiosa e por sua disciplina rígida. Embora Apple (1996, p. 27-31) seja muito menos superficial ao descrever a complexidade dessas posições e interações, os paralelos são bastante claros e, como veremos a seguir, proveitosos para entender certas dinâmicas no contexto de Milwaukee.

Todavia, Carl (1996, p. 268) também reconhece que "nem todos os proponentes dos vales-educação podem ser descritos como agentes da restauração conservadora". Pelo contrário, ele descreve uma "aliança condicional" entre os reformistas neoliberais no nível do Estado e os defensores de algumas escolas comunitárias independentes de Milwaukee. Segundo Carl (p. 268):

> Cinco fatores geraram essa aliança condicional: a insatisfação entre muitos negros residentes de Milwaukee com um sistema escolar que não conseguia gerar resultados educacionais aceitáveis para um número desproporcional de estudantes negros; a existência de escolas comunitárias cujos apoiadores multiculturais buscavam recursos públicos havia décadas; o crescimento da representação política negra em Milwaukee durante uma era em que as políticas governamentais inclinavam-se para a direita, personificada pela deputada Polly Williams; as tentativas da administração do governador Tommy Thompson de criar políticas sociais neoliberais e neoconservadoras; e a ascensão da Bradley Foundation de Milwaukee como o principal patrocinador conservador do país.

Ao analisar a aliança condicional que Carl descreve, o modelo de Apple e Oliver parece oferecer dois caminhos possíveis para entender os afro-americanos de Milwaukee que defenderam o sistema de vale-educação com verbas públicas como um meio de matricular seus filhos nas escolas independentes do município. A primeira possibilidade – a de que Apple supostamente não apoiaria por conta de sua discussão sobre raça e classe como dinâmicas centrais nas relações de poder desiguais – é vermos os defensores do programa de vale-educação de Milwaukee, sob a liderança da deputada estadual afro-americana Polly Williams, como parte de uma aliança de grupos dominantes. Nesse cenário, parece que o grupo de Polly Williams articula-se horizontalmente, por meio de acordos, com os neoliberais e neoconservadores, compartilhando assim o exercício (sempre parcial) do controle hegemônico de debates sobre a educação em Milwaukee. A segunda possibilidade, novamente com base no modelo de Apple e Oliver, é que consideremos o grupo de Polly Williams verticalmente articulado com os movimentos de direita à maneira das "pessoas comuns" e relativamente sem formação ideológica que aparecem na controvérsia sobre os livros didáticos, uma possibilidade que Apple supostamente rejeitaria, devido às muitas décadas de ativismo educacional vividas pelas famílias afro-americanas de Milwaukee.

Embora esses pareçam ser os dois espaços teóricos conceitualmente disponíveis no modelo de Apple e Oliver para interpretar a aliança condicional em torno do sistema de vale-educação de Milwaukee, na questão a seguir, discuto a inadequação parcial de ambos. Para fazer justiça, Apple e Oliver mencionam que as "políticas de direita, muitas vezes, são acordos entre a direita e *outros grupos* e entre as diversas tendências dentro da aliança conservadora" (itálico acrescentado; Apple, 1996, p. 45). Contudo, Apple e Oliver ainda não descreveram ou teorizaram adequadamente essa possibilidade para que os acordos "entre a direita e os outros grupos" possam ser compreendidos como uma categoria conceitual além das duas possibilidades que mencionei.

Antes de analisar as maneiras como cada uma das duas possibilidades teóricas descritas parcialmente explica e interpreta de forma equivocada a realidade da aliança condicional de Milwaukee, quero introduzir um conjunto de binários que fundamentam a concepção de Apple da formação de direita. Posteriormente, problematizarei essas visões, na esperança de abrir um *terceiro espaço teórico* para analisar a aliança condicional de Milwaukee e, por extensão, alianças semelhantes em outros cenários.

Pelo menos temporariamente, no contexto de Milwaukee, apesar de nossas intuições contrárias, a facção pró-vale-educação de Polly Williams incorpora características que parecem localizá-la dentro do modelo de Apple e Oliver como uma parte dominante da aliança. Por exemplo, o fato de Williams reconhecer explicitamente as limitações de alianças históricas com brancos liberais (Carl, 1996, p. 274) indica claramente uma ideologia tática sofisticada e cuidadosamente formada em resposta à experiência política. O realismo que ela expressa com freqüência e sua falta de ingenuidade com relação ao clima político do final dos anos de 1980 e aos interesses de liberais dispostos a se aliarem a ela são outros indicativos disso, evidenciando também as costuras que envolvem sua relação com os neoliberais, nas quais a linguagem neoliberal da competição e do mercado se funde em sua própria visão do controle comunitário. Conforme observa Carl (1996, p. 274), "ao contrário de seus aliados na Nova Direita, que argumentavam que a rede de segurança social deve ser reduzida ou removida, Williams acreditava que os negros precisavam assumir o controle de programas e instituições que recebem verbas públicas e são voltados para as suas comunidades". Em suma, Williams não permitiu que sua visão fosse agrupada à visão da direita, como ocorreu no caso dos pais no final da controvérsia em torno dos livros didáticos. Além disso, nem ela nem sua facção "viraram direita" em nenhum modo que mantivesse a estabilidade normal dessa terminologia.

Apesar de a facção de Williams ser compatível com certas características da aliança com grupos dominantes descrita por Apple e Oliver (e representada na coluna do cenário 1 na Tabela 3.1), isso não se aplica em outros sentidos. É muito difícil conceber a facção de Williams e seus apoiadores latinos e afro-americanos pobres e da classe trabalhadora como um grupo dominante na paisagem política de Milwaukee. Uma avaliação superficial das condições sociais e materiais que regem a vida cotidiana das famílias latinas e afro-americanas de baixa renda em Milwaukee já mostraria que isso é uma impossibilidade conceitual, assim como a longa e frustrante experiência de pais, mães e líderes comunitários afro-americanos, incluindo Williams, na tentativa de obter maior sensibilidade do sistema escolar público de Milwaukee (Carl, 1995; Fuller, 1985).

Essa marginalização, portanto, parece nos impedir conceitualmente de localizar os afro-americanos que apóiam os vales-educação em Milwaukee dentro da aliança de grupos dominantes (cenário 1 na Tabela 3.1), apontando para o segundo cenário, condizente com as experiências dos pais comuns, relativamente sem formação ideológica, que Apple e Oliver descrevem no artigo "Becoming Right" (Tornando-se Direita). Imediatamente, lembramos o paralelo entre o encontro dos pais preocupados com uma burocracia estatal insensível na controvérsia sobre os livros didáticos, por um lado, e as experiências de Williams e seus seguidores à medida que buscam apoio no sistema escolar público, por outro. Williams e seus seguidores foram forçados claramente na direção dos movimentos sociais direitistas, por causa da percepção de intransigência dos atores estatais. Além disso, nessa disputa educacional, é fácil para a maioria dos progressistas identificar-se com as "esperanças e com os temores reais" da facção de Williams, com que simpatizamos bastante. Finalmente, conforme mencionado anteriormente, a facção de Williams na aliança condicional fica muito mais confortável, em relação ao poder, no lado dos "ainda-não-dominantes" na Tabela 3.1.

Entretanto, conforme já mencionamos, certos aspectos da facção de Williams são incongruentes com a formulação das "pessoas comuns" do segundo cenário. Argumentar que seu grupo permaneceu sem formação ideológica ou caracterizado em suas idéias por visões de senso comum seria insultar profundamente as décadas de luta pela educação, nas quais se envolveram grupos de afro-americanos de Milwaukee e de outras partes (Carl, 1995; Fuller, 1985; Holt, 2000). Além disso, a relação da facção de Williams com os grupos neoliberais com que trabalhou não era simplesmente vertical. Mais uma vez, a sofisticada maneira como Williams conseguia negociar seus interesses com os dos neoliberais demonstra um grau significativo de relação "horizontal" entre eles.

Se a aliança condicional descrita por Carl não se encaixa conceitualmente nos dois cenários disponíveis, como ela deve ser teorizada? E se esse exemplo prático e sua teorização se aplicam em outros cenários, quais são as implicações para nossa compreensão do atual sucesso da direita em outras esferas de contestação?

RUMO A UM *TERCEIRO ESPAÇO* NA FORMAÇÃO CONSERVADORA

Na batalha pelos vales-educação públicos para escolas particulares em Milwaukee, conforme observei, o grupo de Williams, formado por afro-americanos que apoiavam o programa de vale-educação, não pode ser teorizado adequadamente como um grupo dominante costurado em uma aliança hegemônica, ou como um grupo de pessoas comuns relativamente sem formação ideológica, articuladas com a direita como resultado da insensibilidade estatal. Apesar de seus artifícios teóricos, a facção de Williams foi absolutamente central para a emergência de programas de escolha parental em Milwaukee e para as reivindicações de respeitabilidade e legitimidade que os programas de vales-educação têm recebido desde então nos debates educacionais nos Estados Unidos e no mundo. Por isso, outra teorização sobre os afro-americanos que apoiaram o programa de vale-educação em Milwauke é crucial para o projeto de se entender e contestar o sucesso da direita em apagar os vestígios mínimos (porém centrais) do acordo social-democrata nos Estados Unidos.

Conforme sugere o caso da escolha parental em Milwaukee, a aliança hegemônica não conseguiu impor programas de vales-educação na cidade ou em outros locais até o nascimento de uma aliança condicional temporária, na qual os grupos dominantes eram os atores principais e exponencialmente mais poderosos. Embora Carl não explique seu uso do termo *aliança condicional* tanto quanto poderíamos esperar, esse uso, especialmente em relação ao exemplo de Milwaukee, parece implicar que ela representa uma aliança hegemônica muito mais fugaz e efêmera do que uma aliança autônoma construída ao longo de 30 anos, que costura novos acordos entre seus membros

TABELA 3.1 Os dois cenários (ou "espaços") de formação conservadora segundo Apple e Oliver

Categoria	Cenário	
	1. Parte da aliança dos grupos dominantes	2. Pessoas comuns que se tornam direita
Exemplo	Neoliberais, neoconservadores, etc.	Pais e mães na controvérsia por livros didáticos
Relação com o poder	Horizontal	Vertical
Conexão com o poder	Estabelecer acordos	"Bom senso" articulado com projeto conservador
Qualidade da ideologia	Formada	Não-formada
Natureza das idéias	Ideologia	Senso comum
Poder relativo	Dominante	Ainda-não-dominante
Caráter das idéias	Elementos de bom senso que atraem pessoas comuns	Esperanças e temores reais com os quais os progressistas simpatizam
Metáfora espacial relativa	De cima	De baixo
Relação com o Estado	Tentativa de afetar o rumo do Estado com um conjunto de movimentos sociais	Forçadas na direção dos movimentos sociais de direita quando reprimidas por um Estado insensível

dominantes, enquanto recruta pessoas comuns relativamente sem formação ideológica para suas colunas (ver Apple, 1996, p. 61; e a nota 2 no final deste capítulo).

Ao teorizar sobre as qualidades dos grupos não-dominantes, mas com uma certa formação ideológica que se unem a grupos dominantes para construir alianças condicionais, uma abordagem útil pode ser enxergar os pólos opostos das qualidades dos cenários um e dois da Tabela 3.1 como horizontes, com os pais ativistas dos livros didáticos descritos por Apple e Oliver definidos de maneira geral pelos descritores da coluna do cenário dois. Os grupos dominantes, como forças neoliberais, por outro lado, alinhariam-se principalmente com as características da coluna do cenário um. Grupos diferentes do "terceiro espaço", com os quais a direita formou alianças condicionais, como as famílias afro-americanas pró-vale-educação de Milwaukee, ocupariam pontos variados ao longo de cada um dos oito horizontes de categorias.

De acordo com o modelo apresentado anteriormente, as famílias afro-americanas de Milwaukee que apoiaram o programa de vale-educação, como exemplo de uma força social que implica um terceiro cenário ou uma terceira tendência na formação conservadora, devem ser localizadas ao longo de horizontes respectivos na Tabela 3.1 como relativamente *formadas, ideológicas* e *alinhadas de maneira horizontal* com os grupos dominantes (todos descritos no lado esquerdo da tabela). Ao mesmo tempo, permanecem basicamente *ainda-não-dominantes, forçadas na direção de movimentos sociais de direita quando reprimidas por um Estado insensível* e constituídas *por esperanças e temores reais com os quais os progressistas simpatizam* (mais no lado direito da tabela).

Assim como precisamos entender as qualidades heterogêneas dos grupos que são alinhados e articulados com a aliança hegemônica em alianças condicionais, também devemos pensar claramente sobre a qualidade das vitórias conservadoras implícitas nessas alianças. Ao passo que os dois primeiros cenários do crescimento da direita – por meio de alianças horizontais e articulações verticais – representam vitórias razoavelmente inequívocas para o projeto da direita, o terceiro cenário, envolvendo alianças negociadas subalternamente, apresenta um sentido de vitória mais complexo, ambíguo e contraditório. Será que o sucesso político do programa de escolha parental de Milwaukee representa só uma perda monolítica para aqueles que defendem uma reforma radicalmente democrática na educação, ou será que também representa uma vitória parcial? Voltaremos a falar sobre isso mais adiante, em relação a mobilizações táticas afro-americanas em favor do sistema de vale-educação.

FORMAÇÃO DE IDENTIDADE E AÇÃO SUBALTERNA: UMA RECONCEITUAÇÃO

Para desenvolver uma conceituação mais complexa da importância dos grupos que ocupam esse terceiro espaço na formação conservadora, é importante concentrar nosso foco ainda mais no processo que Apple e Oliver (juntamente com outros teóricos) chamaram de *formação da identidade* (Apple, 1996; Apple e Oliver, 2003). No exemplo dos vales-educação, a formação da identidade ocorre à medida que diversas facções da aliança conservadora, ativistas educacionais afro-americanos e famílias de baixa renda de Milwaukee costuram seus interesses nas alianças construídas e mantidas sob tensão. Nos primeiros anos do programa de escolha parental de Milwaukee, os discursos que circulavam pelo sistema escolar público da cidade, bem como pela aliança pelos vales-educação, situavam as famílias afro-americanas e proporcionavam-lhes determinadas identidades. Entre as posições que circulavam entre professores, administradores e outros profissionais nas escolas públicas de Milwaukee, predominavam os modelos de déficit de base cultural, racial e/ou biológica. As famílias afro-americanas que fugiam das escolas públicas e defendiam o sistema de vale-educação proposto, muitas vezes, citavam casos em que a culpa pelo fracasso da escola pública era colocada no comportamento perturbador dos estudantes de cor, o que supostamente tinha uma raiz cultural. De maneira semelhante, as famílias reclamavam da regularidade com que seus filhos eram patologizados e abandonados em programas de educação especial e escolas "alternativas" depois de serem marcados com rótulos de deficiências (Corporation for Educational Radio and Television, 1993).

Em contrapartida, as tentativas de mercantilização das escolas em Milwaukee pareciam oferecer posições muito mais dignificadas para pais e cuidadores desprivilegiados, talvez principalmente a do *consumidor racional*. Em vez de patologizar formas culturais "negras" por meio de discursos normativos racistas de cunho social e científico, os defensores dos vales-educação, com uma orientação mercadológica, posicionaram pais e cuidadores como os consumidores ideais, cuja única limitação consistia da escolha definida pelo mercado e artificialmente limitada. Ao mesmo tempo em que posicionar pais e cuidadores de cor e de baixa renda como consumidores educacionais racionais com potencial para tomar as melhores decisões para seus filhos tira o caráter histórico de sua ação, principalmente por não enxergá-la como algo que emerge das relações desiguais de poder material e discursivo, o discurso neoliberal permite que pais e cuidadores sejam vistos, ouvidos e entendidos e que, talvez ainda mais importante, ajam de maneiras que simplesmente não são possíveis na vida cotidiana das escolas públicas urbanas.

Uma análise baseada em questões relacionadas com a formação da identidade permite a possibilidade de uma investigação, no nível fundamental, das escolhas táticas que os grupos de pais e cuidadores fazem ao negociar suas opiniões educacionais em um terreno que não escolheram. Em lugar de enfocar apenas a dinâmica estrutural em torno da mercantilização educacional, o que provavelmente marginalizaria as comunidades de cor urbanas e de baixa renda (Lauder e Hughes, 1999; Whitty, Power e Halpin, 1998), sigo Apple e Oliver e levo a sério os dilemas cotidianos, a consciência e a ação das famílias envolvidas no programa de vale-educação, à medida que tentam galgar as estruturas educacionais, que, de forma intencional e/ou funcional, não foram projetadas com seus interesses em mente (Apple, 1996; Apple e Oliver, 2003). Assim, ao mesmo tempo em que me preocupo profundamente com os resultados prováveis das reformas educacionais voltadas ao mercado em Milwaukee e em outros lugares, também quero levar muito a sério a consideração de como as mobilizações educacionais conservadoras tiveram sucesso, parecendo falar sobre os desejos e temores bastante reais das pessoas marginalizadas. É por meio do entendimento dessa articulação, como uma questão de formação de identidade e ação subalterna, que o processo de formação conservadora talvez seja interrompido e substituído de forma mais efetiva por uma visão educacional mais socialmente democrática (e essencialmente mais efetiva).

Dessa forma, observados pelo ponto de vista "de baixo" das famílias de cor pobres e da classe operária, os discursos educacionais do livre mercado parecem abrir um espaço para pais e cuidadores afro-americanos de maneiras interessantes e contraditórias (e de um modo que nem sempre está presente nos discursos freqüentemente patologizantes das escolas públicas urbanas). Para abordar essa questão de como as posições oferecidas são taticamente "aceitas" e "ocupadas" por pais e cuidadores, baseamos nossa análise na obra do teórico cultural crítico Michel De Certeau. Embora De Certeau postule um sentido monolítico de "estrutura de poder" (afinal, no caso em questão, é impossível atribuir o *status* de estrutura de poder confortavelmente ao sistema escolar público de Milwaukee e seus aliados ou às forças pró-vale-educação), um envolvimento maior com suas idéias será proveitoso para analisar as formas de ação com as quais pais e cuidadores afro-americanos negociam seus interesses.

Ao caracterizar os mecanismos de poder que atuam na formação social moderna, De Certeau (1984, p. xiv) concorda com a "microfísica do poder" do teórico francês Michel Foucault, na qual se encontram "procedimentos técnicos 'minúsculos' que agem sobre e com os detalhes, redistribuindo um espaço discursivo para torná-lo o meio de uma 'disciplina' generalizada (*surveillance* ou vigilância)". Todavia, De Certeau (p. xiv) critica a análise de Foucault por mais uma vez "privilegiar o aparato produtivo" ao não descobrir "como toda uma sociedade resiste a ser reduzida pela [disciplina]" e particularmente "quais procedimentos (também "minúsculos" e cotidianos) manipulam os mecanismos de disciplina e conformam-se com eles para burlá-los".

De Certeau usa o termo *estratégia* para identificar o uso da força para promover ou manter os interesses de uma estrutura de poder e *tática* para se referir às operações pelas quais os menos poderosos defendem ou promovem seus interesses. O projeto de De Certeau (1984, p. xiv) é tornar mais completa a análise de Foucault sobre o poder, especificamente discernindo uma "antidisciplina" nos "modos de operação" que "constituem as incontáveis práticas pelas quais os usuários se apropriam do espaço organizado pelas técnicas de produção sociocultural".

No exemplo de Milwaukee, alguns "usuários" (ou seja, pais e mães) afro-americanos desprivilegiados negociaram o espaço de duas poderosas alianças concorrentes – o sistema escolar público e os conservadores pró-vale-educação –, decidindo, por razões táticas, que, pelo menos para alguns e pelo menos em curto prazo, uma aliança condicional com as forças conservadoras representava mais oportunidades do que as alianças anteriores fracassadas com as forças solidárias no sistema escolar público. De Certeau argumentaria que pais e cuidadores nunca são passivos ou sem ação nesse processo de construção de alianças e formação de sujeitos. Para usar mais um de seus termos, eles "fazem o que podem", com as opções de identidades que lhes são disponibilizadas, usando as posições de sujeito ao máximo possível para os propósitos que acreditam servir a seus interesses educacionais e sociais (Apple, 1996; De Certeau, 1984).

Esse foco na formação de identidades como um dos componentes da ação subalterna nos permite discernir que articulações e alianças formadas em torno dos vales-educação em Milwaukee são muito mais transitórias, efêmeras, oportunistas e instáveis do que afirma a bibliografia atual, incluindo o artigo *"Becoming Right"* de Apple e Oliver (Apple, 1996; Apple e Oliver, 2003; Apple e Pedroni, em fase de elaboração). Entretanto, apesar da natureza muitas vezes passageira dessas alianças condicionais, os conservadores educacionais de fato oportunizaram ganhos cruciais e duradouros como resultado das reformas que essas alianças conseguem engendrar. O efeito das mobilizações em torno dos vales-educação sobre a legislação e sobre a valorização global dos vales-educação privados não é tão efêmero quanto as alianças condicionais que constroem e possibilitam seu sucesso inicial.

Portanto, conforme argumentei anteriormente, para uma compreensão mais plena do sucesso contínuo da direita em apagar os vestígios mínimos do acordo democrático social americano, é crucial que haja uma teorização mais complexa de grupos como os defensores dos vales-educação em Milwaukee (que não podem ser considerados adequadamente como elementos dominantes em uma aliança hegemônica ou como indivíduos comuns e relativamente sem formação ideológica, articulados com a direita como resultado da intransigência do Estado).

A pouca ênfase atual na importância da ação subalterna nos sucessos hegemônicos pode resultar de nossa tendência a teorizar sobre os elementos da modernização conservadora como "grupos" que, de maneira não-problemática, incorporam "tipos ideais", em vez de "tendências discursivas". Ao mesmo tempo em que alguns indivíduos e algumas organizações podem ser categorizados de forma mais ou menos correta em um dos quatro elementos de Apple, dentro desses grupos e indivíduos (quase) sempre também há tendências contraditórias. O fato de que essas tendências não são incorporadas como tipos ideais (por exemplo, poucos grupos ou indivíduos são monoliticamente neoliberais ou neoconservadores), mas são influenciadas de maneiras contraditórias, na verdade, expande conceitualmente os espaços de rearticulação progressista na formação dessas subjetividades.

Como ainda queremos discutir as formas com esses discursos constroem e são construídos por atores sociais reais, evitando a disposição de alguns teóricos pós-estruturais de perceber o mundo como algo formado apenas por discursos concorrentes que, de algum modo, existem fora da história e da ação humana (Pedroni, 2005), podemos nos referir aos quatro elementos de Apple como *tendências incorporadas*. Não fazer isso restringe a nossa probabilidade de apreender a importância dos grupos subalternos nos sucessos hegemônicos, pois eles, como aqueles intimamente alinhados com tendências incorporadas mais poderosas, freqüentemente agem de forma tática, de um modo sugerido por De Certeau (1984), e não pelo emprego de discursos internamente coesos que visam (re)narrar um conjunto de relações entre elementos como o Estado, a economia, os indivíduos e a formação social. Geralmente, a capacidade de materializar uma produção discursiva intelectual elaborada e coesa é privilégio dos poderosos, que, conforme sugere De Certeau, moldam e controlam o terreno sobre o qual se travam as batalhas ideológicas e materiais por algo como o acesso à educação. Por outro lado, grupos subalternos, mas politicamente hábeis, como os afro-americanos e latinos que defendem o programa de vale-educação para as escolas privadas de Milwaukee, com freqüência atuam em uma relação tática com o poder, pressentindo a necessidade de agir nos espaços que os poderosos proporcionam, às vezes de forma criativa, fazendo com que as estratégias dos poderosos se voltem contra os próprios poderosos e, em outras ocasiões, de maneiras que são autodestrutivas para os grupos subalternos. Nesse caso, os grupos poderosos alcançam seus objetivos precisamente *por causa* das "manobras" táticas dos grupos subalternos. Esse último cenário é o resultado muito mais provável do apoio afro-americano para o programa de vale-educação para as escolas privadas de Milwaukee.

De fato, minha análise dos dados reunidos em uma série de entrevistas e observações de pais e cuidadores, além de outros defensores afro-americanos dos vales-educação em Milwaukee, indica que esse realmente é o caso (Pedroni, 2004). A articulação afro-americana em intervenções neoliberais, incluindo os programas de vale-educação, parece ser bastante tática e oportunista, em vez de estratégica e ideologicamente disciplinada. Como também deverá ficar evidente em minha breve análise das entrevistas (na próxima seção), realizadas por um videógrafo conservador com o apoio da Bradley Foundation, os afro-americanos que defendem os vales-educação raramente apresentam discursos neoliberais ou neoconservadores "intactos" como fundamentação para seu investimento nos vales-educação. Embora seus discursos envolvam elementos neoliberais e neoconservadores ocasionais, eles também contêm outros elementos significativamente contrários a esses discursos. Em decorrência de sua relação tática com os grupos dominantes, além de seu investimento em outras mobilizações que estão em clara oposição ao projeto de modernização conservadora, os afro-americanos que defendem os vales-educação em Milwaukee (e creio que isso se manifestará de forma mais ampla) não costumam "virar direita" no que diz respeito à formação da identidade, apesar de seu investimento tático em posições neoconservadoras e neoliberais (Apple, 1996; Apple e Oliver, 2003). Um breve exemplo de Milwaukee ilustra essa questão, embora tenham surgido muitos exemplos durante minha pesquisa, que são analisados em outro artigo (ver Pedroni, 2004).

OUVINDO AS FAMÍLIAS AFRO-AMERICANAS QUE APOIARAM OS VALES-EDUCAÇÃO EM MILWAUKEE

Laura Fordham (pseudônimo) é uma afro-americana, mãe de uma criança que usa vales-educação fornecidos pelo programa de escolha parental de Milwaukee para estudar em uma escola particular não-sectária. A entrevista da qual tirei esta breve análise foi gravada em 1998, pouco antes da Suprema Corte do Estado de Wisconsin manter a constitucionalidade do programa de escolha parental, negando assim uma injunção da Corte de Apelos baseada na questão da separação entre a Igreja e o Estado.[3] A entrevista, conduzida por um videógrafo profissional branco, que teve o patrocínio da Bradley Foundation e era intimamente ligado a organizações educacionais católicas e neoconservadoras em Milwaukee, ocorreu em Madison, capital do Estado de Wisconsin, logo após um comício e algumas manifestações entre os proponentes dos vales-educação contra a injunção (entrevista com o videógrafo por telefone em 22 de abril de 2000).

A filha da entrevistada Laura Fordham estuda em uma escola de ensino fundamental particular, onde sua mãe também trabalha como diretora de admissões. Para a sra. Fordham, o principal fator para usar o vale-educação visando escolher essa escola especificamente é a proximidade com a sua casa. Em Milwaukee, essa não é uma questão simples. Com o advento do *busing* (transporte dos estudantes negros para as escolas predominantemente brancas, com o objetivo de terminar a segregação), foram fechadas muitas escolas públicas de bairro no núcleo urbano. Isso causou grandes dificuldades, relacionadas não apenas ao transporte cotidiano das crianças. A distância também criou um obstáculo significativo para o envolvimento dos pais nas escolas públicas, particularmente porque muitas famílias não têm carro. Esse fato, por sua vez, exacerbou a sensação de que as escolas públicas muitas vezes não estão em sintonia com as comunidades que atendem.

Conforme explica a sra. Fordham, "se tivesse que voltar para as escolas públicas, ela possivelmente teria que atravessar a cidade de ônibus. E eu não a deixaria atravessar a cidade de ônibus. Em primeiro lugar, ela tem asma crônica. E andar assim de ônibus seria impossível para ela". A sra. Fordham somente decidiu transferir sua filha para uma escola particular do bairro depois de tentar fazer a opção da escola pública funcionar. "Eu não podia levá-la e buscá-la na escola todos os dias. E fiz isso durante o primeiro ano ... são 28 quilômetros de distância. Quando ela piorou da asma e meu marido também adoeceu, minha filha teve que parar de estudar lá, pois eu não podia mais levá-la à escola. Além disso, saía caro demais para nós."

A sra. Fordham é nostálgica em relação a uma época "em que as escolas eram muito melhores do que são atualmente, pelo menos as escolas públicas... Podia-se ir à escola a pé e encontrar os vizinhos". Ou seja, as escolas públicas também eram importantes centros de vida dentro da comunidade. "Hoje, do jeito que vão as escolas [públicas], eles é que dizem onde seu filho pode estudar. Mas, com o programa de Escolha, você pode colocar seu filho ... onde quiser que ele estude ... e você consegue pagar." Atualmente em Milwaukee, pais e cuidadores demandam que as escolas particulares que aceitam vales-educação desempenhem o papel comunitário que as escolas públicas antes desempenhavam. "E isso é importante, pois as escolas privadas são mais próximas do que as escolas públicas."

Além da ausência de escolas públicas em determinados bairros urbanos de Milwaukee, a sra. Fordham também caracteriza as experiências de muitas crianças em escolas públicas da seguinte maneira: "Elas ficam na sala de aula, e as salas estão lotadas. Se uma criança demora mais para aprender, ela não tem o tempo que precisa ... e depois de um tempo, ela pára de estudar, ou falta à aula porque não sabia a lição, ou porque ninguém estava prestando atenção nela".

A caracterização da sra. Fordham sobre a escola pública como superlotada opõe-se nitidamente à figura do professor de escola pública na narrativa do entrevistador, segundo a qual as escolas públicas não fracassam por causa da superlotação das salas de aula, mas por causa tanto de seu monopólio pelos sindicatos de professores, que protegem professores fracos e desinteressados, quanto por causa de burocracias escolares inchadas e ineficientes que fogem à disciplina do mercado (Creative Media Services, 1998). A acusação de superlotação das salas de aula, em vez do monopólio de sindicatos e da falta de mercados educacionais competitivos, aponta para um diagnóstico e para uma prescrição para as escolas públicas urbanas que não se encaixem bem no modelo neoliberal de "eficiência/ineficiência no mercado". A inadequação desse tipo de articulação somente é amainada com muito trabalho, permitindo uma forma de aliança hegemônica (Apple, 1996) que nunca resolve as contradições inerentes.

Essa divergência de pressupostos entre a sra. Fordham e o entrevistador fica ainda mais evidente à medida que negociam o conteúdo da entrevista. Por exemplo, em relação à questão da escolha do consumidor nos mercados educacionais, ele pergunta: "Por que a escolha deve ser sua? Como pais, avós ou familiares, por que vocês devem ter o direito de escolher isso?" Apesar de o entrevistador colocar a sra. Fordham na posição de consumidor dentro do mercado educacional, ela responde a partir de uma posição de sujeito bastante diferente – a de membro da comunidade e da sociedade: "Uma das coisas que eu creio que vai melhorar a sociedade é se pudermos educar melhor nossos filhos". Novamente, a posição da sra. Fordham como "pais/membros da comunidade" não se encaixa na posição do entrevistador como "pais/consumidores".

DESARTICULAÇÃO/REARTICULAÇÃO

Esses trechos breves representam, no nível micro, um importante exemplo do tenso, contraditório e, às vezes, bem-sucedido processo de articulação e construção de alianças condicionais no movimento pelos vales-educação. Apesar de as tensões e contradições nessas articulações serem vividamente experimentadas nos diferentes propósitos, recursos e nas diferentes identidades que o entrevistador e a entrevistada trazem para a entrevista, eles claramente também compartilham um propósito limitado que permite que fiquem juntos "na mesma sala", mesmo que não estejam em sintonia um com o outro. Tanto o entrevistador (como um neoliberal e neoconservador que defende a mercantilização educacional e as escolas católicas) quanto o sujeito da entrevista (como uma mãe preocupada com a educação de sua filha) estão interessados em promover uma versão limitada e pelo menos específica da escolha parental em Milwaukee. Pode-se imaginar que essa mãe e outras em posições parecidas, ao contrário do entrevistador, provavelmente não seriam, a favor de expandir a "escolha" além dos parâmetros de famílias de baixa renda em que ela foi estabelecida inicialmente.

De maneiras significativas, a ação subalterna e tática que a sra. Fordham e outros pais, cuidadores e líderes comunitários afro-americanos demonstraram no contestado terreno dos vales-educação é testemunho da força de sua ação política potencial, ao contrário de, como se sugere às vezes, um indicativo da submissão ingênua a discursos educacionais e econômicos conservadores e hegemônicos. Isso permanece sendo verdadeiro mesmo que esses pais, cuidadores e líderes comunitários se mostrem errados, como creio que ocorrerá, em suas afirmações de que suas ações trarão muitos benefícios a longo prazo, não apenas para seus filhos, mas também para outras crianças deixadas para trás nas escolas públicas urbanas recém-disciplinadas pelo mercado. E creio que é muito provável que essa ação tática se apresente em outras mobilizações futuras, talvez em torno de outros temas tradicionalmente conservadores, muitos dos quais há muito preocupam grande número de famílias afro-americanas, incluindo o apoio à oração e à "liberdade religiosa" nas escolas, assim como o combate ao aborto e aos interesses de minorias sexuais.

Refletindo sobre o papel crucial que os grupos subalternos desempenham, quero sugerir que a aliança hegemônica conservadora no final da década de 1980 reconheceu que *quase* possuía o poder para aprovar os vales-educação. Embora a aliança hegemônica (ainda) não tenha conseguido realizar sua agenda de mercantilização no que diz respeito à educação e aos vales-educação, a direita poderia "estender" seu poder, aceitando a participação de uma parte do eleitorado liberal tradicional (uma porção das famílias afro-americanas de baixa renda). A articulação da agenda da privatização na educação com o "bom senso" e com os interesses percebidos desses pais e cuidadores possibilitaria à direita alterar o equilíbrio do poder educacional, de uma aliança de grupos liberais, incluindo sindicatos de professores, outros sindicatos, a American Civil Liberties Union, People for the American Way, a National Association for the Advancement of Colored People, a Urban League, e organizações feministas e ambientalistas, para a consolidação de grupos que buscam a modernização conservadora na educação. Em decorrência do clima político do final da década de 1980, em que os progressistas tinham muito pouco poder, juntamente com um longo movimento histórico entre as famílias afro-americanas de Milwaukee por escolas controladas pela comunidade que protegessem seus filhos das práticas raciais repreensíveis observadas nas escolas públicas da cidade, Milwaukee se apresentou como o campo de batalha ideal onde a aliança conservadora poderia ganhar batalhas ideológicas cruciais pelo caráter, pela forma e pelo financiamento da educação nos Estados Unidos (Carl, 1996). Essa vitória também teria implicações promissoras para objetivos conservadores mais amplos, envolvendo a privatização da esfera pública e a desresponsabilização do Estado.

No processo, as agendas conservadoras imediatas e de longo prazo em torno da privatização da educação e de outras áreas não seriam a única parte do projeto hegemônico a ser atendida. É importante aqui relembrar a conceituação que Michael Apple propôs da aliança hegemônica conservadora como constituída por uma série de concessões negociadas e mantidas sob grande tensão entre interesses poderosos díspares, mas sobrepostos (Apple, 1993, 1996, 2001), ou o que propus chamar de tendências discursivas. Com relação à contestação dessa aliança tensa, os teóricos críticos em educação e outras áreas argumentam corretamente que uma estratégia para promover a agenda de um projeto social e educacional radicalmente democrático pode envolver discernir cuidadosamente essas fraturas na aliança hegemônica, de modo a exacerbar as tensões potenciais entre as diferentes posições, levando o projeto da modernização conservadora a uma crise. Assim como os progressistas esperam promover seus interesses, capitalizando estrategicamente essas questões de costura com a direita, esta também tem o interesse de continuar a capitalizar e subverter as tensões entre seus aliados progressistas potenciais e reais.

Para muitos líderes urbanos afro-americanos que, às vezes, de forma frouxa, defendem os vales-educação, a reação de alguns brancos progressistas é bastante esclarecedora. Caracteriza uma reação que, anteriormente satisfeita em ver que os negros estavam "sabiamente" coalescendo com iniciativas progressistas predominantemente brancas, agora percebe esses mesmos negros como tolos por se aliarem a forças perigosas. A mensagem tácita parece ser que os negros não conhecem os perigos reais envolvidos em se aliarem a pessoas conservadoras "repreensíveis", e que somente os liberais brancos os conhecem. Isso soa como a sensação da "sina do homem branco", em que os liberais brancos agora ficam bravos com os "filhos negros" que acolheram sob seu guarda-chuva, pois esses filhos estão demonstrando ter mentes independentes.

RUMO A UMA TEORIA DA AÇÃO E DA IDENTIDADE SUBALTERNAS NA PESQUISA EDUCACIONAL

> Creio que a escola pública ainda deve fazer muitas mudanças. Com isso, não estou desmerecendo-a. A escola pública tem muitas coisas boas a oferecer, mas também tem muito a melhorar. Temo que, por serem afro-americanos – e, é claro, por viverem em um dos bairros mais pobres –, meus filhos sejam estigmatizados por isso. E eles ainda pensam que estão lhe dando algo. Sou mãe e trabalhadora. Pago impostos... E meus impostos ajudam a pagar a educação pública. Sabe, não gosto do estigma de que "você tem que aceitar tudo que eu quiser lhe dar". É grátis. Você não está pagando nada. E esse era o estigma. E era tão difícil fazer qualquer coisa. Eu sempre estava... Era sempre uma luta. Eu estava em busca de *algo diferente*.
>
> Sonia Israel, mãe de duas garotas matriculadas com vale-educação na escola islâmica (em Pedroni, 2004, p. 156)

Neste capítulo, usei uma discussão conceitual e empírica das sobreposições discursivas, das tensões e das diferenças de poder entre os componentes da aliança por vale-educação em Milwaukee para sugerir a importância da ação subalterna e da formação de identidade no processo de formação conservadora. Com base nas sobreposições conceituais e empíricas com que trabalhei, argumentei em favor da expansão e da reconceituação das teorias da modernização conservadora propostas por Apple e Oliver em seu ensaio *"Becoming Right"* (Tornando-se Direita). As modificações que propus incorporam processos de formação de identidade e ação subalterna entre grupos localizados no terceiro espaço como componentes fundamentais do processo frágil e desigual pelos quais as mobilizações educacionais conservadoras experimentam graus variados de sucesso ou fracasso.

Argumentei que o sucesso e a manutenção desses projetos educacionais não estão baseados nem na imposição direta de uma agenda educacional conservadora sobre populações subalternas inconscientes ou passivas (por exemplo, pais e cuidadores que apóiam os vales-educação), nem em uma identidade (parental) reificada dos "que vêm de baixo", que, de algum modo, se encaixa perfeitamente nas mobilizações educacionais conservadoras. Pelo contrário, usando, mas também ampliando as teorias de Michael Apple sobre a modernização conservadora, apontei para a formação de alianças fugazes e condicionais entre atores com diferentes níveis de poder e em diversas posições sociais. Nesse processo de construção de uma aliança subalternamente negociada, sempre há uma ação estrutural e discursivamente limitada por parte dos mais fracos – mobilizados em torno da questão de seu consentimento – bem como um espaço discursivo contestado, no qual se podem formar articulações e visões educacionais potencialmente mais democráticas do ponto de vista social.

Embora o trabalho empírico e conceitual conduzido neste capítulo proporcione aos educadores críticos novas compreensões da significação da participação dos marginalizados na reforma educacional conservadora (portanto, nos ajude a construir movimentos urbanos de reforma educacional mais significativos e efetivos), esse trabalho também sugere importantes revisões teóricas de noções de ação e identidade subalternas à medida que interagem com estruturas e discursos mais dominantes nos determinados momentos históricos e campos socioculturais.

Não podemos mais supor que os subalternos simplesmente "viram direita" no processo de formação educacional conservadora. Assim como o uso estratégico da posição de *consumidor* ou *contribuinte* na citação de Sonia Israel que abre esta seção, as formas de ação que pais e cuidadores que defendem os vale-educação manifestam, muitas vezes demonstram uma "ocupação" criativa das próprias estruturas e dos discursos educacionais que pareceriam contê-los e marginalizá-los. Ou seja, uma discussão dos discursos e das posições de sujeito que "são oferecidos" pelos diversos movimentos sociais e pelas formas educacionais institucionalizadas nos conta apenas uma parte da história. Essas posições de sujeito não são apenas oferecidas – elas também são ocupadas. E é esta última parte da formulação da identidade que tem sido teorizada de modo inadequado e às vezes até omitida na teoria educacional crítica.

Stuart Hall realizou muito para ajudar os teóricos críticos a se conscientizarem desse "ponto cego" conceitual. Em essência, ele argumenta que a construção de uma teoria da identidade que seja simultaneamente não-essencialista, mas que proporcione possibilidades políticas, permanece difícil de atingir. As atuais tentativas nesse projeto (Hall e Du Gay, 1996, p. 10)

> oferecem-nos uma narrativa formal da construção de posições de sujeito dentro do discurso, enquanto revelam pouco sobre por que certos indivíduos ocupam certas posições de sujeito em vez de outras... As posições de sujeito discursivas se tornam categorias *a priori*, as quais os indivíduos parecem ocupar com facilidade.

O autor continua (e faço uma longa citação por considerar seus pensamentos imensamente relevantes para as tensões em torno da formação da identidade que exploro neste capítulo) (p. 13-14):

O que creio que podemos ver [em um dos trabalhos seminais sobre a identidade citados por teóricos críticos e pós-estruturalistas – Vigiar e Punir] é Foucault sendo forçado, pelo rigor escrupuloso de seu próprio pensamento, a reconhecer que, como a descentração do sujeito não significa a destruição do sujeito, e como a "centração" da prática discursiva não pode funcionar sem a constituição de sujeitos, o trabalho teórico não pode ser plenamente realizado sem complementar a narrativa da regulação discursiva e disciplinar com uma narrativa das práticas de autoconstituição subjetiva. Nunca foi suficiente – em Marx, em Althusser, em Foucault – elaborar uma teoria de como os indivíduos são posicionados nas estruturas discursivas. Sempre foi necessária uma narrativa de como os sujeitos se constituem; nesse trabalho, Foucault avançou consideravelmente para mostrar isso, em referência a práticas discursivas, à auto-regulação normativa e a tecnologias do *eu* historicamente específicas. A questão que permanece é se também devemos preencher a lacuna entre os dois: ou seja, uma teoria sobre quais são os mecanismos pelos quais os indivíduos, como sujeitos, identificam-se (ou não se identificam) com as "posições" em que são colocados; bem como a maneira como modelam, estilizam, produzem e "desempenham" essas posições, e por que nunca o fazem completamente, de uma vez por todas, e alguns nunca o fazem ou vivem em um constante e agonístico processo de lutar, resistir, negociar e acomodar as regras normativas e reguladoras com as quais confrontam e regulam a si mesmos.

Hall critica as teorias críticas e pós-estruturalistas da identidade por não responderem a questão de como o sujeito é constituído. Ou seja, o sujeito é "chamado" e interpelado pelo discurso, pelo número limitado de posições de sujeito que são oferecidas e pelas limitações intrínsecas a cada um – mas o que no sujeito permite que ele seja chamado em primeiro lugar? Para Hall, é provável que essa questão somente possa ser compreendida "quando a necessidade e a 'impossibilidade' das identidades, e a união do psíquico e do discursivo em sua constituição forem reconhecidas de forma plena e clara" (Hall e Du Gay, 1996, p. 16).

Embora uma resposta abrangente e satisfatória para as preocupações de Hall esteja muito além dos objetivos deste capítulo – e talvez das capacidades intelectuais deste autor –, quero sugerir que o trabalho empírico e conceitual conduzido neste ensaio aponta para a necessidade e para a possibilidade de uma teorização mais adequada desta "última parte" da formação de identidade. De maneira clara, pais, cuidadores e líderes comunitários afro-americanos, para usar as palavras de Hall, não ocupam as posições de sujeito oferecidas "com facilidade". Conforme argumentei anteriormente e conforme meu trabalho empírico ajuda a demonstrar (ver Pedroni, 2004), os pais, cuidadores e líderes comunitários adotam, resistem e/ou influenciam essas posições de sujeito de maneiras complexas, contraditórias e criativas. Essas "performances" discursivas são produtos de uma ação subalterna que está claramente enraizada e é formada pelas experiências coletivas e individuais de raça, classe e gênero de mulheres e homens afro-americanos pobres e da classe operária. Ou seja, as identidades oferecidas por meio de discursos e estruturas educacionais não são oferecidas a sujeitos vazios e amorfos, que apenas esperam por elas.

Os discursos educacionais conservadores e estruturais concomitantes, por outro lado, oferecem posições para identidades reais que já estão em formação. Essas identidades, formadas e em formação, que são a base inconstante em que os discursos educacionais conservadores buscam se fundamentar, são o produto de histórias e lutas individuais e coletivas. Em Milwaukee, a genealogia desse processo agonístico de ação e identidade envolveu décadas de lutas perpassadas pela dinâmica de raça, classe e gênero, tanto individuais quanto coletivas, com relação a questões envolvendo o acesso educacional e a autodeterminação entre as comunidades de cor da cidade, assim como disputas similares em outras esferas políticas, culturais e econômicas relativamente autônomas (McCarthy e Apple, 1988, p. 67-69).

Conforme argumentei neste capítulo, as identidades subalternas não se encaixam "naturalmente" em formas e discursos educacionais conservadores ou radicalmente democráticos, além de não serem simplesmente impostos aos subalternos. Juntamente com Ernesto Laclau e Chantal Mouffe, quero enfatizar a necessidade de retrabalhar conceituações gramscianas e de outros neomarxistas sobre o social, de maneira a remover aquilo que esses teóricos chamaram de "os obstáculos epistemológicos" para a plena realização do potencial político e teórico radical do neomarxismo (Laclau e Mouffe, 1985, p. 192-193). Os autores escrevem:

> Somente quando se aceita plenamente o caráter aberto e independente do social, quando se rejeita o essencialismo da totalidade dos elementos, é que esse potencial se torna claramente visível e a "hegemonia" pode constituir uma ferramenta fundamental para a análise política da esquerda. Essas condições surgem originalmente no campo daquilo que se chamou "revolução democrática", mas somente são maximizadas em todos os seus efeitos desconstrutivos no projeto de uma democracia radical ou, em outras palavras, em uma forma de política que se baseia não na postulação dogmática de uma "essência do social", mas, pelo contrário, na afirmação da contingência e ambigüidade de cada "essência" e no caráter constitutivo da divisão e antagonismo sociais.

Neste capítulo, o "caráter independente do social", segundo Laclau e Mouffe, se realiza na recusa em seduzir a ação dos negros defensores dos vales-educação dentro de um binário paternalista de "falsa consciência", de um lado, e sua superação pela descoberta por parte dos negros da "retidão" da postura contra os vales-educação, do outro. Pelo contrário, usando as ferramentas conceituais de De Certeau, os atos de pais, cuidadores e líderes comunitários que percorrem taticamente um terreno educacional complexo que não foi escolha sua são reteorizados como *ação subalterna*. Essa noção de ação subalterna tem as vantagens conceituais de ser produzida discursivamente, de não ser essencial em relação ao "social", mas mesmo assim ocorrer dentro das relações de poder (De Certeau, 1984).

Espero que essa compreensão dos atos das famílias negras pobres e da classe operária que defendem o sistema de vale-educação dê continuidade ao trabalho crucial de Apple e Oliver para ajudar os educadores críticos a criar estratégias para rearticular as preocupações educacionais dessas famílias em uma reforma educacional mais efetiva, significativa e democrática. Espero que as modificações conceituais que evidencio, conforme sugerem as entrevistas com pais e guardiões que defendem os vales-educação (neste capítulo, mas também de forma mais ampla em Pedroni, 2004), ajudem pesquisadores em outros contextos a discernir trajetórias e processos subalternos semelhantes e sua centralidade para os processos da modernização conservadora. Podemos imaginar que investimentos táticos em alianças conservadoras e posições de sujeito fugazes entre comunidades marginalizadas virão a desempenhar um papel cada vez mais significativo nos Estados Unidos e em outros lugares.

NOTAS

1. Teóricos como Gewirtz (2002) observam a mudança de muitas democracias pós-industriais do *welfare state* (estado de bem-estar)para uma nova forma de Estado – o Estado pós-welfarista (pós-bem estar)– que enfatiza a eficiência na prestação de serviços e a privatização do setor público sobre o cumprimento de suas obrigações para com os cidadãos.
2. Apple e Oliver caracterizam os pais na controvérsia em torno dos livros didáticos como pessoas que inicialmente tinham intuições políticas que "não estavam plenamente formadas em um sentido de oposição" (Apple, 1996, p. 61). Neste capítulo, uso a expressão *sem formação ideológica* ou *relativamente sem formação ideológica* em referência a essa qualidade da ideologia dos pais, conforme conceituada por Apple e Oliver. Com a expressão *sem formação* ideológica, não quero dizer *sem ideologia*. Pelo contrário, estou tentando captar o sentido de Apple e Oliver de sua ideologia como algo que (ainda) não condiz explicitamente com nenhuma corrente ideológica do pensamento conservador e do discurso conservador nos Estados Unidos. Sua ideologia é menos "trabalhada", e eles são menos politizados, pelo menos inicialmente.
3. O videógrafo forneceu cópias audiovisuais dessa entrevista ao autor. Transcrições completas da entrevista em que se baseia a análise apresentada, bem como cópias da entrevista audiovisual original, podem ser solicitadas ao autor.

REFERÊNCIAS

Apple, M. W. (1982). *Education and Power*. Boston, MA: Ark.

Apple, M. W. (1993). *Official knowledge: Democratic education in a conservative age.* New York: Routledge.

Apple, M. W. (1996). *Cultural politics and education.* New York: Teachers College Press.

Apple, M. W. (2001). *Educating the "Right" way: Markets, standards, god, and inequality.* New York: RoutledgeFalmer.

Apple, M. W., & Oliver, A. (2003). Becoming Right: Education and the formation of conservative movements. In M.W. Apple et al., *The state and the politics of knowledge* (p. 25-50). New York: RoutledgeFalmer.

Apple, M. W., & Pedroni, T. C. (no prelo). Conservative alliance building and African American support of voucher reforms: The end of Brown's promise or a new beginning? *Teachers College Record.*

Carl, J. (1995). *The politics of education in a new key: The 1988 Chicago School Reform Act and the 1990 Milwaukee Parental Choice Program.* Dissertação de doutorado inédita, University of Wisconsin, Madison.

Carl, J. (1996). Unusual allies: Elite and grass-roots origins of parental choice in Milwaukee. *Teachers College Record, 98,* 266-285.

Corporation for Educational Radio and Television. (Produtora). (1993). *Liberating America's schools* [Vídeo]. United States: PBS Video.

Creative Media Services. (Produtora). (1998). [Trechos de entrevistas em vídeo]. Dados brutos inéditos.

De Certeau, M. (1984). *The practice of everyday life.* Berkeley, CA: University of California Press.

Foucault, M. (1977). *Discipline and punish: The birth of the prison.* New York: Vintage Books.

Fuller, H. (1985). *The impact of the Milwaukee Public Schools system's desegregation plan on black students and the black community (1976-1982).* Dissertação de doutorado inédita, Marquette University.

Gewirtz, S. (2002). *The managerial school: Post-welfarism and social justice in education.* London: Routledge.

Hall, S., & Du Gay, P. (Eds.). (1996). *Questions of cultural identity.* Thousand Oaks, CA: Sage Publications.

Holt, M. (2000). *Not yet "free at last": The unfinished business of the Civil Rights Movement-Our battle for school choice.* Oakland, CA: Institute for Contemporary Studies.

Laclau, E., & Mouffe, C. (1985). *Hegemony and socialist strategy.* London: Verso.

Lauder, H., & Hughes, D. (1999). *Trading in futures: Why markets in education don't work.* Buckingham: Open University Press.

McCarthy, C., & Apple, M. W. (1988). Race, class and gender in American educational research: Toward a nonsynchronous parallelist position. *Perspectives in Education,* 4 (2), 67-69.

Pedroni, T. C. (2004). Strange bedfellows in the Milwaukee "parental choice" debate: Participation among the dispossessed in conservative educational reform. *Dissertation Abstracts International,* 64 (11), 3946A. (UMI No. 3113677)

Pedroni, T. C. (2005). Can post-structuralist and neo-Marxist approaches be joined? Building composite approaches in critical educational theory and research. Original inédito, Utah State University.

Whitty, G., Power, S., & Halpin, D. (1998). *Devolution and choice in education: The school, the state, and the market.* Buckingham: Open University Press.

PARTE II
OS SUBALTERNOS FALAM: CONTEXTOS AMERICANOS

4

"EM MINHAS AULAS DE HISTÓRIA, ELES SEMPRE DISTORCEM AS COISAS DA MANEIRA OPOSTA":
A oposição da juventude indígena à dominação cultural em uma escola urbana

GLENABAH MARTINEZ

Todos os dias, os jovens indígenas que estudam em escolas públicas urbanas no sudoeste dos Estados Unidos enfrentam desafios à sua existência individual e coletiva como povos indígenas. Embora se possa argumentar e realmente se argumente que todos os jovens e professores enfrentam algum grau de dificuldade nas escolas públicas, os desafios que os jovens indígenas enfrentam nas escolas urbanas são diferentes, por causa da história de relações tensas entre os povos indígenas e os colonizadores da Espanha e dos Estados Unidos, que os precedem quando entram pela primeira vez em uma escola e por causa de seus vínculos culturais com sua terra natal, que exigem que cumpram obrigações comunitárias e culturais ao longo do ano. Eles são diferentes e singulares, como nos lembra o estudioso do direito indígena David Wilkins (2002), porque os povos indígenas são os habitantes originais das Américas. Como descendentes dos habitantes originais, têm características culturais, direitos à propriedade e soberania política. Contudo, muitas vezes, a posição singular que os povos indígenas ocupam não é reconhecida na educação pública. Pelo contrário, os interesses do Estado colonizador são dominantes e determinam, por exemplo, o que conta como conhecimento.

A intensidade da hegemonia cultural nas escolas é sintomática de uma crise educacional mais ampla, que tem prevalecido nas experiências históricas e contemporâneas dos povos indígenas.[1] A análise de Graham Hingangaroa Smith sobre a crise na educação maori é particularmente pertinente para explicar essa questão. Segundo o autor (p. 79-80), a crise deve ser "analisada dentro de um modelo teórico de relações de poder contextuais", no qual o poder é determinado por cifras.

Na Nova Zelândia, o sistema de educação estatal abrange as estruturas social, política e cultural da sociedade dominante dos *pakehas* (neozelandeses brancos, não-maori). O oposto dessa posição também é verdadeiro, ou seja, que a sociedade *pakeha* mais ampla defende as estruturas do sistema educacional. No contexto democrático neozelandês, a vantagem numérica da população *pakeha*, de aproximadamente 7:1, garante a manutenção do *controle* e da *influência* que os *pakehas* têm sobre quase todos os recursos políticos, econômicos e sociais. Portanto, as culturas e os interesses da sociedade *pakeha* dominante é que são aceitos como "a cultura" e "os interesses" das estruturas estatais, inclusive do sistema educacional. O capital cultural *pakeha* está firmemente arraigado nas estruturas de escolarização e educação... O grupo cultural dominante ou alguns membros selecionados desse grupo é que conseguem influenciar o que conta como conhecimento, cultura e língua válidos e aceitáveis em todos os níveis, da maioria dos professores no nível da sala de aula à maioria dos membros de Conselhos no nível organizacional. O conhecimento aceitável é mantido e protegido por uma variedade de estratégias de proteção visíveis e ocultas.

A análise de Hingangaroa Smith sobre o poder e sobre a educação é fundamental para a abordagem adotada neste capítulo, por duas razões. Em primeiro lugar, a análise explica como a vantagem numérica fortalece o poder de interesses dominantes na política e na instrução escolar. Por exemplo, a escola Mountain View, onde foram coletados os dados para este capítulo, em um estudo etnográfico crítico de dois anos e meio de duração, os grupos culturais dominantes consistiam de brancos e latinos.[2] Havia dominação cultural na Mountain View, no sentido de que esses grupos exerciam seu poder para influenciar decisões curriculares, políticas escolares e outros aspectos da vida escolar, como assembléias da escola e articulação de conceitos como *diversidade* no Livro do Ano.[3] Em segundo lugar, a análise de Hingangaroa Smith é proveitosa para examinar como os interesses dominantes são satisfeitos no nível do distrito escolar. Neste capítulo, apresento as vozes de jovens que enfrentam desafios à sua existência individual e coletiva como povos indígenas de forma cotidiana em uma escola pública urbana localizada na região sudoeste dos Estados Unidos.

A primeira seção é uma discussão das conseqüências de uma controvérsia que tomou conta do distrito escolar sobre o traje a ser usado para a colação de grau. Nessa discussão, predominaram os interesses do Estado, à medida que a secretaria de Educação (atuando em nome do Estado) manteve seu poder, impondo uma condição a demonstrações de orgulho pela identidade indígena. A segunda seção é uma discussão de como os jovens indígenas da Mountain View tomavam decisões curriculares. Argumento que, embora os estudantes soubessem do valor que os interesses dominantes atribuíam ao núcleo do currículo, eles também reconheciam o valor intrínseco dos estudos nativo-americanos para seu crescimento intelectual e cultural como povo indígena.

AS PESSOAS DIZEM QUE O MODO AMERICANO É SER BRANCO....
SE VOCÊ QUISER MOSTRAR SUAS CORES VERDADEIRAS, QUE
SE DANEM A TOGA E A BECA. (ALNA)

Na primavera de 1997, os formandos pediram permissão para usar vestimentas nativas tradicionais em vez de toga e beca para a formatura em 5 das 11 escolas abrangentes. Suas solicitações foram negadas, e os estudantes, juntamente com seus apoiadores (pais, parentes, líderes tribais e organizações populares) apelaram para a secretaria de Educação. Em uma reunião, um formando falou em nome dos estudantes: "São tão poucos de nós que se formam, que usar nossas roupas tradicionais faria com que nos destacássemos. Muitos de nós são as primeiras pessoas de nossas famílias a se formar e é uma grande realização para nossa cultura. Mas a toga e a beca, as gravatas e os sapatos representam a cultura branca" (Santillanes, 1997, p. D1). Um porta-voz da secretaria fez a seguinte declaração como fundamentação para negar o pedido dos estudantes. "Todos devem vestir toga e beca. Essa sempre foi a política", e continuou (Saltzstein, 5 de maio de 1997, p. C5-6; itálico acrescentado):

> É um dilema legal. Se você permitir a um, terá que permitir a todos. A significância da graduação é *distorcida* quando há tantos grupos étnicos e religiosos expressando suas maneiras. Se permitirmos que um grupo religioso ou cultural se expresse durante a cerimônia, poderá haver implicações legais.

A resposta oficial da secretaria foi publicada em uma declaração preparada pelos seus advogados, que dizia, em parte: "A política da secretaria de exigir os trajes acadêmicos tradicionais em cerimônias de graduação visa reconhecer e preservar o caráter acadêmico da cerimônia, assim como a dignidade e a solenidade da ocasião". O uso da palavra *dignidade* abriu caminho para diversas respostas de lideranças indígenas da região. Vestindo uma camisa com fitas azul-turquesa, um líder das Nações Pueblo afirmou: "Nós nos consideramos – da forma como estou vestido – bastante dignos" (Gallegos, 1997, A5).[4] O editor de um jornal local também respondeu ao uso do termo *dignidade* pela secretaria. Embora reconhecesse a natureza simbólica do uso de toga e beca como uma marca cultural hegemônica da formatura de ensino médio (seguindo a "herança européia do país"), o editorial concluiu com o seguinte pensamento (Graduation, 1997, p. A8):

> As autoridades escolares que estão lidando com esses pedidos honestos devem ser sensíveis àquilo com que estão lidando e devem lembrar que termos como dignidade são relativos. Uma vestimenta digna não é simplesmente aquela determinada por padrões ocidentais. Ela inclui roupas tradicionais e ornamentais de todas as culturas.

Na última reunião antes dos ensaios para a colação de grau no distrito, a secretaria de Educação votou (4 a 3) para permitir que os estudantes indígenas usassem suas vestimentas tradicionais por baixo de suas togas e becas. O superintendente do distrito solicitou que a secretaria esclarecesse a mudança na política, acrescentando a declaração de que as "as vestimentas e os adereços tradicionais" são permitidas, mas "não abaixo da barra da toga" e apenas para "estudantes nativos americanos".

Os formandos e seus apoiadores expressaram sentimentos paradoxais quanto ao resultado do voto. O porta-voz dos estudantes afirmou que "foi uma pequena vitória para os direitos dos nativos americanos. Temos de lutar por tudo. Hoje, nós vencemos" (Saltzstein, 19 de maio de 1997, p. D10).

Embora a decisão da secretaria pareça uma vitória para os formandos e uma perda para os administradores escolares, considero-a como um gesto simbólico de concessão. A discussão de Michael Apple (1995, p. 26-27) sobre a relação entre o poder e a escolarização aborda a natureza da concessão:

> O próprio Estado é um local de conflito entre classes e segmentos de classes e também entre grupos raciais e de gênero. Como *é* o local desse conflito, ele deve forçar todos a pensar da mesma forma (uma tarefa bastante difícil, que está além de seu poder e que destruiria sua legitimidade) ou gerar consentimento entre uma grande porção desses grupos opostos. Assim, para manter sua própria legitimidade, o Estado precisa integrar

de forma gradual, mas contínua, muitos dos interesses de grupos aliados e mesmo de grupos opostos sob sua bandeira. Isso envolve um processo contínuo de fazer concessões, travar conflitos e lutas ativas para manter a hegemonia.

As cerimônias de colação de grau e tudo aquilo que representam não foram "atrapalhadas" pelo exercício do orgulho cultural pela própria identidade indígena. Pelo contrário, o exercício do orgulho cultural foi *coberto* por togas e becas. Em outras palavras, assim como o ataque contra a identidade cultural que ocorreu na Santa Fe Indian School e na Carlisle Indian School em meados do século XIX, os jovens indígenas do final do século XX foram obrigados a "deixar seus índios em casa".[5] Adams (1995, p. 100-101)) discutiu detalhadamente o ataque histórico contra a identidade cultural, que merece ser citado:

> Do ponto de vista daqueles que escrevem políticas públicas, o processo civilizatório exigiu um ataque duplo contra a identidade das crianças indígenas. Por um lado, a escola precisava remover todos os sinais externos da identificação das crianças com a vida tribal, ou seja, seus modos selvagens. Por outro lado, as crianças precisavam ser instruídas nas idéias, nos valores e nos comportamentos da civilização branca. Esses processos – o dilaceramento do velho *eu* e a construção de um novo – poderiam, é claro, ser conduzidos simultaneamente. À medida que o *eu* selvagem abrisse caminho, emergiria o *eu* civilizado.

De fato, a decisão da secretaria de Educação transmitiu duas mensagens para os formandos e para o coletivo mais amplo de povos indígenas da região. Em primeiro lugar, pouco havia mudado em um período de cem anos. A política das escolas do homem branco continuava a se basear na premissa racista de que os povos indígenas são "selvagens" e estão destinados a ser salvos pela "civilização branca". Em segundo lugar, a decisão da secretaria foi um ato simbólico de "ceder" aos pedidos dos estudantes indígenas e daqueles que os apoiavam, mas a secretaria (agindo em nome do Estado) manteve seu poder e amparou os administradores da escola, impondo uma condição ao exercício do orgulho pessoal pela identidade indígena. Em outras palavras, o Estado dirá aos homens e às mulheres indígenas quando eles podem ser índios e como um índio deve se vestir e se comportar.

As mensagens não foram ignoradas. Elas ficaram armazenadas na memória coletiva dos formandos e de seus parentes mais jovens, que ainda tinham anos para concluir a escola. Como demonstrarei no restante do capítulo, a pressão continua a afetar as experiências cotidianas de jovens indígenas que freqüentam as escolas públicas urbanas. Contudo, as perspectivas dos jovens indígenas revelam uma resistência cotidiana à dominação cultural. Em uma entrevista um ano depois da controvérsia pelo traje da colação, a resposta de uma aluna, Sara, à minha questão sobre o que significa ser da tribo Diné na escola Mountain View transmite o espírito de resistência.

GM: O que significa ser nativo americana e o que significa ser diné nesta escola?
Sara: Acho que é muito importante.... Faz você se sentir especial ou algo mais porque é indígena. Os mexicanos dizem: "Nosso lar fica logo depois da fronteira". Mas nós dizemos: "O nosso é aqui mesmo! Você está pisando nele". E isso faz você se sentir muito orgulhosa. As pessoas, elas expressam sua cultu-

ra, mas ela está longe. A nossa, está bem aqui. É muito importante dizer às pessoas para que elas saibam que aqui onde você está, pessoas viviam aqui antes. É muito importante que você saiba onde está ... e conheça as pessoas que vivem aqui para que possa respeitá-las. Dizer a elas que respeitem o lugar de onde viemos.

GM: Como as pessoas que não são nativas se sentem quando você expressa isso?

Sara: Às vezes, nós brigamos porque as pessoas brancas querem saber: "Por que vocês têm todos esses benefícios e por que vocês ganharam isso?" E penso: "Vocês não entendem", mas elas ficam magoadas. E é como se elas tivessem todos esses estereótipos, entende? Eu me lembro de um ano, quando um cara perguntou: "vocês têm curandeiros?" (risos) E eu disse: "De onde você tirou isso?" Ou quando você fala sobre suas roupas e vem um cara e diz: "Parece ser difícil sentar durante a colação, pois vocês têm que lidar com todas essas penas". E a gente pensa: "Deixa assim".

GM: Ah, foi no ano passado que vocês estavam lidando com o problema do traje?

Sara: E as pessoas nos perguntavam sobre isso. Não era justo, como os negros, por exemplo, não é justo. Nunca os vejo usando suas roupas, sabe, e para nós, é parte de nosso cotidiano. Como meus ornamentos, muitos de nós usamos adornos. Eu não os vejo usando nada no dia-a-dia. (Entrevista com Sara)

Do ponto de vista de Sara, o traje da graduação foi um dos muitos pontos de tensão que existiam em suas turmas. Corrigir percepções incorretas sobre o que significa ser indígena na sociedade de hoje fazia parte de suas interações diárias com estudantes que não eram nativos.

BEM, A MATÉRIA DE QUE EU REALMENTE NÃO GOSTAVA ERA ESPANHOL, MAS EU TINHA QUE CURSAR PARA INGRESSAR NA FACULDADE. (ENTREVISTA COM YOLANDA, DINÉ)

Os dados apresentados nesta parte do capítulo provêm de entrevistas que realizei com jovens indígenas na escola Mountain View.[6] Pedi que os estudantes falassem em suas concepções sobre um nativo americano educado e em suas experiências educacionais na Mountain View. Embora as respostas tenham sugerido diversos temas para minha análise, enfocarei apenas um tema específico aqui: os estudantes reconhecem a política envolvida naquilo que conta como conhecimento.

De um modo geral, os estudantes relataram que sua escolarização os ajudava a se preparar para seus objetivos de continuar a formação após o ensino médio ou ingressar no mercado de trabalho. Abordei essa questão fazendo perguntas sobre a relação entre o currículo do ensino médio e suas vidas atuais e seus planos para o futuro. Na maior parte, os estudantes consideravam suas aulas úteis, pois proporcionavam as habilidades necessárias para obter um emprego ou educação superior.

A aprendizagem de habilidades e conhecimentos era constantemente enfatizada aos estudantes da Mountain View nas ementas das disciplinas, nas oficinas, nos boletins para os pais e no discurso cotidiano dos professores. Em outras palavras, a mensagem – *conhecimento é poder* – estava sempre ao seu redor desde que ingressavam na escola, até o momento de saírem. Yolanda (Diné), da nona série, falou sobre sua visão em relação ao núcleo do currículo.

GM: Você acha que as disciplinas que está cursando neste ano são úteis para você?

Yolanda: Sim, estou fazendo álgebra e sei que será útil no futuro se eu for trabalhar em um banco ou algo assim. Inglês, se eu quiser ser escritora quando crescer, me ajudará a estar preparada. Preparada para não cometer erros. Coisas desse tipo. (Entrevista com Yolanda)

Em uma entrevista em grupo com dois calouros, Laura (Pueblo) e Ned (Diné/planícies do norte), suas respostas apresentaram perspectivas diferentes sobre a utilidade de suas aulas.

GM: As disciplinas que você fez por enquanto foram úteis para você?

Laura: Acho que sim, pois estou pensando em entrar para o campo da medicina e cursar a disciplina de saúde ocupacional. Isso me dará a chance de sentir como é trabalhar no campo da medicina. Assim, posso decidir se é ou não o que eu quero fazer mesmo.

GM: Ned, e você?

Ned: Bem, ainda não fiz nenhuma aula além das aulas normais. Talvez matemática possa ser assim. Sempre se precisa da matemática. (Entrevista com Laura e Ned)

A caracterização de suas aulas como "normais" é significativa por duas razões. Primeiramente, demonstra o papel central que a hegemonia desempenha no currículo escolar. A percepção de Ned sobre a matemática como uma de suas aulas normais demonstra como uma forma ideológica (matemática) parece ser neutra. Ela se torna algo como uma verdade inquestionável ou a personificação daquilo que Raymond Williams (2001) chama de "tradição seletiva". Nas ementas das disciplinas das várias aulas de matemática, nos livros de matemática e na instrução de matemática, estão ausentes discussões políticas sobre respostas para perguntas como "o que conta como matemática?", "quais interesses são atendidos com a matemática?" e "que papel tem a matemática na estratificação social?" Pelo contrário, o foco de instrução de Ned na matemática está apenas no conteúdo (por exemplo, números e operações) e no processo (por exemplo, resolver problemas, raciocinar e provar).

A resposta de Iris (planícies do norte) à minha questão sobre a utilidade de suas classes é mais uma evidência a considerar na discussão da tradição seletiva.

GM: Você considera suas aulas úteis até agora?

Iris: Acho que elas são úteis para mim. Como minha aula de espanhol, não acho que ela será útil para mim no futuro, mas é necessário para a faculdade. Mas é útil para mim porque estou aprendendo outra língua. E geometria e biologia, bem, acho que é, pois estou aprendendo muita coisa que se aplica ao mundo regular, por isso, acho que são úteis. (Entrevista com Iris)

Em *Official Knowledge*, Apple (2000, p. 46) discutiu o papel central que os livros didáticos têm em organizar aquele vasto universo de conhecimentos possíveis". O autor caracteriza a incorporação do conteúdo e a forma do currículo como aquilo "que Raymond Williams chamou de *tradição seletiva*: a seleção de alguém, a visão de alguém sobre o conhecimento e sobre a cultura legítimos, que, no processo de privilegiar o capital cultural do próprio grupo, priva outro grupo do seu". As referências a determinadas disciplinas, como matemática e ciência, como "regulares" ou "normais", como as respostas de Iris e Ned, são significativas no contexto de uma discussão sobre a tradição seletiva e o conhecimento oficial no cenário do ensino médio.

Todo o projeto de determinar o núcleo do currículo e estabelecer padrões (por exemplo, definir o número mínimo de créditos, identificar as disciplinas específicas que contam para a graduação e desenvolver e administrar avaliações padronizadas) para a graduação no ensino médio é político. Em algum ponto entre os conflitos nas reuniões da secretaria de educação e a distribuição de ementas das disciplinas para os estudantes, o caráter político do currículo se perde ou é essencializado.[7] Conseqüentemente, estudantes como Ned e Iris não estão cientes dos processos políticos em ação, criando a ilusão de que a matemática e a ciência são normais ou regulares. Em suma, há um vazio onde deveria haver um fórum para interrogar questões epistemológicas mais profundas.

Existe uma conexão entre a tradição seletiva e a hegemonia (Apple, 1990, p. 6), que é relevante para a questão mais ampla de como os estudantes fazem distinções entre o que conta como conhecimento para vencer no ensino médio e no futuro.

> As instituições educacionais geralmente são as principais agências de transmissão de uma cultura dominante efetiva, e essa hoje é uma atividade econômica importante. De fato, ela representa ambos ao mesmo tempo. Além disso, ... existe um processo que chamo de *tradição seletiva*: aquela que, nos termos de uma cultura dominante efetiva, passa como "a tradição", o passado significativo. Mas a seletividade sempre é a questão. A maneira como, a partir de toda uma área possível de passados e presentes, certos significados e práticas são negligenciados e excluídos. De maneira ainda mais crucial, alguns desses significados são reinterpretados, diluídos ou colocados em formas que sustentam ou pelo menos não contradizem outros elementos no domínio efetivo.

Para este segmento da discussão, duas questões são significativas em sua relevância para as maneiras como esses estudantes reconhecem a política do que conta como conhecimento no ensino médio.

Primeiro, é importante reconhecer os processos que existem na escola para neutralizar ou naturalizar determinadas construções do conhecimento. Para que as formas ideológicas pareçam neutras, deve haver um processo que lhes confira legitimidade. Em segundo lugar, é crucial que lembremos que o processo (de neutralizar e naturalizar) não é necessariamente um processo de imposição, com uma relação unidirecional, como as teorias da reprodução social nos fazem crer. Pelo contrário, a tradição seletiva, concretizada na forma de um padrão nacional, um marco curricular estatal ou um objetivo para o conteúdo, é "reinterpretada, diluída ou apresentada de formas que sustentem ou pelo menos não contradigam outros elementos no domínio efetivo".

A classificação de Ned de determinado grupo de disciplinas como normal também é significativa, especialmente quando consideramos a análise de Hall (1997) do discurso racializado como estruturado por um conjunto de oposições binárias. O conceito de *oposições binárias* é uma ferramenta analítica para entender como as representações culturais e práticas significantes da linha vigente afetam o modo como os jovens indígenas e seus professores constroem uma pessoa nativa educada.[8] Vejo dois grupos de binários em operação aqui: (1) branco/normal e vermelho/exótico e (2) conhecimento branco/central (exigido) e conhecimento vermelho/periférico (optativo). Hall (p. 243) aborda as oposições binárias à medida que elas afetam as distinções:

> Existem as distinções ricas que se agrupam em torno de uma suposta conexão, por um lado, entre as "raças" brancas e o desenvolvimento intelectual – refinamento, aprendizagem e conhecimento, a crença na razão, a presença de instituições desenvolvidas, governo e leis formais e uma "contenção civilizada" em sua vida emocional, sexual e civil, que são associados à "Cultura"; por outro lado, a conexão entre as "raças" negras e tudo que é instintivo – a expressão aberta de emoção e sentimento, em vez de o intelecto, a falta de "refinamento civilizado" na vida sexual e social, o uso de costumes e rituais e a falta de instituições civis desenvolvidas, que são associadas à "Natureza".

Conforme indicado em minhas entrevistas com jovens indígenas na escola Mountain View, eles reconhecem as distinções entre as disciplinas que são exigidas para a graduação ou que pareçam boas no histórico escolar para a faculdade *e* as disciplinas que são classificadas como optativas e que, conseqüentemente, alguns consideram periféricas à sua educação e outros consideram centrais a suas identidades como pessoas indígenas educadas. Por exemplo, na entrevista com Antonio (diné), perguntei a ele sobre o que estava pensando quando escolheu suas disciplinas para o próximo ano escolar. Ele disse: "Quero tentar tudo que tiver de francês. Vai ficar bom no meu histórico escolar". Pedi que ele explicasse a importância de certas disciplinas aparecerem no histórico, e ele disse: "Acho que a língua francesa, quanto mais você souber, mais faculdades o aceitarão". Posteriormente, em minhas questões sobre construções da pessoa nativa educada, perguntei a Antonio:

GM: Você se considera um nativo americano educado?
Antonio: De certa forma, sim.
GM: Não totalmente?
Antonio: Ainda não, pois ainda não experimentei o suficiente.
GM: Quando você acha que será um nativo americano educado?
Antonio: Quando aprender navajo. (Entrevista com Antonio)

Nessa troca rápida, mas instrutiva, verifiquei que estudantes como Antonio não apenas reconhecem o binário do conhecimento branco/central (exigido) e conhecimento vermelho/periférico (optativo), como também agem segundo ele, escolhendo cursar francês porque acrescenta capital cultural a seu histórico escolar. Ainda assim, quando estudantes como Antonio falam com uma consciência crítica, o oposto (aprender a língua do povo diné, o navajo) é considerado essencial para se tornar um nativo americano educado. Enfim, aquilo que o histórico escolar reflete é um registro superficial da experiência educacional do aluno, sem os conflitos, as tensões e as concessões que os jovens indígenas enfrentam ao longo de seus anos escolares.

Cientes da tensão criada pelo binário – conhecimento branco/central (exigido) e conhecimento vermelho/periférico (optativo) –, os professores que trabalham com indígenas o fazem de forma diligente para desenvolver e lecionar estudos nativo-americanos em diversas escolas que atendem um número significativo de jovens indígenas. Os objetivos da disciplina (Albuquerque Public Schools, 1998, p. III) eram proporcionar uma oportunidade para que os jovens indígenas: (1) entendam e apreciem sua cultura tribal; (2) identifiquem seu papel na preservação de sua cultura; (3) adquiram habilidades que os auxiliem em seus futuros; (4) aumentem seu conhecimento de outras culturas e (5) respeitem a rica herança e as contribuições de suas tribos. O programa da disciplina foi projetado para promover "experiências de relevância cultural, elevar os padrões curriculares e os níveis de desempenho estudantil, além de proporcionar atividades e recursos para que os professores possam ajudar os alunos a alcançar os objetivos da disciplina".

Durante o ano acadêmico de 1998-99, trabalhei desenvolvendo materiais e currículos para o distrito, como representante da unidade de educação indígena. Minha tarefa consistia em trabalhar com os coordenadores pedagógicos do distrito e quatro outros professores que trabalhavam com currículos (por exemplo, elaborando os objetivos do currículo em áreas temáticas que correspondessem aos marcos estaduais e aos padrões nacionais; orientando professores durante a adoção de livros didáticos). Contudo, meu principal trabalho era ajudar os professores de estudos nativo americanos a fazer planos de aula e criar lições para os níveis escolares fundamental e médio. Ao recordar essa experiência, um elemento crítico de meu trabalho era garantir que os objetivos do distrito, os marcos estaduais e os padrões nacionais fossem enfocados nos planos e nas lições. As experiências, a socialização política e o compromisso com o empoderamento dos jovens indígenas eram a base de nosso trabalho. Como educadores profissionais e homens e mulheres indígenas, estávamos cientes dos binários que os estudantes enfrentavam, pois havíamos encontrado desafios semelhantes em nossas próprias vidas acadêmicas. Criamos o projeto pedagógico dos estudos nativo americanos como uma visão que defendia a auto-estima cultural, a preservação cultural, a soberania e o apoio aos estudantes em sua busca para satisfazer os requisitos para a graduação.[9]

A escola Mountain View era uma das três do distrito que ofereciam estudos nativo americanos na época em que coletei meus dados. A disciplina era apresentada em duas partes: Estudos nativo-americanos I e Estudos nativo americanos II. Waylon e Owen trabalharam exclusivamente com jovens indígenas na Mountain View. Waylon lecionava ambas as disciplinas, enquanto Owen trabalhava como o elo entre a escola e o lar. Além de proporcionar apoio financeiro para as aulas das duas disciplinas de estudos nativo americanos na Mountain View, a unidade de educação indígena também forneceu verbas e apoio para um programa extraclasse de monitoria e enriquecimento cultural. A sala de estudos nativo americanos na escola Mountain View tornou-se um local popular para os jovens indígenas durante os intervalos do dia e após as aulas. O Clube Nativo Americano realizava suas reuniões e coordenava suas atividades na sala de estudos nativo americanos.

Dos 29 estudantes entrevistados, 17 haviam cursado pelo menos uma das disciplinas de estudos nativo americanos na Mountain View, estavam matriculados no momento da entrevista ou haviam cursado a disciplina em outra escola. Com exceção de 1 aluno, os 12 que não haviam cursado estudos nativo americanos na Mountain View disseram que planejavam fazê-lo antes de se formarem.[10] Pedi que os estudantes explicassem suas razões para cursar estudos nativo americanos no início do ensino médio ou deixar mais para o final. Quatro fatores principais influenciaram suas decisões, incluindo o desejo de: (1) cursar as disciplinas "mais difíceis" logo e deixar estudos nativo americanos para depois; (2) satisfazer os requisitos "básicos" do currículo; (3) cursar estudos nativo americanos como um meio de dignificar e honrar o conhecimento dos povos indígenas e (4) exercer seu "orgulho indígena" por meio de projetos de pesquisa e aprendizagem na comunidade.

No trecho a seguir, Yolanda (Diné) diz que seu interesse em postergar os estudos nativo-americanos para os últimos anos baseava-se em cursar primeiramente as disciplinas "mais difíceis".

GM: Você já cursou estudos nativo-americanos aqui na Mountain View?
Yolanda: Não, provavelmente vou deixar para os últimos anos.
GM: Por que você vai esperar até lá?
Yolanda: Por que agora eu estou tentando fazer a parte difícil, as disciplinas difíceis, para não precisar lutar tanto nos últimos anos. Além disso, fica mais fácil, pois, se eu tiver problemas nas aulas [exigidas], eu posso tentar de novo no próximo ano; se você é formando, você não pode fazer isso. Ah sim, estou tentando me livrar da parte difícil para que no último ano eu possa fazer coisas mais fáceis e mais divertidas.
GM: Você considera os estudos nativo-americanos fáceis e divertidos?
Yolanda: Não sei. Os meus amigos falam bastante. Eles têm apresentações, e provavelmente vai me ajudar no futuro, pois, como eu disse, eu fico nervosa falando na frente das pessoas. Acho que será uma boa experiência para mim. (Entrevista com Yolanda)

Semelhante a Yolanda, uma entrevista em grupo com três alunas do terceiro ano – Amy (Diné), Ursula (Pueblo) e Carolyn (Diné) – revelaram preocupações em cumprir os requisitos básicos antes de cursar estudos nativo-americanos. É importante observar que, quando Ursula afirma que talvez não curse estudos nativo-americanos, as outras duas expressam seu descontentamento.

GM: Amy e Ursula, vocês acham que vão cursar estudos nativo-americanos?
Amy: Eu me inscrevi para o ano que vem (risos).... Eu me inscrevi para o ano que vem porque estou interessada.
Ursula: Acho que não.
Todas: Oh! Ah! Shhhh! (risos)
Ursula: Porque vou tentar terminar todas as aulas básicas, então no ano que vem vou ter as aulas mais difíceis do mundo.
GM: Quem sabe quando você for formanda?

Ursula: É, quem sabe, então!
GM: Então, não é que você tenha algo contra....
Ursula: Não! (risos) Eu só quero me livrar das aulas mais difíceis e depois....
(silêncio) (Entrevista com Amy e Ursula)

Embora as estudantes tenham demonstrado interesse em cursar estudos nativo-americanos em algum ponto de sua carreira escolar, elas consideravam que essa disciplina poderia esperar. Sua prioridade, conforme demonstraram, era cursar as classes *mais difíceis* em primeiro lugar. Também é importante observar que, quando Yolanda falou sobre cursar estudos nativo-americanos nos últimos anos, ela se concentrou em falar em público como uma habilidade que a ajudaria no futuro.

Para outros estudantes, os estudos nativo-americanos proporcionam oportunidades para dignificar e honrar o conhecimento dos povos indígenas. Estudantes como Edwin (Pueblo) falaram com carinho de seu professor, Waylon Gates, e de seu estilo de ensinar. A abordagem de Waylon aos estudos nativo-americanos, em sua opinião, mesclava informações novas de uma variedade de fontes (vídeos, convidados, internet, meios de comunicação) com suas experiências como membros de diferentes nações indígenas.

GM: Vamos falar dos estudos nativo-americanos. Por que você gosta tanto?
Edwin: O professor Gates é um cara legal, um cara bom, além de toda a coisa de aprender sobre diferentes tribos, que é muito interessante. Desse jeito, você não aprende sobre sua tribo e apenas sua tribo. Você aprende sobre os costumes, como as pessoas são diferentes, de onde elas vêm, onde vivem. E a gente ouve alguém dizer "sou de tal lugar" e eu sei onde fica. Então, tem me ajudado muito. (Entrevista com Edwin)

Além de cursar disciplinas avançadas em preparação para a faculdade, Edwin tinha papéis de liderança em competições esportivas interescolares, no Clube Nativo-Americano e em organizações para o empoderamento de jovens nos níveis local, estadual e nacional. Para Edwin, o conhecimento que adquiriu com os estudos nativo-americanos na escola Mountain View foi o que o capacitou para trabalhar com jovens indígenas dentro e fora do ambiente familiar. Por exemplo, o Clube Nativo-Americano trabalhou com outras organizações de jovens indígenas de cinco escolas do distrito para realizar atividades em toda a comunidade. Semelhante à organização que ocorre entre os povos indígenas fora da escola, o conhecimento prévio da geografia, da cultura e das questões de nações específicas estabelece um sentido de solidariedade (como povo indígena), ao mesmo tempo em que honra a diversidade. O desenvolvimento de alianças e o trabalho coletivo em prol da solidariedade política e cultural eram temas importantes que Waylon abordava em suas classes.

Trabalhei com Waylon Gates (planícies do norte) em projetos durante atividades escolares e em todo o distrito para a comunidade indígena da cidade e da região. Waylon era relativamente novo no distrito escolar, embora tivesse anos de experiência como educador e orientador em outros distritos. Perguntei como ele veio parar na escola Mountain View.

Um dos elementos por que sempre me interessei é essa idéia do *índio urbano* e algumas das questões que eles enfrentam. Alguns dos nativos americanos que vivem na cidade talvez não tenham o orgulho cultural que acredito ser necessário para vencer e sentir-se bem consigo mesmo, antes de tudo, e então prosperar. Assim, a decisão foi tomada para mim, mas quando descobri que era para a Mountain View que eu viria, pensei que era um sonho que virava realidade, pois, se eu pudesse escolher uma escola, se meu supervisor dissesse: "Waylon, escolha uma escola", eu escolheria a Mountain View. Então, quando aconteceu, eu disse que era bom demais para ser verdade. E é assim que eu acabei aqui. (Entrevista com Waylon)

Em reconhecimento à variedade de experiências culturais que eram representadas entre seus estudantes, Waylon acredita que o sucesso está intimamente ligado ao orgulho cultural.

Waylon não está só em sua abordagem para ensinar jovens indígenas. No verão de 1997, um grupo de povos indígenas do Havaí, América do Norte, Nova Zelândia e Austrália reuniu-se no Novo México para identificar maneiras de promover experiências de aprendizagem para os povos indígenas. Benham e Cooper (2000, p. 14) registraram os acontecimentos da reunião e descreveram a filosofia que os participantes compartilhavam coletivamente:

Começamos fazendo duas perguntas: "O que queremos para nossas crianças e para nossos jovens nativos?" e "à luz disso, quais devem ser os objetivos da educação nativa?" ... Queremos que nossas crianças articulem uma identidade pessoal nativa, sejam centradas em seus modos nativos peculiares de saber e viver como um povo nativo orgulhoso de si. O orgulho e o conhecimento de nossa cultura, história e língua significam que nossos filhos respeitem seus ancestrais e cuidem de sua terra natal. Finalmente, queremos que nossos filhos negociem com confiança os limites entre seus mundos nativos e não-nativos e façam escolhas que mantenham sua integridade pessoal e cultural.

Uma das maneiras como os jovens indígenas agiram segundo seu desejo de dignificar o conhecimento dos povos indígenas foi exercer seu orgulho, o que chamaram de *orgulho nativo*, por meio de projetos de pesquisa.

Solicitei que os estudantes falassem a respeito de seus projetos de pesquisa em estudos nativo-americanos. Eles identificaram os temas, que incluíam atletas, caça, veteranos de guerra nativo-americanos (Vietnã, Segunda Guerra Mundial), serviços de saúde para índios, nações indígenas e artes. Edwin (Pueblo) falou sobre seu projeto.

Ele me deu uma chance para me expressar da maneira que eu quisesse. Se fosse sobre uma questão nativa, eu escreveria sobre uma questão nativa. E eu queria. Tínhamos um projeto para fazer. Você decide o que quer fazer, em vez de professor dar um tema como nas outras disciplinas.... O tema que eu escolhi era os veteranos do Vietnã das nações pueblo. Isso foi muito interessante para mim. Conheci muitas pessoas apenas por entrevistá-las. Elas contaram muitas coisas, coisas muito interessantes. Posso imaginar daqui a 30, 40 anos, quando a Guerra do Vietnã tiver ficado para trás. Posso dizer "ele falou disso" ou "ele me contou como era lá". (Entrevista com Edwin)

A tradição oral é um elemento fundamental da aprendizagem e do ensino entre os povos indígenas que mantiveram sua língua e suas tradições culturais. Para Edwin, o projeto mesclou a história oral dos anciãos de sua comunidade com uma tarefa da escola. Além de aprender sobre o impacto da Guerra do Vietnã sobre os povos indígenas – algo que não era abordado no currículo oficial da história dos Estados Unidos –, ele gostou do projeto porque permitiu que honrasse seus anciãos, ouvindo suas histórias. Finalmente, ele se considerava afortunado por poder aprender a história no momento presente e ensinar ou compartilhar esse conhecimento com outras pessoas no futuro.

Ao final do semestre, os estudantes apresentaram suas pesquisas com pôsteres e recursos audiovisuais. Seus pôsteres foram colocados em um local proeminente na sala de aula, para que os alunos e os visitantes pudessem ver. Os estudantes da classe costumavam receber convites para apresentar sua pesquisa em outras escolas.[11] Eles pareciam gostar desse elemento do projeto. O projeto de pesquisa foi a atividade culminante da disciplina semestral.

David (Diné) era um calouro na época da entrevista. Pedi que ele falasse sobre suas disciplinas. Ao fazer um relato da aula de história dos Estados Unidos (um requisito para a graduação, geralmente cursada no último ano do ensino médio), David comparou a perspectiva que havia aprendido em história com a perspectiva da classe de estudos nativo-americanos.

> David: Em minhas aulas de história, sempre se tenta distorcer as coisas, do modo oposto. Sempre tentam mostrar que os brancos ou os espanhóis são melhores que os nativos americanos.... Está tudo escrito assim nos livros de história. E aqui em nossa turma de estudos nativo-americanos, aprendemos sobre coisas do passado.
> GM: E como isso faz você se sentir?
> David: Fiquei furioso e quase fui lá na frente da aula para mostrar as informações que eu aprendi de outro modo ... mas eu não queria fazer papel de bobo. Acho que eles me expulsariam ou algo assim. (Entrevista com David)

Na perspectiva de David, o conteúdo que aprendeu em duas disciplinas – história dos Estados Unidos e estudos nativo-americanos – às vezes, era contraditório. Segundo David, ele aprendeu que, em seu livro de história norte-americana, "eles sempre tentam mostrar que os brancos e os espanhóis são melhores do que os nativos americanos" e, nos estudos nativo-americanos, o que ocorre é o contrário. Ao mesmo tempo em que David conheceu uma história que subordinava o *status* dos povos indígenas para elevar as experiências dos colonizadores (Estados Unidos e Espanha), uma luta semelhante estava ocorrendo fora da escola.

Em 1997, uma proposta foi apresentada à câmara municipal para usar verbas municipais para construir uma escultura comemorando a chegada de Juan de Oñate ao Novo México, em 1598.[12] A proposta foi introduzida em 1997 e votada no começo de março de 2000. O público foi convidado a comentar a questão antes que a câmara municipal votasse a proposta. Participei de uma sessão da câmara municipal na noite da votação final.

A câmara municipal estava lotada. O grupo pró-Oñate – principalmente hispânicos ou cidadãos do Novo México – estava sentado junto em uma seção, vestindo camisetas vermelhas. Os outros três quartos da sala estavam cheios com pessoas anti-Oñate – principalmente indígenas. O público foi convidado a comentar a proposta. Uma pessoa pró-Oñate disse: "Não construir esse movimento é negar aos hispânicos seu lugar na história". Falando diretamente para um dos membros do conselho municipal que queria diminuir o tamanho do monumento e chegar a um acordo, ele continuou: "Como você ousa, um anglo, cortar as verbas para uma estátua para os hispânicos". Outra pessoa pró-Oñate disse: "Se a sua família é de origem espanhola, isso é um ataque pessoal contra você, sua família e sua herança". Vários idosos de Acoma falaram em sua língua nativa sobre justiça e paz. Um disse: "Existem tantas maneiras pelas quais podemos reconhecer a história hispânica sem erigir uma estátua para Oñate". Uma jovem da tribo laguna disse: "Se eu pudesse tirar o ódio do coração de cada um aqui hoje à noite, eu o faria". Muitos dos residentes que eram a favor da estátua começavam seu testemunho com a frase "como cidadão contribuinte desta cidade", como um que disse: "Esses índios querem sua soberania, mas querem nos dizer o que fazer. A menos que você more em Albuquerque e pague impostos, não venha aqui nos dizer o que fazer, pois não pretendo ir a Acoma e dizer a eles como viver sua vida".[13]

Após quase duas horas de testemunhos emocionais e debates calorosos, a câmara municipal votou, 7 a 2, para manter Juan de Oñate em seu monumento, mas não no parque que homenageia os povos indígenas. O monumento seria construído nas terras do museu da cidade. O projeto foi feito por três artistas, entre eles uma conhecida artista de uma nação Pueblo do norte. O monumento também mudou: de um que focava Oñate para um que mostrava um rebanho de gado, cães, ovelhas, colonizadores espanhóis (incluindo Oñate) e índios Pueblo. O grupo pró-Oñate considerou a votação uma vitória, enquanto o grupo anti-Oñate saiu da reunião decepcionado. Semelhante ao "acordo" na controvérsia sobre o traje da colação de grau em 1997, os interesses dos povos indígenas foram deixados de lado para agradar a uma maioria numérica e para manter a hegemonia.

Relevante para entender a disputa pelo monumento e a resposta de David às lições da turma de história americana é o lembrete de Apple (2000, p. 58) de que "não podemos pressupor que aquilo que está 'no texto' é ensinado na prática. Também não podemos pressupor que aquilo que se ensina é aprendido". Pelo contrário, muitas leituras sempre são possíveis, e as leituras de todos os textos, sejam livros ou monumentos, serão influenciadas pela biografia histórica e cultural do indivíduo, assim como sua classe, sua raça e seu gênero. Embora David não tenha desafiado as interpretações históricas apresentadas em sua aula de história dos Estados Unidos por medo de que pudesse fazer "papel de bobo" ou que pudesse ser "posto para fora", ele não estava disposto a deixar o conhecimento oficial e os significados do livro substituírem sua construção do passado.

De modo semelhante a David, outros jovens indígenas que entrevistei estavam ativamente envolvidos em construir os significados da educação e desafiar o conhecimento dominante. Segundo Apple (2000, p. 58), as pessoas ou estudantes (nesse caso específico) respondem potencialmente ao texto de três maneiras: dominação, negociação e oposição.

> Na leitura dominante de um texto, aceitam-se as mensagens como são apresentadas. Em uma resposta negociada, o leitor pode discordar de determinada afirmação, mas aceitar

as tendências ou as interpretações gerais do texto. Finalmente, uma resposta de oposição rejeita essas tendências e interpretações dominantes. O leitor se "reposiciona" em relação ao texto e assume a posição dos oprimidos. Claro que esses são apenas tipos ideais, e muitas respostas serão uma combinação contraditória das três... Sempre devemos lembrar [também] que existem limitações institucionais para as leituras de oposição.

Ao contrário de David, Edwin (Pueblo) parecia estar ativamente envolvido em desafiar o cânone da literatura e da história inglesas pela construção de leituras de oposição. Questionado se seus professores sabiam o quanto sua identidade como homem indígena lhe era importante, ele respondeu com a seguinte explicação.

> GM: Você acha que seus professores estão cientes do que sua identidade significa para você?
> Edwin: Alguns não estão, mas eu deixo claro para eles, como minha professora de inglês, meu professor de história, eu deixo claro para eles que eu valorizo minha cultura.
> GM: Como você faz isso? Você fala para eles?
> Edwin: Na aula de inglês, por exemplo ... ela pede para escrever um ensaio sobre um tema e às vezes eu não concordo. Como na vez que ela pediu para escrever sobre *Odisséia* e como Odisseu viajou ... e conquistou diferentes terras, e tentar mostrar como essa história sugeria valores para uma civilização. Não concordo com isso. Eu disse: "Ele não sugeriu valores para mim. Eu discordo, por ser nativo americano. Veja o que o homem branco fez para os nativos americanos não é diferente do que Odisseu está fazendo na história. Ele foi de terra em terra conquistando povos, sem simpatia. Pensava apenas em si mesmo e não se preocupava com quem matava". Fiz alguns comentários sobre isso. É assim que eu me senti. Ela meio que entendeu que eu estava sendo metido ou algo assim e, em todo o meu ensaio, havia pontos de interrogação, como que perguntando por que eu penso assim. A primeira coisa que me veio à mente foi que "essa não é uma história de heróis". Posso entender, pela minha perspectiva, que é a mesma coisa que o homem branco fez conosco. (Entrevista com Edwin)

A disciplina de inglês que Edwin estava cursando na época da entrevista era uma disciplina avançada para formandos. Sua declaração de que a história de Odisseu "não era uma história de heróis" demonstrava sua frustração com um currículo que tinha pouca ou nenhuma relevância para suas experiências como homem indígena. Edwin não estava só em sua frustração com a tradição seletiva que ocorria em sua turma de inglês avançado.

Sara (Diné) desafiou uma colega a fazer uma análise crítica da tradição seletiva nas disciplinas de história e língua, nas quais as discussões sobre o Holocausto somente ocorriam em relação aos povos judeus e aos horrores das campanhas genocidas históricas contra eles.

> Sara: Lembro que nossa turma estava lendo *O Diário de Anne Frank*, e isso aconteceu no dia seguinte em que se recorda o Holocausto. Acabamos discutindo quando a garota disse: "Sou judia e acho que nenhuma outra cultu-

ra teve um holocausto". E eu estava lá sentada, você me conhece, eu não falo muito ... mas eu disse a ela: "Você se dá conta, de que está pisando nesta terra. Esta terra onde você está pisando, milhares e milhares de meus ancestrais foram mortos para que você pudesse estar aqui". Continuei: "Tivemos nosso próprio holocausto e não foi apenas durante alguns anos.... Durou 400 anos. E as pessoas ainda estão morrendo". Completei: "1973, Movimento Índio Americano ... aqueles anos, durante o movimento, as pessoas estavam sendo mortas. E ainda continuam". Tivemos nossos holocaustos e também foi emotivo assim, eu choro quando penso na Longa Caminhada (a Trilha das Lágrimas). Escrevi um poema sobre isso uma vez e estava chorando quando acabei de escrever. (Entrevista com Sara)

Sara estava envolvida em uma luta para desarticular uma relação entre a experiência judaica e o conceito de holocausto. Ao mesmo tempo, ela estava tentando rearticular o discurso do holocausto às experiências (históricas e contemporâneas) dos povos indígenas.

PRECISAMOS DE UM FILME VERDADEIRAMENTE NATIVO-AMERICANO ... ALGO QUE VENHA DAS PESSOAS, E NÃO DE ALGUM ANTROPÓLOGO OU PESQUISADOR (ENTREVISTA COM EDWIN E ORLANDO)

A premissa da análise desenvolvida ao longo deste capítulo baseia-se na convicção de que a intensidade da dominação cultural que os jovens indígenas enfrentam atualmente nas escolas públicas urbanas é sintomática de uma crise que se manteve nos últimos cinco séculos. Os jovens indígenas da escola Mountain View estão envolvidos em uma luta contra duas formas de colonização – uma da Espanha e outra dos Estados Unidos. O discurso do imperialismo colonial espanhol está tão vivo no texto que glorifica as expedições colonizadoras dos primeiros conquistadores espanhóis quanto nos atos do governo municipal que propõe gastar recursos públicos para um monumento que comemora as façanhas de Oñate. O discurso do imperialismo branco ou colonial americano também está presente em políticas como a regra do traje da colação de grau que, de fato, transmitiu a mensagem "deixe seu indígena em casa" ou cubra-o com uma toga. Todavia, conforme demonstrado pela visão de estudantes como Edwin, David e Sara, os desafios diários à integridade cultural dos povos indígenas nem sempre são recebidos de forma passiva. Pelo contrário, eles eram e continuam a ser recebidos com resistência. Conforme indica Edwin, os jovens indígenas da escola Mountain View percebem a necessidade de se incorporar uma perspectiva indígena "verdadeira" em todos os elementos do currículo, da instrução e das políticas.

NOTAS

1. A crise aqui não se refere apenas a indicadores de desempenho e reprovação, mas também a políticas e práticas que desafiam diretamente a soberania dos povos indígenas. Para uma discussão mais aprofundada sobre soberania, ver Wilkins (2002), Deloria, (1979) e Coffey e Tsosie (2001).

2. A escola Mountain View (pseudônimo) é uma grande (mais de 2 mil alunos) escola pública de ensino médio, localizada em uma região metropolitana do sudoeste dos Estados Unidos. Durante os dois anos e meio (letivos) em que coletei dados (1997-98, 1998-99 e 1999-2000), a população estudantil branca variou entre 36,2 e 33,8%, a população latina variou entre 40 e 41,3% e a população negra variou entre 7,6 e 8,3%; a população asiática variou entre 4,5 e 5,1% e a população estudantil indígena variou entre 10,2 e 10,5%. Nesse ano escolar (2004-5), 46% dos estudantes são latinos, 32% são brancos, 9% são indígenas, 7% são negros e 4% são asiáticos.
3. Para uma discussão mais aprofundada sobre dominação cultural, ver a mais nova publicação do autor: *Native Pride: The politics of curriculum and instrucion in an urban, public high school* (Cresskill, NJ: Hampton Press).
4. Neste artigo, uso o termo "Nações Pueblo" em referência às 19 nações indígenas. Embora o termo "Pueblo" seja uma palavra espanhola para aldeia, ele continua a ser usado por povos indígenas e outras pessoas para descrever o coletivo (por exemplo, All Indian Pueblo Council, Eight Northern Pueblo Agency). Todavia, é importante observar que, ao se apresentar, geralmente deve-se indicar a nação específica da pessoa.
5. Para um ensaio excelente sobre os efeitos da escolarização sobre os jovens Pueblo, ver Suina, (1992).
6. Entrevistei estudantes que se ofereceram como voluntários para participar do projeto de pesquisa. No total, entrevistei 29 estudantes (séries 9-12) pelo menos uma vez. Na maior parte, entrevistei grupos pequenos, pois era confortável para os estudantes. Após a entrevista em grupo, convidei os estudantes para uma entrevista individual. Cinco dos 29 aceitaram ser entrevistados mais uma vez. Também realizei entrevistas de acompanhamento com dois grupos de estudantes. A primeira entrevista ocorreu quando eram calouros e a segunda, quando estavam no segundo ano. As entrevistas seguiam um modelo etnográfico, sendo gravadas e transcritas. As transcrições foram devolvidas aos estudantes, para serem revisadas. Eles puderam retirar quaisquer declarações ou trechos que quisessem da transcrição e também tiveram a oportunidade de reafirmar ou explicar declarações, se considerassem necessário. Apenas dois estudantes editaram seus comentários, fornecendo mais explicações. Ninguém pediu para remover nenhuma parte ou declaração. As entrevistas foram realizadas na escola, durante e depois da aula.
7. Diversos relatos de tensões no nível estadual (por exemplo, as guerras a respeito de estudos sociais em Minnesota e as guerras a respeito de matemática na Califórnia) em torno do que deveria ou não deveria ser incluído no currículo evidenciam a natureza política do currículo e da instrução, mas, quando os documentos curriculares são publicados e comprados, as controvérsias estão ausentes ou são pouco visíveis na sala de aula. Ver Ansary (2004).
8. No estudo maior, estudantes e professores indígenas falaram sobre as conseqüências positivas de ser uma pessoa nativa educada, "mostrando

que eles estão errados". Especificamente, falaram sobre como sua existência como nativos americanos sóbrios e educados acabou com o estereótipo do "índio bêbado".

9. Somos constantemente lembrados das baixas taxas de conclusão da escola, juntamente com o baixo desempenho de nossos estudantes em testes padronizados em reuniões distritais, reuniões técnicas e na mídia.
10. Verifiquei posteriormente que um estudante que não expressava interesse em cursar nenhuma disciplina de estudos nativo-americanos não apenas se matriculou nas duas disciplinas, como também atuou no Clube Nativo-Americano durante o último ano na escola Mountain View.
11. Em um recente boletim distribuído pelo Escritório de Educação Indígena do distrito, li a respeito de estudantes da Mountain View que foram até outra escola (predominantemente branca e de nível socioeconômico elevado) no distrito para apresentar sua pesquisa. Em um artigo intitulado "O grande orgulho nativo da Mountain View", o autor escreveu: "Estamos especialmente orgulhosos dos alunos de estudos nativo-americanos da escola Mountain View que apresentaram a história e a cultura dos nativos americanos para mais de 800 estudantes da Smith High School. Eles demonstraram que o orgulho nativo e o desempenho acadêmico andam juntos" (p. 10)
12. Em 1595, Juan de Oñate recebeu um contrato da coroa espanhola para liderar uma expedição colonizadora no Novo México. Após anos de preparação, Oñate chegou ao norte do Novo México (próximo à atual Nação Pueblo de San Juan). As autoridades espanholas exigiram que o povo pueblo pagasse tributos para a coroa espanhola, trabalhando para *encomenderos*. (Um *encomendero* era um proprietário de área chamada *encomienda*, o qual tinha o privilégio de coletar um tributo anual de determinada aldeia ou número de povos indígenas, que deveriam pagar em milho ou cobertores de algodão. O *encomendero* exercia sua administração sobre seus "súditos", num sistema que funcionou no Novo México de 1600 a 1680, quando ocorreu a revolta do povo pueblo). Ao mesmo tempo, padres espanhóis estabeleceram missões em terras dos pueblo e exigiram que abandonassem suas próprias religiões em favor do cristianismo. Enquanto isso, Oñate procurava ouro e outros metais preciosos nas terras do atual Novo México. As relações pioraram quando Juan de Oñate ficou sabendo, em dezembro de 1598, que seu sobrinho, Zaldívar, havia sido morto em uma briga com o povo da aldeia de Acoma. Ao saber da morte de seu sobrinho, Oñate conduziu as tropas espanholas a Acoma com o propósito de puni-los. Oñate e seu irmão, Vicente de Zaldívar, chegaram a Acoma em 21 de janeiro de 1599. A aldeia sobre o planalto foi o local de uma batalha que durou quatro dias. Em 24 de janeiro, a batalha acabou, com os Acomas cedendo ao exército espanhol. Dos 6 mil Acomas, 800 foram mortos. Oito garotas Acoma foram levadas à força para o México. Em fevereiro de 1599, um julgamento dos que haviam sido feito prisioneiros anunciou sentenças segundo a lei espanhola do século XVI. Todos os homens com mais de 25 anos foram condenados a ter um pé decepado e prestar 20 anos de serviços forçados. Todos os homens entre 12 e 25 anos

prestariam 20 anos de serviços forçados. Todas as mulheres com mais de 12 anos prestariam 20 anos de serviços pessoais.
13. Nas reuniões em cuja pauta estavam a escultura de Oñate e a estrada pavimentada através dos petróglifos (um lugar sagrado para os povos indígenas da região), indivíduos que testemunharam a favor da escultura de Oñate e da estrada começaram seus testemunhos com as frases "como cidadão contribuinte desta cidade" ou "como um residente que tem propriedades nesta cidade". De forma clara, o propósito era mostrar aos legisladores municipais que eles tinham mais direito de falar porque pagavam impostos, insinuando que os indígenas que estavam testemunhando não pagavam impostos e, portanto, não tinham voz no governo municipal. Os proponentes da escultura de Oñate e da estrada pavimentada pelos petróglifos também podem ter demonstrado sua ignorância ao agirem segundo o velho estereótipo de que os índios não pagam impostos. De fato, havia diversos índios residentes da cidade e donos de propriedades que testemunharam e também começaram suas declarações com as mesmas frases. Alguns acrescentaram a frase "como descendente dos habitantes originais desta terra", que recebia aplausos (de pessoais indígenas e seus apoiadores) cada vez que era pronunciada.

REFERÊNCIAS

Adams, D. W. (1995). *Education for extinction.* Lawrence, KS: University Press of Kansas.

Albuquerque Public Schools. (1998). Native American studies curriculum. Original inédito.

Ansary, T. (2004). The muddle machine: Confessions of a textbook editor. Edutopia, *November/December,* p. 31-35.

Apple, M. W. (1990). *Ideology and curriculum* (2nd ed.). New York: Routledge.

Apple, M. W. (1995). *Education and power* (2nd ed.). New York: Routledge.

Apple, M. W. (2000). *Official knowledge* (2nd ed.). New York: Routledge.

Benham, M., & Cooper, J. (2000). Indigenous educational models for contemporary practice: In *Our mother's voice.* Mahwah, NJ: Lawrence Erlbaum Associates.

Coffey, W., & Tsosie, R. (2001). Rethinking the tribal sovereignty doctrine: Cultural sovereignty and the collective future of Indian nations. *Stanford Law and Policy Review,* 12 (2), 191-221.

Deloria, V. (1979). Self-determination and the concept of sovereignty. In R. Dunbar-Ortiz (Ed.), *Economic development in American Indian reservations.* Albuquerque, NM: Native American Studies.

Gallegos, G. (17 de abril de 1997). APS looks into Indian graduation attire. *Albuquerque Tribune,* A5.

Graduation is cap and gown event. (19 de abril de 1997). *Albuquerque Journal,* p. A8.

Fiall, S. (Ed.). (1997). *Representation: Cultural representations and signifying practices.* Thousand Oaks, CA: Sage Publications.

Saltzstein, K. (19 de maio de 1997). Students win right to traditional dress under cap e gown. *Indian Country Today*, p. D 10.

Saltzstein, K. (5 de maio de 1997). Albuquerque schools tight traditional dress: Seniors, parents, attorneys planning protest. *Indian Country Today,* p. C5-C6.

Santillanes, V. (17 de abril de 1997). Indians plead for native dress. *Albuquerque* Journal, p. D-1.

Smith, G. H. (1990). The politics of reforming Maori education: The transforming potential of Kura Kaupapa Maori. In Lauder & Wylie (Eds.), *Towards successful schooling* (p. 73-87). London, UK: Falmer Press.

Suina, J. (1992). And then I went to school: Memories of a pueblo childhood. In B. Bigelow & B. Peterson (Eds.) *Rethinking Columbus: Teaching about the 500th anniversary of Columbus's arriving in America* (p. 34-36). Milwaukee, WI: Rethinking Schools.

Wilkins, D. (2002). *American Indian politics and the American political system*. Lanham, MD: Rowman e Littlefield.

Williams, R. (2001). *The long revolution*. Orchard Park, NY: Broadview Press.

5

REPENSANDO O ATIVISMO POPULAR:
A resistência das mulheres *chicanas* nas paralisações estudantis de 1968 em Los Angeles

DOLORES DELGADO BERNAL

A década de 1960 foi uma era de agitação social na história americana. Os movimentos estudantis que ajudaram a dar forma às lutas mais amplas por igualdade social e política emergiram da política de rua e dos protestos em massa. Há uma miríade de publicações que discutem as forças sociais e políticas dos anos de 1960, particularmente os movimentos estudantis liberais e radicais. Ainda assim, Carlos Muñoz (1989) diz que existe uma grande carência de material sobre o radicalismo e sobre os protestos dos anos de 1960 de origem não-branca. O autor apresenta diversas explicações propostas por estudiosos brancos para não incorporarem o radicalismo estudantil não-branco em seu trabalho: que o movimento estudantil negro não era suficientemente radical e que os estudantes mexicanos simplesmente não se envolveram nas lutas da década de 1960. Todavia, embora Muñoz fale da omissão de pessoas de cor da classe operária na literatura sobre os movimentos estudantis dos anos de 1960, ele não faz uma análise séria do movimento *chicano* e da política de identidade em sua discussão.

Em março de 1968, mais de 10 mil estudantes boicotaram as aulas, saíram das escolas de maioria *chicana* da zona leste de Los Angeles para protestar contra a qualidade inferior de sua educação. Esse evento, que ficou conhecido como os *East Los Angeles School Blowouts*, foi avaliado por uma variedade de perspectivas analíticas históricas, incluindo as da política de protesto, do colonialismo interno, das demonstrações de massa espontâneas, do movimento estudantil *chicano* e como conseqüência política e social do movimento *chicano* mais amplo (ver Gómez-Quiñones, 1978; Muñoz, 1972; Negrete, 1972; Puckett, 1971; Rosen, 1973). Contudo, nenhum desses relatos históricos faz uma análise de gênero. Mesmo as representações contemporâneas, como a importante série de documentários chamada *Chicano: A History of the Mexican Civil Rights Movement* (Chicano: Uma História dos Movimentos de Direitos Civis Mexicanos), continuam a marginalizar o ativismo feminino. A terceira parte da série, *"Taking Back the Schools"* (Retomando as Escolas), não conta as histórias das jovens *chicanas* e seus papéis na revolta de Los Angeles (Ruiz e Racho, 1996).

Como pesquisadora educacional e *chicana*, interesso-me pelas vozes femininas que foram omitidas das narrativas históricas diversas da "revolta" – particularmente as das mulheres que foram participantes centrais.[1] A revolta representa uma oportunidade para redescobrir uma história que não tem sido reconhecida e compreendida. Além disso, uma análise histórica enfocando a participação feminina no evento nos permite explorar o modo como as mulheres exerceram liderança e como essa liderança, ainda que diferente em forma e substância das interpretações tradicionais, foi verdadeiramente significativa e essencial (para outros trabalhos sobre o ativismo *chicano*, ver De la Torre e Pesquera, 1993; Mora e Del Castillo, 1980; Ruiz, 1987).

Por meio da história oral de oito mulheres, proponho uma perspectiva alternativa às narrativas históricas da revolta de 1968, que até agora somente foi contada por homens, com um foco nos homens.[2] Ao mesmo tempo, uso dados da história oral para analisar o conceito de liderança no ativismo comunitário. Proponho que uma mudança paradigmática na maneira como consideramos a liderança popular não apenas propicia uma história alternativa da revolta, como também reconhece as *chicanas* como importantes líderes em movimentos populares do passado e do presente.[3]

AS MULHERES

Todas as oito mulheres são parecidas, no sentido de que são *chicanas* de segunda ou terceira geração, a primeira geração de estudantes universitárias e cresceram em bairros de classe trabalhadora na zona leste de Los Angeles. Todavia, essas mulheres não formam um grupo homogêneo e não representam um modelo de líder ou ativista "*chicana* típica". Duas das mulheres cresceram em lares de mães solteiras com apenas dois filhos, enquanto as outras seis vêm de lares com os dois cônjuges e quatro filhos ou mais. Quatro das mulheres vêm de famílias que estiveram envolvidas em movimentos sindicais ou políticos de esquerda desde a década de 1940. Três delas dizem ter vindo de famílias fortemente católicas, ao passo que três outras afirmam que cresceram em famílias cujos pais abandonaram a Igreja Católica. Embora seis das oito mulheres sejam bilíngues, falando inglês e espanhol atualmente, apenas uma delas cresceu em uma casa onde se falava predominantemente espanhol. Três delas vêm de casamentos mistos e também têm origem branca, judia ou filipina. Finalmente, durante a escola, seis das mulheres tiveram um desempenho acadêmico e extracurricular excepcional, em sua trajetória rumo ao ensino superior.

Apesar das semelhanças, as diferenças notáveis nas famílias e nas histórias pessoais das mulheres refletem a complexidade e a diversidade das experiências das *chicanas* em 1968 e atualmente. De fato, também existem semelhanças e diferenças no tipo de participação e liderança com que cada mulher contribuiu para a revolta de Los Angeles. Embora este capítulo seja uma interpretação baseada nas percepções e experiências pessoais dessas mulheres, o conhecimento das circunstâncias históricas da época proporciona um quadro mais claro da revolta escolar de 1968 em Los Angeles.

A REVOLTA ESCOLAR DE 1968 EM LOS ANGELES

A luta dos *chicanos* por educação de qualidade e pelo direito de incluir sua cultura, sua história e sua língua no currículo não é um fenômeno da década de

1960, mas antecede a revolta de 1968 em muitas décadas. De fato, muitas das preocupações e questões que foram levantadas por aqueles que participaram e apoiaram a revolta de 1968 – a implementação da formação bilíngüe e bicultural para professores, a eliminação da hierarquização baseada em testes padronizados, melhorias e substituição de prédios escolares em mau estado de conservação, afastamento de professores e administradores racistas e a inclusão da história e cultura mexicanas nos currículos – eram bastante semelhantes às levantadas em comunidades mexicanas nos Estados Unidos desde antes da virada do século (para diferentes interpretações das reivindicações da revolta, ver McCurdy, 1968b; Muñoz, 1974; Puckett, 1971; Rosen, 1973; ver também González, 1990).

Por anos, os membros da comunidade da zona leste de Los Angeles fizeram tentativas fracassadas de criar mudanças e melhorar o sistema educacional por meio dos canais "adequados". Na década de 1950, o Comitê de Educação do Conselho de Assuntos Mexicano-Americanos, composto de profissionais mexicanos, abordou a incapacidade de as escolas educar estudantes mexicanos pelos canais tradicionais. Reuniram-se com legisladores, autoridades escolares e membros da comunidade e participaram de audiências, reuniões com a imprensa e simpósios, todos em vão (Briegel, 1974). Em junho de 1967, Irene Tovar, comissária de Educação Compensatória para o distrito de Los Angeles, explicou para a Comissão de Direitos Civis dos Estados Unidos que uma longa lista de recomendações para melhorar suas condições escolares havia sido apresentada à Secretaria de Educação de Los Angeles, em 1963, mas que "poucas dessas recomendações haviam sido aceitas e menos ainda chegaram à comunidade" (California State Advisory Committee [CSAC], 1968). Nos anos que precederam a revolta, estudantes e pais de uma Associação de Pais e Mestres abordaram especificamente a má qualidade da educação e solicitaram reformas semelhantes às que os revoltosos pediram dois anos depois (Rosalinda Méndez González, entrevista em 8 de outubro de 1995). Contudo, os pedidos formais, feitos pelos canais oficiais, não foram respondidos.

Em 1963, a Comissão de Relações Humanas de Los Angeles começou a patrocinar a conferência anual da Liderança Mexicano-Americana em Camp Hess Kramer para estudantes do ensino médio. Essas conferências foram importantes para o desenvolvimento dos levantes de 1968, pois vários estudantes que participaram delas tornaram-se organizadores da revolta, bem como de outros movimentos progressistas. Por conta desses acontecimentos, é irônico que o acampamento tenha tido uma perspectiva assimilacionista, afirmando que seu objetivo oficial era melhorar a auto-imagem e as relações intergrupais, de modo que os estudantes mexicano-americanos "pudessem ser livres para se desenvolverem na vida anglo-americana" (Mexican-American Youth Leadership Conference, 1967). Os estudantes foram incentivados a se tornarem líderes escolares tradicionais, a se candidatarem para posições na escola e a irem para a faculdade. Os estudantes que participavam eram selecionados por uma escola, por alguém da comunidade ou uma organização, com base em sua capacidade de contribuir para o grupo, bem como sua capacidade de retornar e promover o progresso em suas próprias comunidades. Os acampamentos de fim de semana eram realizados em Camp Hess Kramer, em Malibu, na Califórnia. Os participantes eram divididos em cabanas, e estudantes universitários atuavam como orientadores e líderes de oficinas. Quatro das mulheres que entrevistei participaram de pelo menos uma das conferências antes de seu envolvimento na greve de 1968. Elas lembram o acampamento como um lindo lugar, onde conheceram um modelo melhor para entender as desigualdades e onde desenvolveram um sentido de comunidade e responsabilidade familiar. Como uma delas coloca: "Essas conferências de jovens foram a primeira vez em que comecei a desenvolver uma consciência". Rachael Ochoa Cervera (entrevista, 10 de dezembro de 1995) discute suas recordações do campo:

> Foi uma grande experiência, pois você se afasta por um fim de semana inteiro, e o ambiente, a atmosfera, era tudo muito bonito, muito estético. Perto do mar, mas parecia que você estava na serra.... Foi muito positivo. É onde se começou a ter uma identidade. Você não estava com suas colegas; você podia ser mais aberta. Você podia dizer o que quisesse.

Embora o acampamento tenha promovido a responsabilidade cívica e a liderança escolar, muitos estudantes voltaram motivados para se organizar em torno de questões mais radicais e progressistas. Rosalinda Méndez González descreve como as conferências motivaram os estudantes para se organizarem:

> Bem, quando começamos a ir a essas conferências de jovens, havia mexicano-americanos mais velhos. Nós estávamos na escola, de modo que mais velhos quer dizer em torno de 20 ou 30 anos. Eles falavam conosco e explicavam muitas coisas sobre o que estava acontecendo, e eu lembro que eles abriam nossos olhos. Após essas conferências, voltamos e começamos a nos organizar para obter apoio para os trabalhadores rurais e coisas do tipo. (Entrevista com Méndez González)

Como resultado direto da participação dos jovens em Camp Hess Kramer, formou-se o grupo Young Citizens for Community Action ou YCCA (Juventude Cidadã pela Ação Comunitária). O YCCA (que depois se tornou Young Chicanos for Community Action [Juventude Chicana pela Ação Comunitária] e evoluiu para os Boinas Marrons) fez um levantamento das necessidades dos estudantes, reuniu-se com autoridades educacionais para discutir os problemas e apoiou candidatos para a secretaria de Educação. Os membros do YCCA, ainda seguindo os canais oficiais para obter melhoras nas condições educacionais, apoiaram e ajudaram a eleger o primeiro membro *chicano* do Conselho Municipal de Educação, Julian Nava (Rosen, 1973).

Também teve influência no desenvolvimento da revolta o fato de que, em 1967, um número relativamente maior de estudantes *chicanos* começou a entrar para a faculdade, ainda que fosse uma pequena representação da população *chicana*. Naquele ano, uma das primeiras organizações de estudantes universitários *chicanos* da região de Los Angeles, a Mexican American Student Association ou MASA (Associação de Estudantes Mexicano-Americanos), foi formada no East Los Angeles Community College (Gómez-Quiñones, 1978). Organizações estudantis formaram-se rapidamente em todos os *campi* universitários, incluindo a United Mexican-American Students ou UMAS (Estudantes Mexicano-Americanos Unidos) na University of California em Los Angeles, na California State University, no Occidental College e na Loyola University. A principal questão para essas organizações era a falta de acesso dos *chicanos* a uma educação de qualidade.

Os historiadores também observaram a importância dos jornais comunitários ativistas *Inside Eastside* e *La Raza* para o início da revolta (Briegel, 1974; Rosen,

1973). O *Inside Eastside* tinha ênfase em atividades sociais, culturais e políticas relevantes para os estudantes e, em sua maioria, era escrito e editado por estudantes do ensino médio. De fato, duas mulheres enfocadas neste estudo escreveram artigos para o *Inside Eastside* e para o *La Raza*. O *La Raza*, voltado para a comunidade *chicana* como um todo, preocupava-se com um espectro de atividades políticas concentradas nas escolas, na polícia e na política eleitoral. Os jornais representavam um fórum em que os estudantes e membros da comunidade podiam articular seu descontentamento com as escolas, e temas freqüentes eram a má qualidade das escolas da zona leste de Los Angeles e a insensibilidade cultural dos professores. Os jornais, o número crescente de estudantes universitários *chicanos* e eventos como as conferências em Camp Hess Kramer foram importantes para chamar a atenção para as más condições educacionais das escolas da zona leste de Los Angeles.

Durante a década de 1960, as escolas da zona leste de Los Angeles detinham uma história especialmente deplorável na educação de *chicanos*, que tinham uma taxa de evasão/expulsão de mais de 50%, além das piores notas em leitura do distrito. Em comparação, segundo uma pesquisa realizada pelo sistema escolar da cidade de Los Angeles, duas escolas da zona oeste, Palisades e Monroe, apresentaram taxas de evasão de 3,1% e 2,6%, respectivamente, em 1965-1966 (California State Advisory Committe to the United States Commission on Civil Rights [CSAC], 1968). Segundo o perfil racial do departamento de educação do Estado, os estudantes mexicano-americanos também eram bastante representados nas classes de educação especial, incluindo classes para pessoas com retardo metal e com problemas emocionais (CSAC, 1968). As salas de aula eram lotadas, e a maior parte dos professores não tinha sensibilidade ou compreensão das comunidades trabalhadoras mexicanas onde lecionavam. Rosalinda Méndez González recorda:

> Havia professores que diziam: "Seus mexicanos sujos, por que vocês não voltam para o lugar de onde vieram?" Havia muito racismo nas escolas. Tínhamos salas de aula gravemente superlotadas. Não tínhamos livros suficientes. Tínhamos prédios que eram barracões construídos em caráter emergencial, acomodações temporárias durante a Segunda Guerra, e estávamos no fim da década de 1960, e ainda estudávamos nesses prédios. (Entrevista com Méndez González)

Como resultado das más condições educacionais e do fato de que várias tentativas da comunidade de expressar suas preocupações e garantir reformas escolares haviam sido ignoradas, greves escolares começaram na primeira semana de março de 1968. Embora a revolta tenha girado em torno de cinco escolas predominantemente *chicanas*, outras escolas do distrito também participaram, incluindo a Jefferson High School, que era predominantemente afro-americana.[4]

O boicote escolar começou em dias diferentes durante a primeira semana de março e durou uma semana e meia, com mais de 10 mil alunos protestando contra a baixa qualidade de sua educação. Embora tenha havido semanas de discussão e planejamento, a primeira paralisação improvisada foi causada pelo cancelamento de uma peça escolar, *Barefoot in the Park*, pela administração da Wilson High School. Paula Crisostomo (entrevista em 16 de novembro de 1995), uma líder estudantil da Lincoln High School, comenta a atmosfera em sua escola pouco antes da paralisação:

Sei que a tensão havia aumentado, a atividade havia crescido em todo o distrito, muitas escolas estavam falando nisso, todos sabiam que iria acontecer. Mas lembro que a atmosfera era absolutamente tensa, quero dizer, estava tudo elétrico na escola. Isso vinha se construindo há tempos, e todos sabiam que iria acontecer e estavam só esperando e esperando.

Ainda que houvesse coordenação entre as escolas, o planejamento e a implementação da paralisação em cada uma delas assumiram um caráter distinto. Estudantes do ensino médio, estudantes universitários, membros dos Boinas Marrons, professores e a comunidade em geral assumiram diferentes papéis e prestaram diferentes formas de apoio.

Vickie Castro, graduada na escola Roosevelt, foi uma estudante universitária que teve um papel crucial na organização e no apoio à revolta. Vickie recorda que, quando estava na escola tentando organizar os estudantes, foi reconhecida por um professor e levada até o portão. O professor disse a ela: "Se eu enxergar você aqui novamente, vou mandar prendê-la" (entrevista em 8 de junho de 1995). Vickie depois usou seu velho Mazda para derrubar a cerca que havia sido trancada para impedir que os alunos saíssem da escola: "Lembro-me de dar ré, colocar as correntes e arrancar os portões". Por outro lado, seu papel crucial na escola Lincoln foi marcar uma reunião com o diretor e retardá-lo, enquanto outros estudantes universitários iam à escola para incentivar os estudantes a participar da paralisação. Vickie lembra a estratégia que usou na escola Lincoln, fingindo estar procurando emprego para marcar uma reunião com o diretor:

> Lembro que tínhamos toda uma estratégia planejada para a Lincoln, como agiríamos. E quem ficaria nos corredores para gritar *"greve"* nos diversos prédios. E meu papel foi marcar uma reunião com o diretor para falar com ele sobre um emprego ou algo assim. Lá estou eu no escritório dele, e meu trabalho é retardá-lo. Ele ficava dizendo: "Eu já vou lhe atender, eu já vou lhe atender". Eu só precisava distraí-lo um pouco. Claro que quando as pessoas começaram a sair, ele disse: "Preciso sair". E, de algum modo que não lembro como, também saí do prédio.

Assim como o planejamento e a implementação final da paralisação de cada escola assumiram um caráter distinto, a resposta da administração de cada escola e da polícia também foi diferenciada. Embora as paralisações em outras escolas pudessem ser caracterizadas como pacíficas e controladas, com pequenos incidentes de violência, os estudantes da escola Roosevelt sofreram muita violência por parte da polícia comum, dos xerifes da região e do esquadrão de choque. Com estudantes e pessoas da comunidade feridos e presos, o protesto estudantil se transformou em um grande tumulto (para um histórico da brutalidade policial na zona leste de Los Angeles, ver Morales, 1972). Tanya Luna Mount, uma líder estudantil, observa que, embora os estudantes estivessem seguindo as exigências legais para uma demonstração pública, a situação com a polícia chegou a ponto de haver surras sem sentido, com os administradores da escola tentando impedir a polícia (entrevista com Tanya Luna Mount, 31 de janeiro de 1996):

> Eles [o departamento de polícia de Los Angeles] estavam tratando a situação como se estivéssemos fazendo baderna e destruindo tudo, e não estávamos. Não estávamos que-

brando ou destruindo nada. Ninguém estava na propriedade da escola, nem a destruiu. Nada, nada disso aconteceu. E nos disseram para dispersar, que tínhamos 3 minutos. Todos continuavam dizendo que tínhamos o direito de estar ali... De repente, eles [o esquadrão de choque] começaram a vir em nossa direção. Eles começaram a bater nas pessoas. Batiam muito nas pessoas, muito mesmo. As pessoas, os administradores lá dentro gritando: "Parem, meu Deus, o que vocês estão fazendo?" Quando se chama o departamento de polícia, a escola não tem mais jurisdição. Eles não podiam sequer abrir os portões e deixar os alunos fugirem para dentro, pois a polícia dizia: "Saiam da cerca e voltem, vão cuidar de sua vida". Foi aí que eles [os administradores] entenderam: "Meu Deus".

Os alunos grevistas, incluindo os da escola Roosevelt que haviam sido submetidos à violência policial, não estavam apenas boicotando as aulas para vagabundear. Eles propunham que suas instituições de ensino tivessem os mesmos padrões das outras de Los Angeles. Os estudantes fizeram uma lista de reivindicações e pediram que a secretaria de educação fizesse uma reunião especial para que pudessem apresentar suas queixas. A lista oficial de queixas a ser apresentada à secretaria de educação consistia de 36 reivindicações, incluindo turmas menores, educação bilíngüe, mais ênfase na história *chicana* e controle comunitário das escolas (McCurdy, 1968b). Muitas das queixas envolviam reformas educacionais já propostas por pais, educadores e membros da comunidade preocupados com a situação, e todas as reivindicações eram amparadas na premissa de que as escolas da zona leste de Los Angeles não estavam educando os estudantes *chicanos* adequadamente.

A revolta gerou a formação do Comitê de Coordenação de Assuntos Educacionais pelos pais, por diversos membros da comunidade, por estudantes do ensino médio e por membros do Estudantes Mexicano-Americanos Unidos. Com pressão do comitê e dos estudantes grevistas, a revolta também gerou pelo menos duas reuniões especiais da secretaria de educação, nas quais os alunos, o comitê e outros apoiadores puderam falar a respeito de suas preocupações. Na sexta-feira, 9 de março, as greves ainda não haviam terminado, e a secretaria marcou uma reunião especial para ouvir as propostas dos estudantes. Nessa reunião, decidiu-se que outra assembléia seria feita na Lincoln High School e que a secretaria anistiaria os milhares de alunos que haviam boicotado as aulas (McCurdy, 1968a).

Aproximadamente 1.200 pessoas participaram da assembléia de quatro horas na Lincoln High School, mas a secretaria de educação não assumiu nenhum compromisso. Os estudantes abandonaram a assembléia em resposta à falta de ação da secretaria. Os sentimentos da secretaria foram representados em um artigo no *Los Angeles Times*, dizendo que "as autoridades escolares negam que haja preconceito na alocação de recursos para obras e dizem que concordam com 99% das exigências dos estudantes – mas que o distrito não tem verbas para financiar as grandes mudanças propostas" (McCurdy, 1968b). Nessa assembléia, a secretaria comprometeu-se a não punir os estudantes e os professores que haviam participado do boicote. Ainda assim, na madrugada de 2 de junho de 1968, 13 indivíduos envolvidos nas paralisações foram presos, sob acusação de conspiração. Embora houvesse estudantes do sexo feminino envolvidas na organização das paralisações, os 13 de Los Angeles eram todos homens, incluindo Sal Castro, um professor da Lincoln High School. Com o foco em homens, especialmente aqueles do tipo militante, as mulheres não foram presas. Embora as acusações tenham sido retiradas e consideradas inconstitucionais, Sal Castro foi suspenso de sua posição como professor na Lincoln High School. Por muitos meses, os estudantes, a comunidade e os membros do comitê de assuntos educacionais mobilizaram-se em apoio aos 13 de Los Angeles e depois se concentraram na reintegração de Sal Castro.

UMA RECONCEITUAÇÃO DA LIDERANÇA

Ao explorar como e quando as mulheres participaram da revolta, é importante fazer uma reconceituação da liderança que coloque as mulheres no centro da análise e não separe as tarefas de organizar e de liderar. A reconceituação que proponho parte da tradição dos estudos feministas que, nos últimos 30 anos, produziu um grande *corpus* de novos conhecimentos e contribuiu para o desenvolvimento de novos paradigmas de liderança. Em vez de usarem os paradigmas tradicionais que consideram como líderes aqueles que ocupam uma posição superior em uma organização, os estudiosos feministas desenvolveram paradigmas alternativos, que consideram a questão do gênero de forma mais precisa na análise da liderança (ver Brodkin Sacks, 1988a; Astin e Leland, 1991).

Na área da ciência, o influente trabalho de Thomas Kuhn (1970), *The Structure of Scientific Revolutions*, representa um modelo para uma mudança fundamental nas teorias e nos paradigmas científicos, argumentando que, sem grandes mudanças paradigmáticas, talvez nunca entendamos certos fenômenos científicos. O autor cita o exemplo de como Joseph Priestley, um dos cientistas que descobriram o gás que mais tarde foi reconhecido como oxigênio, não conseguia enxergar o que outros cientistas obteriam como resultado de uma revisão paradigmática. De forma semelhante, uma mudança paradigmática na maneira como entendemos e estudamos a liderança nos permite ver como as mulheres – especificamente as mulheres em meu estudo – emergem como líderes. Talvez houvesse algo errado nos paradigmas de liderança anteriores, que não nos permitia entender e explicar as experiências vividas pelas *chicanas*.

Karen Brodkin Sacks (1988a) indica que o paradigma tradicional da liderança iguala de forma implícita os oradores públicos e negociadores a líderes e também diferencia as tarefas de organizar e liderar. A autora desafia essa noção da liderança, colocando as mulheres da classe trabalhadora no centro da análise. Nessa perspectiva, a liderança é um processo coletivo que inclui a dinâmica mutuamente reforçadora e importante entre os papéis das mulheres e dos homens. A liderança como processo nos permite reconhecer e estudar uma liderança cooperativa, "na qual os membros de um grupo são empoderados para trabalharem juntos e de forma sinergística rumo a um objetivo ou uma visão comum que crie mudanças, transforme as instituições e, assim, aumente a qualidade de vida" (Astin e Leland, 1991, p. 8). Esse paradigma de liderança cooperativa, juntamente com a inclusão das vozes das mulheres, permite que surja uma visão alternativa da revolta e das diferentes dimensões da liderança popular.

As dimensões da liderança popular

Em um trabalho anterior, identifiquei diferentes tipos de atividade que podem ser considerados dimensões da liderança popular na revolta de 1968: formar redes, organizar, desenvolver a consciência, ocupar um cargo eletivo ou indicado e agir como porta-voz oficial ou extra-oficial (Delgado Bernal, 1997). A distinção entre essas atividades não se pretende rígida e impermeável, e elas não incluem todas as dimensões da liderança popular. Da mesma forma, nem todo líder precisa participar de cada dimensão da liderança, e afirmo que não existe uma ordem hierárquica atribuída às diferentes dimensões. As atividades podem ser consideradas como posições em um carrossel em movimento, cada uma com igual importância. Existem muitos pontos de entrada onde se pode entrar e sair e, uma vez no carrossel, o indivíduo está livre para mudar para diferentes posições.

Escrevendo sobre as mulheres negras envolvidas no movimento pelos direitos civis do mesmo período, Charlotte Bunch observa que, "embora os líderes negros do sexo masculino fossem aqueles que a imprensa usava como porta-vozes, muitas vezes eram as mulheres negras que faziam as coisas acontecerem, especialmente em termos da organização das pessoas no nível da comunidade" (em Astin e Leland, 1991, p. xiii). Da mesma forma, na primeira vez em que descrevi minha proposta de pesquisa para um colega *chicano* da geração do movimento, ele me incentivou sinceramente a perseguir o tema, mas me advertiu que não tinha havido líderes na revolta e que poucas mulheres se envolveram. Talvez porque considerasse a revolta a partir do paradigma da liderança tradicional, ele tenha omitido as *chicanas* como líderes e não tenha reconhecido sua importante contribuição para a revolta. Ainda assim, de diferentes maneiras e em graus variados, as mulheres que entrevistei participaram dessas várias dimensões da liderança. Sua participação foi vital para as paralisações, mas, como o paradigma da liderança tradicional não reconhece a importância daqueles que participam da organização, da conscientização e da formação de redes, sua liderança permanece sem ser reconhecida e compreendida pela maioria dos historiadores.

Nas seções seguintes, discuto cada uma das cinco dimensões identificadas e inter-relacionadas da liderança, explorando as maneiras como que as histórias orais das mulheres neste estudo aumentam nossa compreensão dos levantes e da liderança das mulheres ativistas.

Participação e implementação de reuniões, eventos e atividades: organizando

Organizar envolve participar de reuniões e planejar ou implementar eventos e atividades direta ou indiretamente relacionados com a revolta. Houve inúmeras reuniões, eventos e atividades que ocorreram antes e depois da revolta, nos quais os estudantes, professores, pais e pessoas da comunidade levantaram questões relacionadas com a qualidade da educação na zona leste de Los Angeles. Todas as oito mulheres falam de haver participado ativamente de reuniões de Associações de Pais e Mestres, reuniões da secretaria de educação, reuniões do comitê organizador das paralisações ou reuniões de planejamento na comunidade, realizadas em locais como a Cleveland House, o Plaza Community Center e a casa dos pais de Tanya Luna Mount.[5]

Na tentativa de abordar e diminuir as desigualdades escolares, as ativistas dessas organizações implementaram uma variedade de estratégias antes de partirem para um boicote às escolas. Por exemplo, Vickie Castro, Paula Crisostomo e Rachael Ochoa Cervera envolveram-se intimamente no YCCA, um grupo de jovens da comunidade formado por ex-participantes de Camp Hess Kramer que abordava questões da educação. Os membros desse grupo se reuniam regularmente, conversavam com outros jovens em centros para adolescentes patrocinados pelo governo e fizeram uma pesquisa para avaliar as necessidades, de modo a verificar o que estava acontecendo nas escolas. Vickie discute suas atividades de organização, bem como as de outras pessoas, nos anos antes da revolta:

> Tinha até um questionário que nós fizemos. Eu gostaria de ter guardado todas essas coisas. Queríamos compilar as queixas e acho que estávamos tentando desenvolver, mesmo em nossa perspectiva modesta, algo como um levantamento das necessidades. Falávamos com o pessoal: o que vocês acham de sua escola? Eles ajudam você? Eles o forçam a desistir? Você vai para a faculdade? ... Sei que compilamos muitas queixas e, durante a paralisação, quando se falava sobre demandas, grande parte delas se baseava nessas queixas. Ou seja, nós tínhamos um processo em mente. (Entrevista com Castro)

Depois que as enquetes voltaram e foram sistematizadas, Vickie, Paula, Rachael e outros membros do YCAA decidiram apoiar e trabalhar ativamente na campanha de Julian Nava para o Conselho Municipal de Educação. Paula lembra como suas iniciativas de organização progrediram:

> Foi interessante quando recebemos [as enquetes] as sistematizamos, e elas aumentaram a nossa crença de como as escolas eram inadequadas. É claro que a próxima questão seria: "Ok, o que fazemos agora?" Então, nos envolvemos em uma campanha, a primeira campanha política em que trabalhei, para Julian Nava, o primeiro latino a concorrer para o Conselho Municipal de Educação, que cobria uma área abrangente antes de ser dividido em distritos ou regiões, e Julian trabalhou conosco. Trabalhamos com ele, trabalhamos para ele, pensando que esse era o jeito, essa era a resposta. (Entrevista com Crisostomo)

Quando Tanya Luna Mount fala em seus esforços de organização, eles variam do movimento antiguerra que ajudou a organizar na escola Roosevelt pouco antes da revolta até o trabalho que fez contra a brutalidade policial em sua comunidade. Além disso, Tanya lembra-se de participar do planejamento do que seria apresentado em discussões com a secretaria de educação: "Eu estava no comitê que decidia o que seria dito nas reuniões com a Secretaria de Educação. E nós elegíamos quem falaria". Ela também fala em quantas reuniões para organizar os levantes foram feitas em sua casa e como "ficávamos acordadas toda a noite ... [e] as pessoas vinham à sua casa durante as paralisações". Ela se lembra de que sua casa foi notícia quando George Putnam, um comentarista conservador, disse que havia uma casa na "rua Soto, 126, em Boyle Heights, na zona leste de Los Angeles, que era notória por ser comunista, rebelde e contra o governo".

De fato, um componente importante da organização dos levantes foi a participação ativa em reuniões que ajudaram a desenvolver ou apoiar as demonstrações. Mita Cuaron (entrevista em 23 de janeiro de 1996) lembra-se de ter participado ativamente de muitas reuniões comunitárias antes e durante a revolta, nas quais "criamos uma lista de reivindicações sobre vários temas e questões que sentíamos que estavam faltando", e os membros da comunidade decidiram que essas preocupações deviam ser levadas à secretaria de educação. Rosalinda Méndez González descreve as reuniões da secretaria de educação em que ela e outros protestaram contra a suspensão do professor Sal Castro e exigiram que a secretaria devolvesse a sua vaga na Lincoln High School. Embora a polícia tenha usado várias técnicas de intimidação, ela e outros continuaram a se organizar e a participar ativamente dessas reuniões:

> Eram tantos de nós que apareciam – estudantes, idosos, alguns profissionais, todo tipo de pessoas que apareciam nessas reuniões – que não cabíamos todos na sala. As pessoas ficavam no pátio e tinham um sistema de autofalantes.... Mas eu me lembro também de toda a intimidação nessas reuniões. A polícia passava literalmente fila por fila tirando fotos de todos que estavam lá. Ou seja, pura intimidação. Se você está aqui para falar ou se está aqui demonstrar, nós já temos sua ficha.

Sem a capacidade de organização e a persistência dessas e de outras jovens *chicanas*, as paralisações provavelmente não teriam ocorrido, e a atenção necessária para expor as más condições educacionais talvez não tivesse sido mobilizada. Organizando as pessoas da comunidade, as mulheres deste estudo demonstram o processo dinâmico e o complexo conjunto de relações que compreenderam a liderança da revolta de 1968. De fato, essa reconceituação da liderança nos permite considerar as organizadoras como líderes em diversos movimentos populares, incluindo o movimento *chicano* pelos direitos civis.

Nos bastidores: conscientizando

Uma segunda dimensão da liderança é a conscientização, o processo de ajudar os outros a ter consciência das desigualdades escolares e sociais por meio de discussões ou de material impresso. Desenvolver a consciência dos indivíduos é crucial para gerar e manter a força necessária para qualquer movimento social. Ainda assim, como a organização é separada da tarefa de liderar, a conscientização costuma ser omitida como parte do processo dinâmico.

Cada uma das mulheres com quem conversei participou da conscientização por meio de diálogos formais com amigos, familiares ou outros membros da comunidade. Como jovens mulheres, elas desafiaram os outros a pensar e considerar as desigualdades que enfrentavam no cotidiano. Rachael Ochoa Cervera fala de forma clara: "Você conscientiza da forma que consegue, sutil ou diretamente". Muitas vezes, uma das tarefas mais difíceis e menos gratificantes, a conscientização exige ajudar os outros a perceber e entender as coisas como nunca fizeram antes. Cassandra Zacarias (entrevista em 7 de dezembro de 1995) reflete sobre a dificuldade da tarefa:

> Eu estava falando com estudantes e tentando explicar a eles, e lembro que era muito difícil para mim, pois eu era uma pessoa muito tímida naquela época. Eu era muito introvertida e era muito difícil quando as pessoas diziam: "Oh, você é louca. O que há de errado com você?" E eu me lembro de às vezes pensar – no que fui me meter?

Além de manter discussões informais sobre as condições da escola ou sobre as desigualdades sociais, essas mulheres usavam materiais impressos para conscientizar. As famílias de Tanya Luna Mount e Mita Cuaron tinham mimeógrafos que elas usavam para copiar panfletos informativos, que eram distribuídos pelas comunidades e escolas. Além disso, todas as mulheres que entrevistei tinham alguma conexão com os jornais comunitários *Inside Eastside* e *La Raza*. Celeste Baca trabalhava como voluntária na redação do *La Raza*, Tanya Luna Mount e Paula Crisostomo escreviam e distribuíam os jornais, e todas as outras mulheres liam e incentivavam outras pessoas a ler os jornais. Como estudantes do ensino médio, Tanya Luna Mount e Paula Crisostomo contribuíram para a conscientização, escrevendo artigos que abordavam especificamente as condições educacionais das escolas da zona leste de Los Angeles. Paula recorda seu envolvimento com os jornais ativistas da comunidade:

> Eu datilografava, fazia a paginação e escrevia artigos independentes sobre as escolas. Também ia para o Whittier Boulevard vender o *Chicano Student Movement* ou o *Inside Eastside*.... Eu trazia uma pilha para a escola e dava alguns para as pessoas, e elas os passavam para seus amigos. A escola disse que não podíamos mais fazer isso, então, eu chegava cedo na escola e deixava alguns espalhados pelo pátio. Eu ia ao banheiro e deixava alguns no banheiro, no bar, onde sabia que os garotos ficavam, e dizia para as pessoas onde poderiam encontrá-los. As pessoas os encontravam, mas eu não os estava distribuindo.

A conscientização, seja por comunicação verbal ou escrita, é menos pública do que as tarefas normalmente associadas a interpretações tradicionais da liderança. Como a organização e a formação de redes, é um trabalho que se faz nos bastidores, que muitas vezes não é reconhecido ou entendido. Colocando mulheres da classe trabalhadora no centro da análise, podemos enxergar esse trabalho nos bastidores e entender sua importância na liderança da revolta de 1968 em Los Angeles.

A necessidade de uma base ampla de apoio: formando redes

Uma terceira dimensão da liderança, a formação de redes, refere-se a atividades que unem grupos diversos na construção de uma base de apoio. Durante a época das paralisações, foi importante ter o apoio de membros da comunidade, assim como de pessoas de fora da comunidade, que podiam conferir legitimidade às iniciativas dos estudantes. Desse modo, a formação de redes envolveu transformar os vínculos comunitários e familiares em uma força política e construir uma frente política de apoio, alcançando pessoas de fora da rede social mais próxima. Conforme Brodkin Sacks (1988a, p. 81) observou em seu estudo de redes no local de trabalho no Duke Medical Center, as redes formadas durante as paralisações funcionaram como um tipo de "sistema de telégrafo, transmitindo uma mensagem coletiva de protesto contra a injustiça".

Os estudantes que se envolveram nas paralisações eram constantemente acusados de ser comunistas, de ser organizados por agitadores de fora ou de apenas querer faltar às aulas. A formação de redes dentro da comunidade foi uma maneira de desenvolver a consciência sobre as desigualdades escolares e de desenvolver uma força política. Cassandra Zacarias lembra-se de ter que defender suas ações e as de outros alunos enquanto tentava obter o apoio de professores, colegas e familiares:

> A questão sempre surgia, bem, é coisa de agitadores de fora, é coisa de comunistas que vêm e incitam os mexicaninhos e esses adolescentezinhos, e nós dizíamos: "Não, não é. É de dentro de nossa comunidade". ... Lembro-me de sentir que a maioria dos jovens não gostava de nós e eles diziam: "Ah, vocês são comunistas e vocês são loucos". ... Eu conta-

va à minha família: "Não, não sou comunista" e começava a falar que havia todas aquelas desigualdades no sistema.

De maneira semelhante, Vickie Castro, na faculdade naquela época, comenta o quanto era importante que os estudantes não causassem perturbações ou faltassem à aula sem entender as questões:

> Lembro que uma coisa que foi muito importante para todos nós é que nós não queríamos perturbação em nome da perturbação. E falávamos com os garotos e dizíamos: "Queremos que vocês saibam por que estamos parando" ... Havia um propósito, então nos reuníamos com grupos na praça, nas escolas, nas esquinas e tentávamos dizer: "É por isso que estamos fazendo isso e precisamos de seu apoio".

As declarações de Cassandra e Vickie exemplificam como a formação de redes (a transformação de vínculos comunitários em uma força política) está intimamente relacionada com a conscientização – ajudar os outros a tomar consciência das desigualdades sociais e da escola.

Durante minha entrevista com Sal Castro (6 de fevereiro de 1996), ele discutiu estratégias de formação de redes que envolviam os estudantes se conectarem com indivíduos de fora das redes sociais da comunidade ou da família. Ele sabia que o apoio da igreja, de César Chavez, ou de políticos conferiria legitimidade à causa dos estudantes: "Eu sempre queria que as pessoas engravatadas apoiassem os garotos. Nunca consegui o apoio da Igreja Católica. Tivemos que roubar a bandeira de Nossa Senhora de Guadalupe, pois não conseguimos nenhum padre". Finalmente, depois de muitos telefonemas e pedidos, um "grande golpe" estava montado: Bobby Kennedy concordou em falar para os estudantes e fazer uma declaração de apoio. Kennedy estava em seu caminho de volta para Washington, retornando de uma visita com César Chavez em Delano, na Califórnia. Ele teve que fazer uma parada no aeroporto de Los Angeles, onde concordou em se reunir com um grupo de estudantes, incluindo Paula Crisostomo e Cassandra Zacarias. Uma foto de Kennedy com as estudantes apareceu no jornal local da zona leste de Los Angeles, e o apoio de Kennedy mostrou ser uma grande estratégia, que aumentou o apoio para a paralisação.

Durante a semana e meia das paralisações, Paula Crisostomo se envolveu com outros estudantes que estavam construindo uma base de apoio pela cidade, com grupos como a organização judaica B'nai B'rith e a Hamilton High School na zona oeste. Por meio de palestras, os estudantes colocaram suas preocupações e discutiram as desigualdades escolares com pessoas que podiam oferecer apoio e agir em nome dos estudantes. Crisostomo recorda:

> Também fazíamos palestras. Lembro-me de ter falado para a B'nai B'rith na zona oeste. E fomos à escola Hamilton, e eles fizeram uma manifestação para nós no parque. Durante aquela semana, nós estávamos em evidência, e muitos grupos nos pediam para vir e falar, e recebíamos mais apoio, de modo que a secretaria teve que ouvir.

À luz das acusações disseminadas de serem comunistas e da existência de agitadores externos, foi especialmente crucial desenvolver uma rede de indivíduos e organizações que pudessem sancionar e apoiar as ações e as exigências dos estudantes.

Menos foco para a visibilidade: ocupando um cargo público

Ocupar um cargo eletivo ou indicado é a quarta dimensão da liderança. Quatro das mulheres com quem conversei ocuparam cargos eletivos ou indicados em relação direta ou indireta com as paralisações. Vickie Castro foi a primeira presidente do YCCA, a organização de jovens que enfocava a educação e foi a precursora da revolta. Logo após as paralisações escolares, Mita Cuaron e Cassandra Zacarias foram eleitas representantes do corpo discente. Sua chapa da Liberdade era formada por membros do Garfield Blowout Committee e baseava-se no ideal de "instituir um sistema educacional em nossa escola que seja baseado na igualdade, na justiça e na educação de primeira classe para todos" (Garfield Blowout Committee, 1968). Meses após as paralisações, Rosalinda Méndez González foi uma das jovens apontadas para a Comissão de Educação Mexicano-Americana, que originalmente atuou como comitê consultor para a secretaria de educação.

Embora essas posições provavelmente tenham conferido um pouco mais visibilidade a essas mulheres do que a outras de que participaram, as posições parecem ser secundárias a suas atividades de liderança. Na maior parte, as mulheres mencionaram apenas casualmente essas posições durante as entrevistas, passando mais tempo recordando e falando sobre as tarefas mais privadas que incluí nas dimensões de formação de redes, organização e conscientização. Em outras palavras, elas parecem identificar seu papel na revolta mais em relação a essas dimensões da liderança do que às posições eletivas ou indicadas que ocuparam. Embora essas mulheres tenham se concentrado menos nos papéis mais visíveis e públicos, é importante documentar essa dimensão da liderança, pois demonstra que as jovens *chicanas* também contribuíram para a revolta (e outros movimentos sociais) segundo a noção mais comum da liderança, que identifica as autoridades eleitas e os oradores públicos como líderes.

Um espaço mais público: agindo como porta-voz

A quinta dimensão da liderança envolve atuar como um porta-voz oficial ou extra-oficial. Durante as paralisações, os homens assumiram esse papel e eram vistos em frente às câmeras, citados no *Los Angeles Times* ou ouvidos falando para multidões. Contudo, houve ocasiões em que uma estudante que atuava em outras dimensões da liderança também assumiu o papel de porta-voz. Rosalinda Méndez González e Paula Crisostomo atuaram como porta-vozes oficiais, falando sobre a educação dos mexicano-americanos, com base em suas experiências como estudantes. Ambas falaram para a Comissão de Direitos Civis dos Estados Unidos em audiências em Los Angeles. Como graduada recente da Lincoln High School, Rosalinda acreditava que o currículo escolar era o principal responsável pela repetência de muitos estudantes *chicanos*. O trecho a seguir mostra os comentários de Rosalinda perante a Comissão de Direitos Civis em junho de 1967 (CSAC, 1968):

> Desde que entramos para a escola, ouvimos o quanto os Estados Unidos são grandes e maravilhosos, sobre nossa herança democrática americana, mas pouco sobre as esplêndidas e magnificentes heranças e culturas mexicanas. O pouco que aprendemos sobre os mexicanos é como eles assassinaram os bravos texanos impiedosamente no Álamo, mas nunca ouvimos falar dos heróis do México, que se jogaram corajosamente das montanhas

de Chatultepec, para não permitir que sua bandeira e eles mesmos fossem capturados pelos americanos... Procuramos outros como nós nesses livros de história, algo pelo que possamos nos orgulhar de ser mexicanos, e tudo que vemos em livros e revistas, em filmes e na televisão são estereótipos de um homem escuro, sujo e malcheiroso, com uma garrafa de tequila em uma mão, um taco na outra, enrolado em um pala e com um grande sombreiro. Só que não somos os bêbados sujos que o mundo anglo-saxão gosta de mostrar como mexicano.

Na tentativa de reconduzir Sal Castro à sala de aula, Rosalinda também testemunhou perante a secretaria de educação de Los Angeles, assim como Vickie Castro e outras jovens *chicanas*.

Embora a maioria das jovens envolvidas nas paralisações não tenha atuado como porta-vozes oficiais, várias das mulheres que entrevistei descreveram casos em que falaram espontaneamente para um grupo de estudantes ou para os meios de comunicação em relação às paralisações. Mita Cuaron reconstrói uma situação em que foi porta-voz extra-oficial:

Tudo foi espontâneo. Lembro-me de pegar um cone laranja da rua e começar a falar, estamos protestando e isto é o que está acontecendo. Não lembro exatamente o que eu disse, mas lembro-me de subir em um carro e falar muito alto. E por 2 minutos, juntou-se um grande grupo de alunos que não voltaram para a escola, e a polícia foi chamada para nos perseguir.

Dessa forma, embora agir como porta-voz seja uma dimensão da liderança que costuma ser mais ocupada por homens, esses exemplos mostram que algumas mulheres atuaram nessa dimensão da liderança, enquanto também atuavam em outras dimensões.

A INFLUÊNCIA MULTIDIMENSIONAL DO GÊNERO

Como essas oito mulheres vieram participar das paralisações de 1968 da maneira como atuaram? O que influenciou e moldou sua participação? Este estudo mostra indícios que sugerem que as dimensões da liderança não são necessariamente específicas de um único gênero, e que o mesmo indivíduo pode atuar em várias dimensões (ver também Brodkin Sacks, 1988b). Embora fosse mais provável que as jovens participassem das três primeiras dimensões da liderança – formação de redes, organização e conscientização – é importante analisar os fatores que afetaram sua presença, em vez de pressupor que essas dimensões da liderança são específicas de um gênero e que somente podem ser preenchidas por mulheres. Em um estudo de padrões tradicionais e não-tradicionais de ativismo *chicano* e mexicano, Margaret Rose (1990) afirma que as personalidades influenciaram a participação das mulheres na United Farm Workers of America ou UFW (União dos Trabalhadores do Campo dos Estados Unidos). Contudo, também argumenta que o padrão de participação é mais influenciado por fatores complexos como classe, valores culturais, expectativas sociais e divisão sexual do trabalho. De fato, as oito mulheres que entrevistei discutem fatores semelhantes que parecem ter influenciado sua participação nos boicotes escolares. Nesta última seção, apresento dados da história oral que falam a respeito da influência multidimensional do gênero.

As mulheres do estudo percebem a influência do gênero de um modo um pouco nebuloso, com afirmações variando de "ninguém jamais disse que não se podia fazer algo por ser mulher" a "sei que as mulheres não foram líderes" e de "o fato de ser mulher não era problema, era um não-problema" a "tenho certeza de que sabia que havia sexismo ... mas provavelmente não falávamos nisso". Essa diversidade de declarações, tanto entre as entrevistas quanto em uma mesma entrevista, leva à conclusão de que essas mulheres não tinham um ponto de vista distinto e preciso sobre a influência do gênero. Pelo contrário, os pensamentos individuais e coletivos das mulheres sobre o gênero representam a influência complexa e indeterminada do gênero em um sistema patriarcal – um sistema de dominação e estratificação desigual baseado no gênero. Embora as maneiras como garotos e garotas eram socializados possam ter reforçado as diferenças de gênero no modo como exerceram a liderança nos levantes escolares, os comentários diversos das mulheres refletem a complexidade da influência do gênero, enquanto também atribuem sua participação em diversos papéis de liderança ao sexismo, à compatibilidade de papéis, a escolhas e expectativas.

Os meios social, cultural e temporal contribuíam para aquilo que se esperava de mulheres jovens em 1968. Embora a maior parte dessas mulheres tenha se afastado dessas expectativas, elas estavam bastante cientes da sua existência. Por exemplo, Vickie Castro disse: "Creio que minha criação, de certa forma, me tornou bastante tradicional. E sei qual deveria ser meu papel feminino. E não era fazer faculdade, e não era isso ou aquilo". Paula Crisostomo também comenta sobre a maneira como as expectativas relacionadas com o gênero, "como era na época", e sua função como pessoa influenciaram as maneiras como ela participou das paralisações:

> Os garotos eram mais falantes, creio que é porque era assim na época. Eles davam mais entrevistas do que as garotas. Quando falávamos da divisão de quem falaria para qual grupo, eles eram escolhidos e nós ficávamos para trás. Acho que simplesmente era desse jeito.... Eu me sentia feliz, como ainda me sinto hoje em dia, de ficar nos bastidores. Faço o que me pedirem para fazer, mas faço sem aparecer. Não quero falar no microfone ou para um grupo de pessoas, simplesmente não quero fazer isso.

Vickie observa que o patriarcado e sua própria ação eram forças complexas que interagiam para moldar sua participação. Ela acredita que havia uma "grande questão de gênero na família". Vikie cresceu em uma família "tradicional", com um pai muito forte e dominador que esperava que ela se casasse e tivesse filhos. Seu pai foi uma inspiração, com sua força e liderança, mas, muitas vezes, tinha expectativas tradicionais para os gêneros e tentava impor limitações para Vickie. Por outro lado, seus irmãos mais velhos sempre a estimulavam e apoiavam, incentivando-a a fazer faculdade. A influência de sua família lhe deu forças para combater o sexismo que ela e outras jovens encontravam em algumas das organizações estudantis (entrevista com Castro):

> Talvez meus amigos da época, na organização, tentassem me colocar em papéis femininos, como ser secretária, fazer sanduíches, essas coisas. Mas acho que eu tinha uma influência masculina tão forte em casa, entende, quatro irmãos e meu pai, que entre meus irmãos eu era igual. Por isso, eu sempre confrontava. E quando via que não havia nenhuma mulher envolvida, bum, eu me metia.

Rosalinda Méndez González também faz comentários que demonstram como a influência do gênero interagia com várias estruturas e com vários sistemas oficiais para proporcionar uma influência multidimensional. Primeiramente, ela reconhece que poucas pessoas levantaram a questão ou criticaram o patriarcado no início do movimento *chicano* (um ponto de vista com o qual muitas mulheres concordam), mas Rosalinda teve a experiência do sexismo em um relacionamento pessoal. Em segundo lugar, ela lembra o fato de que foram homens mais velhos, e não mulheres, envolvidos em Camp Hess Kramer e outras organizações, que estimularam a ela e outras jovens a se envolverem nas atividades relacionadas com as paralisações:

> Creio que, quando começamos a participar das coisas, não havia consciência desse patriarcado. Se você era um jovem ou uma jovem e via injustiça, seja em relação aos camponeses, seja em relação à nossa faculdade, você falava e se envolvia. No meu caso, comecei logo cedo a me deparar com as hostilidades patriarcais do meu namorado, que me criticava por assumir um papel ativo e por falar. Mas ele não me convenceu e não conseguiu me segurar. Fiquei muito magoada com isso, mas não aceitei os argumentos ou o raciocínio dele. Eu encontrei isso em um nível bastante pessoal. Ao mesmo tempo, havia muitos homens, mais velhos, que me encorajavam para falar e participar.

Rosalinda explica que, após os levantes, à medida que o movimento começou a tomar vulto, ela encontrou mais evidências de sexismo, e as mulheres começaram a tratar o patriarcado como um sistema de dominação. De fato, Rosalinda argumenta que, em muitos casos, eram as estudantes mulheres que estavam na linha de frente do movimento, e os estudantes homens tentavam segurá-las e assumir posições de liderança mais visíveis.

Embora as expectativas relacionadas com o gênero fossem comuns nas relações patriarcais existentes, Vickie Castro também observa como ela e outros estudantes de ambos os gêneros tinham consciência dos estereótipos e aproveitavam-se deles. Eles organizavam as as estratégias que usariam com base em características e recursos individuais. Para ela, isso significava coisas diferentes em momentos diferentes. Uma vez, representava usar um carro e correntes para abrir os portões da Roosevelt High School, enquanto, em outras, significava usar sua "imagem de boazinha":

> Sabíamos que se precisássemos de alguém que não parecesse ameaçador, que parecesse uma pessoa boa, eu entrava em cena. Eu sou um pouco mais branquela. Eu não me vestia tipicamente, não parecia uma garota perigosa. Se quiséssemos alguém mais agressivo e falante, era o papel de David [Sanchez].... Eu sempre tinha a cara para escapar, estava sempre abotoadinha. Eu sabia disso, e usava. Nunca pareci o tipo militante, o tipo radical.

Em outras palavras, ela não personificava aquilo que algumas autoridades escolares mais temiam nos estudantes de origem mexicana. Como uma garota de pele clara, que se vestia "apropriadamente", ela não ameaçava a comunidade branca ou os mexicanos mais velhos ou mais conservadores de sua própria comunidade. A aparência física de Vickie influenciou o tipo de participação e liderança que ela teve nas paralisações, usando-a para obter apoio para o boicote.

O gênero interagia com o sexismo, com relações patriarcais, com a ação pessoal e com a família, influenciando a participação e a liderança das jovens nos levantes.

Embora as mulheres deste estudo reconheçam o impacto que as expectativas relacionadas com o gênero tiveram sobre sua participação, elas relacionam sua participação nos levantes à discriminação e à pressão sofrida pela comunidade como um todo, e não pelas mulheres. Mita Cuaron (entrevista em 3 de dezembro de 1994) disse: "eu sentia, como um todo, com relação a meus amigos e eu, que éramos discriminados, mas, pessoalmente, como mulher, eu não sentia que houvesse diferenciação".[6] Isso corrobora os resultados do estudo de Mary Pardo (1990) sobre as Mothers of East L.A. (Mães do Leste de Los Angeles), no qual a autora observa que as ativistas da classe trabalhadora raramente optam por se separarem dos seus homens e de suas famílias. À medida que as mulheres de meu estudo refletiam sobre o que se passou, elas também consideraram sua participação nas revoltas escolares como uma luta por sua comunidade e por uma educação de qualidade.

CONCLUSÃO

Os dados da história oral que apresentei desafiam a representação histórica e ideológica das *chicanas*, recolocando-as em uma posição central na narrativa histórica. Por meio de um paradigma de liderança cooperativa que reconhece as diversas dimensões da liderança popular, podemos ir além da noção tradicional de liderança e identificar as maneiras como as mulheres assumiram papéis de liderança nos levantes. Embora suas histórias muitas vezes sejam excluídas na escrita da história, confirmo que as *chicanas* se envolveram intimamente na luta constante por justiça educacional, assumindo papéis de liderança. As experiências de Celeste Baca, Vickie Castro, Paula Crisostomo, Mita Cuaron, Tanya Luna Mount, Rosalinda Méndez González, Rachael Ochoa Cervera e Cassandra Zacarías combatem os estereótipos populares das mulheres mexicanas como dóceis, passivas e apáticas, e demonstram que a liderança feminina em eventos como a revolta escolar de 1968 em Los Angeles, muitas vezes, não é reconhecida e compreendida.[7]

Por intermédio de dados da tradição oral obtidos com essas oito mulheres, ilustro que a análise da liderança popular em um paradigma de liderança cooperativa nos leva a uma história alternativa da revolta escolar de 1968 em Los Angeles – uma história que torna visível o invisível. Essa história alternativa da participação e da liderança femininas também nos leva a considerar como podemos redefinir as categorias de estudo e a participação no ativismo comunitário. Redefinindo o paradigma de liderança, podemos romper as formas dominantes de pensar e agir, recuperando histórias que foram silenciadas em nossas comunidades, e moldar nossas histórias futuras para que incluam vozes tradicionalmente silenciadas. De fato, há algo errado nos paradigmas de liderança anteriores, que não nos permitiam reconhecer as *chicanas* como líderes das revoltas de 1968, do movimento *chicano* e de outros movimentos populares. Um paradigma de liderança cooperativa nos permite abordar a errônea ausência de *chicanas* como participantes e líderes na história e na vida contemporânea.[8]

NOTAS

1. Neste artigo, o termo *chicana* é usado em referência a mulheres de origem mexicana que residem nos Estados Unidos – independentemente da geração ou do *status* na imigração. *Chicano* é usado em referência a homens e mulheres, indicando-se especificamente quando o termo referir-se apenas a homens. Os termos de identificação variam de acordo com o contexto, devendo-se observar que, durante o período de interesse para este artigo (1968), esses termos eram especialmente proeminentes na população estudantil como identificadores políticos conscientes. O termo *chicano* não era proeminente antes da década de 1960; portanto, é usado juntamente com *mexicano* em referência à história pré-anos de 1960.
2. Sou grata às oito mulheres que me permitiram transformar sua história vivida em história escrita – *muchisimas gracias*.
3. As entrevistas que realizei segundo a tradição da história oral ocorreram entre junho de 1995 e janeiro de 1996. Após um procedimento de amostragem, entrevistei oito mulheres que foram identificadas por outras mulheres ou indivíduos como participantes fundamentais ou líderes dos levantes. Segui um protocolo de entrevista com questões abertas para produzir níveis múltiplos de dados. Embora tenha tomado notas durante a entrevista, cada entrevista também foi gravada e transcrita. Além de conduzir uma entrevista oral com cada participante, também fiz uma entrevista em grupo, com sete das oito mulheres em uma mesma entrevista. Finalmente, forneci a cada uma das mulheres uma transcrição de sua entrevista individual, para que cada uma tivesse a chance de refletir e fazer comentários sobre suas respostas para as perguntas. Isso ocorreu antes da entrevista em grupo, permitindo que as mulheres tivessem a oportunidade de falar na entrevista em grupo. Durante a entrevista em grupo, também compartilhei minha análise preliminar com as mulheres e solicitei suas reações e seus comentários sobre os temas que havia identificado nas entrevistas orais. Seus comentários me ajudaram a entender melhor os papéis que elas desempenharam nos levantes e as diferentes maneiras como podemos analisar a liderança popular. No decorrer de minha investigação, usei uma perspectiva teórica e epistemológica baseada em feminismos críticos que são bastante influenciados por mulheres de cor (por exemplo, ver Delgado Bernal, 1998b). Para mais informações sobre a metodologia deste estudo, ver Delgado Bernal, 1998a.
4. Com base nos "Historic Racial Ethnic Data 1966-1979" (Dados Étnicos Raciais Históricos 1966-1979), do Distrito Escolar Unificado de Los Angeles, a porcentagem de estudantes hispânicos em cada uma das cinco escolas em 1968 era a seguinte: Garfield, 96%; Roosevelt, 83%; Lincoln, 89%; Wilson, 76% e Belmont, 59%.
5. Os pais de Tanya Luna Mount tinham uma longa história de ativismo operário, pelos direitos civis e pela paz. Sua mãe, Julia Luna Mount, envolveu-se ativamente em um movimento de resistência operária em uma das maiores indústrias alimentícias de Los Angeles, que resultou

em uma grande greve e um piquete de 24 horas para acabar com as deploráveis condições de trabalho. Ver Ruiz (1987).
6. Esta entrevista específica com Mita Cuaron foi realizada por Susan Racho.
7. Para fotografias de onde as oito mulheres estão atualmente, ver Delgado Bernal (1998a).
8. Uma versão mais longa deste capítulo foi publicada originalmente em *Frontiers* (Delgado Bernal, 1998a).

REFERÊNCIAS

Astin, H. S., & Leland, C. (1991). *Women of influence, women of vision: A cross-generational study of leaders and social change*. San Francisco, CA: Jossey-Bass.

Briegel, K. (1974). Chicano student militancy: The Los Angeles High School Strike of 1968. In M. P. Servin (Ed.), *An awakened minority: The Mexican-Americans* (2nd ed.) (p. 215-225). New York: Macmillan Publishing.

Brodkin Sacks, K. (1988a). *Caring by the hour: Women, work, and organizing at Duke Medical Center*. Urbana: University of Illinois Press.

Brodkin Sacks, K. (1988b). Gender and grassroots leadership. In A. Bookman & S. Morgen (Eds.), *Women and the politics of empowerment* (p. 77-94). Philadelphia, PA: Temple University Press.

California State Advisory Committee to the United States Commission on Civil Rights, "Education and the Mexican American Community in Los Angeles County," CR 1.2: Ed 8/3 (April 1968), 16.

De la Torre, A., & Pesquera, B. M. (Eds.). (1993). *Building with our hands: New directions in Chicana studies*. Berkeley: University of California Press.

Delgado Bernal, D. (1997). Chicana school resistance and grassroots leadership: Providing an alternative history of the 1968 East Los Angeles Blowouts. Dissertação de doutorado inédita, University of California, Los Angeles.

Delgado Bernal, D. (1998a). Grassroots leadership reconceptualized: Chicana oral histories and the 1968 East Los Angeles Blowouts. *Frontiers, 19* (2), 113-142.

Delgado Bernal, D. (1998b). Using a Chicana feminist epistemology in educational research. *Harvard Educational Review, 68 (4)*, 555-582.

Garfield Blowout Committee. (1968). Election campaign materials.

Gómez-Quiñones, J. (1978). *Mexican students por la raza: The Chicano student movement in southern California, 1967-1977*. Santa Barbara, CA: Editorial La Causa.

Gonzalez, G. G. (1990). *Chicano education in the era of segregation*. Philadelphia, PA: Balch Institute Press.

Kuhn, T. S. (1970). *The structure of scientific revolutions* (2nd ed.). Chicago, IL: University of Chicago Press.

McCurdy, J. (12 de março de 1968a). School board yields on some student points. *Los Angeles Times*, 1, 3.

McCurdy, J. (17 de março de 1968b). Frivolous to fundamental: Demands made by East Side High School students listed. *Los Angeles Times*, 1, 4-5.

Mexican-American Youth Leadership Conference. (1967). Conference Fact Sheet: Fifth Annual Mexican-American Youth Leadership Conference, Malibu, CA.

Mora, M., & Del Castillo, A. R. (Eds.). (1980). *Mexican women in the United States: Struggles past and present.* Los Angeles: Chicano Studies Research Center Publications, University of California.

Morales, A. (1972). *Ando Sangrado/I am bleeding: A study of Mexican American police conflict.* La Puente, CA: Perspectiva Publications.

Muñoz, C., Jr. (1972). *The politics of Chicano urban protest: A model of political analysis.* Dissertação de doutorado inédita, Claremont Graduate School, California.

Muñoz, C., Jr. (1974). The politics of protest and Chicano liberation: A case study of repression and cooptation. *Aztlan,* 5 (1/2), 119-141.

Muñoz, C., Jr. (1989). *Youth, identity, power: The Chicano movement.* New York: Verso.

Negrete, L. R. (1972). Culture clash: The utility of mass protest as a political response. *Journal of Comparative Cultures,* 1 (1), 25-36.

Pardo, M. (1990). Mexican-American women grassroots community activists: "Mothers of East Los Angeles." *Frontiers,* 11 (1), 1-7.

Puckett, M. (1971). *Protest politics in education: A case study in the Los Angeles Unified School District.* Dissertação de doutorado inédita, Claremont Graduate School, California.

Rose, M. (1990). Traditional and nontraditional patterns of female activism in the United Farm Workers of America, 1962 to 1980. *Frontiers,* 11 (1), 26-32.

Rosen, G. (1973). The development of the Chicano movement in Los Angeles from 1967-1969. *Atzlan,* 4 (1), 155-83.

Ruiz, V L. (1987). *Cannery women, cannery lives: Mexican women, unionization, and the California Food Processing Industry, 1930-1950.* Albuquerque: University of New Mexico Press.

Ruiz, L. (produtor executivo), & Racho, S. (produtor do capítulo). (1996). "Taking Back the Schools," part 3 of *Chicano: A history of the Mexican American civil rights movement* [Documentário]. Los Angeles: National Latino Communications Center e Galan Productions, Inc.

6

DETRAÇÃO, MEDO E ASSIMILAÇÃO:
Raça, sexualidade e reforma educacional após o 11 de setembro

KEVIN K. KUMASHIRO

Nas duas últimas décadas, minhas experiências no campo da pesquisa e da representação em educação sugerem que muitas pessoas, embora interessadas em que as opressões baseadas na raça e na sexualidade nas escolas sejam combatidas, se dispõem a combatê-las somente até certo ponto. Um líder de uma importante organização educacional disse-me uma vez que ele luta por políticas e programas para combater a agressão e o assédio contra as diferenças em orientação sexual e identidade de gênero, mas não para promover um currículo que conscientizasse a respeito do heterossexismo e dos privilégios relacionados com o gênero. Em outro exemplo, um membro de uma equipe de pesquisadores e defensores de estudantes de cor disse-me que seu trabalho enfoca o desenvolvimento de programas e currículos para reduzir as diferenças de desempenho acadêmico – medido em testes – entre grupos de estudantes baseadas na raça e na etnia, mas que não se envolve em levantar questões críticas sobre o que está sendo medido como desempenho, como está sendo medido e por que esses padrões e essas avaliações da aprendizagem podem privilegiar certos grupos raciais. Além disso, colegas de importantes estudiosos da raça e da sexualidade já me disseram para tomar cuidado ao escrever sobre as intersecções entre essas diferenças, pois minhas análises sobre o heterossexismo observado em estudos da raça e do racismo já haviam feito com que eu perdesse o respeito daqueles que me consideram um traidor de sua causa. Às vezes, a educação antiopressiva parece intencionalmente parcial.

Existem muitas razões possíveis para pesquisadores e ativistas que trabalham intencional e explicitamente contra as opressões baseadas na raça e na sexualidade estarem dispostos a combatê-las até certo ponto. Neste capítulo, proponho uma questão – que as premissas que fundamentam a educação antiopressiva, muitas vezes, são, essencialmente, assimilacionistas. Começo analisando diversos eventos e muitas mudanças que ocorreram nos Estados Unidos após 11 de setembro de 2001, algumas com conexões mais claras com a educação fundamental e média (incluindo ataques contra as liberdades civis e assédio contra certos grupos) e algumas sem nenhuma conexão (incluindo o abuso de prisioneiros iraquianos). Faço isso para ilustrar duas lentes – uma lente de detração e uma lente de medo –

que nos levam a entendimentos e respostas que, muitas vezes, não conseguem interromper o *status quo* sexual e racialmente opressivo da sociedade e das escolas. Com a demanda assimilacionista até mesmo dos pressupostos antiopressivos de "progresso" e "reforma", argumento que a pesquisa e o ativismo educacionais devem fazer mais para desestabilizar sua tendência de parcialidade intencional. Talvez em nenhum lugar na sociedade pós-11 de setembro essa parcialidade intencional seja mais visível do que no abuso de prisioneiros iraquianos e no escândalo que se seguiu e, assim, é aí que começo minha análise.

O ORIENTALISMO E A LENTE DA DETRAÇÃO

Na primavera de 2004, imagens de corpos pardos nus em situações sexualizadas apareceram na televisão e nas telas de computadores dos Estados Unidos e do mundo todo. Cada vez mais surgiam fotografias e testemunhos pessoais de abuso infligido por membros do exército americano sobre prisioneiros iraquianos. Alguns casos de abuso envolviam deboche ou abdicação forçada da religião, como quando os prisioneiros foram forçados a rejeitar suas crenças islâmicas, agradecer a Jesus, consumir bebidas e alimentos proibidos, absterem-se de suas orações e cultos, despirem-se na frente de outras pessoas e simular ou participar de atos sexuais proibidos (Fay, 2004). Talvez isso não seja nenhuma surpresa, pois as tragédias de 11 de setembro foram amplamente compreendidas como parte de uma guerra religiosa ou sagrada (isto é, uma *jihad*) contra os Estados Unidos. Embora nem todos os habitantes das regiões árabes sejam muçulmanos (e vice-versa), e nem todos os muçulmanos concordem com essa guerra contra os Estados Unidos, muitos nos Estados Unidos concordam com o discurso perpetuado por líderes políticos e pela mídia, que combinaram raça, religião e ideologia política na categoria de "terrorismo árabe-muçulmano" (Chon e Yamamoto, 2003).

De maneira significativa, essa racialização do muçulmano árabe, juntamente com um medo recém-racionalizado para com esse grupo como "terrorista", não resultou apenas em abuso voltado à religião. Grande parte do abuso também tinha caráter sexual, o que, mais uma vez, não surpreende. Nos Estados Unidos, a opressão racializada atua há muito juntamente com a detração da sexualidade e do sexo para homens de cor, assim como nos linchamentos de homens negros após a Guerra Civil, que envolviam a castração física (Pinar, 2001). Mesmo os estereótipos e as representações de homens de cor há muito envolvem a detração do corpo masculino, com o estereótipo do negro americano como supersexualizado e de tamanho grande, ou do homem asiático-americano como assexuado e pequeno (Kumashiro, 2002).

No Iraque, os guardas forçavam seus prisioneiros do sexo masculino a se despirem na frente dos outros por longos períodos de tempo. Os prisioneiros eram colocados em pirâmides humanas ou em outras posições, nas quais seus corpos nus ficavam em contato, e alguns eram forçados a simular ou em até participar de atividade sexual com outros homens. Os próprios guardas perpetraram sodomia forçada com objetos estranhos e várias formas de estupro. Esse abuso não deve ser considerado homoerótico por mera coincidência e não deve ser visto como um ato de homossexuais sádicos. Como é sabido em iniciações de fraternidades universitárias, homens identificados como heterossexuais muitas vezes submetem outros homens identificados como heterossexuais a situações homoeróticas, como uma representação do poder masculino, como um modo de feminilizar o outro grupo, às vezes de forma lúdica, mas às vezes não (Sanday, 1990).

Foi aqui, nos aspectos sexuais do abuso dos prisioneiros iraquianos, que vimos se manifestar em um nível físico e visceral uma nova articulação do orientalismo (Said, 1979). O orientalismo pode ser rastreado até 2000 anos atrás, quando exploradores europeus da Ásia e do Oriente Médio começaram a contar histórias de um Oriente místico, um lugar onde a paisagem, a comida e até os corpos dos habitantes humanos eram fundamentalmente diferentes dos seus (e inferiores). Subordinando a Ásia e o Oriente Médio em uma relação patriarcal imaginária entre o leste feminilizado e o oeste masculinizado, os europeus se convenceram de que tinham uma responsabilidade moral de tornar o Oriente mais civilizado. Segundo Said, essa relação assumiu um simbolismo físico e sexual, à medida que uma Europa masculina deveria excitar, penetrar e possuir a "noiva oriental", e o impacto foi além do simbólico, enquanto os europeus colonizavam diferentes partes do leste e lucravam com seus recursos naturais e humanos.

Embora o abuso dos prisioneiros iraquianos pudesse ser retratado como a mais nova manifestação do orientalismo e da história do racismo de gênero nos Estados Unidos, esse não foi o caso. Os líderes políticos foram rápidos para denunciar o abuso e uniram-se à indignação pública contra indivíduos cujo sadismo (supostamente) singular ou irresponsabilidade possibilitaram tal abuso. As pessoas pareciam surpresas ao ver que americanos pudessem infligir tal abuso, mesmo em tempos de guerra. O abuso não foi visto como um indicativo das relações colonialistas, racistas ou (hetero) sexistas que os Estados Unidos há muito desenvolveram com a Ásia e com o Oriente Médio (Lee, 1999). Pelo contrário, o abuso foi considerado uma anomalia – um afastamento de algo que, ignorado nesse incidente, tem sido uma relação mutuamente benéfica. De fato, o discurso público da opressão parece ter se concentrado inteiramente nas imagens visuais do abuso, no espetáculo dos soldados que cometeram erros, possibilitando que se ignorassem intencionalmente outras formas mais sistemáticas e menos abertas de opressão. Ironicamente, o abuso, como manifestação física do orientalismo, foi exatamente o que ajudou os Estados Unidos a ignorar seu papel no orientalismo. Ou seja, o abuso dos prisioneiros iraquianos foi um excesso da relação orientalista dos Estados Unidos com o leste, mas que serviu para desviar a atenção dessa relação.

É importante, então, perguntar o que significaria para o público aprender a ler esses excessos de formas contra-hegemônicas, ou seja, de formas que interrompam a cumplicidade com as opressões das quais se originam. Existem muitas maneiras de formular ou entender ou responder às manifestações da opressão, mas nem todas as compreensões precisam ser depreciativas.

A imagem mental de um soldado americano branco estuprando um prisioneiro pardo no Oriente lembra-me de uma história intitulada "*The Shoyu Kid*" (Kaneko, 1976), sobre um grupo de jovens garotos em um campo nipo-americano durante a Segunda Guerra Mundial. Nessa história, a manifestação do orientalismo é expressada por um garoto nipo-americano molestado sexualmente por um soldado americano. Como no abuso dos iraquianos, a agressão contra um garoto nipo-americano (na qual o garoto dá prazer ao soldado) personifica a linguagem de gênero que simboliza o orientalismo nas relações entre o Ocidente e o Oriente. Contudo, ao contrário da cobertura da mídia sobre o abuso dos iraquianos, a história não faz um espetáculo da agressão ao garoto. Na verdade, o leitor não sabe da agressão, exceto por meio de implicações, pois o garoto que testemunhou o ato se recusa a descrever o que viu. Por não transmitir em linguagem ou detalhes visuais e instanciando assim o molestamento, a história impede que o leitor sinta que o evento agora é conhecido e, dessa forma, impede que o leitor se sinta indignado apenas com os indivíduos responsáveis. O silêncio em torno do ato de molestamento impede que o ato seja conhecido apenas como um acontecimento singular, ajudando a conferir à história um significado mais profundo das relações de molestamento.

Aí se encontra o potencial pedagógico da formulação desse excesso. Os garotos que ficam sabendo sobre a agressão não direcionam sua frustração apenas ao soldado individual. Para eles, o soldado e o garoto molestado simbolizam como "todos" são *gays*. À medida que os garotos solidarizam-se no silêncio, um deles joga pedras, mas erra, contra a placa que informa o nome do campo em que estão presos, atuando fisicamente e demonstrando sua frustração para com coisas que estão além de seu alcance (Eng, 2001). E aí acaba a história, convidando o leitor a fazer perguntas perturbadoras sobre o significado do molestamento no contexto do campo de prisioneiros nipo-americanos. A história não retrata o molestamento como um excesso ou espetáculo para desviar a atenção. Pelo contrário, ela o mostra como algo que não agüentamos saber e, em nossa luta para saber, somos levados a interromper nossa cumplicidade com a fonte do excesso.

Reconhecidamente, há dificuldades formidáveis para se aprender a fazer uma leitura que levante questões perturbadoras sobre os contextos desses excessos. Atualmente, talvez um dos maiores desafios a leituras antiopressivas seja o clima de medo que foi cultivado nos Estados Unidos após o 11 de setembro – um medo que leva a certas leituras hegemônicas. Assim, volto-me para a segunda lente de análise deste capítulo: a lente do medo.

A HEGEMONIA E A LENTE DO MEDO

Já fiz esta observação em outro texto (Kumashiro, 2004) de que estava em meu escritório na manhã de 11 de setembro de 2001, quando uma colega chegou correndo à minha porta para me contar que acabara de ouvir que um avião havia se chocado contra uma das torres do World Trade Center em Nova York. À medida que as horas passavam, mais aviões caíam, as duas torres caíram, uma parte do Pentágono em Washington estava destruída, e toda a atenção parecia se voltar para o terror que havia chegado ao solo americano. Supunha-se que milhares teriam morrido, outras tragédias não estavam excluídas, e a nação parecia paralisada por luto, medo e incerteza. As aulas foram canceladas na faculdade onde eu lecionava, e fui para casa, colado ao rádio e depois à televisão. Também fiquei tomado pela tristeza. Chorei enquanto via muitos morrerem e ouvia muitas testemunhas contarem suas histórias de pânico e perdas. Também fui tomado pelo medo. Alguns dos agressores haviam passado pelo aeroporto perto de onde eu morava, no Maine. Eu tinha amigos e parentes que viviam em Nova York e Washington e esperava que estivessem em segurança. E esperava que eu estivesse em segurança.

Muitas pessoas queriam respostas. Não eram apenas trágicas coincidências. Eram ataques planejados. Por que as pessoas quereriam "nos" atacar? Como as pessoas podiam ser tão más? Quem era o responsável? Como puniremos "eles"? Misturado com o luto, com o medo e com a incerteza, havia um profundo sentimento de raiva. Lembro-me de não conseguir comer muito naquele dia. Minha náusea era uma das indicações de que eu realmente estava tomado por muita emoção. Mas, ao contrário de muitos outros, meus sentimentos de tristeza e medo não resultavam apenas em reconhecer os ataques no solo americano e as mortes que causaram. Meus sentimentos vinham cada vez mais da maneira como eu suspeitava que muitos nos Estados Unidos responderiam. Os comentaristas da mídia especulavam que era um ato de terrorismo de extremistas muçulmanos, e os líderes políticos prometiam usar todos os recursos à sua disposição para punir os responsáveis pelo "pior ato de terrorismo já ocorrido no solo americano". As pessoas queriam vingança. E eu temia que, em nome da vingança, muitos não estariam dispostos ou não conseguiriam reconhecer a opressão em suas respostas. Eu temia que muitos responderiam de formas terrivelmente opressivas. Meus medos eram justificados.

Quando as agências de inteligência americanas reuniram evidências de que "extremistas muçulmanos" eram responsáveis pelos ataques, as respostas foram rápidas. Os Estados Unidos enviaram cada vez mais forças militares para outros países para encontrar e punir os responsáveis. Líderes políticos clamavam por uma guerra contra o terrorismo que não envolveria apenas o Oriente Médio, mas todo o globo, na tentativa de eliminar aqueles que tentaram atacar a liberdade e a democracia. Nos Estados Unidos, cada vez mais indivíduos pareciam pensar que essa guerra era contra alguém que "parecia muçulmano" ou que "parecia árabe", incluindo aqueles que usavam turbantes ou panos na cabeça ou simplesmente tinham pele escura. Essas pessoas com aparência muçulmana ou árabe foram tratadas como criminosos em potencial. Elas eram escrutinadas cuidadosa e até agressivamente quando tentavam embarcar em aviões e eram submetidas a assédio e abusos. Nos meses após o 11 de setembro, os relatos de incidentes e crimes de ódio contra indivíduos que pareciam muçulmanos ou árabes aumentaram dramaticamente nos Estados Unidos (Coen, 2001).

Embora os líderes políticos tenham sido rápidos em denunciar essa expiação racista e religiosa, eles mesmos eram culpados de atos semelhantes de assédio e discriminação. À medida que as agências responsáveis por combater o terrorismo começaram a prender e assediar muitos que suspeitavam ter conexões com os ataques ou com ataques futuros e negavam seus direitos constitucionais, os líderes políticos conferiam cada vez mais poder de vigilância a essas agências para o combate ao terrorismo (American Civil Liberties Union, 2001). De fato, em um estranho paralelo com os campos japoneses da Segunda Guerra Mundial, centenas e centenas de pessoas, incluindo americanos muçulmanos e americanos descendentes de indivíduos do Oriente Médio, foram procuradas e presas. Foram lançadas novas iniciativas para expandir a capacidade do governo em reunir informações sobre como gastamos nosso dinheiro, o que lemos na biblioteca e na internet, para onde e quando viajamos, o que fazemos em nosso tempo livre e com quem – e essas informações podiam vir de nossos vizinhos e de empresas privadas, de maneiras que desconhecíamos. Todo esse poder talvez fosse incompatível com nossos direitos constitucionais e civis, mas as pesquisas indicam que a maioria das pessoas nos Estados Unidos apoiava essa concessão (Taylor, 2001).

Afinal, esse era um momento para a nação se unir. Devíamos apoiar nossos líderes políticos e nos apresentar como uma nação forte e unida. Devíamos nos orgulhar de fazer parte dos Estados Unidos e demonstrar esse orgulho com bandeiras em nossas camisetas e carros e escrivaninhas e jardins. Afinal, os Estados Unidos simbolizavam a liberdade e a democracia, e atacar os Estados Unidos significava atacar também essas instituições. A pressão para se conformar com essas convicções era grande, assim como a punição por não fazê-lo. A única congressista que discordou das políticas de guerra do presidente recebeu ameaças de morte (Carlson, 2001). Até mesmo em meu bairro, notícias de que certos indivíduos haviam sido agredidos verbal e fisicamente por serem "antiamericanos" levaram uma mulher e seu marido a remover uma placa da janela de seu apartamento, que dizia "dêem uma chance à paz". Ser "americano" significava agir apenas de determinadas maneiras e querer apenas determinadas coisas.

As pessoas estavam com medo e eram mantidas em um estado de medo à medida que o governo elevava e reduzia e elevava novamente o alerta de terrorismo. Os meios de comunicação nos lembravam constantemente de que os terroristas ainda estavam à espreita, planejando seus próximos ataques e, embora a inteligência americana tenha conseguido frustrar ataque após ataque, os terroristas continuavam a escapar. Enquanto o inimigo estivesse à espreita, o público americano continuaria a se voltar ao que percebia como uma fonte de força: a força de nosso sentido de identidade e união nacionais; a força de nosso presidente e sua capacidade de responder. Hoje ficamos sabendo que o presidente pode ter mentido sobre as razões para ir à guerra e com quem, onde e quando (Moore, 2004). Os Estados Unidos talvez não fossem a vítima inocente que os meios de comunicação nos fizeram crer, devido a nossas ações no último século. Talvez o medo que sentimos seja gerado em parte por aqueles que lucram mais quando concordamos em pagar mais para termos mais segurança, incluindo empresários com ligações com o governo Bush (Moore, 2004). Ou talvez a questão seja a seguinte: quando as pessoas estão com medo, muita coisa é ignorada e, de maneira mais importante, realizada. Dos benefícios financeiros de contratos empresariais aos benefícios sociais (para os que já são privilegiados) da redução do Estado de bem-estar social aos benefícios políticos da maior unidade e conformidade, existe muito a lucrar no negócio do medo.

Na educação, o medo também impulsiona a reforma. Por mais de duas décadas, o público ouviu que devia temer, pois somos uma "nação em risco" de grandes problemas. Do ponto de vista doméstico, grandes porcentagens de estudantes fracassam, especialmente nas comunidades mais pobres, com menos recursos e supostamente (ou talvez conseqüentemente) com mais criminalidade. Em outros países, os estudantes apresentam melhores resultados do que os nossos em testes padronizados. Os críticos afirmam que os estudantes nas escolas de nossa nação não estão aprendendo o que é necessário para o sucesso no local de trabalho e no mercado global, forçando a nação a dedicar mais de seus recursos para lidar com calamidades sociais, enquanto compromete sua posição como líder mundial em poderio militar, avanço científico, valores democráticos e influência política.

Se acreditarmos que os Estados Unidos estão fraquejando e se acreditarmos que as coisas eram melhores em algum passado mítico, alguma era de ouro, é provável que façamos as coisas serem como eram então. E se acreditarmos que a educação era melhor nessa época e que ela está fraquejando por causa das tendências na reforma educacional, é provável que revertamos para noções de senso comum de como as escolas eram e devem ser. Começaremos a querer que as escolas ensinem principalmente temas acadêmicos, como os "três Rs" (do som inicial das palavras em inglês) da leitura, escrita e aritmética. Começaremos a querer currículos padronizados que nivelem o campo, ensinando a todos a mesma coisa, começaremos a querer escores elevados em testes, como prova de que os estudantes aprenderam. E começaremos a querer que os professores usem métodos de instrução que sabemos que "funcionam" para os alunos. As atuais reformas (por meio da lei No Child Left Behind – Nenhuma Criança Deixada para Trás) estão seguindo esses ideais romantizados, explicitando o quê e como os professores devem ensinar por meio de padrões de aprendizagem, currículos predeterminados, testes para a promoção e graduação dos estudantes e métodos de ensino que sejam "cientificamente comprovados" como efetivos (United States Department of Education, 2002).

Do ponto de vista financeiro, essas reformas são lucrativas. Os currículos predeterminados exigem que as escolas ou que as secretarias de educação comprem livros didáticos, planilhas, manuais do professor e outros materiais. Os testes exigem fichas de teste, empresas que aplicam o teste, manuais de estudo e outros materiais, que as escolas e as secretarias também devem comprar. A definição de apenas determinados métodos como "cientificamente comprovados" privilegia apenas certos tipos de pesquisa que competem por verbas, publicações e outras formas de apoio. Mesmo a definição de padrões de aprendizagem é lucrativa, talvez não do ponto de vista financeiro, mas social e político, pois privilegia apenas determinados conhecimentos, as habilidades e as perspectivas, ou, talvez de forma mais exata, os conhecimentos, as habilidades e as perspectivas de determinados grupos da sociedade – aqueles que definem os padrões (Apple, 2001).

Podemos concordar que existem problemas na educação. Contudo, devemos entender que há muitas maneiras de enxergar os problemas e, conseqüentemente, que aquilo que estamos temendo e como devemos abordá-lo é influenciado apenas por compreensões parciais. Devemos reconhecer que sempre haverá diversas formas de entender e abordar as questões da educação, cada uma com suas potencialidades e fraquezas.

A DETRAÇÃO E O MEDO EM INICIATIVAS EDUCACIONAIS

Isso me traz de volta a meu argumento inicial de que as comunidades educacionais, muitas vezes, estão dispostas a lidar apenas com certos problemas e apenas de certas maneiras, nunca chegando a desafiar totalmente a opressão. Considere, por exemplo, a questão da orientação sexual e da identidade de gênero nas escolas. A sociedade dominante parece comprometida com garantir a segurança para todos os estudantes nas escolas, inclusive estudantes que sejam *gays*, lésbicas, bissexuais, transgêneros e *queer* (GLBTO). Todavia, além da questão da segurança escolar, permanece o desacordo com relação a outras lições ou discussões sobre a sexualidade na escola, incluindo a necessidade de aumentar a consciência sobre a diversidade sexual, as identidades dos estudantes e especialmente os privilégios da heterossexualidade e da conformidade de gênero. Algumas pessoas preferem não buscar essas lições ou esses debates por medo de críticas de que possam estar estimulando os alunos a pensarem de maneira diferente de seus pais ou de comunidades religiosas, ou que estejam estimulando os alunos a virarem homossexuais, seja em seu comportamento, seja em seus desejos. Esse medo de ser visto como alguém que promove a homossexualidade ajuda a explicar por que muitos estão dispostos a responder à homofobia, mas não a abordar a dinâmica subjacente do heterossexismo. É claro que, sem se interromper o heterossexismo, a opressão dos homossexuais encontrará maneiras de continuar, talvez de maneiras mais sutis de assédio ou talvez em formas que, por seu extremismo ou aparente singularidade, continuem a desviar a atenção da raiz do problema.

Considere, como outro exemplo, as questões raciais nas escolas. Grande parte da atenção das pesquisas e da imprensa popular concentra-se na diferença que persiste entre o desempenho acadêmico de alguns grupos de estudantes e o de outros, especialmente estudantes negros e latinos de comunidades operárias, em comparação com estudantes brancos. Uma explicação para esse problema se concentra nos recursos financeiros – os estudantes negros e latinos tendem a estudar em escolas com paredes desmoronando, materiais desatualizados e equipes despreparadas; esse raciocínio parece indicar que, com mais recursos, esses estudantes também podem aprender e vencer. Contudo, algo que não costuma ser debatido entre os legisladores e líderes educacionais são os problemas com as definições e as medidas de desempenho que criam essa diferença. As pessoas, muitas vezes, não perguntam se devemos mudar significativamente o que estamos tentando ensinar ou como estamos avaliando o que os estudantes aprendem, como se os currículos básicos e os testes padronizados não fossem problemáticos por si só. O foco permanece em como fazer com que todos os estudantes aprendam aquilo que os estudantes brancos estão aprendendo e que tenham o mesmo nível de desempenho. O medo de que alguém diga que estão ignorando as desigualdades educacionais que certos grupos raciais experimentam ajuda a explicar por que muitas pessoas estão dispostas a abordar as desvantagens dos estudantes de cor, mas não os privilégios dos brancos, que criam essas diferenças.

De maneira significativa, esses medos têm a ver com a contenção de diversos "problemas" raciais e sexuais, ou seja, com a limitação da importância que as diferenças raciais e sexuais podem e devem ter nas escolas. Isso é especialmente claro quando se examina a maneira politicamente conveniente em que certos grupos – como a "minoria modelo" de asiático-americanos e os estudantes GLBTO em conformidade "apropriada" a seu gênero – são posicionados de forma contrária ou alheia às vítimas desses problemas. Os estudantes asiático-americanos (com escores agregados tão altos ou mais altos que os de estudantes americanos brancos) e estudantes GLBTO em conformidade de gênero (que não chamam atenção para suas diferenças sexuais) ajudam a possibilitar que se ignorem os privilégios raciais ou sexuais, precisamente porque suas diferenças não são consideradas como causas de problemas que gerem indignação pública (por exemplo, diferenças estatísticas em desempenho, agressão e assédio disseminado). Apesar das pesquisas que mostram as dificuldades de estudantes asiáticos que apresentam desempenho elevado (Osajima, 1993) e de estudantes GLBTO que mantêm conformidade com seu gênero (Friend, 1993), persistem os estereótipos de que esses grupos modelam o que estudantes racial e sexualmente diferentes podem e até devem fazer para se adaptar às escolas.

Minha opinião aqui é que as reformas educacionais voltadas às opressões baseadas em raça e sexualidade nas escolas parecem procurar um equilíbrio: entre forçar a barra, mas não forçar demais, entre abordar certas formas de opressão, mas não outras, entre responder a certos temores, mas não responder a outros – e, ao procurarmos esse equilíbrio, muitas vezes, deixamos de fora ações que podem trazer mudanças sistemáticas. Portanto, devemos perguntar: o que nos motiva a buscar esse equilíbrio, em primeiro lugar?

O ENCOBRIMENTO E A LENTE DA ASSIMILAÇÃO

Creio que grande parte das atuais reformas educacionais que visam combater as opressões baseadas na raça e na sexualidade gira em torno da demanda por assimilação. Isso certamente é irônico, já que a proteção dos que são diferentes ocorre pela exigência de que minimizem essas diferenças, significando que a "proteção", na verdade, é um disfarce para demandas assimilacionistas. Porém, essa ironia é exatamente o que modela grande parte do discurso contemporâneo contra a opressão na sociedade mais ampla.

Segundo Yoshino (2002), a sociedade, muitas vezes, avalia seu progresso com relação a diversas formas de opressão pelo grau em que proíbe – legal e culturalmente – formas abertas de discriminação. Em particular, ela considera um progresso quando se deixa de exigir que as diferenças sejam mudadas (*convertidas*), exigindo-se que sejam ocultadas (*tornadas invisíveis*) e permitindo que elas coexistam, desde que sejam minimizadas (*disfarçadas*). Essa progressão das demandas, da conversão para invisibilidade e disfarce, caracteriza as visões dominantes da história do progresso para as pessoas GLBTO nos Estados Unidos. O raciocínio é algo como: ao passo que antes se esperava que as pessoas GLBTO fossem convertidas ou curadas, hoje se espera que elas ocultem, como na política "não pergunte, não fale" do exército e, em alguns contextos, podem até agir como GLBTO desde que isso não fique óbvio, por exemplo, não se travestir, não fazer demonstrações públicas de afeto ou mencionar seus desejos e seus parceiros do mesmo sexo.

Esse modelo de progresso estabelece hierarquias não apenas entre as diferentes formas de assimilação (sendo a conversão a mais grave), mas entre os diferentes grupos da sociedade a que essas demandas assimilacionistas visam. Em particular, os grupos que são discriminados por causa de traços considerados imutáveis ou necessariamente visíveis – incluindo pessoas de cor e mulheres – têm sido considerados em maior necessidade de proteção legal contra a discriminação do que os grupos que podem ocultar ou disfarçar a situação com mais facilidade. Conforme argumenta Yoshino (2002, p. 771):

O paradigma legal antidiscriminatório americano é dominado pelos casos de raça e, em um grau menor, de sexo. A solicitude direcionada para as minorias raciais e para as mulheres tem sido justificada em parte pelo fato de que elas são marcadas por características "imutáveis" e "visíveis" – ou seja, que esses grupos não podem ser assimilados pela sociedade porque são identificados como diferentes. A lei deve entrar em cena, pois esses grupos são fisiologicamente incapazes de se misturar à sociedade. Em contrapartida, as principais linhas do direito antidiscriminatório americano preocupam-se muito menos com os grupos que podem ser assimilados. Afinal, esses grupos podem ajudar a si mesmos, assimilando-se na sociedade tradicional.

É claro que a distinção entre grupos que são visivelmente identificados e aqueles que não são nem sempre é clara. As diferenças raciais e de gênero nem sempre são claras (como com pessoas de cor que "parecem brancas"), e a orientação sexual nem sempre está oculta (como quando os GLBTO "agem como *gays*" por meio de suas roupas, de maneirismos e de seu pertencimento a seus grupos). Talvez ainda mais importante, nem todas as formas de discriminação são voltadas para diferenças que não podemos mudar ou ocultar. Na verdade, Yoshino argumenta que a discriminação atualmente afeta coisas que *podemos* mudar. Como os GLBTO, as pessoas de cor e as mulheres devem se disfarçar o tempo todo, como não usar um certo modo de falar, utilizar apenas determinadas roupas, pentear o cabelo apenas de determinadas maneiras, comportar-se da maneira adequada para uma mulher, e assim por diante (Yoshino, 2002, p. 781):

> As formas contemporâneas de discriminação às quais as minorias raciais e as mulheres são mais vulneráveis, muitas vezes, assumem a forma de um disfarce forçado. Uma pessoa de uma minoria racial não pode ser punida por não converter ou ocultar suas características sem que isso justifique um processo por discriminação trabalhista (Título VII). Mas pode ser punida por não disfarçá-las – por fazer tranças no cabelo, por falar em espanhol ou com sotaque. Da mesma forma, não se pode criticar uma mulher por não converter ou ocultar suas características, mas, constitucionalmente, os funcionários do Estado ainda têm o direito de criticar uma gravidez sem que isso justifique um processo por discriminação sexual.

As leis antidiscriminatórias que protegem contra as exigências de conversão ou ocultação, muitas vezes, não protegem contra as exigências de disfarce.

Embora essas formas sutis de discriminação possam parecer menos graves do que as exigências de conversão ou ocultação, as exigências de disfarce podem ter o mesmo grau de impacto que as outras sobre o núcleo da identidade da pessoa. Ou seja, uma exigência de disfarce pode envolver que o indivíduo minimize aquelas coisas que são centrais a seu sentido de individualidade. Isso se torna claro quando reconhecemos que nossas identidades e diferenças não estão enraizadas em nossos corpos, mas que se desenvolvem em relação a outras identidades e diferenças. Quem somos tem muito a ver com a maneira como as pessoas se relacionam entre si e enxergam suas relações, o que significa que o sentido de individualidade de uma pessoa tem a ver com o modo como outras pessoas a enxergam, desde traços corporais imutáveis a seus atos e a suas maneiras de ser inconstantes. Por não conseguirem proteger esses atos constitutivos do *eu* (ou, de forma mais exata, por não nos protegerem de respostas discriminatórias a atos constitutivos *transgressivos*), as leis antidiscriminatórias estão exigindo indiretamente que as diferenças sejam assimiladas – pois somente com a assimilação é que evitaremos a discriminação. Isso certamente é o que ocorre quando se fala para estudantes GLBTO que eles não sofreriam agressões e assédio se sua homossexualidade não fosse tão óbvia. É aqui que podemos ver que as reformas educacionais promovem a assimilação: quando obrigamos os estudantes GLBTO a parecerem heterossexuais e comportarem-se como estudantes heterossexuais, quando forçamos estudantes de cor a aprender o mesmo que os estudantes brancos e a agir como eles agem.

Do ponto de vista legal e cultural, devemos questionar a noção de que a exigência de disfarce é menos severa. Isso exige que mudemos nossos pressupostos sobre o que deve ser protegido e, talvez ainda mais importante, sobre quem deve mudar (Yoshino, 2002, p. 938-939):

> Afinal, a prática dos direitos civis diz respeito fundamentalmente a quem deve mudar: o homossexual ou o homófobo? A mulher ou o sexista? A minoria racial ou o racista? Ainda assim, o paradigma atual erra prescritivamente ao estender maior proteção àqueles que não podemos mudar e erra descritivamente ao caracterizar identidades como raça e sexo como incapazes de qualquer forma de mudança. Creio que ele não erraria em nenhuma dessas maneiras se examinasse melhor a ubiqüidade da assimilação. Quando enxergamos o quanto podemos mudar e mudamos em cada eixo de nossa identidade, devemos apreender que qualquer narrativa de discriminação que não leve em conta a assimilação é fundamentalmente deficiente.

O que precisa de proteção não é nossa *incapacidade* de mudar, que, por implicação, significa que aquelas coisas que podem ser mudadas devem ser mudadas. Pelo contrário, o que precisa de proteção é nossa *capacidade* de mudar, para que sejamos livres para ser diferentes daquilo que a sociedade diz que devemos ser. O que deve mudar não são as diferenças que existem entre nós, como se a assimilação fosse curar todos os problemas sociais, mas as maneiras como lemos essas diferenças, as demandas que fazemos a essas diferenças e nossa cumplicidade com sua assimilação.

Para se questionar a exigência de assimilação, é necessário mudar as questões que as reformas educacionais tentam responder, de "como fazemos com que todos os estudantes aprendam como os estudantes brancos aprendem?" para "como as coisas que os estudantes estão aprendendo atualmente (e as maneiras como avaliamos essa aprendizagem) colocam certos grupos em desvantagem, e como podemos mudar essas coisas?" ou de "como podemos proteger estudantes GLBTO de situações que oprimam a diferença sexual?" para "como podemos proteger todos os estudantes de situações que privilegiem determinadas linhas de normalidade sexual?" Até que essas mudanças ocorram, as reformas educacionais continuarão a buscar apenas uma mudança antiopressiva até certo ponto.

LENDO OS "PROBLEMAS" DE MANEIRAS ANTIOPRESSIVAS

Neste capítulo, analisei como as lentes da detração, do medo e da assimilação podem ajudar a questionar as maneiras como pensamos sobre os problemas que envolvem a diferença sexual e racial nas escolas e na sociedade. A pesquisa educacional deve continuar a usar essas lentes para examinar outros problemas em educação, não apenas em termos de segurança ou de diferenças em níveis de desempenho acadêmico, mas também em termos de inclusão, recrutamento e retenção, igualdade de recursos, e assim por diante, nas várias dimensões da diversidade na sociedade (isto é, gênero, classe social, religião, linguagem, necessidades especiais, e assim por diante). Para qualquer problema, devemos perguntar: o problema nos afasta de um reconhecimento mais fundamental da opressão ou das relações desiguais de poder? Nossa leitura do problema exige a assimilação de alguma dimensão da diversidade ou da diferença? Existe alguma forma de medo que nos impede de reimaginar o problema e as soluções possíveis para ele?

Essas lentes não oferecem uma panacéia para nossos problemas. De fato, mais do que propor soluções, elas nos convidam a ler os problemas de diferentes maneiras – maneiras questionadoras – como ao desencobrir as insidiosas exigências de assimilação (e nossa cumplicidade com elas). A educação antiopressiva exige um questionamento constante de nossa compreensão sobre o que significam a opressão e a mudança antiopressiva.

REFERÊNCIAS

American Civil Liberties Union. (2001). Surveillance under the USA PATRIOT Act [On-line]. Available: http://www.aclu.org/SafeandFree/SafeandPree.cfn?ID= 12263 &c=206.

Apple, M. W. (2001). *Educating the "right" way: Markets, standards, God, and inequality*. New York: RoutledgeFalmer.

Carlson, P. (23 de setembro de 2001). California's Barbara Lee under attack for opposing war powers resolution. *Pittsburgh Post-Gazette*, 4.

Chon, M., & Yamamoto, E. K. (2003). *Resurrecting Korematsu: Post-September 11th national security curtailment of civil liberties* [On-line]. Disponível em: http://www1.law.ucla.edu/~kang/racerightsreparation/Update_Ch_8/update_ch_8.html.

Coen, J. (9 de outubro de 2001). Hate-crime reports reach record level. *Chicago Tribune*, 11.

Eng, D. L. (2001). *Racial castration: Managing masculinity in Asian America*. Durham, NC: Duke University Press.

Fay, G. R. (2004). *AR 15-6 Investigation of the Abu Ghraib Detention Facility and 205th Military Intelligence Brigade* [On-line]. Disponível em: http://www.yuricareport.com/PrisonerTorture-Directory/GeneralFay82504rpt.pdf.

Friend, R. A. (1993). Choices, not closets: Heterosexism and homophobia in schools. In L. Weis & M. Fine (Eds.), *Beyond silenced voices: Class, race, and gender in United States schools* (p. 209-235). Albany: State University of New York Press.

Kaneko, L. (1976). The shoyu kid. *Amerasia Journal, 3* (2), 1-9.

Kumashiro, K. K. (2002). *Troubling education: Queer activism and anti-oppressive pedagogy*. New York: Routledge.

Kumashiro, K. K. (2004). *Against common sense: Teaching and learning toward social justice*. New York: RoutledgeFalmer.

Lee, R. G. (1999). *Orientals: Asian Americans in popular culture*. Philadelphia, PA: Temple University Press.

Moore, M. (Produtor & Diretor). (2004). *Fahrenheit 911* [Filme]. Available: Columbia Tristar Home Entertainment, 10202 W. Washington Blvd, Culver City, CA 90232.

Osajima, K. (1993). The hidden injuries of race. In L. A. Revilla, G. M. Nomura, S. Wong, & S. Hune (Eds.), *Bearing dreams, shaping visions: Asian Pacific American perspectives* (p. 81-91). Pullman: Washington State University Press.

Pinar, W. F. (2001). *The gender of racial politics and violence in America: Lynching, prison rape, and the crisis of masculinity*. New York: Peter Lang.

Said, E. (1979). *Orientalism*. New York: Vintage.

Sanday, P. R. (1990). *Fraternity gang rape: Sex, brotherhood, and privilege on campus*. New York: New York University Press.

Taylor, H. (2001). *Overwhelming public support for increasing surveillance powers and, in spite of many concerns about potential abuses, confidence that these powers would be used properly* [On-line]. Disponível em: http://www.harrisinteractive.com/harris-poll/index.asp?PID=260.

United States Department of Education. (2002). *PL 107-110 The No Child Left Behind Act of 2001* [On-line]. Disponível em: http://www.ed.gov/policy/elsec/leg/esea02/index.html.

Yoshino, K. (2002). Covering. *Yale Law Journal, 111*, 769-939.

7

SUBALTERNOS NO PARAÍSO:
A produção do conhecimento na academia corporativa

STANLEY ARONOWITZ

INTRODUÇÃO

Em seu conhecido artigo "Can the subaltern speak?", escrito há mais de 20 anos, Gayatri Spivak (1988) incitava seus interlocutores a considerarem as condições do pós-colonialismo. Embora as chamadas nações do Terceiro Mundo sejam independentes do ponto de vista formal, suas economias permanecem amarradas ao capitalismo global. Nesses países, os pobres e, especialmente, as mulheres permanecem em silêncio, sem representação ou sub-representados. De qualquer maneira, elas raramente representam a si mesmas e permanecem sob a dominação dos homens. Antes de qualquer coisa, vêm seus maridos e seus pais. Spivak argumenta que os ocidentais não podem falar por aqueles silenciados pela repressão. Mesmo com boas intenções, a capacidade dos subalternos de falar por si mesmos é prejudicada por interesses liberais. Ainda assim, novas lutas contra o capitalismo global produziram um novo discurso dos direitos humanos, em que o universal mais uma vez assumiu seu lugar no léxico da emancipação. Embora a advertência de Spivak ainda valha para nossa época, ela deve ser adaptada para novas condições. Embora as pessoas historicamente excluídas da participação, em todos os níveis do Estado Nacional, precisem se organizar para superarem o ônus da dominação e da exploração, as estruturas repressivas do controle estatal e patriarcal, especialmente em zonas rurais da Ásia, África e América Latina, exigem que os poucos privilegiados adquiram uma visão global.

A subalternidade é um eufemismo para os excluídos, o *outro*, os desprezados, os desterrados. Para melhor ou para pior, os subalternos já foram identificados com as classes camponesas pobres, incluindo o exército urbano da mão-de-obra naquele que se costumava chamar de Terceiro Mundo, e hoje se chama, mais precisamente, de mundo em desenvolvimento. Nas sociedades capitalistas ditas avançadas (onde o adjetivo se refere ao nível de desenvolvimento das forças de produção e dos padrões de vida, que geralmente são elevados), somos visivelmente tocados por povos subalternos, devido às grandes ondas de imigração que quase todos experimentam. Como a imigração do leste e sul da Europa na virada do século, a atual onda traz à costa dos Estados Unidos pessoas que foram expulsas da terra ou, no caso dos judeus, que não estavam dispostas a lutar nas guerras do czar.

Atualmente, existe um grande debate internacional sobre a imigração, um aspecto vital da globalização. O que está ocorrendo na África, na China, na Índia e na América Latina não é nada menos que novas *enclosures*. Centenas de milhões de pessoas que possuíam alguma forma de propriedade rural estão sendo expulsas de seus lares ancestrais, para as cidades do mundo em desenvolvimento e para as cidades do mundo desenvolvido, pela força de armas, leis, inovações tecnológicas na agricultura ou pela fome. Lá, encontram empregos industriais malremunerados, são condenadas a trabalhos eventuais ou desemprego e não são bem-vindas como cidadãos políticos desses novos hábitats. Os defensores dos direitos humanos dizem que as velhas fronteiras nacionais são, no mínimo, arcaicas, e que a economia política do mundo desenvolvido exige a importação de mão-de-obra barata e vulnerável para superar a praga mundial da queda nos níveis de lucro. Conseqüentemente, alguns argumentam que o movimento do capital e, desse modo, os movimentos da mão-de-obra através de fronteiras nacionais tornam urgente uma redefinição da cidadania. Muitos, especialmente no oeste europeu e em Israel, são classificados como trabalhadores convidados, uma designação que os sujeita à expulsão a qualquer hora. Nos países em desenvolvimento, eles têm pouca chance de obter *status* legal.

A privação de direitos e privilégios não se limita aos imigrantes. Apesar de seu *status* formal como cidadãos de um Estado Nacional, muitos indivíduos nativos não possuem os elementos básicos da cidadania verdadeira. Eles raramente ou nunca participam de instituições da sociedade civil, como associações de pais e mestres, organizações cívicas e sindicatos. Mesmo quando estão empregados, as circunstâncias, como longos turnos de trabalho, empregos múltiplos e a dupla jornada para as mulheres, contribuem para sua exclusão das instituições mais informais da vida democrática. Os Estados Unidos – sempre os inovadores na anulação dos direitos trabalhistas e historicamente dependentes não apenas da proibição de greves e boicotes, mas também da exclusão categórica de negros do local de trabalho industrial, exceto em tempos de guerra – são os pioneiros na introdução de uma nova dimensão de subalternidade. Milhões de trabalhadores, brancos e negros, foram expulsos do trabalho industrial, vítimas das inexoráveis políticas de cortes de custos das grandes e pequenas empresas. Juntas, a exclusão tecnológica, a terceirização e a fuga de capital reduziram a quantidade e a qualidade dos empregos industriais. Por exemplo, enfrentando uma forte concorrência global, principalmente de sociedades desenvolvidas, a antes poderosa e aparentemente invulnerável indústria automotiva americana está eliminando alguns dos melhores empregos, pelo menos em termos monetários, da economia dos Estados Unidos. As indústrias têxteis e de vestuário, que já foram as maiores empregadoras da mão-de-obra industrial e que são sombras do que já foram, estão movendo-se para a América Latina e para o leste asiático (principalmente da China), onde os salários são entre 5 e 15% dos salários americanos, que já são baixos. À medida que a rede de segurança desaparece rapidamente, eles são forçados a entrar para a economia informal – não apenas trabalhando informalmente em oficinas industriais, mas entrando para o tráfico de drogas e outras fontes depreciativas de trabalho eventual.

Todavia, estamos passando por uma nova fase da subalternidade. Em quase todos os setores do trabalho intelectual, está sendo construído um sistema que estabelece diversas classes, em uma hierarquia cada vez mais clara. Da engenharia e programação de computadores ao trabalho acadêmico, alguns são premiados com empregos "reais", enquanto muitos são relegados à condição de mão-de-obra eventual, temporária e incerta. É mais provável que um profissional de informática seja um *free-lancer*, trabalhando com reparos e manutenção, do que um empregado contratado. Como todos os *free-lancers*, ele tem pouco tempo para lazer e certamente nenhum para participar da vida da comunidade. Outra questão: os professores horistas ou substitutos em faculdades e universidades, muitas vezes, têm apenas empregos temporários. Essas posições já não representam o domínio de pessoas cujo emprego em advocacia, administração de empresas, jornalismo e áreas técnicas muito especializadas lhes permite lecionar uma disciplina ocasional quando a instituição não tem condições de contratar alguém em tempo integral para lecionar disciplinas que deveriam ser ministradas por profissionais experientes, que trazem suas ricas experiências práticas para a sala de aula. O novo professor horista ou substituto provavelmente será um escravo assalariado, cuja carga de aula representa duas a três vezes a dos professores efetivos. Lecionando entre cinco e sete disciplinas em duas ou três instituições diferentes, o professor horista ou substituto dificilmente terá tempo para fazer qualquer trabalho intelectual, muito menos para participar da sociedade política ou civil. Esses trabalhadores são verdadeiros prisioneiros do sonho americano fracassado: obtenha uma boa formação (ou pelo menos uma credencial) e você poderá ter uma vida intelectual, garantir seu emprego, com muitos benefícios e com muitas licenças sabáticas periódicas para escrever e obter alívio espiritual. Em vez disso, eles se situam na base da pirâmide educacional, e suas vidas consistem de um trabalho interminável.

I

A história da educação superior americana no século XX foi periodicamente marcada por alegações de que suas instituições haviam sido seriamente comprometidas pela influência empresarial e estatal na condução de investigações acadêmicas e por infrações administrativas contra a aspiração tradicional da gestão compartilhada. *Higher Learning in America* (1918), de Thorstein Veblen, e *Knowledge for What?* (1939), de Robert Lynd, foram indicações prescientes da universidade corporativa ainda não-madura. Questionando se a educação superior deveria servir ao bem público ou ao ganho privado, o discurso de Veblen e Lynd foi visto com muito ceticismo, mesmo quando os autores receberam o apoio de indivíduos respeitados. No momento de suas intervenções, os Estados Unidos estavam preocupados com as Guerras Mundiais daqueles períodos e consideravam seriamente mobilizar seus recursos intelectuais, incluindo as universidades. Nessas circunstâncias, os apelos à liberdade e à autonomia acadêmicas tendiam a cair em ouvidos moucos. De fato, ao contrário de alguns países europeus, onde a pesquisa científica e tecnológica era conduzida por institutos independentes em vez de universidades, os consultores científicos do presidente Franklin

D. Roosevelt recomendaram que algumas escolas públicas e privadas de elite, como Berkeley e Princeton, ficassem encarregadas das responsabilidades associadas aos aspectos científicos e tecnológicos dos esforços de guerra. Embora se tenha decidido terceirizar a maior parte da produção de armas para empresas privadas, em vez de produzir o material em fábricas estatais (os componentes da bomba atômica foram uma das principais exceções), o governo comprava quase todos os produtos da pesquisa. Ainda assim, a guerra e a Guerra Fria que se seguiu não apenas produziram uma grande indústria bélica, como resultaram na vasta expansão e diversificação de indústrias químicas, eletrônicas e de transporte, que, coletivamente, foram os motores da expansão econômica até a década de 1970.

Em 1960, sob os imperativos da Guerra Fria, o poder militar/empresarial havia se expandido tanto sobre cada aspecto da sociedade americana, que um presidente conservador como Dweight D. Eisenhower advertiu contra o "complexo militar-industrial", discutido quatro anos antes em detalhe por C. Wright Mills, em seu magistral livro *The Power Elite* (1956). Veblen também argumentou que, por causa da Lei Morrill de 1863, segundo a qual, pela primeira vez, o Congresso comprometia o governo federal a apoiar a educação superior pública (principalmente com doações de terras), o grande negócio da universidade era fornecer conhecimento e um núcleo de treinamento de mão-de-obra para a indústria privada, especialmente em ciências e na tecnologia da produção agrícola. A principal idéia por trás dessa afirmação é que o conceito de uma universidade autônoma, reverenciado desde o Iluminismo, permanecia um ideal que estava longe da situação existente. Mais de dois anos antes de a entrada dos Estados Unidos na Segunda Guerra Mundial mudar a paisagem da relação entre a educação superior e o governo federal, Lynd levantou a instigante questão de se a universidade deveria servir a interesses públicos ou privados.

Esses trabalhos foram exemplos importantes da crítica social, que apontavam para as tendências corporativas nas universidades, mesmo que a maioria das instituições de educação superior promulgasse a ficção de que seu corpo docente se dedicava à busca neutra do conhecimento. A decisão da administração Roosevelt (no contexto dos preparativos para uma guerra mundial) de investir em suas pesquisas bélicas em algumas universidades importantes já havia levantado dúvidas de que os cientistas não poderiam permanecer livres para executar seu trabalho independentemente do exército ou dos imperativos da Guerra Fria. Durante a era da Guerra Fria, essas dúvidas ocuparam o trabalho de críticos sociais e estudiosos como I. F. Stone, Michael Klare, Noam Chomsky e Edward Herman, entre outros. Contudo, o argumento de que os interesses da segurança nacional dos Estados Unidos superavam as preocupações com sua autonomia, além da crescente centralização das verbas disponíveis para pesquisa científica e tecnológica no meio militar, persuadiu muitos cientistas a colaborar com o programa militar do governo federal, especialmente porque o Departamento de Defesa dava um grande apoio para a pesquisa básica que não estava diretamente ligada ao esforço de guerra. Uma das funções mais importantes dos contratos de defesa era amparar as ciências humanas na universidade, especialmente as humanidades e as ciências sociais. De fato, com a ausência de outras fontes de recursos, os contratos de defesa nacional, muitas vezes, se tornavam o único meio pelo qual os cientistas naturais e sociais podiam fazer pesquisa teórica ou trabalhos que não estivessem diretamente conectados com os imperativos da guerra.

Na década de 1980, escritores como Martin Kenney descobriram o "complexo universitário-corporativo", concentrando-se não em contratos governamentais, mas em parcerias entre universidades e empresas. Em *Academic Capitalism*, Slaughter e Leslie (1997) chegam a conclusões semelhantes de que a busca do conhecimento como bem público, assim como em seu próprio nome, não era mais um valor compartilhado da comunidade acadêmica, se é que um dia foi. O colapso da União Soviética e o fim dos Estados que a sucederam como superpotências militares e rivais políticos dos Estados Unidos levantaram questões profundas para o meio científico. Como o elevado nível de pesquisas nas universidades americanas poderia ser mantido na era pós-Guerra Fria? A meticulosa pesquisa empírica de Slaughter e Leslie demonstra que, após a estagnação dos financiamentos federais (nas décadas de 1980 e 1990) para a pesquisa básica e aplicada nas ciências, as principais universidades de pesquisa aumentaram sua dependência, entrando em parcerias com grandes corporações farmacêuticas, químicas e eletrônicas. Em 1992, foi realizada uma conferência, reunindo os presidentes e outros diretores das principais universidades pesquisadoras, para responder a esse desafio. Segundo Jonathan Cole, reitor da Columbia University e organizador da conferência, eles tinham apenas uma opção: buscar o apoio da indústria privada. Segundo esses arranjos, as corporações forneceriam grandes verbas para a universidade, em troca de patentes conjuntas e do "acesso prévio e revisão de todas as publicações propostas e apresentações feitas por docentes cujo trabalho a companhia patrocinasse" (Walsh, 2004). Embora a pesquisa nas chamadas *ciências sociais*, associada a ramificações da sociologia e especialmente da ciência política, não tenha sido submetida ao controle e à influência diretos das empresas, essas subdisciplinas há muito são subordinadas ao Estado (Fisher, 1993). Essas relações levaram os críticos a perguntar se o declínio em termos de dólares reais nas verbas do governo federal para a pesquisa básica e neutra não seria um reflexo do programa conservador de privatização do conhecimento, ao contrário de limitações orçamentárias. Dito de outra forma – não seriam as décadas de "crise orçamentária" uma máscara ideológica e política para um ataque contra o bem público, colocado em termos puramente fiscais?

Além disso, a privatização do conhecimento científico levou a um sigilo amplo. Os cientistas que geralmente aceitavam a doutrina de que a natureza de seu trabalho envolve compartilhar o conhecimento, agora, por contrato, juram manter segredo. O surgimento de parcerias teve um efeito negativo na tradição da transparência científica, do conhecimento compartilhado e do debate aberto sobre as descobertas científicas. Em encontros científicos, não é incomum autores removerem de seus artigos todas as informações que possam violar os direitos de patente de seus patrocinadores corporativos. Como os sistemas de gratificação das universidades pesquisadoras baseiam-se em resultados e, em um mercado global muito competitivo, os parceiros corporativos exigem que os pesquisadores se mantenham à frente da concorrência, a erosão da ética e da honestidade tem levado a casos freqüentes de fraude em publicações. Além disso, alguns cientistas investem ou recebem contratos lucrativos de consultoria das corporações que apóiam sua pesquisa, muitas vezes recebendo dividendos substanciais. O fato de que essas práticas são condenadas como antiéticas pelos principais porta-vozes da American Association for the Advancement of Science e outras instituições é uma medida do quanto elas estão disseminadas nos círculos científicos.

Todavia, não se ouve mais que um murmúrio sobre o fato encoberto da mercantilização do conhecimento, que se tornou a principal conseqüência do final do mundo bipolar criado pela Guerra Fria. Se o conhecimento está sujeito às forças do mercado – ou seja, ele pode ser comprado e vendido como qualquer outra mercadoria –, conclui-se que o conhecimento científico tornou-se propriedade privada e a universidade que produz pesquisa é mantida por sua capacidade de vender seus produtos para aquele que pagar mais, em cujo caso ela se torna, em si, uma entidade empresarial. Manter segredos comerciais é prática comum entre concorrentes empresariais, mas, contradizendo um dos primeiros princípios do Iluminismo científico do século XVII – que para estimular a crítica e a revisão, o conhecimento científico deve ser amplamente compartilhado –, a mercantilização significa exatamente o contrário: se a universidade se mantém como o produtor fundamental do conhecimento científico, ela não pode mais ser um bastião da investigação aberta. Dizer que a subordinação do conhecimento à forma mercantilizada é do interesse público é uma questão complexa. Quando a base de conhecimento da qual depende a inovação tecnológica é considerada adequada para uma multiplicidade de aplicações, muitas corporações decidem que um volume grande de pesquisas básicas não apenas se torna desnecessário, como também improdutivo. As agências federais, como a National Science Fundation (Fundação Nacional de Ciências), podem alocar verbas para esses projetos, mas os legisladores, sem um argumento convincente como o representado pela corrida para desenvolver uma arma nuclear durante a Segunda Guerra Mundial ou durante a Guerra Fria, concordam com as firmas farmacêuticas e eletrônicas que a nova ciência deve assumir uma posição secundária ao desenvolvimento de produtos que possam facilitar o investimento, a circulação e a lucratividade do capital. Em suma, enquanto o conhecimento for visto como uma mercadoria, o conceito de "neutralidade" na pesquisa continuará em eclipse.

II

Contudo, o desafio mais sério à independência do sistema acadêmico na sociedade americana é o efeito dessas práticas sobre o direito mais fundamental dos professores: a liberdade acadêmica. O fato de que agências federais como a Fundação Nacional de Ciências e o National Institutes of Health (Instituto Nacional de Saúde), encarregadas de prover verbas para a pesquisa, têm privilegiado cada vez mais as propostas dedicadas a produzir conhecimento que possa se traduzir facilmente em produtos já é quase lugar-comum. Desde o governo Clinton, o propósito das políticas federais de ciências tem sido estimular a pesquisa aplicada, em detrimento da pesquisa pura. O relativo declínio das verbas para a física teórica, por exemplo, pode ser atribuído ao longo período de transição entre a ciência básica e suas conseqüências práticas. Desde a transformação da biologia em uma tecnociência, na qual o paradigma molecular fundamental está intimamente ligado a aplicações, as verbas tornaram-se escassas para aqueles que insistem em trabalhar no campo da ciência evolutiva ou na antiga perspectiva funcionalista. Atualmente, se a universidade não estiver preparada para sustentar essas pesquisas, e as fundações privadas, cuja sensibilidade científica não está longe do consenso vigente, não tiverem uma visão favorável, o evolucionista e o praticante de outras disciplinas biológicas mais antigas se encontram sem laboratórios, verbas para saídas de campo e assistentes para auxiliar em seu trabalho. Nas ciências da vida, o dinheiro está disponível quase exclusivamente para pesquisas sobre biologia molecular e biofísica, áreas em que o conhecimento pode ser transformado rapidamente em aplicações biotecnológicas comerciais (especialmente para organismos geneticamente modificados em alimentos) e farmacêuticas. Essas privações não são vistas como uma violação da liberdade acadêmica, pois não existe uma autoridade para dizer aos biólogos que eles não podem fazer o fascinante trabalho associado a encontrar a origem de nossa espécie ou de outras espécies, assim como os físicos não estão proibidos de procurar as unidades que constituem a matéria ou a história do Universo. Todavia, não havendo dinheiro disponível, exceto para um pequeno grupo de pesquisadores, as próprias prioridades já acarretam rejeitar esses projetos, e os cientistas que desejam se manter "relevantes" devem se alinhar.

É claro que durante o período de emergência da guerra (que ainda não terminou), o governo federal, no interesse da segurança nacional, reivindica o direito de estabelecer prioridades na pesquisa científica e prover incentivos fiscais para reforçar sua posição. Essa abordagem é particularmente efetiva em uma época em que os custos da pesquisa científica, especialmente em tecnologias necessárias para realizar experimentos, levaram à distinção entre a *grande ciência* e a *pequena ciência*. Os exemplos da grande ciência são conhecidos: grupos envolvidos em aplicações da física e da engenharia para as viagens espaciais; os imensos aceleradores necessários para experimentos com a física de partículas de alta energia; os programas massivos de biofísica do Instituto de Tecnologia de Massachusetts e de diversos *campi* da University of California, especialmente Berkeley, Los Angeles, Davis, São Diego, Irvine e Santa Bárbara. Contudo, mesmo nos centros da chamada pequena ciência, como na faculdade de medicina Mount Sinai em Nova York, onde, durante a década de 1980, o foco se limitava nitidamente a encontrar soluções moleculares para problemas da pesquisa sobre o cérebro, as oportunidades de obtenção de verbas eram o que movia todo o programa de pesquisa da instituição. Mesmo atualmente, não existe razão para crer que qualquer instituição de pesquisa importante adotaria uma abordagem diferente. Nessas circunstâncias, físicos importantes, como o falecido Richard Feynman ou Steven Weinberg, ou evolucionistas e biólogos, como Stephen J. Gould e Richard Lewontin, são importantes para as universidades como ornamentos que representam seu comprometimento com a excelência intelectual. Enquanto isso, nas fábricas de conhecimento da pesquisa lucrativa é realizada a maior parte do trabalho que a universidade precisa para sua sustentação financeira.

Todavia, junto com as recompensas, vêm as punições. Imediatamente após o 11 de setembro, entre as muitas reconfigurações das liberdades civis e da liberdade acadêmica, o governo Bush lançou um programa de assédio de professores que não fossem cidadãos americanos, principalmente os originários do Oriente Médio. Algumas universidades estaduais colaboraram com o Departamento de Justiça, despedindo-os ou permitindo que o governo implementasse um programa de vigilância. Apesar da seriedade desses atos de repressão política, o governo justificouos com base na segurança nacional e, como resultado, com exceção das objeções registradas por organizações de direitos humanos e liberdades civis, eles sequer foram questionados. Mais recentemente, também com base na justificativa da segurança nacional, o governo está lançando uma proposta para permitir que o governo federal intervenha mais diretamente no monitoramento dos currículos que as universidades americanas oferecem aos estudantes estrangeiros. Porém, um caso recente na prestigiosa University of California em Berkeley levanta questões mais sérias para nossas concepções da missão básica da educação superior. No outono de 2003, a administração da universidade negou *tenure* (estabilidade no emprego – o que resulta em não-renovação do contrato) a Ignacio H. Chapela, um professor assistente de ecologia, contrariando a recomendação unânime de seu departamento e do conselho docente em seu favor. Em novembro de 2001, Chapela e um estudante de pós-graduação, David Quist, publicaram um artigo na revista científica britânica *Nature*, que dizia que o "milho nativo do México havia sido contaminado por material proveniente de milho geneticamente modificado". Seis meses depois, a revista recebeu diversas cartas contestando a pesquisa e publicou um editorial reconhecendo que não havia evidências "suficientes para justificar o artigo original". À medida que a controvérsia tomou vulto, Chapela disse que suspeitava que o periódico havia sido pressionado por cientistas que trabalham com a indústria biotecnológica e observou que havia criticado um acordo feito em 1998 entre a universidade da California-Berkeley e a Novartis, uma empresa suíça de biotecnologia, da qual a universidade receberia 5 milhões de dólares por ano durante cinco anos "em troca de informações sobre publicações e apresentações do corpo docente em conferências" (Walsh, 2004).

O caso Chapela é apenas um dos exemplos mais gritantes de suspeita de que a administração de uma universidade conhecida tenha usado critérios não-acadêmicos para rejeitar um candidato à estabilidade no emprego. Durante a década de 1960, o dissenso acadêmico costumava ser recebido com represálias da parte das autoridades universitárias. Embora alguns tenham suportado a pressão governamental para disciplinar professores recalcitrantes, a administração da Columbia University esmerou-se em criar um ambiente inóspito, para que mesmo alguns professores titulares proeminentes se sentissem obrigados a sair. Ao mesmo tempo, tornou-se um segredo aberto que, quando todo o *campus* foi tomado por manifestações estudantis em 1968, a administração, que guardava em suas mãos o direito de conferir estabilidade, rotineiramente negava essa condição aos radicais, afirmando não ter preconceitos, pois rejeitava os pedidos de estabilidade da maior parte dos professores assistentes. É claro que o princípio e a prática da liberdade acadêmica estão no centro da questão, mas, juntamente com a capacidade de a instituição tolerar críticas, especialmente de seus próprios parceiros corporativos, há a questão há muito debatida do papel do professor na governança acadêmica em uma época em que a educação superior está cada vez mais privatizada. Nos últimos 15 anos, os professores apenas foram espectadores enquanto as lealdades da administração, com o estímulo dos governos, mudaram seu compromisso com a educação superior como um bem público para se tornarem atores contratuais no teatro da hegemonia capitalista. Com exceção de alguns poucos departamentos relativamente privilegiados e instituições de elite, as humanidades e as ciências sociais sofreram cortes ou formas de estagnação debilitantes, enquanto os programas de ciência e tecnologia são financiados de modo a prepará-los para buscar verbas privadas.

O caso Chapela sequer chegou a gerar controvérsia, seja em seu próprio departamento, seja no nível do corpo docente como um todo. O fato de que a administração tomou a decisão de rejeitar a avaliação consensual dos colegas de Chapela em seu favor enfatiza um problema que tem atormentado seus defensores há décadas, com relação ao que se chama de *governança compartilhada*. Embora tenham reconhecido o papel de governo da administração universitária – erroneamente, eu diria –, eles insistem no papel igual dos professores, especialmente em questões acadêmicas como estabilidade e promoções. De fato, o estabelecimento de comitês de promoção e estabilidade, que na maior parte dos casos são compostos exclusivamente por professores, perpetua a percepção da governança compartilhada. Ainda assim, em todas as universidades e faculdades públicas e na grande maioria das instituições privadas, as decisões de comitês de promoção e estabilidade e de pró-reitores têm o valor de recomendações a uma administração soberana, que, por direito próprio, pode, com impunidade, rejeitar as recomendações de corpos inferiores. De fato, a autoridade arbitrária do presidente e seu escritório costuma ser combatida por candidatos, conselhos de professores e sindicatos. Muitas escolas estabeleceram tribunais de apelação para julgar casos de demissões de professores, discriminação em questões salariais, rejeição de estabilidade e promoção. Em certas escolas onde os sindicatos têm poder de barganha, o caso é submetido a um procedimento de queixa formal. Porém, em muitos casos, os candidatos são obrigados a ir à justiça para obter restituições e, de um modo geral, os tribunais são extremamente relutantes para intervir no que acreditam ser decisões puramente acadêmicas.

Se a aplicação ampla da estabilidade no emprego, obtida após décadas de lutas e agitação, significar que os professores estão livres para procurar outros canais de investigação que possam ser malquistos e desvantajosos para a universidade e seus parceiros, existem razões para crer que seu curto reinado de 60 anos está em perigo. O fato de que as universidades e faculdades públicas e privadas, como conseqüência de limitações orçamentárias e de suas próprias prioridades, adotaram a prática de empregar substitutos, horistas e estudantes de pós-graduação para lecionar a maior parte das disciplinas introdutórias já é bastante conhecido. Muitos substitutos, horistas e estudantes de pós-graduação são ótimos professores. De qualquer modo, eles não são piores do que os professores efetivos. Em termos pedagógicos, a diferença reside principalmente no fato de que o substituto ou o horista raramente é pago pelo tempo necessário para prestar orientação acadêmica ou para preparar aulas. Além dessas condições notórias, a disseminação de uma vasta força de trabalho avulso na academia ameaça a estabilidade e a liberdade acadêmica. Ela enfraquece a estabilidade, pois a grande maioria dos substitutos é contratada por um semestre ou ano acadêmico, e a condição de sua recontratação impede-os de realizar investigações intelectuais livres. A falta de liberdade não deve ser atribuída tanto às políticas quanto à sua situação incerta. Qualquer conflito com um chefe de departamento – pessoal, intelectual ou político – pode ser e muitas vezes é uma ocasião para o término mesmo de um relacionamento duradouro com a instituição. E recentemente, muitas faculdades contrataram professores em contratos de um a cinco anos sem estabilidade, alguns dos quais são renováveis a critério da administração, enquanto outros não são. Nas universidades Harvard, Yale e outras instituições de elite, essas posições podem ser trampolins para empregos permanentes em outras entidades. Todavia, em faculdades comuns de 3 e 4 anos, após terminar seu prazo, os professores costumam migrar para outro trabalho temporário.

Estamos no começo de uma era em que a estabilidade está se tornando uma condição privilegiada, reservada para uma minoria relativamente pequena de docentes. Quando esta ou a próxima geração de professores com estabilidade se aposentar do serviço ativo, a menos que o professorado, como coletividade, esteja mais bem organizado e mobilizado do que atualmente, podemos ter um retorno à situação que prevaleceu desde o século XIX às quatro primeiras décadas do século XX. Naquela época, os diretores de instituições privadas raramente conferiam estabilidade a alguém, e a situação não era melhor em faculdades e instituições públicas. Por exemplo, um dos principais estudiosos e críticos literários do período após a Segunda Guerra Mundial, Lionel Trilling, obteve estabilidade na Columbia University após mais de dez anos em contratos de um ano, durante os quais ocupou a posição de instrutor, apesar de ter um Ph.D. e de ter publicado uma importante biografia de Matthew Arnold e inúmeros artigos em importantes jornais culturais. De maneira semelhante, embora um ou dois professores do departamento de antropologia de Columbia tivessem estabilidade, figuras importantes, como Ruth Benedict e Margaret Mead, nunca tiveram uma posição permanente.

O pressuposto da estabilidade para estudiosos e intelectuais qualificados foi alcançado por uma mobilização determinada e obstinada da pequena, mas importante, Associação Americana de Professores Universitários. Fundada em 1915 como uma organização nacional dedicada à liberdade acadêmica em um momento em que os presidentes de faculdades e universidades (cuja maioria era politicamente conservadora) detinham poderes quase ilimitados, a associação defendia (1) a instituição da estabilidade para todos os docentes qualificados, (2) a possibilidade de os professores pensarem livremente e de falarem e escreverem opiniões discordantes sem enfrentarem demissões e outras formas de discriminação e (3) a governança compartilhada – seus três objetivos principais. Embora as iniciativas da associação tenham sido cruciais na adoção da estabilidade pela maioria das escolas após a Segunda Guerra Mundial, o medo de uma recessão pós-guerra também merece igual crédito. Para uma academia que tinha 1,5 milhão de estudantes em 1941, o número havia dobrado nove anos depois, principalmente devido à aprovação pelo Congresso, em 1944, da lei Servicemen's Readjustment Act (popularmente conhecida como a Declaração de Direito dos Soldados), que garantia a liberação do pagamento de taxas universitárias para veteranos que retornassem da guerra, proporcionando-lhes apoio financeiro e moradia durante a transição entre o serviço nas forças armadas e um emprego remunerado. Juntamente com a seguridade social, esta foi a reforma mais abrangente do New Deal.

Mesmo assim, a Guerra Fria também trouxe benefícios para a educação superior. O aumento dramático em matrículas, combinado com as verbas federais obtidas por meio do Departamento de Defesa para crédito estudantil e bolsas de pós-graduação, permaneceu quase constante durante 25 anos, até o final da Guerra do Vietnã. Desde a era da Depressão, quando o número relativamente pequeno de professores com doutorado constituía um gargalo para o mercado acadêmico, nos primeiros 20 anos após a guerra, durante os quais os programas de pós-graduação se expandiram à medida que havia verbas públicas para tal, mesmo que ainda ficassem bastante aquém da demanda (segundo um ditado popular, tudo que se precisava ter para se obter um emprego como professor universitário era um Ph.D. e um coração batendo), muitas instituições acadêmicas apressaram-se para instituir a estabilidade para seus professores, principalmente como motivação para atrair candidatos qualificados. Embora o salário fosse modesto, pelo menos em comparação com outras oportunidades para trabalhadores com formação nos setores industrial e de serviços, que se expandiam rapidamente, a perspectiva da segurança de um emprego vitalício atraía muitos que ainda tinham recordações vívidas das dificuldades da Depressão e podem ter sentido os efeitos das recessões do pós-guerra em 1954, 1958 e 1960 a 1961 (Aronowitz, 2000).

Somente a ascensão do sindicalismo acadêmico entre o final dos anos de 1960 e os anos de 1980, que testemunharam a organização de mais de 30% dos professores e funcionários das faculdades e universidades, bem como um crescimento em matrículas da ordem de 500% de 1950 a 2000, salvou a estabilidade temporariamente de um forte contra-ataque. Ainda assim, à medida que muitas instituições, ameaçadas por limitações fiscais e mudanças de prioridades, satisfaziam suas necessidades curriculares e pedagógicas nas ciências humanas com mão-de-obra avulsa e temporária, a prática rotineira entre as instituições populares de conferir estabilidade a professores que cumprissem determinadas exigências de publicação, ensino e outros serviços começou a ser questionada. É óbvio que a alegação de alguns economistas educacionais e líderes de disciplinas acadêmicas de que as escolas de pós-graduação haviam saturado o mercado, produzindo uma quantidade exagerada de doutores, era uma falácia, baseada em sua aceitação ingênua das razões da administração. Mesmo que os diversos elementos da indústria da educação superior tenham insistido que as faculdades e universidades substituíssem individualmente os funcionários aposentados, falecidos e outros que deixassem o emprego na universidade, indexando o número de contratações ao de matrículas e fiscalizando os limites nas razões de professores por alunos, ainda se verificava uma carência em determinados campos. De qualquer modo, o conceito de *gargalo* é um construto empresarial ideológico, cujo sucesso se atribui não a causas naturais do mercado, mas à relação prevalecente de forças políticas na academia. Enquanto os professores se recusarem a desconstruir a ideologia da superprodução, eles continuarão transferindo a culpa da instituição para si mesmos. Nas ameaçadas disciplinas dos estudos lingüísticos, imitando os ofícios da construção, professores proeminentes começaram a exigir uma limitação no suprimento de doutores, elevando os padrões de admissão ou, como dois progressistas argumentaram, institucionalizando um professorado dividido em um sistema hierárquico de dois níveis, com a criação de uma credencial especial de "ensino" (Berube e Nelson, 1995).

III

Por que a administração coletiva da educação superior foi tão condescendente com as pressões para se unir ao mercado de trabalho americano no movimento inexorável para a desvalorização de uma parte considerável da mão-de-obra acadêmica? Afinal, a maior parte dos administradores de nível médio e as principais autoridades máximas eram e ainda são recrutadas das fileiras de professores, apesar do movimento vigoroso de uma variedade de fontes de instalar burocratas empresariais de alto nível nas principais posições administrativas acadêmicas. A explicação comum para a capacidade dos administradores de se adaptarem às novas realidades mercadológicas de seu "negócio" baseia-se principalmente em dois desvios da experiência histórica dos grandes financiamentos públicos. Sob o peso de cortes fiscais federais e estaduais e das condições recessivas que reduziram as receitas estatais, nas décadas de 1980 e 1990 (que foram anos de prosperidade oficial), as legislaturas reduziram drasticamente as verbas para a educação como um todo, mas, particularmente no nordeste e na costa oeste dos Estados Unidos, elas foram severas com as faculdades e universidades estatais. Nos últimos três anos, mesmo as universidades do sul e do meio-oeste, que historicamente receberam grandes verbas e que eram protegidas pelo fato de que muitos legisladores eram oriundos delas, também sofreram cortes em verbas. Segundo essa visão, a educação superior já era mal-afamada por causa da heterodoxia de estudantes e professores desde a década de 1960 até o presente, mas começou a sofrer mais quando a direita ocupou muitos governos estaduais. Nessas condições, argumenta-se que a administração, que afinal é uma burocracia profissional e não um partido político, tem pouca opção senão adaptar suas estratégias às novas realidades – a privatização das ciências e tecnologias, a terceirização de muitos serviços, como a manutenção de prédios, alimentação e livrarias, e o corte constante de custos nas áreas menos viáveis do ponto de vista econômico: as artes, as humanidades e certas ciências sociais, como a antropologia, que não conseguem levantar grandes quantias em verbas externas.

A isso, eu adicionaria uma terceira transformação, que ajuda a explicar por que temos encontrado tão pouca resistência dos administradores do primeiro escalão. Historicamente, os presidentes, reitores e pró-reitores eram e ainda são recrutados principalmente entre os professores e aceitam esses postos como uma exigência da cidadania acadêmica. Depois de seis ou, no máximo, nove ou dez anos, eles querem voltar ao professorado. Se fossem intelectuais sérios – estudiosos, críticos ou cientistas sociais –, a administração seria considerada um dever como os serviços militares, e não uma carreira. Porém, com o advento da universidade corporativa, muitos hoje consideram o ensino e a pesquisa como um prelúdio de uma carreira mais lucrativa como administrador. A transformação da academia em uma empresa exige a formação de uma força cuja lealdade não está mais voltada para seus antigos colegas, cujas principais obrigações são lecionar, pesquisar e publicar, mas para a nova missão institucional de tornar a universidade relevante para as forças dominantes dentro da economia política. A medida de uma carreira administrativa de sucesso não é mais a liderança acadêmica – de fato, muitos pró-reitores e presidentes parecem curiosamente indiferentes ao que acontece na sala de aula ou na vida pública da faculdade ou da universidade. O que conta é o tamanho da doação, a quantidade de verbas de pesquisa e, nas universidades públicas, conseguir segurar a barra contra os cortes orçamentários legislativos. Como pode se consolidar uma "equipe" na direção da universidade corporativa, cuja lealdade é ocultada na instituição e em seus parceiros corporativos?

O principal requisito é reconfigurar a instituição com base no modelo da corporação americana. A hierarquia empresarial tem uma cadeia de comando na qual, ao contrário da antiga universidade colegiada ou da pequena empresa familiar, os limites entre os executivos e os empregados são bastante rígidos, e a divisão entre o trabalho intelectual e manual é aplicada estritamente. Na corporação privada, esses níveis raramente são porosos. Os executivos raramente são recrutados das fileiras profissionais, e os trabalhadores manuais somente podem subir até o nível da supervisão do trabalho. Conforme já mencionado, a tendência em faculdades e universidades é recrutar seus presidentes e vice-presidentes para cargos financeiros e administrativos ou outros postos das fileiras de executivos de empresas, operadores financeiros e comandantes militares. No velho regime, aqueles que vinham dessas áreas poderiam ganhar até 50% acima de seu salário-base, mas os comitês de pesquisa não podem oferecer essa ninharia para importantes executivos e generais. A solução, colocada em prática gradualmente ao longo da última década, é o plano salarial executivo.

Esse plano substitui a antiga prática de oferecer um incentivo de 50% e de 10 a 25% para vice-presidentes, reitores e pró-reitores sobre seu salário profissional, que terminava quando retornassem ao trabalho acadêmico. Atualmente, o presidente da universidade é considerado um alto executivo e, à medida que os administradores universitários e executivos empresariais se confundem cada vez mais, seus salários tornam-se mais competitivos, embora jamais idênticos. Em 2004, alguns presidentes de importantes universidades ganhavam entre 500 mil e 750 mil dólares por ano, além de benefícios como moradia, carro com motorista e verbas ilimitadas para viagens. Além disso, muitos deles ocupam cargos remunerados em diretorias de empresas, mesmo naquelas com as quais a universidade mantém relações. A posição difícil é a do vice-presidente ou pró-reitor de assuntos acadêmicos, cuja tradição ainda exige um acadêmico genuíno. O plano de pagamento executivo para os principais administradores tende a separá-los dos níveis profissionais. Não é incomum que pró-reitores e vice-presidentes de universidades privadas ganhem duas vezes o maior salário do professado de elite ou três vezes o salário médio do corpo docente. Na maioria das universidades públicas, a razão entre o salário dos pró-reitores e o salário máximo dos professores subiu para 1,5 ou 1. Por isso, não é provável que esses indivíduos aceitem limites no tempo que ocupam seus cargos ou, mais ainda, queiram retornar à sala de aula.

Qual o resultado da adoção do modelo corporativo na educação superior? Os interesses da instituição hoje são completamente separados dos interesses do colegiado, e temos assistido à formação de uma classe gerencial/profissional cuja relação com a vida intelectual da instituição é cada vez mais distante ou, para ser mais exato, tende a reduzir os funcionários e professores a empregados dos setores público ou privado. A administração se encarrega da "gestão", e não apenas de prédios e estruturas físicas, serviços e finanças, mas também de suas atividades básicas: ensino e aprendizagem. Em muitas das 4.100 instituições de educação superior, os pró-reitores, sob direcionamento do presidente, não dependem mais de iniciativas docentes para executar programas inovadores ou para criar currículos. O planejamento acadêmico tornou-se domínio da administração e, segundo a rubrica do "serviço à universidade", os professores são convidados – ou designados – para fazer o trabalho básico necessário para colocar suas idéias em prática. Nas faculdades comunitárias, que matriculam a metade de todos os alunos da educação superior, ordens vindas de cima geralmente as obrigam a adotar certos livros didáticos e até certas práticas pedagógicas. Como muitos programas de dois e quatro anos são cursados em parceria com empresas privadas, elas podem determinar o currículo. Nesse caso, os professores são relegados a posições de transmissores do conhecimento recebido, e isso não é mais um ato simbólico, mas uma ordem literal.

Em instituições de pesquisa de primeira e segunda classes, os administradores, sempre sensíveis às forças do mercado, mantêm um esforço determinado para recrutar especialistas de reconhecimento nacional. Devido às exigências das finanças públicas, muitas universidades públicas não conseguem competir com grandes instituições privadas, cujas doações e investimentos lhes proporcionam atrair os maiores talentos. Conseqüentemente, os poucos privilegiados entre os professores ganham salários que chegam ao dobro dos salários médios dos mais bem remunerados nessas instituições. Por exemplo, embora, em 2004, os professores titulares das universidades Columbia, Yale e Harvard tenham ganho um salário anual de até 125 mil a 150 mil dólares, não era incomum que astros das humanidades ou das ciências sociais e naturais começassem a trabalhar nessas universidades ganhando 250 mil dólares, além de generosas verbas para viagens, auxílio-moradia e vários assistentes. Em alguns casos, suas cargas de aula são a metade das do professor médio. O pequeno círculo de astros tende a considerar suas obrigações como sinecuras, a partir das quais podem buscar seus interesses particulares. Alguns continuam a realizar pesquisas e a escrever, enquanto outros se tornam figuras públicas. Porém, com algumas exceções, eles se mantêm distantes dos problemas de suas universidades: mantêm-se alheios enquanto seus alunos de pós-graduação lutam por melhor pagamento e benefícios, ignoram a sina de seus colegas menos ungidos, cujos salários permanecem estagnados por anos, e tendem a se aliar à administração em disputas pela governança docente. É desnecessário dizer que poucos têm contato com a graduação e têm poucas idéias sobre a educação.

QUAIS SÃO AS IMPLICAÇÕES PARA O FUTURO DA EDUCAÇÃO SUPERIOR?

Jacques Derrida fez um forte, mas sutil, apelo para proteger e defender a liberdade acadêmica e a autonomia da universidade contra as conseqüências nefastas da apropriação empresarial e a conseqüente subordinação do conhecimento acadêmico a interesses privados. Acrescentamos os perigos da formação de uma classe administrativa distinta, cujos interesses econômicos e ideológicos estão ligados à ordem corporativa, e de um Estado cada vez mais intrusivo nas questões acadêmicas cotidianas, especialmente no que diz respeito a ceder o controle docente sobre contratações, estabilidade e promoções, questões curriculares e a própria produção do conhecimento. Contudo, aprendemos que, por quase 150 anos, o sistema de educação superior nos Estados Unidos foi parcialmente integrado ao Estado e, para disfarçar sua imagem de torre de marfim, tornou-se um componente prático da base científica e tecnológica da produção e administração de coisas e de pessoas.

Se essas teorias estiverem certas (e essa avaliação vai depender quase exclusivamente do ponto de vista), a tarefa de preservar o que resta da liberdade acadêmica, sem falar de sua restauração, é algo monumental. Obviamente, o ponto de partida deve ser desafiar os professores a reconhecer o ataque contra o pensamento livre, a autonomia do corpo docente como coletividade e suas armas mais poderosas, especialmente a estabilidade. Aqueles que defendem a liberdade acadêmica são obrigados a reconhecer que uma parte substancial dos professores se sente tão ameaçada pelos acontecimentos recentes, que perdeu a esperança. Outro segmento muito menor preocupa-se com o grau em que se tornaram cúmplices dos financiadores governamentais e empresariais, que ditam a natureza e o direcionamento de muitas pesquisas científicas, incluindo a maior parte das disciplinas das ciências sociais e da educação. O terceiro grupo não tem capacidade de reflexão, pois foi formado numa era em que o conceito de parceria – leia-se subordinação docente ao controle empresarial – parece uma coisa natural e, mais ainda, o caminho real para gratificações acadêmicas e financeiras.

Quem sobra? Os filósofos (cuja maioria não se encontra em departamentos de filosofia, especialmente nas universidades de pesquisa), teóricos sociais, humanistas, liberais e radicais assumidos, além de uma pequena fração de libertários que combatem a corporatização, pois compreendem que ela tem pouco a ver com o livre mercado. Muitos se encontram em conselhos e comitês docentes, entre ativistas sindicais acadêmicos, e no pequeno grupo de intelectuais públicos. É desnecessário dizer que suas vozes permanecem emudecidas pela avalanche de crises que aflige a educação superior. Se o chamado às armas de Derrida for ouvido, seus interlocutores precisarão ter uma perspicácia estratégica para entrar no combate. O lugar onde começarão dependerá das questões que possam levar uma minoria forte a focar sua indignação.

A experiência dos movimentos sociais, especialmente do movimento operário, nos fala que os descontentamentos que levam um grupo a agir geralmente não são os mais importantes, do ponto de vista da análise. Em um momento de mobilização para a guerra, os professores podem não prestar atenção nas claras violações dos direitos de professores estrangeiros e, sob pressão de limitações fiscais, podem rejeitar as evidências da privatização crescente. Mas será que conseguirão racionalizar a recusa da administração em ouvir as recomendações dos professores com relação à estabilidade e às promoções? Talvez se ofendam com os administradores, que nunca se cansam de evocar a doutrina do sacrifício em épocas de emergência, desfrutando grandes salários, enquanto impõem um congelamento salarial para professores e funcionários e aplicam incansavelmente o programa de redução dos direitos de grandes partes da força de trabalho. Como universidades e faculdades públicas, eles podem lutar contra a iniciativa estatal de subverter as prerrogativas dos professores com determinações impostas – fundadas e infundadas – sobre o currículo. Em suma, não se pode determinar antecipadamente o que faz o professorado agir, mas uma coisa é sabida: quanto mais abstrato o apelo, menos provável ele será de levar à atividade prática. Expressões como liberdade acadêmica, universidade corporativa e governança compartilhada têm ressonância ideológica, mas é mais difícil encontrar exemplos concretos em que esses ideais sejam violados. Essa é a tarefa do bom organizador.

Conforme afirmou o autor e etnógrafo sueco Goran Palme, devemos "cavar o solo onde pisamos". Em solidariedade, progressistas e radicais têm a obrigação de apoiar as lutas contra o capital global, o racismo e a violência perpetrada contra as mulheres sempre que forem chamados a agir. Atos de solidariedade em lugares específicos, especialmente nas sociedades industriais avançadas, somente fortalecem os movimentos dos subalternos em toda a parte. Mas o verdadeiro teste de uma luta determinada pela liberdade e democracia é se os intelectuais e ativistas estão preparados para lutar para preservar e estabelecer os elementos da cidadania em suas comunidades e instituições, pois, em última análise, o ataque contra os subalternos é diretamente proporcional ao nível de entendimento e mobilização no mundo desenvolvido e em desenvolvimento, à medida que ambos têm um inimigo comum: o capital global. O rápido declínio dos movimentos operários e das forças políticas de oposição em todos os países do oeste da Europa e da América do Norte deixou as pessoas no mundo em desenvolvimento por conta própria. Se elas serão capazes de garantir sua sobrevivência e seu progresso sozinhas é algo questionável, mas os principais obstáculos à emergência de um movimento verdadeiramente transnacional para combater a transnacionalização do capital residem exatamente aqui.

Se pudermos entender o conceito de subalterno de um novo modo – não apenas como um conceito que chama atenção para a situação de privação econômica, mas que descreve a ausência de liberdade social e política –, haverá uma base para resgatar os movimentos de solidariedade para com o "outro" do moralismo abstrato, usando-os para alcançar a nossa própria liberdade. É verdade que, mesmo que tenham passado mais de 30 anos de deterioração dos padrões de vida para a maior parte dos trabalhadores nos países capitalistas avançados, a nossa condição de servidão é mais sutil e enganosa. Talvez sejamos os subalternos no "paraíso". Entre outras coisas, temos uma grande classe gerencial profissional, que é formada por grandes setores do professorado. Existe um sistema de crédito amplo e essencialmente desastroso para sustentar as pessoas nas dificuldades impostas pelo desemprego, pelas pesadas contas do tratamento médico e pelos custos elevados da energia e da educação superior para nossos filhos ou para nós mesmos. Muitos de nós se acostumaram tanto ao derrotismo, que passaram a acreditar que a dominação é uma condição inerentemente humana – algo que talvez seja mais fácil de crer quando comparamos nossa relativa falta de liberdade com as condições opressivas encontradas em outros lugares. Viramos espectadores de nossa própria opressão e, com o aquecimento global, que ameaça a própria existência da vida no planeta, debatemo-nos em lamúrias, em vez de tomarmos atitudes decisivas.

Não podemos mais nos contentar em repetir o desgastado truísmo de que os padrões de vida, mesmo para os pobres, são muito mais elevados no Ocidente do que em qualquer outra parte. Para aqueles que sofrem as inseguranças da nova reestruturação das condições de trabalho e aqueles que já testemunharam a erosão de sua capacidade de desempenhar um papel crucial na governança da sociedade em geral e de seus bairros, de suas cidades, de seus Estados e de seus locais de trabalho em particular, ser lembrados desse privilégio relativo não é alívio ou tampouco incentivo para agir, pois as pessoas somente envolvem-se em atos de solidariedade quando a organização e a ação coletivas tratam de sua situação específica, e a educação superior não é exceção a isso. Se as condições atuais prosseguirem, com exceção de uma pequena minoria, todos viraremos subalternos e, se isso ocorrer, toda a promessa da educação como o caminho para a liberdade será destruída.

REFERÊNCIAS

Aronowitz, S. (2000). *The knowledge factory: Dismantling the corporate university and creating true higher learning.* Boston, MA: Beacon Press.

Berube, M., & Nelson, C. (Eds.). (1995). *Higher education under fire.* New York: Routledge.

Fisher, D. (1993). *Fundamental development of the social sciences.* Ann Arbor: University of Michigan Press.

Lynd, R. S. (1939). *Knowledge for what?* Princeton, NJ: Princeton University Press.

Mills, C. W. (1956). *The power elite.* New York: Oxford University Press.

Slaughter, S., & Leslie, L. L. (1997). *Academic capitalism.* Baltimore, MD: Johns Hopkins University Press.

Spivak, G. (1988). Can the subaltern speak? In C. Nelson & L. Grossberg (Eds.), *Marxism and the interpretation of culture* (p. 271-313). Urbana: University of Illinois Press.

Veblen, T. (1918). *The higher learning in America.* Chicago, IL: B.W. Huebsch.

Walsh, S. (2004). Berkeley denies tenure to ecologist who criticized university's ties to the biotechnology industry. *Chronicle of Higher Education,* 50 (18), A10.

PARTE III
OS SUBALTERNOS FALAM:
CONTEXTOS INTERNACIONAIS

8

LUTANDO POR RECONHECIMENTO:
O Estado, os movimentos de oposição e as mudanças curriculares

JYH-JIA CHEN

INTRODUÇÃO

Nos últimos anos, o papel que as lutas culturais tiveram para acabar com a dominação, seja enraizada no campo da educação, seja na sociedade como um todo, tornou-se parte da agenda intelectual mais ampla do pensamento crítico (ver, por exemplo, Apple, 1995, 1996, 2003). Nesse sentido, as demandas pelo reconhecimento de diferenças culturais podem enfraquecer significativamente a própria legitimidade das injustiças simbólicas, injustiças essas que se baseiam na dominação cultural, na falta de reconhecimento ou no reconhecimento equivocado, no desrespeito e na desvalorização de determinados padrões sociais de representação, interpretação e comunicação (Fraser, 1997, p. 11-39). Pesquisas mostram que diversas frentes de ação coletiva lutam, dentro e fora das escolas, pelo reconhecimento simbólico, pela reavaliação de identidades sociais e pela transformação da estrutura cultural, o que sugere os efeitos de antagonismos sociais diversificados e dos movimentos de oposição sobre a mudança educacional (por exemplo, Chen, 2003; Nozaki, 2005).

A luta pela incorporação cultural e pela formação da identidade foi um aspecto característico da disputa por políticas públicas educacionais em Taiwan, no que diz respeito à produção e à mudança do conhecimento legítimo. As políticas culturais na Taiwan do pós-guerra envolveram um processo episódico de "nacionalizar a cultura chinesa". Nesse processo, "invocou-se a tradição chinesa, construíram-se ícones e narrativas do caráter chinês, reinventaram-se a história e a civilização, domesticaram-se os rituais e as etiquetas, impedindo a participação igualitária de grupos étnicos subordinados na criação da cultura e do currículo" (Chun, 1994, p. 55).[1] Nas duas últimas décadas, a emergência e o desenvolvimento de reformas curriculares revelaram um processo contínuo, no qual diferentes versões de conhecimentos relacionados com Taiwan, em termos históricos, geográficos, culturais e lingüísticos, confundiram-se com a busca por reconhecimento e mudanças culturais. Em particular, articulações ideológicas que giravam em torno de questões de nativização e educação nativa revelam a presença de relações intricadas envolvendo o poder do Estado, orientações culturais, relações sociais, consciência e mudança curricular.

As visões existentes das relações entre o Estado e a educação, embora tendam a considerar o Estado um regulador absoluto, não perdem tempo com a ação coletiva de grupos que buscam reformas educacionais e não entendem as queixas dos movimentos de oposição. Neste capítulo, tento incorporar uma percepção mais nítida do papel dos movimentos de oposição nas análises da formação do Estado e do dispositivo pedagógico. Uma questão fundamental que este capítulo aborda é: até que ponto os movimentos de oposição influenciam a relação entre o Estado e a mudança curricular?

Minha premissa básica é que os movimentos sociais e as lutas étnicas atuam como as principais forças motrizes da mudança simbólica e da reforma pedagógica, com relação à criação do conhecimento oficial. Acredito que os movimentos de oposição fazem a mediação entre o Estado e a educação e que o Estado em formação deve ser visto como um conjunto de ações e projetos que, para alcançar um consenso, são respostas institucionalizadas a movimentos de oposição do passado. As páginas a seguir demonstram que, no contexto da construção de um Estado mais liberal-democrático e governado pelos cidadãos nativos, a mudança curricular em Taiwan envolve disputas populares sobre o controle de instituições ideológicas como as escolas, a apropriação da cultura e da língua e a construção da identidade coletiva. As tendências gerais de privatização nas esferas políticas e educacionais são, de fato, resultado de disputas pela política cultural do reconhecimento.

Este capítulo começa com uma introdução a uma abordagem mais dialética, que deriva da perspectiva de novos movimentos sociais e que volta a incluir o papel dos movimentos de oposição nas análises da conexão entre o Estado e a educação. Dessa forma, analiso a reconstrução de um Estado colonizador em Taiwan e como as mudanças em condições políticas, econômicas e culturais modificaram os limites do próprio sistema estatal. Finalmente, analiso três casos de luta contra a injustiça simbólica – as lutas por interpretações da história, representações da soberania e a produção de currículos localizados – e ilustro como essas lutas constituem iniciativas vitais e insistentes para obter reconhecimento e definir a identidade no contexto da formação do Estado.

TRAZENDO DE VOLTA OS MOVIMENTOS DE OPOSIÇÃO

As teorias dos pesquisadores sobre as relações entre o Estado e a educação demonstram que as especificidades do papel do Estado na educação encontram-se disseminadas em diferentes trajetórias históricas de formação do Estado, lutas ideológicas e contextos culturais, incorporando assim diferentes lógicas de intervenção estatal na escolarização (Ball, 1990; Carnoy, 1989, 1992; Carnoy e Levin, 1985; Carnoy e Samoff, 1990; Curtis, 1988, 1992; Green, 1997). Uma parte relativamente pequena do diálogo entre os teóricos diz respeito ao impacto dos movimentos de oposição sobre a conexão do Estado com a educação.[2] Conforme argumenta Bernstein (1990, 1996), o grupo dominante tende a controlar o dispositivo pedagógico que serve como princípio dominante do controle simbólico e que regula a produção, a reprodução e a transformação da cultura. Ainda assim, o dispositivo pedagógico nunca é um conjunto estável de regras impostas sobre os governados, mas uma arena de lutas onde os agentes e as agências da sociedade civil e o Estado competem entre si pela apropriação do dispositivo. De fato, a luta pela apropriação do dispositivo pedagógico entre forças rivais vem à tona com o tempo e expõe o equilíbrio instável que estrutura o vínculo entre o Estado e a educação, sugerindo que diversas ações coletivas desempenhem um papel central na relação intermediária entre o Estado e a mudança curricular (Chen, 2003).

Algumas idéias obtidas com a perspectiva dos novos movimentos sociais são significativas para se considerarem os fatores culturais e cognitivos dos movimentos de oposição e suas relações com a produção e com a transformação da cultura e do conhecimento oficiais. Em primeiro lugar, os novos movimentos sociais emanam da sociedade civil e visam expandir tal sociedade, onde se localizam os dispositivos hegemônicos (escolas, instituições culturais, associações de voluntários, e assim por diante) e onde se criam e transformam ideologias, identidades, códigos culturais e relações sociais de dominação e resistência. Em segundo lugar, determinado segmento dos novos movimentos sociais está envolvido em disputas contra-hegemônicas, que contestam ou enfraquecem as estruturas de dominação, reorganizando os modelos cognitivos das pessoas em formas que promovem modos alternativos de perceber o mundo (Charles, 2000, p. 3-53; Cohen, 1985).

A teoria que fundamenta a pesquisa sobre os novos movimentos sociais promove o foco no papel da cultura na mudança social. Uma teoria é definida como um esquema interpretativo compartilhado, que não apenas compreende uma realidade, mas também atua como o princípio articulador pelo qual os movimentos sociais identificam situações problemáticas, quem ou o quê deve ser responsabilizado e as alternativas que levam às mudanças desejadas. Os *processos de alinhamento teórico* da ação coletiva envolvem atos de apropriação cultural, pelos quais os organizadores do movimento tentam articular valores culturais compatíveis com as estruturas cognitivas das massas para estimular a atividade de protesto. As teorias gerais de protesto – ou seja, compreensões culturais ou ideológicas compartilhadas que legitimam a ação coletiva – servem como fontes em que os atores do movimento se baseiam para mobilizar os participantes potenciais e para expandir as oportunidades culturais (Hunt, Benford e Snow, 1994; McAdam, 1994). Finalmente, as dimensões da identidade dos novos movimentos sociais chamam atenção para questões simbólicas e sistemas de crenças associados a "sentimentos de pertencimento a um grupo social diferenciado, à auto-imagem dos membros e a novas atribuições socialmente construídas sobre o significado da vida cotidiana" (Johnston, Larana e Gusfield, 1994, p. 7). Dessa forma, a construção de identidades étnicas é considerada o pontapé inicial que leva os participantes do movimento a "nomearem a si mesmos" nos movimentos étnicos ou nacionalistas.

As concepções sobre os novos movimentos sociais contribuem para uma compreensão mais profunda da ação coletiva, da mobilização de massa, das disputas étnicas e da mudança social, que estão no centro da formação do Estado e da reforma pedagógica. A intermediação entre o Estado e a transformação educacional depende de antagonismos sociais, e a etnia é um eixo fundamental de formação da nação, representação política e significado cultural, como ocorreu na Taiwan do pós-guerra. Nas décadas de 1980 e 1990, os movimentos de oposição política e social proliferaram à medida que as tentativas de politizar a sociedade civil e de se apropriar das grandes teorias de protesto alimentaram o desenvolvimento das reformas educacionais de oposição. É particularmente importante observar que as demandas dos movimentos de oposição acabam trazendo mudanças em políticas e currículos, seja pela geração de novos direitos, pela legitimação da cultura subordinada, pela criação de identidades coletivas, seja até certo ponto, pela incorporação das perspectivas dos oprimidos no currículo. Assim, é crucial mostrar *como* o processo de institucionalizar o reconhecimento cultural realmente funciona. Para proporcionar um contexto para a análise desse processo, faço uma breve discussão histórica da formação do Estado na Taiwan do pós-guerra.

O ESTADO EM FORMAÇÃO

Após a Segunda Guerra Mundial, a China assumiu o controle de Taiwan, como resultado da transferência total de poder do governo japonês para o Partido Nacionalista Chinês (o Kuomintang). O Kuomintang introduziu na estrutura política de Taiwan uma preferência explícita por chineses, que governavam a ilha como uma colônia. A grande maioria dos postos do governo era ocupada por chineses, e as posições mais baixas, por taiwaneses. Devido às dificuldades financeiras por trás da guerra do Kuomintang contra o Partido Comunista Chinês, as instituições governamentais de Taiwan enfatizavam a importância de exportar recursos estatais para a China. A dominação chinesa em Taiwan, juntamente com a grande inflação, com o desemprego crescente e com a queda nos padrões de vida, logo levou os taiwaneses a exigir a autogovernança e a abertura de empresas estatais (Zhang, 1988). Durante o massacre de 28 de fevereiro de 1947, após uma revolta de toda a ilha contra os erros administrativos do Kuomintang, milhares de civis foram mortos por soldados chineses. O traumático massacre de 28 de fevereiro e a notória eliminação em massa na década seguinte simbolizaram o rompimento étnico na Taiwan do pós-guerra.

Enquanto em guerra com o Partido Comunista Chinês, o Kuomintang editou algumas medidas provisórias em 1948 para substituir a Constituição da República da China. Décadas de ordens emergenciais haviam legitimado o exercício de poderes presidenciais de emergência, restringindo o estabelecimento de novos partidos políticos e de jornais e proscrevendo qualquer forma de manifestações. O Kuomintang fugiu para Taiwan e declarou lei marcial quando o Partido Comunista Chinês ganhou controle da China continental.[3] Entre outras políticas, o Kuomintang estabeleceu um regime de *fa tong* (literalmente, governar a nação por meio da constituição) para estabilizar seu controle sobre a ilha. Antes de tudo, o Kuomintang declarou-se o único governo legítimo de toda a China, enquanto tratava o Partido Comunista como um regime rebelde. Dessa forma, Taiwan era considerada um posto temporário do Estado da República da China, na missão de *recuperar o continente*. Em segundo lugar, as eleições regionais foram proibidas, de maneira a prevenir a ascensão de autoridades nativas. Outro aspecto do regime *fa tong* era o Congresso dominado por chineses. As eleições para as três Câmaras do Parlamento foram suspensas, a fim de ampliar indefinidamente os mandatos dos representantes que haviam sido eleitos na China, até que pudessem retornar a seus eleitorados. O Congresso dominado pelos chineses era criticado há muito pela oposição, como *parlamentos perenes*.

Ameaças externas, como os fracassos diplomáticos da década de 1970, levaram as forças de oposição a questionar a legitimidade do governo do Kuomintang. Este, por sua vez, mudou, instituindo uma política de taiwanização,[4] melhorias econômicas e reconstrução cultural. A convergência das crises internacional e doméstica na década de 1980 forçou o Kuomintang a se transformar ainda mais, avançando rumo à democratização – uma liberalização política baseada na perspectiva nacionalista chinesa. Juntamente com a tendência de liberalização, houve a proliferação de movimentos sociais e uma expansão dramática da sociedade civil. Segmentos de muitos movimentos sociais tentavam se apropriar de ideologias contrárias, promover identidades alternativas e lutar pela satisfação de suas necessidades. Entre as questões abordadas, estavam a democracia no *campus* e a reforma universitária (o movimento estudantil), autonomia acadêmica (o movimento pelos direitos dos professores), o uso de línguas nativas na mídia e nas escolas (o movimento pelos direitos do povo hakka), para citar apenas alguns dos mais relevantes para a reforma educacional. Questões bastante sensíveis, como o massacre de 28 de fevereiro, não eram mais temas tabus e eram recebidas com simpatia pelo público.

O período do final da década de 1980 e começo da de 1990 assistiu a uma transição de um Estado autoritário, dominado por chineses, para um Estado um pouco mais liberal-democrático, dominado por nativos. O Kuomintang se reconstruiu sob a liderança de Lee Teng-hui, que assumiu a presidência após a morte do presidente Chiang Ching-kuo. Lee Teng-hui logo enfrentou desafios das elites chinesas que ainda estavam no poder e que resistiam às demandas populares por liberalização política. Outros desafios vieram dos crescentes movimentos de oposição, que expunham as contradições no discurso e em diversas políticas estatais, incluindo o modo corporativista de dominação do Estado, o regime *fa tong* e o nacionalismo chinês (Wang, 1993, p. 21-60). Assim, a legitimidade dos novos grupos governantes exigia não apenas o acúmulo de capital, como uma democracia representativa e uma identidade nacional unificada. A facção reformista de Lee Teng-hui e o partido de oposição, o Partido Progressista Democrático, visavam nativizar o poder do Estado e democratizar o regime *fa tong*, com a primeira aderindo ao modelo da República da China e o segundo defendendo a independência de Taiwan. Conseqüentemente, diversos acontecimentos políticos relacionados com a democratização do regime *fa tong* levaram a conflitos entre o Kuomintang dividido e a oposição.

A abordagem de Lee Teng-hui para a reforma parlamentar – em particular, sua designação de um certo número de delegados como representantes nacionais e representantes na China para manter o regime *fa tong* – estimulou os protestos de rua da oposição, cuja principal função envolvia a reeleição completa dos Parlamentos perenes e a aposentadoria compulsória dos membros idosos. Posteriormente, a ilegitimidade da eleição presidencial, que a Assembléia Nacional havia manipulado, irritou estudantes universitários e civis, incitando-os a protestar nas ruas. Em março de 1990, os estudantes universitários, que costumavam ser dóceis, organizaram uma grande paralisação e uma greve de fome para exigir vigorosamente que o Kuomintang destituísse a Assembléia Nacional e revogasse as medidas provisórias. O descontentamento logo explodiu entre as massas por toda a ilha, e mais de 20 mil pessoas protestaram em Taipei, no que ficou conhecido como o Movimento Estudantil de Março. A militância do movimento pressionou o presidente recém-eleito, Lee Teng-hui, a reconstruir totalmente os três corpos representativos nacionais por meio de eleições populares.

O ódio da oposição aumentou quando o presidente Lee Teng-hui indicou um militar chinês para a posição de primeiro-ministro. Estudantes universitários, professores, grupos sociais e o Partido Progressista Democrático mobilizaram um grande movimento contra o governo militar. O número de participantes dos protestos subiu para 10 mil quando a indicação obteve a aprovação do Congresso. Em maio, Lee Teng-hui declarou que as medidas provisórias seriam revogadas e que a Constituição receberia emendas. O objetivo básico desse movimento pode ter sido converter o descontentamento popular em relação às forças conservadoras chinesas em uma agenda de reforma com maior nativização e liberalização política. A abolição das medidas provisórias em 1991 foi de particular importância para o término da "guerra civil" com o Partido Comunista Chinês. No âmbito doméstico, as décadas de "situação de emergência" que haviam legitimado a existência do regime *fa tong* haviam finalmente acabado. Em nível internacional, a política chinesa pragmática começava a prevalecer. As Diretrizes de Unificação Nacional promulgadas no mesmo ano reconheciam oficialmente a República Popular da China como uma entidade política legítima e sugeriam um processo de reaproximação duradoura com ela, segundo a fórmula "uma China, duas entidades políticas".

Por fim, a tentativa de substituir a Constituição nacionalista chinesa por uma Constituição voltada para um Estado dominado por nativos estava inevitavelmente ligada à construção de um novo Estado independente. Dessa forma, a reforma constitucional tornou-se um tema fundamental, possibilitando que os grupos governantes e governados disputassem para legitimar sua própria versão do Estado Nacional em Taiwan. A oposição decidiu levar seus protestos às ruas, organizando uma nova iniciativa constitucional para promover a independência de Taiwan, conhecida como o movimento pela nova Constituição. Durante a extraordinária sessão da Primeira Assembléia Nacional em 1991, uma coalizão entre estudantes e professores universitários e o Partido Progressista Democrático organizou um protesto de dois dias. Mais de 30 mil participantes demonstraram sua oposição aos deputados idosos que faziam as revisões da Constituição (Wakabayashi, 1994, p. 240). O Kuomintang, sob direção de Lee Teng-hui, conseguiu garantir a cooperação do Partido Progressista Democrático e aprovar emendas constitucionais em 1992. Essas emendas, que foram finalizadas nos dois anos seguintes, proporcionaram a base legal para a realização de eleições diretas para a presidência, o governo da província e duas prefeituras. Uma democracia liberal estava em andamento, e o Kuomintang se reconstruiu, transformando-se em um partido eleitoral que buscava o consentimento do "povo".

CONTESTANDO A NARRATIVA OFICIAL E CONSTRUINDO CONTRAMEMÓRIAS

Com maior liberdade de expressão e acesso mais livre aos meios de comunicação, a oposição levou a memória do massacre de 28 de fevereiro, há tanto tempo proibida e negada, a um fórum de debate público, de maneira a contestar a versão oficial do passado. Em fevereiro de 1987, 41 grupos sociais estabeleceram a Associação para a Promoção de 28/2 como o Dia da Paz, a qual organizou uma campanha nacional para mobilizar a memória pública em nome de diversos objetivos simbólicos e práticos: a designação de 28 de fevereiro como o Dia da Paz; o estabelecimento de um monumento comemorativo para os mortos; compensações materiais para as vítimas; um pedido oficial de desculpas pelas medidas repressivas adotadas; e, finalmente, uma investigação do massacre em si. Nos anos seguintes, estudiosos e escritores interessados continuaram a desafiar o Kuomintang pela narração e interpretação do notório massacre. Eles defendiam a liberação de arquivos oficiais, organizaram simpósios sobre o massacre e publicaram relatórios de pesquisas e histórias orais dos familiares das vítimas. O estabelecimento de uma equipe de pesquisa em 1991 por um grupo de intelectuais associados à oposição sintetizou a manobra para incluir o ponto de vista do povo taiwanês na construção da memória coletiva do massacre (Chen, 1989).

Juntamente com a emergência da memória do massacre e a intensificação das lutas contra a dominação chinesa na política, as forças de oposição voltaram sua atenção à relação entre esse tema, que antes era tabu, e os currículos. A partir de 1988, os legisladores do Partido Progressista Democrático começaram a exigir que o massacre fosse discutido em livros didáticos, na esperança de que os estudantes aprendessem uma lição importante com o evento (Yuan Legislativo, 2 de março de 1988). Estimulados pelo clamor por reformas na legislatura, os estudantes universitários também deram voz à sua indignação, queimando livros de história para protestar contra a censura governamental em geral e contra o tratamento do massacre pelo governo em particular (Shi, 2000).

Na década de 1990, o massacre ainda era registrado nos anais da República da China como uma rebelião vergonhosa, organizada por conspiradores controlados por comunistas, e todos os arquivos oficiais relacionados com o massacre permaneciam mantidos em segredo. Em comparação, a República Popular da China alegava que a resistência, atribuída à corrupção da "gangue Chiang Kai-shek americana", havia sido inspirada pela "Nova Revolução Democrática" liderada por Mao Tsé-tung (Hsiau, 2000, p. 168). O discurso oficial sobre o massacre passou por uma transformação crítica nesse processo de nativização, que envolveu uma mudança fundamental na distribuição do poder das elites chinesas para taiwaneses dentro do Estado. Em 1990, logo após o estabelecimento de um plano de reconstrução dos três corpos representativos nacionais, o Instituto Nacional de Compilação e Tradução anunciou que incluiria uma referência ao massacre de 28 de fevereiro nos livros didáticos de história do ensino médio, conforme a seguir (Ministério de Educação, 31 de julho de 1990):

> No começo da retrocessão de Taiwan, havia graves problemas sociais, graças à grande destruição do tempo da guerra, à desordem [social] e à inflação verificadas após a guerra, ao desemprego crescente e à perda dos meios normais de subsistência das pessoas. O regime administrativo da Província de Taiwan era especial quando Chen Yi servia como Governador-geral da Província de Taiwan. [Ele foi indicado] não apenas como Governador-geral, mas como Comandante da Guarnição, possuindo autoridade militar e civil... Isso foi um grande golpe contra as esperanças dos compatriotas taiwaneses, que há muito esperavam a retrocessão [de Taiwan] e um retorno à sua terra natal. As pessoas sentiram-se ainda mais descontentes com o abuso militar e com o abuso político que vinham do Escritório do Governador-geral, com a implementação de regulações econômicas, com a corrupção das autoridades governamentais e com o comportamento inadequado dos militares. Coincidentemente, o conflito entre o governo e os civis começou quando [fis-

cais oficiais] estavam confiscando a venda de cigarros sem impostos, resultando no "acidente de 28 de fevereiro de 1947". Civis inocentes foram atacados, alguns dos quais foram feridos e mortos. O Sr. Chiang Kai-shek, então chefe do Governo Nacionalista, foi informado [dessa revolta] e ordenou que Chen Yi impedisse os conflitos que pudessem ocorrer após o massacre. Se não obedecesse a ele, [Chen Yi] enfrentaria a acusação de rebelião [contra a ordem de Chiang Kay-shek]. [Chiang Kai-shek] imediatamente substituiu Chen Yi, reorganizou o Escritório do Governador-geral na Província de Taiwan, reformou a administração geral e pacificou o povo. Para aliviar a dor que esse incidente causou e para reconhecer seu legado histórico, o Yuan Executivo criou a "equipe especial do acidente do massacre de 28 de fevereiro" em novembro de 1990 para investigar a verdade sobre o acidente. O presidente Lee Teng-hui pediu desculpas para os familiares das vítimas. O governo compensou [os familiares das vítimas] e estabeleceu o monumento [do acidente] de 28 de fevereiro para confortar as vítimas [do massacre]. (Instituto Nacional de Compilação e Tradução, 1996, p. 165-166)

Infelizmente, os novos livros didáticos não mencionam quem foi eticamente responsável por dar a ordem de enviar soldados para conter a revolta. Outras omissões e outros lapsos óbvios envolveram o número estimado de vítimas e como eles foram aprisionados ou assassinados, bem como o sofrimento dos familiares das vítimas e as lutas da oposição contra a interpretação oficial do massacre.

Hsiau (2000, p. 150) observa que:

a narrativa da história foi contestada porque teve importância central para a formação, manutenção e redefinição das memórias coletivas. Uma forma diferente de identidade coletiva dependia em parte da construção específica de uma memória coletiva – da interpretação de quem "nós" somos, daquilo que "nós" experimentamos e do que, portanto, "nós" compartilhamos.

É desnecessário dizer que as memórias dos dissidentes e dos sobreviventes representaram um desafio para a interpretação oficial do massacre. Como conseqüência, o Kuomintang taiwanês tentou controlar o impensável, regulando rigidamente o acesso a arquivos governamentais secretos. O Kuomintang também tentou controlar as percepções, fabricando uma narrativa pedagógica mais segura do massacre. Durante o início da década de 1990, a oposição não foi capaz de traduzir o conhecimento negado do massacre nas memórias públicas representadas nos livros didáticos, devido à autonomia relativamente pequena dos agentes no campo da recontextualização pedagógica, composto principalmente por instituições, como universidades, escolas, meios de comunicação e fundações cívicas e culturais. A política do livro didático do Estado garantiu uma recontextualização mais forte (composta principalmente pelo Estado e suas subagências) e, mais uma vez, tornou-se um importante ponto de disputa para a oposição quando a questão da soberania da China emergiu, conforme representada nos livros didáticos.

NEGOCIANDO A REPRESENTAÇÃO DA SOBERANIA QUESTIONADA

A redução das restrições que governam os contatos entre Taiwan e a China complicaram a possibilidade de uma transformação nos temas do anticomunismo e da recuperação da China continental nos currículos. Em 1987, um grupo de ex-soldados chineses, que haviam fugido para Taiwan com o Kuomintang e que esperavam retornar para seus lares no continente, organizou uma campanha exigindo o direito de visitar seus lares, para restabelecer o contato com suas famílias. Em outubro, o Kuomintang aprovou seus pedidos pelo direito de visitar seus lares na China. No ano seguinte, visitas turísticas e contatos civis com o continente foram permitidos aos residentes de Taiwan.

Os contatos cada vez mais comuns através do Estreito de Taiwan para reuniões familiares, turismo e comércio colocaram em cheque os pronunciamentos fictícios do Partido Comunista Chinês com relação ao caráter de Taiwan. Da mesma forma, a propaganda do Kuomintang na China continental perdeu seu poder de convencimento, à medida que aumentou a comunicação entre os dois povos. O Partido Comunista Chinês havia redefinido seu território e seus limites após 1949 e reconhecido a soberania da Mongólia Inferior, independente desde 1932 e hoje conhecida como República da Mongólia, separada da República Popular da China. As regiões administrativas da República Popular da China envolvem 22 províncias, 3 metrópoles e 5 regiões autônomas. Por outro lado, o Kuomintang insistia que a Mongólia Inferior continuava fazendo parte da República da China, que tinha 35 províncias, 14 metrópoles e 2 regiões autônomas. Como resultado, os mapas da China usados em ambos os lados do Estreito de Taiwan eram completamente diferentes. O mapa de Taiwan tinha a forma de uma folha de begônia, incluindo parte da Mongólia Inferior, ao passo que a China continental parecia uma galinha velha, devido à exclusão da Mongólia Inferior. A metáfora da *folha de begônia* contra a *galinha velha* expressava o caráter construído e questionado do conhecimento dos livros didáticos sobre a soberania da China.

Independentemente das visitas e do crescimento dos investimentos entre Taiwan è China, o Kuomintang relutava em reconhecer a superestrutura da China sob o comando do Partido Comunista Chinês. Para o Kuomintang, qualquer reconhecimento do território redefinido da República Popular da China deslegitimaria a ideologia da República da China como o único governo legítimo de toda a China. Estudiosos e legisladores fizeram um apelo ao Ministério da Educação para que atualizasse os livros de ciências humanas, de modo a "ensinar a verdade às crianças", argumentando que os temas dominantes no currículo nacional, como a China Una, o anticomunismo e a reconquista do continente, deveriam ceder espaço para perspectivas que refletissem as circunstâncias reais do continente e as relações verdadeiras entre a China e Taiwan (Yuan Legislativo, 14 de dezembro de 1988).

Quando o Kuomintang aprovou a política de visitas ao continente, o Instituto Nacional de Compilação e Tradução anunciou sua decisão de revisar a descrição da China continental nos livros didáticos. A partir do ano letivo de 1988, materiais de apoio relacionados com as mudanças realizadas pelo Partido Comunista Chinês na soberania, no território e nas fronteiras da China após 1949 apareceram como apêndices dos livros de geografia do ensino médio. Com relação ao mapa da China usado nos livros, o território e as regiões administrativas da República Popular da China eram apresentados juntamente com um comentário que indicava que a República da China não reconhecia a mudança "ilegal" (Yuan Legislativo, 22 de novembro de 1988).

Foi a expectativa do fim das medidas provisórias que criou as condições estruturais necessárias para reescrever as relações entre China e Taiwan conforme representadas nos livros didáticos. Até certo ponto, o apelo da oposição por uma soberania verdadeira em Taiwan acelerou o processo de revisão dos livros. Em outubro de 1990, como reação à nova política de unificação do Kuomintang, o Partido Progressista Democrático aprovou uma resolução alegando que a soberania da República da China não se estendia para a China continental ou para a Mongólia Inferior. O regime constitucional da República da China deveria ser construído com base em sua jurisdição efetiva (Wakabayashi, 1994, p. 244). Rejeitando a soberania de direito da República da China, que havia sido representada nos livros como "contrária aos fatos", o Partido Progressista Democrático e legisladores independentes propuseram uma resolução para pressionar o Ministério da Educação a revisar a narração da soberania da China nos livros de geografia (Yuan Legislativo, 10 de outubro de 1990).

Os debates pelas diferenças entre a realidade da China governada pelo Partido Comunista Chinês e o texto escolar da China imaginada pelo Kuomintang desafiavam o princípio dominante, segundo o qual a República da China seria o único governo legítimo da China – um princípio que vinha regulando a produção do Currículo Nacional há décadas. Em janeiro de 1991, o Ministério da Educação inventou o princípio do *reconhecimento factual* para as mudanças políticas e sociais que ocorreram na China após 1949. Todavia, os ministérios não concordavam com relação ao nível em que o princípio do reconhecimento factual devia ser aplicado na revisão das narrativas dos livros didáticos sobre o continente. O Ministério do Interior assumiu uma postura relativamente conservadora de "nenhuma mudança na soberania, no território e nas regiões administrativas da República da China", pois o Kuomintang dividido enfrentava grandes desafios quanto à identidade nacional durante o período de reforma constitucional. O Ministério dos Transportes favorecia o reconhecimento de nomes de cidades e regiões e da construção de estradas e vias férreas após 1949, preferência esta que estava de acordo com as necessidades dos contatos entre Taiwan e a China e as novas relações através do Estreito (Da lu, 1991). O Ministério da Educação recomendou que os livros escolares fossem retirados da lista de publicações governamentais, de modo que as regiões administrativas da República Popular da China pudessem ser incluídas nos livros, mas sua proposta foi rejeitada. Com o reconhecimento oficial da República Popular da China como entidade política, revelado na minuta das Diretrizes de Unificação Nacional, o Instituto Nacional de Compilação e Tradução anunciou uma nova política para os livros didáticos, permitindo a atualização dos nomes de cidades e regiões da China, bem como estradas e vias férreas, nos livros de geografia (Ministério da Educação, 28 de fevereiro de 1991).

A ideologia e a prática de "uma China, duas entidades políticas" poderiam ser consideradas o estágio inicial do processo de construção de um Estado liderado por nativos. A tradição seletiva do antigo Kuomintang – uma versão nacionalista da cultura chinesa tradicional – foi articulada a partir da perspectiva nativista da *experiência de Taiwan*, modificando a regra para a criação do conhecimento relacionado com Taiwan nas escolas. Em 1992, o Ministério da Educação incorporou materiais relacionados com os fatos da separação de Taiwan da China e da experiência de Taiwan nos livros didáticos de estudos sociais e humanidades em todos os níveis da educação. Os elementos fundamentais da experiência de Taiwan foram identificados nos livros da seguinte maneira (Instituto Nacional de Compilação e Tradução, 2000, p. 114-115):

1. Desenvolvimento econômico: a parte mais conhecida da experiência de Taiwan é o crescimento da economia. Nos últimos 50 anos, Taiwan evoluiu de uma sociedade agrícola atrasada para uma sociedade industrial avançada. Juntamente com o rápido desenvolvimento econômico, os preços ao consumidor permanecem estáveis, e a distribuição da riqueza social é justa. Portanto, todos os cidadãos podem compartilhar dos frutos do desenvolvimento econômico nacional. Resolvendo o dilema de equilibrar o desenvolvimento, a estabilidade e a igualdade, o desenvolvimento econômico de nosso país é saudado pelo mundo como o "milagre de Taiwan".
2. Desenvolvimento democrático: a democratização política é uma diretriz importante e estável na direção da "experiência de Taiwan". Em Taiwan, a simultaneidade do desenvolvimento da democracia e da manutenção da ordem social é singular entre os países em desenvolvimento.
3. Estrutura social: os padrões de vida básicos das massas são elevados, pois o rápido desenvolvimento econômico não resultou em concentração de renda. Qualquer um que esteja disposto a trabalhar o suficiente tem acesso ao sucesso, pois o sistema imparcial de competição na sociedade permite um grau elevado de mobilidade social. Conseqüentemente, Taiwan se tornou uma sociedade estável e aberta.

Evocando a experiência de Taiwan, o Kuomintang pretendia legitimar sua versão de um Estado Nacional liderado por nativos. Dessa forma, o desenvolvimento curricular na década de 1990 envolveu um processo contínuo de politizar a experiência de Taiwan, no qual criou-se um passado seletivo, fabricaram-se narrativas da identidade nativa e restauraram-se línguas e costumes nativos. A educação para a indigenização tornou-se um espaço de disputas pelos significados culturais e identidades sociais de grupos étnicos, como veremos na introdução dos currículos de nativização.

INCORPORANDO O ENSINO DE LÍNGUAS E AS CULTURAS LOCALIZADAS

No final de 1993, o processo de des-sinificação da educação andava lado a lado com o processo de nativizar o Estado do Kuomintang. Conforme discutido antes, a idéia de nativização era desejável para a facção reformista de Lee Teng-hui e o Partido Progressista Democrático, quando ambos enfrentaram uma resistência reacionária à transformação da dominação chinesa. Todavia, a nativização, na realidade, assumiu significados diferentes e antagônicos entre os grupos sociais, já que todos tinham experiências históricas, interesses culturais e orientações ideológicas parcial ou totalmente diferentes. O campo reformista do Kuomintang tendia a formular a ideologia e a prática da nativização com base em um sinocentrismo mais relaxado, ao passo que o Partido Progressista Democrático se referia a uma identidade taiwanesa. O conflito entre a política de falar apenas o mandarim (ou *educação para a sinificação*) e o reconhecimento de línguas nativas (ou *educação para a indigenização*) representava a luta pelo poder simbólico, na qual estavam em jogo a construção e a reconstrução da identidade nativa.

A invenção dos currículos Xiang tu

A dominação lingüística – a imposição do mandarim como língua oficial – não resultou na abolição total do uso oral de "dialetos taiwaneses". As línguas nativas, o hoklo em particular, eram usadas por dissidentes como línguas de oposição que expressavam descontentamento político e como línguas de identidades que mobilizavam o apoio de taiwaneses étnicos. Com o fim da lei marcial e com a maior liberdade de expressão, os canais de televisão nacional receberam permissão para transmitir um programa de notícias em hoklo, por 20 a 30 minutos por dia, a partir de 1987. Sentindo-se marginalizados pelo Kuomintang, que era dominado por chineses do continente, e pelo Partido Progressista Democrático, que era dominado pela etnia hoklo, grupos da etnia hakka, que formava 15% da população, protestaram nas ruas em 1988, em favor dos objetivos chamados Devolva Minha Língua Materna. Seu apelo imediato era por acesso igualitário ao uso dos meios de comunicação de massa e educação bilíngüe. O movimento pelos direitos da etnia hakka teve implicações diretas para a política lingüística nacional do Kuomintang. Em 1989, o canal de televisão estatal começou a transmitir um programa de 30 minutos aos domingos em dialeto hakka (Hsiao, 1989, p. 27-28).

Juntamente com o relaxamento da política do mandarim na esfera cultural, a oposição começou a lutar pelo reconhecimento das línguas nativas[5] como línguas de instrução. Nas eleições de 1989 para magistrados e prefeitos, os candidatos do Partido Progressista Democrático promoveram plataformas enfatizando a educação para a indigenização, incluindo os currículos *xiang tu* (literalmente, cidade natal e terra) e a educação bilíngüe nos ensinos fundamental e médio. O aumento do apoio eleitoral para o Partido Progressista Democrático – 6 assentos em 21 nas eleições para prefeito – contribuiu para a mudança no equilíbrio do poder entre o governo central e os governos locais, expondo contradições na disputa por interpretações da identidade nativa em áreas educacionais. Magistrados e prefeitos do Partido Progressista Democrático e independentes criaram uma grande liga e designaram a região de I-lan como a pioneira na elaboração de materiais de ensino na língua nativa. O currículo de indigenização desenvolvido por autores literários, professores universitários e professores escolares nativistas em I-lan incluiu temas sobre história, geografia e língua nativas, e visava induzir os estudantes a se identificarem com suas cidades natais, com suas culturas nativas e com suas línguas (Youxikun, 1990).

Em conformidade com o Currículo Nacional, que definia detalhadamente o conhecimento oficial, o governo local adotou uma estratégia para a educação para indigenização. Essa estratégia baseava-se em um tema chamado *atividade em grupo*, que era conduzido durante 80 minutos por semana. Segundo os Parâmetros Curriculares Nacionais, as escolas deveriam fazer 80 minutos semanais de atividades em educação física, música, artes, língua e ciências, com base nos interesses dos alunos. Embora a categoria da língua pressupusesse o ensino baseado no mandarim, o governo local justificou as atividades em outras línguas além do mandarim por meio de uma categoria chamada *outras*, em um total de 89 itens listados pelo Ministério da Educação. Dessa forma, a variedade de interpretações dos parâmetros propiciava uma área obscura para a implementação da educação para a indigenização, sem confrontar as ideologias dominantes disseminadas nos parâmetros. Seguindo o modelo da região de I-lan, cada vez mais governos locais investiram no desenvolvimento de currículos *xiang tu* para resgatar as culturas e as línguas nativas de Taiwan, nas quais muitos taiwaneses acreditavam estar as raízes de sua identidade nativa.

Diante das disputas militares pelo esmorecimento do regime *fa tong* no começo da década de 1990, o Kuomintang insistia na indispensabilidade da política do mandarim como única língua da educação para agradar às elites chinesas, ainda no poder. Do ponto de vista do Ministério da Educação, a construção e a imposição de uma língua oficial poderiam promover de maneira decisiva a consciência comum das pessoas e solidificar o espírito nacional. As línguas nativas eram definidas pejorativamente como dialetos regionais, em oposição à língua comum, e supostamente eram mais faladas em casa. Todavia, os currículos oficiais para dialetos regionais permaneciam lamentavelmente inadequados (Ministério da Educação, 31 de julho de 1990).

No nível local, a emergência de uma educação bilíngüe integrada e dos currículos *xiang tu* localizados não apenas desafiava o *status* do mandarim como a língua normalizada da instrução, como também desafiava o Currículo Nacional como a única tradição seletiva legítima. No nível nacional, os debates sobre a educação para a indigenização tornaram-se uma das maiores disputas entre a oposição e o Kuomintang dividido.

Os debates pela educação para a indigenização

No Congresso reeleito em 1989, os legisladores do Partido Progressista Democrático travaram um diálogo político com o ministro da Educação para pressionar por mais materiais de ensino nativos. Eles questionaram o currículo sinificado e o monolingüismo opressivo que vinha moldando uma identidade chinesa ilusória na educação. Os estudantes perdiam suas raízes e sofriam uma crise de identidade, em parte porque haviam crescido com pouco conhecimento sobre suas cidades natais, sobre suas línguas e culturas nativas e sobre a história de Taiwan. Os legisladores de oposição exigiram que o Ministério da Educação implementasse a educação bilíngüe e aumentasse o conteúdo de indigenização, como canções folclóricas, música aborígine e literatura e geografia taiwanesas nos livros didáticos nacionais (Yuan Legislativo, 24 de abril de 1991; 24 de outubro de 1992).

A partir de 1993, o discurso da educação para a indigenização foi desarticulado do modelo centrado em Taiwan derivado da oposição e rearticulado pelo Kuomintang taiwanês sob sua matriz ideológica: "raízes em Taiwan, atento à China, voltado para o mundo", que, do ponto de vista cultural, assumia uma relação de centro-margem entre a China e Taiwan. Conforme discutido anteriormente, a renovação total do Congresso perene em 1992 manifestava a ascensão dos taiwaneses na política. Em particular, a eleição do Partido Progressista Democrático para 51 das 161 cadeiras na legislatura fez dele uma minoria determinante, que tinha poder de veto e influenciava a legalização das políticas nacionais, transformando profundamente as relações de poder entre os corpos Executivo e Legislativo. Além disso, a renúncia do premier chinês em 1993 significou a derrota final da linha-dura do Kuomintang. A disputa por uma educação de indigenização intensificou-se no Yuan Legislativo reconstruído, proporcionando as condições para a modificação dos Parâmetros Curriculares Nacionais, ainda baseados na versão do nacionalismo chinês do velho Kuomintang.

A fluência nas línguas nativas, em geral, e em hoklo, em particular, estava ganhando significância política. À medida que se desenvolvia uma política competitiva, não apenas as elites taiwanesas, como também as figuras políticas chinesas enxergaram a necessidade de aprender e usar os "dialetos taiwaneses" em ambientes políticos ou atividades de campanha, ou ambos, para ganhar votos. As normas relacionadas com a proporção da programação da televisão nas línguas taiwanesas pararam de ser fiscalizadas depois de 1991 e foram retiradas da lei de radiodifusão e televisão em 1993. Contudo, os dialetos taiwaneses, como um capital lingüístico emergente, eram favorecidos na esfera política ou tolerados como uma "língua da mídia" no campo da cultura, mas não como língua de instrução no campo educacional. Considerando que a língua é o meio de produção e circulação cultural, em 1993, os legisladores do Partido Progressista Democrático propuseram uma emenda à Lei de Bem-estar Infantil chamada Artigo da Língua Materna, para delegar ao Ministério da Educação a educação das crianças em suas línguas nativas e a publicação de materiais de ensino afins (Yuan Legislativo, 17 de março de 1993).

A legalização da educação na língua nativa colocava em cheque os modelos tradicionais remanescentes na educação lingüística escolar. Os legisladores do Partido Progressista Democrático exigiam uma educação multilingüe. As controvérsias sobre a política do mandarim como única língua do Kuomintang giravam em torno de três questões. A primeira dizia respeito à hierarquia lingüística – ou seja, língua nacional ou dialetos. O Ministério da Educação continuava a promover o mandarim como língua oficial – a língua franca da comunicação – e o único meio de instrução na escola. O mandarim era codificado como formal, letrado, de classe média e um meio superior de comunicação. Em nítido contraste, as propriedades atribuídas às línguas nativas em Taiwan continham referências negativas como dialeto, informal, iletrado, de classe operária e grosseiro. Os legisladores do Partido Progressista Democrático cada vez mais denunciavam a ampla desvalorização e depreciação que as línguas nativas vinham sofrendo, e pediam um multilingüismo que reconhecesse oficialmente o hoklo, o hakka e as línguas aborígines como línguas nacionais ou comuns. O segundo ponto de disputa girava em torno da subordinação da educação em línguas nativas, a disputa entre a aprendizagem na língua materna e a educação multilingüe. O Ministério da Educação, que considerava as línguas nativas como dialetos nativos – e não como línguas verdadeiras –, desaprovava a educação bilíngüe, mas se comprometia com a prática da aprendizagem na língua materna. Ou seja, o ensino de dialetos taiwaneses possibilitava aos estudantes aprender em sua língua materna. Essa posição subordinada de estudar a própria língua materna como um dialeto contrariava a educação multilingüe defendida pelos legisladores do Partido Progressista Democrático. O terceiro ponto de tensão era o *status* da instrução na língua nativa, como voluntária ou obrigatória. O Ministério da Educação pretendia executar a aprendizagem na língua materna por meio de atividades extracurriculares, que deviam ser informais e oferecidas em caráter voluntário pelas autoridades locais. Todavia, a oposição tentou tornar a educação na língua nativa parte dos currículos nacionais e, assim, obrigatória em todo o país (Yuan Legislativo, 14 de abril de 1993, 28 de dezembro de 1994).

A dinâmica subjacente às mudanças no discurso da sinificação educacional foi gerada em parte pela presença de um campo de recontextualização oficial mais conflituoso (por exemplo, a eleição do Partido Progressista Democrático para a legislatura) e um campo de recontextualização pedagógica mais efetivo (por exemplo, diversas atividades de grupos de reforma educacional e artigos nos meios de comunicação). Quando os apelos públicos pela nativização do Currículo Nacional mobilizaram ainda mais apoio popular, o princípio dominante de sinificação da educação começou a ser transformado.

Raízes em Taiwan, atento à China

Junto a intensificação dos discursos de oposição em favor da nativização, houve iniciativas do Kuomintang taiwanês para modificar seu discurso pedagógico, representadas pelo slogan "raízes em Taiwan, atento à China, voltado para o mundo". Com base nesse princípio, o Ministério da Educação decidiu criar o primeiro currículo nativo obrigatório. O novo currículo nativo envolvia três temas separados: Atividades de Ensino da Cultura Local, da terceira à sexta série; e Atividades de Artes Folclóricas e Conhecendo Taiwan, para a sétima série. A implementação das atividades de ensino da cultura local seguiu a diretriz "do próximo ao distante" (municipalidade, distritos e cidades), que visava "proporcionar aos estudantes a oportunidade de aprender dialetos e de aumentar sua compreensão da cultura *xiang tu*". Os governos municipais e distritais, as escolas e os professores se encarregariam da composição de materiais de ensino descentralizados (Ministério da Educação, 1993, p. 366-367). Além disso, o propósito da série Conhecendo Taiwan, uma série em três partes, composta por livros didáticos para o ensino médio que tratavam de estudos históricos, sociais e geográficos de Taiwan, era fazer com que os estudantes conhecessem mais e amassem o lugar onde viviam, desenvolvendo uma consciência e confiança de que todas as pessoas em Taiwan tinham uma identidade compartilhada, independentemente do grupo étnico a que pertencessem ou de onde viessem (Ministério da Educação, 28 de fevereiro de 1995). O currículo de nativização entrou em efeito em 1997.

Até certo ponto, os temas oficiais da indigenização podem ter cristalizado o discurso pedagógico da noção "raízes em Taiwan, atento à China, voltado para o mundo" como um novo princípio emergente na produção curricular. Todavia, os currículos *xiang tu* oficiais, aparentemente mais includentes, eram voltados principalmente para uma instrução de base geográfica local, que enfatizava apenas a história, a geografia, os costumes e o folclore de determinada cidade ou região, ao contrário da pedagogia centrada em Taiwan, encontrada nos discursos da oposição. A apresentação de Taiwan era fragmentada pelos limites administrativos (cidades e distritos) e, assim, a conotação de *xiang tu* tinha um sentido mais administrativo do que um sentido étnico ou cultural (Mao, 1997). É desnecessário dizer que os currículos *xiang tu* oficiais podiam promover uma política étnica despolitizada, se fossem aplicados à aprendizagem de psicologia e métodos de ensino (por exemplo, a noção do "próximo ao distante") sem confrontar questões "perigosas" como a complexidade das inter-relações entre a dominação política, a opressão cultural, a desigualdade lingüística e a assimilação étnica.

CONCLUSÃO

O tema central deste capítulo está baseado na idéia de que uma abordagem mais integrada ao estudo do vínculo entre o Estado e a educação requer atenção à formação de movimentos de oposição voltados à luta ideológica, à mudança cultural, à construção da identidade e às relações sociais de dominação e resistência, especialmente se as ligações entre o Estado e a educação forem consideradas dialéticas. Este capítulo analisou como as normas culturais sinocêntricas foram institucionalizadas pelo Estado e como a reestruturação do currículo em Taiwan emergiu como uma arena dolorosamente contestada de reconhecimento cultural e incorporação, com ramificações de longo alcance na política de identidade. Compreender a ação coletiva nos ajuda a conceituar os movimentos de oposição como uma das forças motrizes por trás da transformação educacional.

Este capítulo demonstra que as tentativas de silenciar o passado, representadas pelo massacre de 28 de fevereiro, envolveram o controle não apenas do pensável e do impensável, mas também da construção de memórias coletivas que se mantiveram invisíveis por décadas. O período de liberalização política constituiu as condições estruturais para o surgimento dos modelos de protesto e as narrativas contrárias que reconheciam a injustiça do massacre e possibilitavam a articulação das queixas dos familiares das vítimas. Os participantes das campanhas interpretaram e retrabalharam as injustiças e os sofrimentos que compartilhavam, constituindo a base cultural e ideológica para a mobilização. Simbolizado como o rompimento étnico mais profundo na Taiwan do pós-guerra, o massacre serviu como um protótipo histórico que cristalizou um encontro trágico entre grupos etnicamente diferenciados. O que está em jogo é como fazer justiça à história, para a educação de uma cidadania democrática e pela construção de uma memória compartilhada entre diferentes grupos sociais. O que se deve reconhecer é que reformular memórias coletivas significa confrontar, de maneira incessante e imaginativa, as dificuldades subjacentes a qualquer tentativa de harmonização dos interesses de grupos diversos ou fragmentados (Wu, 2004).

Este capítulo também sugere que a iniciativa de organização coletiva para a mobilização pode surgir de um contraste entre a retórica oficial e as práticas sociais. No caso das representações contestadas da soberania da China nos livros didáticos, a tendência de manter contatos através do Estreito dramatiza uma contradição nítida entre a imaginação da soberania segundo o Kuomintang e a realidade da China continental, governada pelo Partido Comunista Chinês. Essa contradição ideológica contribui para a emergência e para o desenvolvimento de ações coletivas que alimentam a modificação do princípio nacionalista chinês dominante, construído ao longo de décadas como um meio de dominação cultural e controle simbólico.

Finalmente, a idéia de nativização, atuando como um modelo básico para os movimentos de oposição, possuía um amplo significado popular para o povo de Taiwan, mas era inerentemente instável e estava constantemente sendo reconstruída. A construção de uma identidade nativa estimulou um sentimento popular de reconhecimento, se não de Taiwan como um Estado soberano, do povo taiwanês como uma presença viva (Yee, 2001). As principais articulações da reforma curricular empregam o modelo de nativização para evocar o apoio da população, a qual, em grande medida, sofria sob o domínio cultural do Estado e a supressão da expressão cultural indígena. Entretanto, o Estado conseguiu incorporar a prática dos currículos de nativização na matriz ideológica "raízes em Taiwan, atento à China". A luta pela criação e reprodução do conhecimento des-sinificado, como parte importante da reforma curricular em Taiwan, falava na significância, para usar as palavras de Fraser, de uma "profunda reestruturação das relações de reconhecimento" na educação (1997). Este capítulo sugere que a luta por reconhecimento é uma batalha complicada e interminável, caracterizada, por um lado, por negociações entre o Estado-em-formação e, por outro, pela ação coletiva e resoluta dos movimentos de oposição.

NOTAS

1. Este capítulo adota o sistema *pinyin* para transliterar caracteres e nomes chineses (com sobrenomes antes dos nomes próprios) para o alfabeto romano. Contudo, se um nome já possui uma forma conhecida, usa-se a forma original para evitar confusão (por exemplo, Lee Teng-hui).
2. Exceções a isso podem ser encontradas em Apple (1996, 2003) e Omi e Winant (1994).
3. A retirada do Kuomintang para Taiwan e a imigração de chineses em grande escala para a ilha mudou sua composição demográfica – mudanças estas que constituíram a base para construções de identificações pessoais ligadas à etnia nas décadas seguintes. Até a década de 1990, a população de Taiwan era classificada convencionalmente em quatro grupos étnicos, segundo a origem, o momento de chegada em Taiwan e a língua. Os residentes que não são han – os povos nativos – são de origem malaio-polinésia e compreendem pouco mais de 1% da população. Os chineses han podem ser divididos em ilhéus, que mudaram para Taiwan com as ondas de migração chinesa que ocorreram nos últimos 300 anos, e continentais, que nasceram no continente e fugiram para Taiwan com o governo do Kuomintang, por volta de 1949. Com base em suas línguas, os próprios ilhéus geralmente são chamados de hoklo e hakka. E juntos compreendem por volta de 85% da população. Ver Wei-der Shu (1997/98).
4. A política de taiwanização visava aumentar o papel dos taiwaneses na criação de políticas públicas, cooptando-os seletivamente para os escalões superiores da hierarquia do poder no partido e no governo.
5. Reconhecendo que o mandarim havia se tornado a nova língua materna das gerações mais novas, os ativistas lingüísticos usavam o termo *língua nativa* para se referirem a *hoklo*, *hakka* e outras línguas aborígines.

REFERÊNCIAS

Apple, M. W. (1995). *Education and power* (2nd ed.). New York: Routledge.

Apple, M. W. (1996). *Cultural politics of education*. New York: Teacher College Press.

Apple, M. W., et al. (2003). *The state and the politics of knowledge*. New York: RoutledgeFalmer.

Ball, S. J. (1990). *Politics and policymaking in education: Explorations in policy sociology*. London: Routledge.

Bernstein, B. (1990). *The structuring of pedagogic discourse*. New York: Routledge.

Bernstein, B. (1996). *Pedagogy, symbolic control, and identity: Theory, research, critique*. London: Taylor e Francis.

Carnoy, M. (1989). Education, state, and culture in American society. In H. A. Giroux & P. L. McLaren (Eds.), *Critical Pedagogy, the state, and cultural struggle* (p. 3-23). Albany: State University of New York Press.

Carnoy, M. (1992.). Education and the state: From Adam Smith to Perestroika. In R. F. Arnove, P. G. Altbach, & G. P. Kelly (Eds.), *Emergent issues in education: Comparative perspectives* (p. 143-159). Albany: State University of New York Press.

Carnoy, M., & Levin, H. M. (1985). *Schooling and work in the democratic state.* Palo Alto, CA: Stanford University Press.

Carnoy, M., & Samoff, J. (1990). *Education and social transition in the third world.* Princeton, NJ: Princeton University Press.

Charles, N. (2000). *Feminism, the state and social policy.* New York: St. Martin's Press.

Chen, E-M. (Ed.). (1988). *Er er ba shi jian xue shu lun wen ji* [Essays on the February 28 Incident of 1947]. Irvine, CA: Taiwan Publishing.

Chen, J.-J. (2003). *State formation, pedagogic reform, and textbook (de)regulation in Taiwan, 1945-2000.* Dissertação de doutorado inédita, University of Wisconsin, Madison.

Chun, A. (1994). From nationalism to nationalizing: Cultural imagination and state formation in postwar Taiwan. *Australian Journal of Chinese Affairs*, 31, 49-69.

Cohen, J. L. (1985). Strategy or identity: New theoretical paradigms and contemporary social movements. *Social Research*, 52 (4), 663-716.

Curtis, B. (1988). *Building the educational state: Canada West, 1836-1871.* Philadelphia, PA: Falmer Press/Althouse Press.

Curtis, B. (1992). *True government by choice men? Inspection, education, and state formation in Canada West.* Toronto, Canada: University of Toronto Press.

Da lu di tu, bian yi guan bu de shan gai [The National Institute for Compilation and Translation shall not change the map of the mainland]. (2 de fevereiro de 1991). Lian he bao.

Fraser, R (1997). *Justice interruptus.* New York: Routledge.

Green, A. (1997). *Education, globalization and the nation state.* New York: St. Martin's Press.

Hsiao, H.-H. (1989). Taiwan xing xin she hui yun dong de pou xi: Zi zhu xing yu zi yuan fen pei [An analysis of the newly-emerged social movements in Taiwan]. In H.-H. Hsiao, et al. (Ed.), *Ling duan yu bo xue* [Monopoly and exploitation: The political economy of authoritarianism] (p. 9-32). Taipei: Taiwan yon jiu ji jin hui [Taiwan Research Fund].

Hsiau, A.-C. (2000). *Contemporary Taiwanese cultural nationalism.* New York: Routledge.

Hunt, S. A., Benford, R. D., & Snow, D. A. (1994). Identity fields: Framing processes and the social construction of movement identities. In E. Larana, et al. (Ed.), *New social movements: From ideology to identity* (p. 185-208). Philadelphia, PA: Temple University Press.

Johnston, H., Larana, E., & Gusfield, J. R. (1994). Identities, grievances, and new social movements. In E. Larana, et al. (Ed.), *New social movements: From ideology to identity* (p. 3-35). Philadelphia, PA: Temple University Press.

Legislative Yuan. (1988-1994). Li fa yuan gong bao [Communiqué of the Legislative Yuan]. Taipec Author.

Mao, C.-J. (1997). *Constructing Taiwanese identity: The making and practice of indigenization curriculum*. Dissertação de doutorado inédita, University of Wisconsin, Madison.

McAdam, D. (1994). Cultural and social movements. In E. Larana, et al. (Ed.), *New social movements: From ideology to identity* (p. 36-57). Philadelphia, PA: Temple University Press.

Ministry of Education (MOE). (1990-1995). *Jiao yu bu gong bao* [Communiqué of the Ministry of Education]. Taipei: Author.

Ministry of Education (MOE). (1993). *Guo min xiao xue ke cheng biao zhun* [Curricula Standards for Elementary Schools]. Taipei: Author.

National Institute for Compilation and Translation (NICT). (Ed.). (1996). *Gao zheng li shi jiao ke shu di san ce* [Senior High School History, Vol. 3]. Taipei: Author.

National Institute for Compilation and Translation (NICT). (Ed.). (2000). *San min zhu yi di er ce* [Three Principles of the People, Vol. 2]. Taipei: Zhengzhong.

Nozaki, Y. (Ed.). (2005). *Struggle over difference: Curriculum, texts, and pedagogy in the Asia-Pacific*. Buffalo: State University of New York Press.

Omi, M., & Winant, H. (1994). *Racial formation in the United States: From the 1960s to the 1980s*. New York: Routledge.

Shi, C.-F. (2000, Junho). Construction of the public memory: A case of the 228 incident in Taiwan news media. Artigo apresentado na reunião anual da North American Taiwan Studies Association, Harvard University, Cambridge, Massachusetts.

Shu, W.-D. (1997/1998). The emergence of Taiwanese nationalism: A Preliminary work on an approach to interactive episodic discourse. *Berkeley Journal of Sociology, 42*, 84-85.

Wakabayashi, M. (1994). *Taiwan: Fen lie guo jia yu min zhu hua* [Taiwan: Divided nation and democratization]. Taipei: Yue dan.

Wang, J.-H. (1993). *Zi ben, lao gong, yu guo jia ji qi* [Capital, worker, and state apparatus]. Taipei: Taiwan.

Wu, N.-T. (2004, Dezembro). Transition without justice, or justice without history: Transitional justice in Taiwan. Artigo apresentado na Conferência Internacional sobre Desafios Políticos e Instituições Dmocráticas, National Taiwan University, Taipei, Taiwan.

Yee, A. C. (2001). Constructing a native consciousness: Taiwan literature in the 20th century. *China Quarterly, 165*, 83-101.

Youxikun yao qian yu yan zhuan jia, ding ding ben to yu yan jiao cai [Youxikun invites linguists to invent indigenous language teaching materials]. (12 de fevereiro de 1990). Shou du zao bao.

Zhang, X.-C. (1988). Er er ba shi jian de zheng zhi bei jing ji qi ying xiang [The political background and effects of the February 28 Massacre]. In F.-M. Chen (Ed.), *Er er ba shi jian xue shu lun wen ji* [Essays on the February 28 Massacre] (p. 93-112). Irvine, CA: Taiwan Publishing.

9

CRIANDO ALTERNATIVAS REAIS ÀS POLÍTICAS NEOLIBERAIS EM EDUCAÇÃO:
O projeto da Escola Cidadã

LUÍS ARMANDO GANDIN

Nos dias de hoje, tem ficado cada vez mais difícil ouvir as vozes subalternas. O neoliberalismo consegue articular políticas abrangentes, mas ele é tão poderoso pelas novas realidades que cria quanto pelo que elimina do nosso imaginário social. É por isso que é tão importante recuperar vozes e histórias alternativas. Silva nos ajuda a entender essa idéia, apontando para o "processo pelo qual o discurso neoliberal produz e cria uma 'realidade' que acaba por impossibilitar que pensemos e busquemos outra 'realidade'" (1994, p. 16). Embora a visão de Silva soe um tanto determinista, seu argumento vai na direção certa: as práticas e os discursos subalternos e dissidentes não têm muito espaço na arena social. Não é que os subalternos não estejam falando. Eles levantam suas vozes, mas os discursos dominantes normalmente são mais fortes e abafam as alternativas. Esse processo cria a sensação de que essas vozes nada mais são do que ruído entre os sons "reais". Todavia, se prestarmos atenção, esse "ruído" tem enviado um sinal claro há bastante tempo – existem outras maneiras de organizar a educação, e sua implementação está longe de ser impossível. Quando essas vozes vêm de países periféricos, é ainda mais improvável que elas sejam ouvidas. Este capítulo lida com um grupo de vozes subalternas que ganhou espaço na política pública local: o projeto da Escola Cidadã implementado na cidade brasileira de Porto Alegre.

A política abordada neste capítulo não é importante por descrever um modelo de reforma educacional que pode ser reproduzido em qualquer lugar, mas porque proporciona ferramentas discursivas e institucionais na luta contra modelos de educação válidos para qualquer contexto e baseados no mercado. A lição que o projeto da Escola Cidadã nos ensina é exatamente a seguinte: não existe um modelo que possa ser reproduzido em qualquer lugar. Nenhuma reforma progressista em educação pode ser implementada sem levar em consideração as pessoas envolvidas. Para experimentar o projeto em outros locais, não se deve fazer uma replicação, mas uma tradução, que sempre envolve uma revisão do original – que faça sentido no novo local.

É com esse espírito que convido o leitor a mergulhar neste capítulo. Estamos céticos demais em relação às transformações educacionais concretas. Descreverei e analisarei uma dessas transformações concretas em andamento, uma proposta que ainda não está completa e tem falhas e contradições, mas representa uma nova forma de conceber a educação que, por si só, já merece uma análise minuciosa. É uma proposta que busca respostas a problemas educacionais locais para além das políticas baseadas no mercado, cujas soluções giram em torno de testes padronizados e da responsabilidade econômica. Neste capítulo, apresento a concepção do projeto da Escola Cidadã e os mecanismos básicos criados para implementá-lo, avaliando suas potencialidades e algumas de suas contradições. Antes de tudo, porém, descreverei e analisarei o contexto em que se situa o projeto da Escola Cidadã.

O CONTEXTO – LOCAL E GLOBAL

Porto Alegre é uma cidade de quase 1,4 milhão de pessoas, situada na Região Sul do Brasil. É a capital do Estado do Rio Grande do Sul e a maior cidade da região. Entre 1989 e 2004, foi governada por uma coalizão de partidos de esquerda, sob a liderança geral do Partido dos Trabalhadores, o PT – criado em 1979 por uma coalizão de sindicatos, movimentos sociais e outras organizações de esquerda. O PT foi reeleito três vezes consecutivas, o que confere a ele e a suas políticas uma legitimidade ainda maior. Apesar da derrota eleitoral, que fez com que o PT fosse substituído em 2005, após 16 anos na administração municipal, o fato de a coalizão de partidos vencedora (uma aliança centrista) prometer não mudar as principais políticas implementadas pelo PT significa claramente que essas políticas já são orgânicas à vida de Porto Alegre.

Desde seu nascimento, o Partido dos Trabalhadores tem se oposto firmemente à tradição de centralismo dos partidos comunistas. A organização proporcionou uma "base para um aprendizado em participação democrática e ... também criou uma oportunidade para novos líderes emergirem das bases" (Keck, 1986, p. 299-300). A criação do PT representou uma mudança radical na política do Brasil. Em um país onde a política sempre foi algo deixado para a elite,[1] a criação do PT foi a materialização do primeiro partido político (além do Partido Comunista, que foi ilegal durante a maior parte de sua história no Brasil) criado para defender e promover os interesses da classe trabalhadora brasileira (Pinheiro, 1989). Essa foi uma mudança essencial de perspectiva. Os trabalhadores e as classes subalternas tiveram que propor novas formas de governar, pois as elites e os grupos dominantes no Brasil não o fariam por eles. Propor uma mudança no senso comum foi uma parte importante da plataforma do Partido dos Trabalhadores e uma parte essencial do projeto da Escola Cidadã.

Esse novo modo de pensar sobre o Estado e seu papel logo ficou visível em Porto Alegre. Segundo um dos ex-prefeitos da cidade (um membro do Partido dos Trabalhadores respeitado nacionalmente), o propósito do governo da Administração Popular (como o governo do PT e seus aliados eram chamados em Porto Alegre) é "recuperar energias utópicas, criar um movimento que contenha, como um processo social real, as origens de um novo modo de vida, construindo uma 'nova vida moral' (Gramsci) e uma nova articulação entre o Estado e a sociedade ... que possam conduzir a atividade social e a consciência da cidadania a uma nova ordem" (Genro, 1999, p. 9).

Esse também é o objetivo da política educacional da Administração Popular: promover o envolvimento real de comunidades na educação de seus filhos e aprender com as experiências de organização comunitária. Essa é uma diferença radical e clara entre essa proposta e as propostas neoliberais. Portanto, é importante entender o contexto global em que o projeto da Escola Cidadã se situa antes de examinarmos os elementos práticos da proposta.

A retórica do neoliberalismo insiste na importância da educação para resolver os problemas do capitalismo. Diversos relatos que seguem essa perspectiva mostram como a educação não conseguiu proporcionar de forma eficiente as habilidades adequadas aos trabalhadores.[2] Os proponentes neoliberais dizem que só existe uma maneira de resolver essa crise – aplicar a lógica do mercado ao sistema educacional. Eles dizem que, assim como em outras esferas da sociedade, a intervenção do Estado e o controle dos sindicatos sobre o local de trabalho são desastrosos para a eficiência escolar. A competição, dizem eles, é a única força que acabará com a ineficiência histórica nas escolas, que atualmente são controladas pelo poder corporativista dos sindicatos de professores e pela estrutura burocrática dos distritos escolares ou secretarias de educação locais.

O neoliberalismo também promove um movimento discursivo que elimina as causas sociais dessa equação e limita as explicações, as capacidades e os esforços individuais. Silva (1996, p. 167) afirma que "categorias e conceitos lingüísticos, restringindo e limitando a esfera do possível, permitindo ou proibindo que se pensem certas coisas, são uma parte central de qualquer projeto político de transformação social". Categorias como *participação, democracia, colaboração* e *solidariedade*, que historicamente estão conectadas com os movimentos sociais progressistas em educação, são desarticuladas de seus significados anteriores e rearticuladas na arena educacional, usando a linguagem e as práticas da mercantilização (Apple, 1993). Essas categorias hoje são desprovidas dos significados que as ligavam a lutas específicas por justiça e igualdade na sociedade em geral e na educação em particular, e são conectadas com categorias como *eficiência, produtividade* e *conhecimento como mercadoria*. Conforme observam Gee, Hull e Lankshear (1996, p. 29):

> Uma parte do modo como os textos capitalistas "nos pegam" é que eles usam nomes que quase todos nós gostamos para as coisas, mas que, refletindo, significam coisas um pouco (e às vezes *muito*) diferentes nesses textos capitalistas do que significam para muitos de nós.

Todavia, é importante dizer que esse laborioso projeto discursivo não pode ser criado de uma única vez. Ele sempre é um processo (em vez de um estado) onde articulações devem ser construídas, reconstruídas e disputadas em relação às circunstâncias históricas de cada formação social específica.

O conceito de articulação é central aqui, pois nos ajuda a entender o "trabalho" que se faz para conectar idéias e práticas. Os exemplos anteriores ilustram que, para desarticular um conceito historicamente associado aos movimentos contra-hegemônicos e rearticulá-lo ao discurso hegemônico, é necessário muito trabalho.

GLOBALIZAÇÃO: UM ESPAÇO DE CONTRADIÇÕES

É importante reconhecer aqui que, embora exista um movimento global claro rumo à modernização conservadora, que deve ser reconhecido para que se entendam as limitações que as reformas alternativas enfrentam, as realidades específicas de cada sociedade impõem desafios diferentes a esse movimento hegemônico. Ao lidar com o movimento de modernização conservadora, há uma tentação a usar o atual discurso da globalização, pressupondo que aquilo que ocorre no contexto brasileiro é uma simples transferência das políticas dos países centrais para os da periferia. Contudo, o que encontrei em minha pesquisa sobre a implementação de políticas educacionais no Brasil não é uma implementação monolítica de políticas conservadoras, concebidas originalmente nos países centrais e transferidas para o Brasil, mas rearticulações e hibridismos formados nas lutas entre forças hegemônicas globais e locais e entre forças hegemônicas e contra-hegemônicas.

Embora a globalização seja um processo que conseguiu alcançar locais remotos, ela tem gerado conseqüências bastante diferentes, dependendo das realidades locais. Conforme afirma Ball (1998, p. 133), "as novas ortodoxias da política educacional são enxertadas e realizadas em contextos nacionais e culturais muito diferentes, sendo afetadas, influenciadas e desviadas por eles". Dessa forma, quando essa adaptação do discurso hegemônico global ocorre no nível local, ela não apenas deve ser reconfigurada e rearticulada para fazer sentido no contexto específico, como também deve levar em conta a oposição e a resistência de grupos locais.

A CRIAÇÃO DAS PRECONDIÇÕES PARA O PROJETO DA ESCOLA CIDADÃ

De que maneira essa discussão se aplica ao caso do projeto da Escola Cidadã? Como as políticas neoliberais não podem ser simplesmente impostas, devendo também ganhar o consentimento dos agentes envolvidos na educação, são criados espaços onde é possível construir práticas alternativas. A Escola Cidadã rearticula esses espaços e transforma-os em oportunidades para seu projeto. Um dos problemas com a idéia de operar nas brechas é que as forças hegemônicas definem a agenda, e os movimentos progressistas devem agir dentro do campo construído por essas forças. A diferença no projeto da Escola Cidadã é que ele usa os espaços e as brechas criados pelas políticas e pelos credos neoliberais para lançar um projeto alternativo – um projeto que tem uma nova lógica radical. Assim, em vez de operar apenas nas brechas, a Escola Cidadã propõe um campo com diferentes prioridades e pressupostos e começa a fomentar uma verdadeira proposta educacional alternativa. Em vez de ser simplesmente tático, esse projeto constrói uma nova estratégia.[3]

Quando o discurso da modernização conservadora alcança o Brasil, e mais especificamente a cidade de Porto Alegre, algumas rearticulações interessantes são forjadas. Uma das idéias que esse discurso enfatiza é a definição da educação como a solução para as crises capitalistas. Se *nós* prepararmos os estudantes para o novo capitalismo, cada vez mais competitivo, *nós* estaremos mais preparados para vencer no mercado globalizado, diz a retórica educacional dominante. Nesse discurso hegemônico, a educação é enfatizada como uma das esferas a transformar.

A Administração Popular usa o espaço gerado por esse discurso para priorizar a educação, em um país onde se negligencia a educação para os pobres. Quando esse espaço é ocupado pelo apelo retórico por mais investimentos em educação, a Escola Cidadã pode lançar seu projeto alternativo, com seu realinhamento de prioridades, e investir em um projeto transformador de educação para os excluídos. A Administração Popular também pode começar a recuperar e, ao mesmo tempo, reinventar conceitos como *autonomia, descentralização* e *colaboração*, promovidos atualmente pelos neoliberais. Esses conceitos tinham um significado completamente diferente nos movimentos populares do Brasil e agora precisaram ser desarticulados do discurso neoliberal e rearticulados ao projeto da Escola Cidadã.

Aproveitando o discurso hegemônico da descentralização expressado na política educacional brasileira, a Administração Popular construiu um sistema que não precisava seguir nenhuma diretriz curricular federal e pode ser estruturado em ciclos de formação, uma opção prevista na lei educacional. Enquanto os governos de outras capitais estaduais apenas reclamavam dos efeitos neoliberais da descentralização, que lhes dava mais responsabilidade sem mais recursos, o Partido dos Trabalhadores em Porto Alegre, ainda que protestando firmemente contra a falta de recursos, explorou cada aspecto das propostas de descentralização, usando-as para construir uma alternativa real. Em vez de realizar apenas o mínimo que a legislação federal exigia dos sistemas municipais, Porto Alegre criou um Conselho Municipal de Educação democrático, capaz de regular de forma autônoma a educação na cidade e de explorar cada possibilidade em que a lei permite construir uma estrutura escolar alternativa e um currículo alternativo.

Isso não significa que a Administração Popular tenha ganho a batalha. Novas articulações são forjadas pelos grupos hegemônicos, e a educação permanece sendo um local de disputa. Porém, o importante é que nenhuma ação hegemônica consegue bloquear todos os espaços simultaneamente, podendo seu próprio discurso ser rearticulado para favorecer propósitos contra-hegemônicos, e isso é o que fez o projeto da Escola Cidadã.

O processo de desarticulação e rearticulação também pode nos ajudar a entender a terminologia da cidadania. Determinados conceitos podem adquirir significados diferentes em contextos diferentes. O conceito de *cidadania*, central ao projeto de Porto Alegre, tem um significado bastante específico no Brasil contemporâneo. Ele não é uma palavra escolhida de forma aleatória, mas simboliza as lutas contra tentativas de introduzir a lógica do mercado em esferas públicas, como a educação. Portanto, a afirmação de que se querem formar cidadãos dentro das escolas públicas deve ser lida, no contexto brasileiro, como uma resposta ao discurso neoliberal. O termo cidadania serve como uma arma discursiva contra noções opostas envolvendo *clientes* ou *consumidores,* introduzidas pelo discurso neoliberal. Ele proporciona posições de sujeito muito diferentes das oferecidas pela idéia do consumidor em um conjunto de relações de mercado. O significado político da cidadania foi rearticulado como um conjunto de idéias e práticas socialmente mais críticas, que visa reconstruir um novo senso comum que é verdadeiramente voltado para o empoderamento coletivo e individual.

Falar em cidadão, e não em cliente ou consumidor, envolve um movimento consciente para inserir palavras políticas na discussão. Existe uma tentativa de trazer para o centro do debate político a idéia de que as comunidades pobres, ao contrário do que dizem os "especialistas", podem e devem participar da definição de seu destino social. Dessa forma, não apenas conceitos que foram relegados às margens retornam à discussão pública, como grupos de pessoas que eram marginalizados e excluídos dos bens econômicos, sociais e políticos da sociedade também recuperam o direito ao espaço, à voz, à existência social. Os grupos subalternos não apenas recuperam a voz, mas o espaço real para que sejam sujeitos de sua própria história.

Entretanto, nenhuma política progressista pode ser uma alternativa real sem mudar as estruturas que desencorajam a implementação do novo projeto. É preciso avaliar se a Escola Cidadã pode construir uma estrutura diferente, que aja como um estimulante da mudança pretendida e como um exemplo real da alternativa em ação – uma realidade que pode funcionar como uma âncora para novas experiências.

O PROJETO DA ESCOLA CIDADÃ

Historicamente, como regra, as escolas brasileiras têm tido pouca autonomia. Na maioria dos Estados e cidades, não existem eleições para o conselho municipal ou estadual de Educação (tradicionalmente, uma estrutura burocrática com membros apontados pelo executivo), e menos ainda para diretores de escolas. O currículo geralmente é definido pelas secretarias de educação nas cidades e nos Estados. Os recursos são administrados por agências estatais centralizadas, e as escolas têm pouquíssima ou nenhuma autonomia financeira.

Embora o Brasil tenha recentemente alcançado um nível bastante elevado de acesso inicial às escolas, os índices de repetência e evasão são alarmantes. Essa realidade é onde começa o propósito central da Escola Cidadã e todo o projeto da Administração Popular. O campo da educação tornou-se central para o projeto da Administração Popular de construir novas relações entre o Estado, as escolas e as comunidades. A Escola Cidadã está organicamente ligada ao processo mais amplo de transformar toda a cidade e é considerada uma parte importante desse processo. O objetivo é formar cidadãos. Segundo os gestores da Secretaria Municipal de Educação (SMED) no final dos anos de 1990, cidadãos são aqueles que têm os bens materiais necessários para a sobrevivência, os bens simbólicos necessários para sua subjetividade e os bens políticos necessários para sua existência social (Azevedo, 1999, p. 16).

Por terem aprendido com sua participação em movimentos sociais e seu envolvimento com experiências democráticas no sindicato de professores, os membros da SMED sabiam que não poderiam impor uma proposta que não tivesse sido criada por aqueles envolvidos na vida cotidiana das escolas. A origem política dos coordenadores da Escola Cidadã é um fator importante no componente democrático da proposta. Muitos dos participantes têm anos de experiência de lutas como líderes de sindicatos de professores. Sua experiência constitui uma das razões para a vontade política clara de construir alternativas participativas e democráticas. De fato, embora a SMED desempenhe o papel essencial de coordenar as ações das escolas e de promover uma agenda democrática, os princípios que guiam oficialmente as ações da SMED foram criados de forma coletiva, com a participação ativa de professores, administradores e funcionários das escolas, estudantes e pais em fóruns institucionalizados para um processo decisório democrático.

Os principais objetivos do projeto da Escola Cidadã podem ser resumidos em uma citação do secretário de educação (até o ano de 2000) que diz que o projeto quer criar uma escola (Azevedo, 1999, p. 19-20):

onde todos tenham acesso garantido, que não se limite à transmissão do conhecimento; uma escola que consiga articular o conhecimento popular ao conhecimento científico. Uma escola que seja um espaço público para a construção e experiência da cidadania, que vá além da simples transmissão do conhecimento e se transforme em um espaço sociocultural, com uma política pedagógica voltada à transformação social, onde o estudante seja o sujeito do conhecimento e onde a pedagogia ocorra em uma perspectiva interdisciplinar, superando a fragmentação curricular presente nas escolas. Uma escola que tenha os recursos materiais necessários para implementar essa política, onde a participação de todos na comunidade possa levar à construção de uma escola autônoma, com administração democrática verdadeira, onde todos os segmentos da comunidade tenham participação garantida.

Os objetivos básicos do projeto – a democratização do acesso à escola, a democratização do conhecimento e a democratização da gestão – foram desenvolvidos coletivamente, por meio de uma estrutura participativa, criada especialmente para conceber tais objetivos: a Assembléia Constituinte, que tinha o objetivo de gerar os princípios que orientariam a política para as escolas municipais de Porto Alegre.

O processo de organizar a Assembléia Constituinte foi bastante demorado. O processo como um todo começou em março de 1994, durou 18 meses e envolveu reuniões temáticas em escolas, reuniões regionais, a própria assembléia e a elaboração do regimento interno das escolas. Os temas que orientaram a discussão foram a governança escolar, o currículo, os princípios de convivência e a avaliação.

O projeto da Escola Cidadã foi criado por meio de um processo que não separa a determinação dos objetivos da criação dos mecanismos para implementá-los. A geração dos objetivos práticos é um mecanismo inovador, que conseguiu produzir transformações na relação entre as escolas e a comunidade. A idéia era promover um governo que criasse canais para o desenvolvimento real de objetivos normativos construídos coletivamente e que substituísse a relação tradicional de autoridades governamentais distantes administrando escolas que pouco conhecem.

A DEMOCRATIZAÇÃO DO ACESSO À ESCOLA

Para que as escolas tivessem um impacto nas vidas das crianças que vivem nos bairros mais pobres de Porto Alegre –, onde se situam as escolas municipais – o acesso inicial à escola tinha que ser uma prioridade. Portanto, para a Administração Popular, garantir esse acesso foi o primeiro passo na promoção da justiça social para comunidades historicamente excluídas dos bens públicos.

Garantir o acesso a todas as crianças em idade escolar não é tão fácil quanto pode parecer. Historicamente, o Brasil tem um grande número de crianças que não freqüentam a escola. As estatísticas nacionais mostram que isso tem mudado rapidamente, mas, em 1991, quando a Administração Popular estava apenas começando, e mesmo em 1994, quando o projeto da Escola Cidadã tinha apenas um ano, a situação era grave em termos do acesso inicial à escolarização. Quase 17% das crianças brasileiras em idade escolar não tinham educação formal em 1991, número que caiu a quase 13% em 1994.

Quando o Partido dos Trabalhadores foi eleito em 1988, a cidade de Porto Alegre tinha apenas 19 escolas de ensino fundamental, com 14.838 alunos e 1.698

professores, coordenadores pedagógicos, orientadores e supervisores educacionais. Sob a Administração Popular, o número de alunos cresceu notavelmente. Entre 1988 e 2000, o número de alunos na educação fundamental aumentou 232%, o que mostra claramente o quanto o impacto das ações da SMED foi profundo em Porto Alegre. E, embora a comparação não seja entre circunstâncias idênticas, vale lembrar que entre 1991 e 1998, o número de crianças em idade escolar no Brasil aumentou apenas 22,3% (INEP, 2000, p. 53).

O número de escolas fundamentais aumentou em 126% durante o governo da Administração Popular. Se considerarmos todas as escolas administradas pelo governo municipal, incluindo as escolas voltadas à educação infantil, à de jovens e de adultos, além da educação especial, o aumento é de 210%. É importante observar que todas essas escolas foram construídas em áreas muito pobres da cidade, e que a maior parte das novas escolas foi construída dentro ou no entorno de favelas. Isso significa que as escolas não apenas estão trazendo de volta alunos que abandonaram as escolas estatais, mas também estão criando um espaço para muitas crianças que nunca freqüentaram a escola e possivelmente nunca freqüentariam se não fosse pelas novas escolas municipais.

Todavia, garantir o acesso inicial não garante que essas crianças tirem proveito da escola. Para democratizar verdadeiramente o acesso à escola, a SMED propôs uma nova organização para as escolas municipais em 1995. Em vez de manter a estrutura tradicional de séries com um ano de duração (1ª à 8ª na educação fundamental), a idéia era adotar uma nova estrutura, chamada Ciclos de Formação. É importante observar que a idéia de organizar o currículo e o espaço-tempo das escolas em ciclos em vez de séries não se originou em Porto Alegre. Aquilo que a Escola Cidadã estava implementando não era novo em si, mas uma nova configuração que, segundo a SMED, ofereceria uma oportunidade substancialmente melhor para lidar com a necessidade de democratização do acesso e do conhecimento.

A idéia é que, usando uma concepção diferente da equação aprendizagem/tempo, a Escola Cidadã não puniria os alunos por serem supostamente "mais lentos" em seu processo de aprendizagem. Nessa nova configuração, elimina-se o prazo tradicional (o final de cada ano acadêmico), quando os estudantes devem provar que aprenderam, em favor de uma organização diferente do tempo. O estabelecimento dos ciclos é uma tentativa consciente de eliminar das escolas os mecanismos que perpetuam a exclusão, a repetência e a evasão, além de a culpa recair sobre a vítima, o que normalmente ocorre em conjunto com esses problemas.

Como funcionam os ciclos de formação na Escola Cidadã? As escolas agora têm três ciclos de três anos cada, adicionando um ano à educação fundamental (uma vez que mais um ano de educação infantil na escola expande o ensino fundamental para nove anos). Isso torna as escolas municipais responsáveis pela educação das crianças de 6 a 14 anos. Os três ciclos são organizados com base nos ciclos da vida: cada um corresponde a uma fase do desenvolvimento – infância, pré-adolescência e adolescência. A idéia é agrupar estudantes de mesma idade em cada um dos anos dos três ciclos, para mudar a realidade da maioria das escolas públicas do Brasil, que atendem as classes populares, e aquela que a SMED encontrou quando a Administração Popular começou a governar a cidade: estudantes com repetências múltiplas em salas de aula para crianças muito mais novas. Colocando alunos de mesma idade no mesmo ano do ciclo, a SMED pretende remotivar as crianças que foram reprovadas muitas vezes.

Nas escolas que usam os ciclos, os alunos avançam de um ano para outro dentro de um ciclo, eliminando-se a noção de repetência. Apesar dessa vitória, a SMED compreendeu que a eliminação dos mecanismos de exclusão não era suficiente para alcançar o objetivo da democratização do conhecimento. Por isso, a Escola Cidadã criou vários mecanismos que visavam garantir a inclusão dos estudantes, estabelecendo Grupos de Progressão para alunos que tivessem discrepâncias entre o que aprenderam e onde deveriam estar na escola brasileira com base em sua idade. A idéia é proporcionar a estudantes que tivessem repetido a série muitas vezes no passado um ambiente estimulante e desafiador, onde pudessem aprender em seu próprio ritmo e preencher as lacunas em sua formação acadêmica. Os Grupos de Progressão também são um espaço para estudantes que vêm de outros sistemas escolares (de outras redes municipais ou das escolas estaduais, por exemplo), e tenham repetido muitas vezes, receberem maior atenção, para se integrarem aos ciclos de acordo com sua idade. A idéia aqui é que a escola deve mudar sua estrutura para se adaptar aos alunos, e não o contrário, conforme vinha ocorrendo historicamente (Souza et al., 1999, p. 24-25).

Essa idéia de criar outra estrutura para responder melhor às necessidades dos estudantes levou ao surgimento de outra entidade: o Laboratório de Aprendizagem, que é um espaço onde estudantes com dificuldades de aprendizagem mais sérias recebem atenção individual, mas também um lugar onde os professores fazem pesquisas para melhorar a qualidade das classes regulares. Para alunos com necessidades especiais, existem as Salas de Integração e Recursos, que "são espaços especialmente projetados para investigar e ajudar alunos com necessidades especiais e que exijam trabalho pedagógico complementar e específico para sua integração e para superarem suas dificuldades de aprendizagem" (SMED, 1999a, p. 50).

Como todos esses mecanismos, o projeto da Escola Cidadã não apenas possibilita o acesso inicial, como também garante que o espaço educacional ocupado por crianças subalternas seja um espaço que as trata com a dignidade, com a qualidade e com o respeito necessários para mantê-las na escola e para educá-las para que sejam verdadeiros cidadãos.

A DEMOCRATIZAÇÃO DO CONHECIMENTO

A transformação curricular é uma parte crucial do projeto de Porto Alegre para construir uma cidadania ativa. É importante dizer que essa dimensão não se limita ao acesso ao conhecimento tradicional. O que também se estava construindo era uma nova compreensão epistemológica sobre o que conta como conhecimento, que não se baseia na simples incorporação de novo conhecimento nas margens de um intocado "centro de sabedoria da humanidade", mas em uma transformação radical. O projeto da Escola Cidadã vai além da simples menção episódica de manifestações culturais ou da opressão baseada na classe, na raça, no sexo e no gênero, e inclui esses temas como uma parte essencial do processo de construção do conhecimento.

No projeto da Escola Cidadã, as noções de *centro* e *periferia* do conhecimento são problematizadas. O ponto de partida para a construção do conhecimento curricular é a cultura ou as culturas da própria comunidade, não apenas em termos de conteúdo, mas também em termos de perspectiva. Todo o processo educacional visa inverter as prioridades anteriores e servir a grupos historicamente oprimidos e excluídos. O ponto de partida para esse novo processo de construção do conhecimento é a idéia dos complexos temáticos. Essa organização do currículo é uma forma de fazer com que toda a escola trabalhe em um tema central, a partir do qual as disciplinas e áreas do conhecimento, em um esforço interdisciplinar, estruturam o foco de seu conteúdo.

As escolas são incentivadas a seguir 10 passos na construção do complexo temático e na tradução das macrodiscussões para o currículo. Esses passos – apelidados por alguns na SMED e nas escolas de *decálogo* – são os seguintes (Goroditch e Souza, 1999, p. 82):[4]

1. conhecimento do contexto [onde a escola se situa] por meio de uma pesquisa participante realizada pelo coletivo escolar na comunidade;
2. leitura e problematização da pesquisa feita pelo coletivo; seleção de falas significativas e representativas dos anseios, dos interesses, das concepções e da cultura da sociedade;
3. definição do complexo no coletivo dos ciclos; determinação de um fenômeno que organize as informações e os ângulos mais significativos da realidade investigada;
4. elaboração dos princípios por área de conhecimento;
5. seleção coletiva de um campo conceitual; ampliação do campo conceitual nas áreas;
6. criação de uma disposição gráfica representativa do complexo;
7. elaboração de planos de trabalho por áreas do conhecimento, por ciclos, por anos-ciclos;
8. socialização dos planejamentos no coletivo; composição de estratégias interdisciplinares; aproximação dos planejamentos entre e intraciclos;
9. avaliação e replanejamento periódico por meio de reuniões sistemáticas nos ciclos, nos anos-ciclo e nas áreas;
10. problematização do Complexo Temático vivenciado, visando encontrar o foco do complexo seguinte.

Conforme podemos ver, por meio da pesquisa (um processo feito por professores nas comunidades onde se situam as escolas), faz-se um levantamento dos temas que interessam e/ou preocupam a comunidade. Após reunir as declarações de membros da comunidade, o coletivo de professores seleciona as declarações mais significativas, em discussões que giram especificamente em torno disso e orientam a construção do complexo temático. Esse complexo temático proporciona um foco central para o currículo da escola por um período de tempo, que pode ser um semestre ou todo um ano acadêmico.

Após determinar os princípios, a contribuição mais ampla de cada área do conhecimento para a discussão do complexo temático e para a matriz conceitual (uma rede de conceitos da área do conhecimento, em vez de informações ou fatos isolados, que os professores considerem essenciais para lidar com o complexo temático), os professores fazem reuniões organizadas por suas áreas do conhecimento e por ano nos ciclos, para elaborar e planejar o currículo. Os professores devem estudar suas próprias áreas do conhecimento e eleger os conceitos que ajudariam a problematizar o complexo temático, além de trabalhar coletivamente com professores de outras áreas, a fim de montar um currículo que seja suficientemente integrado e denso para abordar as questões listadas no complexo temático.

Segundo um dos criadores dessa conceituação, no contexto do projeto da Escola Cidadã, "o complexo temático leva à percepção e à compreensão da realidade, tornando explícita a visão de mundo de todos os envolvidos no processo" (Rocha, in SMED, 1999a, p. 21). Como o complexo temático está intimamente relacionado com os problemas sociais, o processo faz os professores procurarem a relação de sua disciplina com a realidade social como um todo. Finalmente, como o ponto de partida para o complexo temático é o conhecimento popular ou senso comum, os professores também são forçados a pensar sobre a relação entre o conhecimento oficial e esse senso comum. Portanto, essa abordagem lida simultaneamente com três problemas da educação tradicional: a fragmentação do conhecimento, a "aparente" neutralidade do conteúdo escolar e a supremacia absoluta que as escolas tradicionais conferem ao conhecimento científico/erudito sobre o conhecimento local das comunidades, especialmente comunidades muito pobres, como no caso de Porto Alegre.

O projeto da Escola Cidadã concebe a organização do currículo em torno de um complexo temático não apenas como um meio para gerar conhecimentos alternativos dentro do currículo, mas também como uma forma de intervenção política (Goroditch e Souza, 199, p. 78).

> (...) o ensino por Complexos Temáticos, além de expressar a possibilidade de seleção de conhecimentos que sejam significativos para alunos e alunas, apresenta a perspectiva de vir a configurar-se como uma real ferramenta de análise que os leve a organizar seu mundo de tal maneira que possam entendê-lo e agir sobre ele, em uma prática social, crítica, consciente, coletiva.

Rompe-se a rígida estrutura disciplinar tradicional, criando-se áreas interdisciplinares mais gerais, denominadas expressão; ciências físico-químicas e biológicas; sócio-histórica; e lógico-matemática.

Para dar um exemplo concreto de como isso funciona, descrevo agora como a área de conhecimento sócio-histórico procedeu em uma escola de Porto Alegre para organizar seu currículo. Após realizar pesquisas na comunidade, a escola elegeu "a qualidade de vida na favela" como o foco do seu complexo temático. A área de conhecimento sócio-histórico teve que construir o princípio da área – ou seja, a contribuição dessa área para lidar com o foco do complexo temático eleito. Essa área expressou sua possível contribuição como "a transformação individual e coletiva do cidadão, em seu espaço e tempo, recuperando suas origens, visando a melhorar a qualidade de vida, levando em conta as idéias da comunidade onde esse indivíduo se situa".[5]

Partindo do foco do complexo temático (a qualidade de vida), os professores listaram três subtemas na área sócio-histórica: êxodo rural, organização social e propriedade. No subtema do êxodo rural, as questões refletiam a origem da comunidade – vivendo agora em uma favela, mas vindo originalmente de áreas rurais. Essa é uma história comum nas favelas, onde pessoas que nada tinham na zona rural migram para as cidades, encontrando apenas mais exclusão. Nesse subtema, os problemas discutidos foram os movimentos de migração, a superpopulação das cidades, a "desqualificação" da força de trabalho e a marginalização. No subtema da organização social, as questões se distribuíram em termos de relações temporais, políticas, espaciais e socioculturais. Os problemas, mais uma vez, representam importantes questões ligadas à organização da comunidade: o pragmatismo excessivo e indiscriminado de algumas das associações de bairro e questões culturais, como a religiosidade, a expressão corporal, origens africanas, grupos de dança e escolas de samba. No terceiro subtema, a propriedade, os problemas estavam diretamente ligados à situação das famílias da favela – viver ilegalmente em terrenos sem escritura; ter de lidar com a falta de água potável, saneamento básico e outros problemas de infra-estrutura, e compreender a história dessa situação e as lutas pela legalização dos terrenos onde vivem; o direito de ter benfeitorias públicas básicas no bairro; e os deveres dos cidadãos (como entender a importância e a função social dos impostos). Partindo desse entendimento de seu contexto social, os estudantes abordam as matérias escolares como história brasileira e mundial, geografia, matemática, línguas e estudos sociais, não como um *corpus* de conhecimento desconectado, mas como ferramentas necessárias para agir e transformar suas realidades.

Esse exemplo mostra a transformação real que está acontecendo no currículo das escolas de Porto Alegre. Os estudantes não estão estudando história ou estudos sociais e culturais por meio de livros que nunca tratam de seus problemas e interesses reais. Por meio da organização de complexos temáticos, os estudantes aprendem história, a começar com a experiência histórica de suas famílias. Estudam conteúdos sociais e culturais importantes, enfocando e valorizando suas próprias manifestações culturais. É importante observar que esses estudantes ainda aprendem a história do Brasil e do mundo, incluindo a chamada "alta cultura", mas por meio de lentes diferentes. Sua cultura não é esquecida em favor de uma cultura de nível superior. Pelo contrário, entendendo sua situação e sua cultura e valorizando-a, esses estudantes podem simultaneamente aprender *e* ter a chance de transformar sua situação de exclusão. Pelo estudo não apenas dos problemas (êxodo rural, viver em terrenos ilegais, etc.), mas das potencialidades da auto-organização (em associações de bairro e em atividades e grupos culturais), conectando essas questões com o conhecimento escolar, com noções geográficas de espaço, eventos históricos, competência matemática e muito mais, a Escola Cidadã ajuda a construir o conhecimento real e vivo e as alternativas para comunidades em condições terríveis de vida.

Essa mudança naquilo que se considera a base ou o centro do conhecimento afeta não apenas a concepção pedagógica que orienta a vida cotidiana nas salas de aula, mas transforma o modo como a própria escola funciona como um todo. Essa concepção do conhecimento tem-se espalhado por todo o sistema escolar. O projeto não serve aos excluídos apenas por gerar uma educação formal diferente para os estudantes, mas também por criar uma estrutura inovadora que possibilita que comunidades historicamente excluídas recuperem sua dignidade (material e simbólica).

A DEMOCRATIZAÇÃO DA GESTÃO

O primeiro mecanismo a garantir a democratização da gestão foi a Assembléia Constituinte. Ela não apenas proporcionou um espaço para decidir sobre a administração do projeto, como também permitiu a participação real na definição dos objetivos da Escola Cidadã.

Entre os mecanismos criados para democratizar a gestão do sistema educacional em Porto Alegre, o Conselho Escolar é um dos elementos centrais. Seu papel é promover a democratização do processo decisório e da gestão em educação em Porto Alegre. Um produto da vontade política da Administração Popular e das demandas dos movimentos sociais envolvidos em educação na cidade, os conselhos escolares (estabelecidos por lei municipal em dezembro de 1992 e implementados em 1993) são as instituições de decisão mais importantes nas escolas. Eles são formados por professores eleitos, funcionários escolares, pais, estudantes e por um membro da administração, e têm funções consultivas, deliberativas e de monitoramento.

O conselho escolar reserva 50% de suas vagas para professores e funcionários e 50% para pais e estudantes. Uma vaga é garantida para a administração da escola, geralmente a diretora, que é eleita por todos os membros da escola.

A tarefa do conselho escolar é deliberar sobre os projetos globais para a escola e sobre os princípios básicos da administração, alocar recursos econômicos e monitorar a implementação das decisões. A diretora e sua equipe são responsáveis pela implementação das políticas definidas pelo conselho escolar.

Com relação aos recursos, é importante dizer que, antes de a Administração Popular assumir, havia uma prática (comum no Brasil) de orçamentos centralizados. Cada gasto (mesmo os diários) era enviado para a administração central antes de ser aprovado, e o dinheiro era enviado para a escola, ou uma agência central comprava o produto ou serviço necessário. Nesse sistema, o conselho escolar tinha as mãos amarradas, sem nenhuma autonomia. A SMED mudou essa estrutura e estabeleceu uma nova política para disponibilizar uma certa quantidade de verbas para cada escola a cada três meses. Segundo a SMED, essa foi a medida que instituiu a autonomia financeira das escolas, permitindo que elas administrassem seus gastos segundo os objetivos e as prioridades estabelecidos pelo conselho escolar. Ao mesmo tempo em que cria autonomia, essa medida dá aos pais, estudantes, professores e funcionários que são membros do conselho a responsabilidade social de administrar o dinheiro público e ensina-os a priorizar seus investimentos tendo em mente a solidariedade (SMED, 1999b).

O conselho escolar também tem o poder de monitorar a implementação de suas decisões, por meio dos diretores e de suas equipes (SMED, 1993, p. 3). De fato, o conselho escolar é uma estrutura central nas escolas. Ele é o principal mecanismo de governo dentro das escolas e é limitado apenas pela legislação e pelas políticas educacionais construídas coletivamente em fóruns democráticos. As decisões sobre o currículo podem fazer parte de suas deliberações, e a inclusão de pais, estudantes e professores (ou mesmo de funcionários, se considerarmos a escola tradicional) nesse processo é uma grande inovação.

Juntamente com o conselho escolar, outra estrutura garante espaços democráticos na Escola Cidadã. Nas escolas municipais de Porto Alegre, toda a comunidade escolar elege a diretora por voto direto. Como é responsável pela implementação das decisões do conselho escolar, a diretora é eleita com base em sua defesa de determinado projeto de administração para a escola. Esse fato gera legitimidade. A diretora não é alguém que necessariamente representa os interesses da administração central nos conselhos escolares, mas alguém com um grande número de apoiadores dentro daquela comunidade educacional específica. As diretoras têm um grau elevado de envolvimento, que (segundo a SMED) evita que alguém que não esteja conectado com o projeto seja responsável por concretizar as deliberações dos conselhos escolares. No entanto a responsabilidade da comunidade não termina aí: por intermédio do conselho escolar, a comunidade escolar tem uma forma de monitorar as atividades da diretora e de responsabilizá-la pela implementação de suas decisões democráticas. Um exemplo de onde se exerce esse controle envolve a pressão que os pais fazem sobre as escolas para garantir que seus filhos não recebam uma versão diluída do currículo.

A eleição direta da pessoa responsável por implementar as diretrizes do conselho escolar cria um mecanismo que honra o princípio da gestão democrática no nível local da escola.

AVALIANDO O SUCESSO DAS NOVAS ESTRUTURAS EDUCACIONAIS

A democratização do acesso certamente é um aspecto importante do projeto da Escola Cidadã, e a SMED conseguiu avançar substancialmente nessa área. A SMED sabia que teria que atacar o problema da evasão se realmente quisesse democratizar o acesso às escolas. Ela reconhecia que o problema da evasão não é um acidente, mas algo estrutural na sociedade, conforme observa Apple (1996, p. 90). Reduzindo drasticamente o número de estudantes que abandonam a escola e, assim, aumentando dramaticamente suas chances de ter oportunidades melhores, o projeto da Escola Cidadã aborda um problema central. Os estudantes que permanecem na escola podem experimentar o programa educacional alternativo criado pela Escola Cidadã, podendo aprender e, espera-se, lutar contra as circunstâncias que levaram tantos deles a abandonar a escola em primeiro lugar. Os dados falam por si só: a taxa de evasão caiu de mais de 9% em 1989 para em torno de 1% em 2003 (SMED, 2003).

Juntamente com os ciclos, outra prática que serviu para reduzir radicalmente o número de desistências é o monitoramento rigoroso da freqüência estudantil. Empregando uma política agressiva de visitar a casa dos pais de alunos que não aparecem na escola após alguns dias e explicar a eles o quanto faltar à escola é prejudicial para seus filhos, a Escola Cidadã conseguiu reduzir a taxa de evasão de forma significativa. O envolvimento de toda a comunidade e das associações de bairro nesse monitoramento foi outra estratégia de sucesso. De fato, a drástica redução em desistências também parece estar relacionada com o envolvimento das comunidades com a escola.

O cuidado que as comunidades dedicaram às escolas também é claramente visível. Enquanto as escolas estaduais são constantemente danificadas, saqueadas e depredadas, as escolas municipais geralmente não são visadas desse modo. Essas escolas não têm problemas tão significativos, e mesmo as mais antigas estão em muito boas condições. Esse fato representa algo muito importante, uma vez que, em todo o país, e mesmo nas escolas estaduais de Porto Alegre, professores, alunos e pais reclamam das condições materiais.

Valorizando os professores, mudando o ambiente das escolas, envolvendo a comunidade com a escola como instituição pública e insistindo que cada estudante conta, o projeto da Escola Cidadã claramente alcançou seu objetivo de democratizar o acesso à escola. Dessa forma, a Escola Cidadã possibilitou um certo nível de acesso a benefícios públicos que geralmente não estão disponíveis para os alunos das escolas públicas no Brasil. As cifras mostram isso claramente: o número de estudantes triplicou entre 1989 e 2000.

Para avaliar o grau em que o projeto conseguiu democratizar o conhecimento, devemos examinar diversos elementos. Um desses elementos é a organização da escola em ciclos de formação em vez das séries tradicionais. Conforme mostrado anteriormente, existe uma concepção política sobre o conhecimento e sobre a aprendizagem por trás da escolha de mudar radicalmente a organização das escolas. A SMED investiu pesadamente na formação e nos salários dos professores, com o intuito de garantir que a prioridade da educação em suas escolas seja o processo de aprendizagem dos estudantes. A eliminação da repetência é apenas uma entre tantas medidas, integrada em toda uma nova concepção da escolarização que envolve uma profunda discussão sobre o que é valorizado como conhecimento e o que é a democratização *real*. Portanto, a virtual eliminação da repetência não significa, de forma alguma, a eliminação de avaliação e monitoramento do processo de aprendizagem dos estudantes.

Entretanto, existe outro mecanismo criado pela SMED que está diretamente ligado à democratização do conhecimento: o complexo temático. O complexo temático é uma concepção metodológica construída para lidar com um desafio sério. O problema que os criadores do projeto da Escola Cidadã enfrentaram era como, de forma simultânea, valorizar e trabalhar com o conhecimento e com a cultura da comunidade e disponibilizar o conhecimento humano acumulado, tornando-o acessível para os estudantes. A questão não termina exatamente aí, pois o projeto da Escola Cidadã também se propunha a ajudar os estudantes (e os professores) a construir novos conhecimentos no processo de diálogo e problematização entre o conhecimento local e o oficial. Para o projeto da Escola Cidadã, somente o conhecimento que liberta merece ser perseguido nas escolas – ou seja, aquele conhecimento que ajuda os estudantes a estabelecer relações entre os fenômenos e entre suas próprias vidas e o contexto social mais amplo.

Todavia, o projeto da Escola Cidadã não prevê que as escolas devam abandonar o conhecimento escolar tradicional. Os criadores do projeto sabem que esse conhecimento é absolutamente necessário para o avanço dos estudantes no sistema escolar. Eles também insistem que não se pode negar aos estudantes que freqüentam as escolas municipais o "conhecimento acumulado da humanidade". Existem diversos programas educacionais para estudantes pobres que acabam por oferecer-lhes uma educação de má qualidade, alegando que eles não precisarão de educação melhor, já que acabarão em empregos que somente exigem as habilidades básicas. Isso é algo que a Escola Cidadã combate de forma veemente em seus programas com os professores. É preciso romper com os modelos culturais dominantes que dizem que os estudantes que vivem em favelas têm déficits porque são pobres (Paes da Silva e Vasconcelos, 1997).

Enquanto insiste que os estudantes das favelas devem ter acesso à mesma qualidade educacional que os estudantes mais ricos no Brasil (e, conforme descrevi anteriormente, as condições materiais que as escolas oferecem para esses estudantes são semelhantes às de certos estudantes de classe média baixa em algumas das escolas particulares), a Escola Cidadã também quer questionar a noção de que o conhecimento oferecido a esses estudantes não deve ser escrutinado e criticado. Todo tipo de conhecimento sempre deve ser submetido ao exame crítico. Isso pode ser mais bem-entendido pela noção de Santos da "dupla ruptura epistemológica". Santos (1989, p. 54) diz que:

> a dupla ruptura epistemológica representa o trabalho de transformar o senso comum e a ciência. Embora a primeira ruptura seja essencial para a constituição da ciência – algo que não muda o senso comum, como era antes da ciência – a segunda ruptura transforma o senso comum com base na ciência. O objetivo com essa ruptura dupla é chegar a um senso comum esclarecido e a uma ciência prudente ... uma configuração do conhecimento que, sendo prática, ainda é esclarecida e, sendo sábia, ainda é distribuída de forma democrática.

Essa noção pode ajudar as escolas municipais de Porto Alegre a usar o conhecimento tradicional com os alunos, mas não simplesmente ensiná-lo como se fosse neutro. Santos e Freire contribuem para entender a necessidade de criticar esse conhecimento e de não agir como se houvesse um "estoque de conhecimento lá fora, nada problemático, sobre o qual existe concordância geral" (Silva e McLaren, 1993, p. 43).

Essa posição parece promover um diálogo real entre o conhecimento das comunidades e o conhecimento escolar tradicional, que não reduz um ao outro, mas estabelece um diálogo para superar as limitações de ambos. O fato de que essa é uma das visões que os professores discutem quando estão construindo o complexo temático é um aspecto bastante positivo do projeto.

A ruptura epistemológica que desempenha um papel tão importante na Escola Cidadã é um sinal de que o projeto foi bem-sucedido na construção de uma alternativa progressista verdadeira em educação. Examinar o que conta como conhecimento, o que conta como centro e periferia, é central no processo de democratização do conhecimento. Em vez de desenvolver programas multiculturais isolados ou enfocar conhecimentos que tenham pouca eficácia no contexto de uma estrutura amplamente dominante, o projeto da Escola Cidadã tem criado um ambiente, com participação popular, onde a questão da diversidade de culturas tem espaço para florescer. A Escola Cidadã tem trabalhado espaços onde as práticas multiculturais são integradas de forma orgânica, e não apenas adicionadas superficialmente a uma estrutura burocraticamente determinada que é avessa à "diferença". Para construir um conjunto poderoso e democrático de experiências multiculturais, toda a estrutura institucional foi alterada.

Nesse sentido, a Escola Cidadã vai além da noção comum de multiculturalismo. De fato, o "multiculturalismo é despolitizado com muita facilidade" (Pagenhart, 1994, p. 178). É exatamente essa despolitização que a Administração Popular deseja evitar. O projeto parece se encaixar perfeitamente naquilo que Giroux (1995) chama de "multiculturalismo insurgente", onde "todos os participantes desempenham um papel formativo em decisões cruciais sobre o que se ensina, quem se contrata e como a escola pode tornar-se um laboratório para a aprendizagem que estimule a cidadania crítica e a coragem cívica" (p. 340-341).

A Assembléia Constituinte é um elemento fundamental no que diz respeito à democratização da gestão. As principais diretrizes formuladas pela SMED derivam dessa assembléia, o que representa um afastamento significativo do modelo tradicional, no qual as decisões são impostas de cima, enquanto a implementação dessas decisões fica a cargo das escolas. Por meio de seus delegados eleitos, as escolas e suas comunidades se envolvem ativamente na construção das principais políticas educacionais em Porto Alegre. Esse é um aspecto singular do projeto da Escola Cidadã. Fung (1999, p. 26), que estudou os conselhos escolares locais de Chicago e classificou-os como bastante positivos, sugere, no entanto, que "intervenções centralizadas, formuladas por deliberação, aumentariam o caráter deliberativo, participativo e empoderado de ações locais isoladas". Essa combinação, que Fung sugere como a ideal, é exatamente o que se alcançou em Porto Alegre.

Conforme já mostrei antes, a Escola Cidadã realmente é um projeto para os excluídos. Contudo, não são apenas os estudantes que se beneficiam com a educação de qualidade que recebem. Pais, estudantes e funcionários escolares, geralmente simples espectadores dos processos na escola tradicional, agora fazem parte da estrutura de gestão dentro do conselho escolar e trazem seu conhecimento para a mesa. De fato, todo o processo desafia o modelo cultural que diz que pessoas pobres e "deseducadas" não devem participar, pois não sabem como fazê-lo.

ALGUMAS CONTRADIÇÕES E PROBLEMAS POTENCIAIS

Até aqui, minha avaliação do experimento educacional de Porto Alegre foi bastante positiva. O projeto, de fato, teve um progresso real em seus objetivos de democratizar as escolas e o sistema educacional como um todo. Entretanto, qualquer projeto que tente realizar a ampla variedade de inovações que a Escola Cidadã tentou inevitavelmente enfrentará desafios e certamente terá contradições. Conforme observa Hargreaves (1997, p. 352), "reestruturar não é o fim dos nossos problemas, mas o começo". Esta seção do capítulo lida com alguns desses desafios e com algumas das contradições.

Às vezes, nas entrevistas com os administradores da SMED sobre as possíveis dificuldades na implementação da proposta, havia uma caracterização dos professores como "conservadores", como aqueles que resistem a mudanças no modelo vigente de estruturação das escolas. Isso tem sérias implicações. Ao tratar qualquer resistência dos professores como uma resposta conservadora, a SMED cria problemas para o projeto. Aqueles professores que, de fato, tendem um pouco a posições conservadoras – uma posição que literalmente quer conservar as estruturas tradicionais de poder dentro das escolas – podem ser forçados ainda mais a essa posição pela falta de consideração por suas questões. Conforme Apple e Oliver (1996) mostram em suas pesquisas, uma agência estatal que é insensível e rapidamente considera a resistência como conservadorismo pode acabar deixando apenas essa posição de sujeito como opção para os indivíduos resistentes. Além disso, aqueles que não são conservadores e que têm uma visão alternativa e uma prática ativa podem se desiludir. Tratando toda a resistência como conservadorismo, a SMED corre o risco de perder aliados entre as escolas mais ativas e de perder o apoio dos professores que estão implementando a proposta na vida cotidiana.

A insistência em rotular os professores como conservadores porque resistem a determinados aspectos do projeto também pode estar ligada a uma possível visão simplista do marxismo por parte de alguns atores da SMED. Os professores – de maneira irônica, principalmente após o grande aumento salarial concedido pela prefeitura – são considerados classe média, enquanto os estudantes e seus pais pertencem à classe trabalhadora. Se é verdade que a classe trabalhadora fará a "revolução" ou as transformações reais, os professores são responsáveis apenas por incitar a "consciência revolucionária". Se os professores resistirem, a tendência para aqueles que agem segundo essa noção simplista é caracterizar seus atos como conservadores, pois não estão agindo em favor do projeto revolucionário. Embora isso seja uma simplificação exagerada desse raciocínio, identifiquei traços desse modelo cultural em alguns diálogos com membros da SMED. Essa ambivalência para com os professores é problemática ("Eles são necessários, mas os verdadeiros alvos de nossas ações são as comunidades, onde a verdadeira revolução acontecerá"). Não existe problema em concentrar os esforços nessas comunidades, mas os professores são responsáveis pelo dia-a-dia da escola e ignorá-los na tentativa de construir alianças somente com as comunidades parece ser uma má estratégia – que pode sair pela culatra. São os professores que implementam o projeto e, se não forem tratados com respeito e como aliados, muito pode ser perdido no projeto da Escola Cidadã.

Outra contradição da implementação do projeto é o papel do senso comum. Citei a visão de Santos sobre a necessidade de uma dupla ruptura epistemológica dupla, que vise a transformação do senso comum e da ciência na construção do novo conhecimento libertário. Todavia, essa visão bastante sofisticada não parece prevalecer entre todos os diretores e assessores da SMED.

Analisando os documentos e os textos das entrevistas, identifiquei um discurso que enfatiza a necessidade de substituir o senso comum por um pensamento mais politizado ou crítico. Muitas pessoas da SMED usam as palavras "superar", "questionar" e "desafiar" quando falam no senso comum nas entrevistas. Essas declarações sugerem um discurso que não é informado pelas visões de Santos, pressupondo a existência de um discurso que já superou o senso comum (o dos professores) e um discurso que ainda age dentro dos limites do senso comum (entre os membros da comunidade). Porém, segundo esses membros da SMED, os professores também podem estar agindo a partir do ponto de vista do senso comum. Conforme disse um diretor da SMED, falando sobre a construção do complexo temático: "O problema é que, muitas vezes, em vez de questionarem e desafiarem o senso comum da comunidade, os professores concordam com ele". O raciocínio aqui é algo assim: como podem os professores concordar com as afirmações da comunidade? Como podem tomar parte nessa visão distorcida?

Essas palavras, usadas por membros da SMED, enfatizam a conotação negativa do senso comum e sugerem que ele seja substituído por uma visão mais esclarecida e crítica. A utilização desses termos, na verdade, indica que as pessoas estão agindo segundo um discurso baseado na tradição marxista de definir a ideologia como uma *falsa consciência*. Essa é apenas uma tradição no marxismo – que não representa todo o *corpus* do pensamento marxista. As contribuições de Gramsci, Hall e Apple enfatizam a necessidade de se enxergar o senso comum como conhecimento prático e de entender o bom senso contido nele. Entretanto, as afirmações dos membros da SMED parecem colocá-los em desacordo com essas contribuições.

Existe uma contradição notória entre usar a noção de falsa consciência para caracterizar o senso comum e, ao mesmo tempo, insistir que se deve partir dele e conectar-se com ele para construir o conhecimento na escola. Se o senso comum está sempre repleto de falsas consciências, por que partir dele? Pode-se dizer que isso seria um exercício valioso para os estudantes aprenderem como *não* devem pensar. O problema com essa linha de raciocínio é que ela contradiz diretamente toda a ênfase do projeto da Escola Cidadã na necessidade de usar a cultura dos estudantes no processo de aprendizagem. Não faz sentido usar a cultura dos estudantes apenas para denunciá-la como problemática. Isso teria conseqüências deletérias, ao invés de ser benéfico.

Finalmente, um problema potencial do projeto da Escola Cidadã é a questão da sustentabilidade. Será possível manter esse mecanismo e gerar resultados benéficos (por exemplo, por meio de decisões participativas) ao longo do tempo? No atual contexto em que o PT perdeu a eleição municipal e não estará mais no poder desde 2005, a questão é ainda mais crucial. Será que a cultura da inclusão e a discussão sobre a natureza do conhecimento ainda farão parte da vida escolar municipal sem o PT no governo? Quais espaços serão fechados e quais serão abertos pela nova administração municipal? Essas são questões fundamentais que novas pesquisas sobre o projeto da Escola Cidadã deverão explorar.

O problema da sustentabilidade no caso da Escola Cidadã não se refere apenas à capacidade de continuar levando as pessoas a participar dos mecanismos que foram criados, mas também se refere à qualidade da participação. Se os mecanismos continuarem a ter membros de todos os segmentos (pais, alunos, funcionários e professores) tomando decisões, enquanto uma hierarquia rígida permanecer entre esses segmentos, o mecanismo não funcionará de forma adequada. Como o objetivo do projeto da Escola Cidadã não é apenas fazer com que os pais e os alunos participem do processo decisório, mas que o façam de forma ativa e democrática, a natureza da participação é uma questão fundamental na avaliação dos objetivos do projeto. Assim, uma discussão da sustentabilidade no contexto do projeto da Escola Cidadã também envolve discutir como preservar a participação ativa e engajada entre todos os segmentos.

No caso dos conselhos escolares, há um sério risco de que os professores, que detêm o conhecimento técnico da instituição, dominem as decisões. Alguns professores talvez até sintam que isso é natural, pois são eles que "entendem as questões educacionais", mas isso contradiz os objetivos dos conselhos escolares, que devem ser locais onde professores, alunos, pais e funcionários aprendam juntos a administrar melhor a escola, não apenas do ponto de vista financeiro, mas pedagógico. Aparentemente, isso ainda não está acontecendo plenamente nas escolas de Porto Alegre, e certamente esse fato deveria ser examinado pela administração.

Existe uma clara necessidade de prestar atenção aos desafios que as escolas enfrentam. Conforme observei anteriormente, as dificuldades e as contradições podem prejudicar todo o projeto se não forem levadas a sério. Contudo, há um sinal que pode ser visto com otimismo: em todas as escolas, existem grupos de professores bastante ativos, que são críticos e que procuram melhores maneiras de lidar com os problemas da proposta e de reinventá-la na vida cotidiana.

O tipo de ambiente que a Escola Cidadã promove – onde o pensamento crítico e a ação crítica são recursos valorizados, onde os professores têm espaços para falar e para procurar melhores maneiras de construir projetos que dêem continuidade à democratização radical proposta no primeiro congresso de educação e no coletivo das escolas – é algo que hoje está profundamente enraizado nas escolas. A crítica ativa das escolas para com a SMED e a compreensão de que os conflitos não devem ser suprimidos, uma vez que são a fonte de novas idéias, são sinais de que as escolas caminham na direção certa. Em outras palavras, elas estão produzindo os cidadãos críticos de que fala a proposta. Como as escolas são espaços onde a proposta é implementada, será lá, na interação entre professores, estudantes, pais e equipes diretoras, que essas contradições e que tais problemas deverão ser enfrentados.

COMENTÁRIOS FINAIS

Nas escolas municipais de Porto Alegre, encontrei professores com uma esperança renovada na possibilidade de construir uma escola radicalmente diferente das que freqüentaram. Testemunhei professores criando ativamente um currículo para suas escolas, interagindo com as comunidades e reunindo-se regularmente em horários especialmente alocados e institucionalmente garantidos para o diálogo sobre sua metodologia e sobre seus objetivos com a rede de conceitos que estão desenvolvendo para seus alunos. Em vez de serem pressionados por uma forma de responsabilização que somente enxerga os resultados de testes, esses professores são social, política e culturalmente responsáveis por proporcionar educação de qualidade para seus alunos. Qualidade, neste contexto, não se reduz ao acúmulo de informações, ou mesmo à habilidade de gerar relações entre conceitos; a qualidade está diretamente ligada à capacidade da escola de gerar um currículo organicamente inserido na cultura local, o qual envolva os estudantes no pensamento crítico e, até certo ponto, em ações que possam levar à transformação social no futuro.

Enquanto a ênfase mundial baseia-se em testes, responsabilidade econômica e em culpar as vítimas, Porto Alegre está mostrando que é possível criar um espaço alternativo, onde se possam forjar articulações e onde se possa criar um novo senso comum sobre o processo da escolarização. O projeto da Escola Cidadã representa uma alternativa viável a soluções neoliberais baseadas no mercado para a administração e o monitoramento da qualidade das escolas públicas no Brasil. O envolvimento dos pais e dos estudantes em decisões importantes (e não apenas em decisões periféricas) e o monitoramento ativo da escola lhes proporcionam um sentido real do que significa o *público* na escola pública. Ao mesmo tempo, como a SMED conseguiu envolver os professores ativamente nas transformações (além de ajudar a aumentar sua qualificação e seus salários), em lugar de simplesmente culpá-los e a seus sindicatos pelos problemas da educação (prática comum nas reformas neoliberais), a Administração Popular conseguiu incluir cada segmento das escolas no projeto coletivo de construir uma educação de qualidade nos bairros pobres onde se situam as escolas municipais. Assim, em vez de optar por uma doutrina que simplesmente trata os pais como consumidores da educação (e que trata a educação como uma mercadoria), a Escola Cidadã tornou-se uma alternativa que desafia essa idéia. Pais, alunos, professores, funcionários e administradores são responsáveis por trabalhar coletivamente, cada um contribuindo com seu conhecimento e experiência para criar uma educação melhor. Dessa forma, a Escola Cidadã se define como uma alternativa concreta e efetiva à lógica do mercado que apenas oferece a competição como solução.

A maior contribuição da Escola Cidadã é a mudança no entendimento da fonte dos problemas da educação. Esse projeto combate a falta de sensibilidade das escolas em relação aos alunos e pais ou a ausência de aprendizagem real e significativa. Em vez de olhar o mercado como um modelo de influência positiva e de mudança, ou o conhecimento especializado como a única base para promover a educação, o projeto da Escola Cidadã enxerga o envolvimento da comunidade e a valorização do conhecimento local como pontos de partida para uma experiência de aprendizagem transformadora. A solução não está em um especialista dizer aos moradores das favelas o que eles devem fazer, mas em um diálogo real entre o chamado conhecimento popular e o conhecimento científico.

Somente quando os subalternos falam é que os problemas verdadeiros começam a ser abordados. Quando os grupos subalternos conseguem combinar as potencialidades de suas culturas com elementos fundamentais do conhecimento científico, formando um novo conhecimento empoderado, suas vozes se amplificam e ganham espaço na arena das soluções educacionais. O projeto da Escola Cidadã é um desses casos, e devemos prestar atenção ao que se está experimentando lá. Existem lições importantes a aprender com as vozes dos subalternos, lições que mostram que existem alternativas reais em um mundo onde as alternativas são cada vez mais difíceis de implementar.

Finalmente, concluo com as palavras de uma professora de uma escola municipal:

> O tipo de transformação que estamos fazendo não é algo que se possa mensurar facilmente com dados estatísticos. Podemos mostrar o aumento no número de crianças matriculadas, a nítida redução em desistências das escolas, mas não podemos mostrar facilmente dados sobre a mudança radical na maneira como pais, professores e alunos percebem o papel da educação e a natureza do conhecimento. Eles não são facilmente quantificados, especialmente em relatórios e na mídia, que sempre pedem números.

Talvez o projeto da Escola Cidadã possa produzir uma forma criativa de construir um novo senso comum em torno de como entendemos e avaliamos as escolas bem-sucedidas. Isso seria uma contribuição ainda maior, nestes dias de testes padronizados e avaliação baseada em resultados.

NOTAS

1. Para mais sobre isso, ver Keck (1986).
2. Mais informações sobre isso podem ser encontradas em Gee, Hull e Lankshear (1996) e Molnar (1996).
3. Para mais sobre essa discussão de táticas e estratégias, ver Certeau (1984).
4. Esses passos mudaram um pouco ao longo do tempo e entre as escolas, mas sua descrição sumariza a base da proposta da SMED para as escolas.

5. A pesquisa que gerou este capítulo foi realizada principalmente no ano 2000. Durante dois meses, entrevistei professores, pais, alunos e administradores envolvidos com o projeto da Escola Cidadã. Também analisei documentos oficiais que expressavam o raciocínio por trás das políticas implementadas pela SMED. Essas são as fontes das citações dos atores do projeto.

REFERÊNCIAS

Apple, M. W. (1993). *Official knowledge*. New York: Routledge.

Apple, M. W. (1996). *Cultural politics and education*. New York: Teachers College Press.

Apple, M. W. & Oliver, A. (1996). Becoming right: Education and the formation of conservative movements. *Teachers College Record*, 97 (3), 419-445.

Azevedo, J. C. (1999). Escola, democracia e cidadania. In C. Simon, D. D. Busetti, E. Viero, & L. W. Ferreira (Eds.), *Escola Cidadã: Trajetórias* (p. 11-33). Porto Alegre, Brasil: Prefeitura Municipal de Porto Alegre-Secretaria Municipal de Educação.

Bail, S. J. (1998). Cidadania global, consumo e política educacional. In L. H. Silva (Ed.), *A Escola Cidadã no contexto da globalização* (p. 121-137). Petrópolis, Brasil: Vozes.

Certeau, M. (1984). *The practice of everyday life*. Berkeley: University of California Press.

Fung, A. (1999). *Deliberative democracy, Chicago style*. Original inédito. John R Kennedy School of Government, Harvard University.

Gee, J. P., Hull, G., & Lankshear, C. (1996). *The new work order: Behind the language of the new capitalism*. Boulder, CO: Westview Press.

Genro, T. (1999). Cidadania, emancipação e cidade. In L. H. Silva (Ed.), *Escola Cidadã: Teoria e prática* (p. 7-11). Petrópolis, Brasil: Vozes.

Giroux, H. (1995). Insurgent multiculturalism and the promise of pedagogy. In D. T. Goldberg, (Ed.), *Multiculturalism: A critical reader* (p. 325-343). Cambridge, MA: Blackwell.

Gorodicht, C., & Souza, M. C. (1999). Complexo temático. In L. H. Silva (Ed.), *Escola cidadã: Teoria e prática* (p. 76-84). Petrópolis, Brasil: Vozes.

Hargreaves, A. (1997). Restructuring restructuring: Postmodernity and the prospects for educational change. In A. H. Halsey, H. Lauder, P. Brown, & A. S. Wells (Eds.), *Education: Culture, economy, society* (p. 338-353). Oxford, UK: Oxford University Press.

National Institute for Studies and Research in Education (INEP). (2000). *Education for all: Evaluation of the year 2000*. Brasilia, Brasil: INEP

Keck, M. E. (1986). *From movement to politics: The formation of the Workers' Party in Brazil*. Dissertação de doutorado, Columbia University, New York.

Molnar, A. (1996). *Giving kids the business: The commercialization of America's schools*. Boulder, CO: Westview Press.

Paes da Silva, I., & Vasconcelos, M. (1997). Questões raciais e educação: Um estudo bibliográfico preliminar. In S. Kramer (Ed.), *Educação infantil em curso* (p. 38-66). Rio de Janeiro, Brasil: Escola de Professores.

Pagenhart, P. (1994). Queerly defined multiculturalism. In L. Garber (Ed.), *Tilting the tower* (p. 177-185). New York: Routledge.

Pinheiro, P. S. (1989). Prefácio. In R. Meneguello (Ed.), *PT – A formação de um partido, 1979-1982* (p. 9-13). Rio de Janeiro, Brasil: Paz e Terra.

Santos, B. S. (1989). *Introdução a uma ciência pós-moderna*. Porto, Portugal: Afrontamento.

Silva, T. T. (1994). A nova direita e as transformações na pedagogia da política e na política da pedagogia. In T. T. Silva & P. Gentili (Eds.), *Neoliberalismo, qualidade total e educação: Visões críticas* (p. 9-29). Petrópolis, Brasil: Vozes.

Silva, T. T. (1996). O projeto educacional da nova Direita e a retórica da qualidade total. In T. T. Silva & P. Gentili (Eds.), *Escola S.A. – quem ganha e quem perde no mercado educacional do neoliberalismo* (p. 167-188). Brasília, Brasil: CNTE.

Silva, T. T. & McLaren, P. (1993). Knowledge under siege: The Brazilian debate. In P. McLaren & P. Leonard (Eds.), *Paulo Freire: A critical encounter* (p. 36-46). New York: Routledge.

SMED (Secretaria Municipal de Educação). (1993). Projeto Gestão Democrática - Lei Complementar no. 292. Texto inédito.

SMED (Secretaria Municipal de Educação). (1999a). Ciclos de formação - Proposta político-pedagógica da Escola Cidadã. Cadernos Pedagógicos, 9 (1), 1-111.

SMED (Secretaria Municipal de Educação). (1999b). *Site official da SMED*. Acesso em 15 de dezembro de 1999, http://www.portoalegre.rs.gov.br/smed

SMED (Secretaria Municipal de Educação). (2003). Boletim informativo - informações educacionais. Ano 6, No. 11.

Souza, D. H., Mogetti, E. A., Villani, M., Panichi, M. T. C., Rossetto, R. P., & Huerga, S. M. R. (1999). Turma de progressão e seu significado na escola. In S. Rocha, & B. D. Nery (Eds.), *Turma de progressão: A inversão da lógica da exclusão* (p. 22-29). Porto Alegre, Brasil: SMED.

10

UMA CONTRIBUIÇÃO PARA UM MULTICULTURALISMO COSMOPOLITA SUBALTERNO

KRISTEN L. BURAS E PAULINO MOTTER

O GAROTO SEM BANDEIRA

"A nação americana é um vizinho perigoso", dizia um editorial do *La Democracia*, um jornal porto-riquenho, em 1894 (Sunshine e Menkart, 1999, p. 121). Em 1898, os Estados Unidos tomaram o controle de Porto Rico na guerra entre Espanha, Estados Unidos e Cuba. Nelson Miles, o comandante do exército americano, tinha uma visão diferente da nação americana. "Esta não é uma guerra de devastação", proclamou, "mas uma guerra que visa proporcionar a todos sob controle das forças do exército e das forças navais as vantagens e as bênçãos de uma civilização iluminada" (p. 122). Quando lecionava história dos Estados Unidos em uma escola pública do ensino médio, eu (Kristen Buras) usei esses documentos para oferecer aos estudantes uma introdução aos debates sobre o imperialismo, sobre as construções do nacionalismo e sobre a histórica política, econômica e cultural da globalização – daquela época e de agora.

Os estudantes também analisaram um discurso que Pedro Albizu Campos, chefe do Partido Nacionalista Porto-riquenho, fez em 1936. Refletindo sobre a história colonial de Porto Rico, disse (Santiago, 1995, p. 28):

> Como nação, estamos rodeados por indústrias, mas pouca coisa pertence a nosso povo... O resultado é a exploração e o abuso ... resultando em pobreza para nosso povo e riqueza para os Estados Unidos.... O avanço intelectual, espiritual e moral de nossa raça será ameaçado, à medida que nos tornarmos "mais americanos". O que teremos quando não tivermos nada além da dependência dos que nos destruíram?

Os estudantes também assistiram ao filme *The Puerto Ricans: Our American Story* (Os porto-riquenhos: Nossa História Americana) (WLIW, 1999) – seguido de comentários –, o qual enfatiza as "raízes entrelaçadas" dos porto-riquenhos nos Estados Unidos. A turma conheceu os detalhes da greve geral de 1998, durante a qual mais de 500 mil cidadãos mobilizaram-se para impedir a venda da companhia telefônica de Porto Rico para um consórcio americano. Pedro Rossello, governador de Porto Rico na época, defendia a privatização como o caminho para que o país se tornasse um Estado dos Estados Unidos, inspirando 80 mil porto-riquenhos a protestar no ano anterior, afirmando que "já somos uma nação" (Gonzalez, 1998).

Porém, a base para nosso trabalho concentra-se em um história escrita por Abraham Rodriguez (Santiago, 1995) chamada "The boy without a flag" (O Garoto sem Bandeira). Essa narrativa fala de um garoto porto-riquenho pobre que nasceu nos Estados Unidos e que, por duas vezes, se recusa a saudar a bandeira americana na escola. Informado por seu pai a respeito do imperialismo, o adolescente recusa-se a prestar juramento, dizendo: "Sou porto-riquenho, não sou americano" (p. 36). Após sua segunda recusa, um professor o confronta, perguntando: "Este país cuida de Porto Rico, você não enxerga isso?" Citando Albizu Campos, o garoto responde: "Porto Rico é uma colônia, por que eu deveria respeitar isso?" (p. 42)

Com base nesses estudos, os alunos escreveram uma redação narrando a história de Porto Rico em relação aos Estados Unidos, analisaram o texto do garoto à luz dessa história e explicaram seu ponto de vista sobre os atos do garoto. Os trechos a seguir ilustram algumas perspectivas apresentadas pelos estudantes – estudantes que sempre tiravam notas altas, com méritos, de origem predominantemente européia e de classe média – durante um diálogo ocorrido na última aula, com base em suas redações:

> Os Estados Unidos são um país imperialista. Lutamos contra o México para ganhar terra e poder. Avançamos para o Oeste, apossando-nos dos nativos. Tiramos Porto Rico da Espanha. O garoto entendeu que os Estados Unidos são um país com muita força e sem ética.

> Vejo como os porto-riquenhos devem ter sentido apreensão quanto ao desenvolvimento de sua cultura, considerando a imposição da cultura americana. Porém, creio que o garoto da história estava completamente errado. Ele pode não gostar dos Estados Unidos, mas ainda assim vive nos Estados Unidos e deveria respeitar nossa bandeira e a oportunidade que tem de viver aqui.

Essas afirmações levantam questões complicadas. Até que ponto as formas imperialistas e antiimperialistas de nacionalismo influenciam o entendimento dos estudantes sobre a história e sobre as atitudes do garoto? De que maneiras os estudantes entenderam as noções de identidade e lealdade, formulando-as com base em diversas fontes de evidências históricas e contemporâneas? Essa lição desafiou os estudantes, levando-os a pensar sobre as formações nacionais e transnacionais de desigualdade de poder que moldaram as condições opressivas ou a considerar possibilidades de transformação? Essa lição – com todas as suas carências, simplificações, complexidades e contradições – representa a tentativa de um professor, nas condições educacionais existentes em determinado contexto de sala de aula, de avançar para um currículo que leve ao *multiculturalismo cosmopolita subalterno*.

A DEFESA DO MULTICULTURALISMO COSMOPOLITA SUBALTERNO

No espírito dessa pedagogia, gostaríamos de enfatizar que, para se tornar um projeto genuinamente transformador e libertário, o multiculturalismo deve atravessar as fronteiras nacionais e assumir uma dimensão global. Isso exige que rejeitemos a distinção arbitrária entre a *educação multicultural* e a *educação global*, a primeira ligada à diversidade dentro dos Estados Unidos e a segunda às pessoas e às culturas de outras terras (Diaz, Massialas e Xanthopoulos, 1999; Tye e Tye, 1992; Ukpokodu, 1999).

Os multiculturalistas preocupam-se com as diferenças no Estado Nacional. Não queremos dizer que essa ordem de prioridades esteja errada, mas que esse foco é insuficiente. A maioria das teorias e das práticas multiculturais, sejam baseadas em visões conservadoras ou liberais da diversidade cultural, provém de uma visão que, histórica e territorialmente, é definida pelo Estado e, muitas vezes, ignora as desigualdades entre os países. Para que o multiculturalismo seja algo mais que o reconhecimento da diferença e a harmonização de interesses contrários no Estado Nacional, ele deve ser global.

Essa educação compartimentada é problemática, por muitas razões, nas condições dessa globalização rápida e desigual (Brecher, Costello e Smith, 2000; Pieterse, 2004). Nosso principal argumento neste capítulo é que o multiculturalismo não consegue fazer o que promete, a menos que aceite parcialmente uma perspectiva global vinda de baixo, que chamaremos de *cosmopolitismo subalterno*, segundo Santos (2001, 2002a). As lutas libertárias de hoje, sejam em busca de reconhecimento, redistribuição ou ambos, não são totalmente contidas nos Estados Nacionais, mas são cada vez mais transnacionais. Conforme observa Santos (2002a, p. 446), a globalização neoliberal hegemônica

> enquanto propaga o mesmo sistema de dominação e exclusão pelo globo – criou as condições necessárias para as forças, para as organizações e para os movimentos contra-hegemônicos localizados nas regiões mais distintas do globo visualizarem interesses comuns através e além das muitas diferenças que os separam e para convergirem em lutas contra-hegemônicas que incorporam projetos sociais libertários separados, mas afins.

Acreditamos que Cheah (1998b, p, 37) faz uma pergunta que capta o espírito desse cosmopolitismo: "Em um mundo neocolonial desigual, como podem as lutas por reconhecimento multicultural nos Estados democráticos constitucionais do Norte ser levadas a uma aliança global com o ativismo pós-colonial da periferia?".

Enfim, acreditamos que uma grande variedade de afiliações é possível. A escolha não é entre multiculturalismo localizado ou globalismo. Pelo contrário, o desafio é estimular a forma de relação entre os dois que melhor promova os interesses democráticos (às vezes em conflito) das comunidades subalternas. Na educação, existe um reconhecimento emergente de que o multicultural e o global devem ser unidos (Abowitz, 2002; Merryfield, 1996). A escolarização em massa é uma estratégia na qual a relação entre o multiculturalismo, o cosmopolitismo, a cidadania e a democracia deve ser reconhecida e continuamente retrabalhada (Burbules e Torres 2000; Torres, 1998). O tipo de multiculturalismo cosmopolita subalterno que defendemos pode não ser imediatamente alcançável e certamente não exige que o Estado Nação seja desfeito. É um projeto educacional que visa construir novas afiliações e desafiar a globalização hegemônica em todas as suas formas – política, econômica e cultural. Nossa esperança é que as escolas possam contribuir não apenas para a promoção da justiça em esferas imediatas, mas facilitar o desenvolvimento de um imaginário global.

Essa proposta educacional acarreta uma variedade de questões complexas. Por exemplo, qual é o potencial libertário do multiculturalismo cosmopolita subalterno em sociedades onde até as necessidades e os direitos humanos mais básicos são negligenciados? Será possível estimular uma inclinação cosmopolita dentro dos limites de um sistema escolar *nacional*? Por que alguém deveria tornar-se um "cidadão do mundo" quando existem tantos problemas na comunidade imediata? Considerando as distribuições de poder dentro e das fronteiras nacionais, será possível um multiculturalismo cosmopolita *subalterno*? Talvez a maneira de começar a entender essas questões e outras relacionadas seja travar uma discussão mais matizada com relação a *quais* dos muitos multiculturalismos, nacionalismos, cosmopolitismos e subalternidades estão implicados na visão da educação em que falamos.

A POLÍTICA DO MULTICULTURALISMO

Surgindo nos movimentos sociais dos Estados Unidos da metade do século XX, que buscavam transformar a falta e/ou as distorções de reconhecimento de determinadas diferenças (por exemplo, de raça e gênero), o muticulturalismo tornou-se um *slogan* que ajudou a promover uma grande variedade de preocupações e interesses, alguns deles opostos. Torres (1998, p. 180) enfatiza que "devido ao vaivém das lutas sociais nos Estados Unidos, o multiculturalismo não foi um movimento social homogêneo e não é representado por um paradigma teórico único, uma abordagem educacional única ou uma pedagogia única... O multiculturalismo significa coisas diferentes para pessoas diferentes" (ver também Banks, 1995).

Grant e Sleeter (2003) identificaram diversas abordagens de educação multicultural desde o início. Por exemplo, aqueles que defendem uma abordagem de "relações humanas" buscam uma educação multicultural que sirva a finalidades *interpessoais*, como a promoção do respeito mútuo entre indivíduos que pertencem a grupos de raça, de gênero, de classe e de religião variados. Em contrapartida, os defensores da educação "multicultural e reconstrucionista social" buscam a análise dos *sistemas* de desigualdade de poder e opressão e estimulam a ação social para alterar as condições que sustentam a desigualdade. Essas abordagens do multiculturalismo baseiam-se em diferentes compreensões de como a diversidade está relacionada com a educação e com a vida coletiva da nação.

De fato, em todos os níveis do espectro político, existem diversas articulações do multiculturalismo, além de respostas a paradigmas opostos. Um bom ponto de partida é reconhecer que o "liberalismo está no centro do movimento multiculturalista e, às vezes, é retratado como a ideologia fundamental da educação multicultural" (Torres, 1998, p. 185). De maneira problemática, os multiculturalistas liberais – ligados à tradição clássica que enfatiza a autonomia individual – defendem a pluralidade sem explorar as maneiras como a diferença está implicada em relações de poder desiguais ou sem reconhecer a necessidade de distinguir os vários tipos de diferença e sua compatibilidade com fins democráticos.

Os conservadores, por outro lado, "argumentam que o multiculturalismo é uma conspiração contra o cânone cultural dominante e uma cruzada pela satisfação das demandas básicas de grupos étnicos" (Torres, 1998, p. 190). Por exemplo, E. D. Hirsch – uma figura influente dentro do bloco conservador – acredita que uma cultura comum é a base do caráter nacional coeso (ver Buras, 1999). E, embora Hirsch negue a política cultural por trás dessa visão, a marca eurocêntrica está inconfundivelmente presente. Schlesinger (1992, p. 122) afirma abertamente:

Talvez seja uma pena que homens brancos mortos tenham desempenhado um papel tão grande na formação de nossa cultura, mas é assim que as coisas são. Não se pode apagar a história. Esses simples fatos históricos, e não uma conspiração covardemente imperialista, explicam a tendência eurocêntrica nas escolas americanas. Será que alguém diria seriamente que os professores devem ocultar as origens européias da civilização americana?

Apesar da hostilidade em relação ao projeto multicultural, o desejo de manter a hegemonia levou os conservadores culturais – que enfrentavam uma luta constante dos grupos oprimidos por reconhecimento – a responder e até a se apropriar do multiculturalismo de maneiras estratégicas (Buras, 2005).

Hirsch (1992) adverte que "o multiculturalismo ocorre em diferentes aspectos... Há uma forma progressista que será proveitosa para todos os estudantes e um tipo retrógrado que ... tende a lançar grupo contra grupo" (p. 1). A primeira forma, que Hirsch chama de "cosmopolitismo", baseia-se em uma visão universalista que rejeita a etnia como um fator importante na definição da identidade. Ele chama a segunda forma de "etnocentrismo" e explica que essa versão particularizada enfatiza a lealdade do indivíduo para com sua própria cultura étnica ou local. Para ressaltar as diferenças entre essas duas concepções do multiculturalismo, Hirsch afirma que "o cosmopolitismo significa ser cidadão do mundo, um membro da humanidade como um todo", ao passo que a lealdade étnica promove o paroquialismo e o separatismo, alegando que "se acomodar a uma cultura cosmopolita mais ampla significa abrir caminho ao imperialismo cultural e a uma conseqüente perda de identidade" (p. 3). Enfim, o multiculturalismo de Hirsch significa viver em uma cosmópolis culturalmente monolítica, onde a diferença é policiada pelo bem da "humanidade".

O multiculturalismo também foi analisado, criticado e reimaginado pela esquerda. Em uma perspectiva pós-colonial baseada na ambigüidade, na tradução e no hibridismo culturais, Dimitriadis e McCarthy (2001, p. 113) apontam para a "lógica da contenção" que rege grande parte do multiculturalismo no currículo escolar. Quando orientado por essa lógica, o multiculturalismo visa normalizar, formatar e administrar a diferença.

> Ele se tornou um conjunto de proposições sobre a identidade, sobre o conhecimento, sobre o poder e sobre a mudança em educação, um tipo de ciência normal, que visa "disciplinar" a diferença, em vez de ser transformado por ela. O multiculturalismo se transformou em um discurso de poder que tenta lidar com as extraordinárias tensões e contradições da vida moderna que tomaram conta das instituições educacionais. O multiculturalismo conseguiu preservar ao nível da petrificação seu objeto central: a "cultura".

Em oposição às visões insulares e essencializadoras que, às vezes, moldam as perspectivas dominantes sobre a cultura, incluindo a tese de Huntington (1997) do "choque de civilizações", Said (2000) afirma que todas as culturas tiveram contatos longos e íntimos entre si. Segundo o autor, vivemos em um mundo de "misturas, de migrações, de cruzamentos ... [no qual] não existem culturas ou civilizações isoladas" (p. 587). Essas críticas enfatizam como o multiculturalismo, muitas vezes, trata as culturas como estáveis e puras. Contudo, ao mesmo tempo, devemos reconhecer que a mistura não implica uma troca equilibrada. Conforme enfatiza Pieterse (2004), as "relações de poder ... são registradas e reproduzidas *dentro* do hibridismo, pois, sempre que olharmos suficientemente de perto, encontraremos traços de assimetria de cultura, lugar e origem. Assim, o hibridismo levanta a questão dos *termos* da mistura, as condições para haver mistura" (p. 74). Considerando nossa proposta para um multiculturalismo cosmopolita subalterno e as trocas nacionais-transnacionais que imaginamos, será crucial pensar sobre como as desigualdades globais podem influenciar essas associações.

Outro aspecto do multiculturalismo dominante que a esquerda critica envolve a abordagem inclusiva. Dimitriadis e McCarthy (2001, p. 117-118) explicam que "essa abordagem hegemônica ... visa manter o currículo básico eurocêntrico do *establishment* em seu lugar, inoculando-o pela simples inclusão seletiva de itens que não sejam conflituosos da cultura e das experiências de grupos de minoria e subalternos". Apple (2000) refere-se a essa tendência como a política da incorporação cultural, significando que os grupos subalternos são mencionados sem desafiar as narrativas de grupos poderosos de forma substancial. Novamente aqui, acreditamos que a circulação do conhecimento entre os subalternos de nações que mantêm relações desiguais significa que o conhecimento nas nações centrais simplesmente não será complementado, mas precisará, como é mais que provável, ser dramaticamente reconstruído, como resultado da marginalização epistemológica global.

Contudo, talvez os teóricos críticos tenham articulado o desafio mais gritante às tradições liberais e conservadoras do multiculturalismo. Com base em críticas do poder, nas experiências dos grupos subalternos e na luta libertária, essa tradição assumiu uma variedade de rótulos, incluindo "pedagogia do oprimido" (Freire, 1993), "multiculturalismo insurgente" (Giroux, 1995a, p. 336) e "multiculturalismo revolucionário" (McLaren e Farahmandpur, 2001). Criticando os liberais, que "usaram o multiculturalismo para se referir a um pluralismo sem contextualização histórica e as especificidades das relações de poder", e os conservadores, para os quais o "multiculturalismo passou a significar uma força perturbadora, desestabilizadora e perigosa", Giroux (1995a) insiste que "o multiculturalismo é importante demais como discurso político para ser apropriado exclusivamente por liberais e conservadores" (p. 336). O autor afirma que (p. 328):

> Um multiculturalismo crítico significa mais do que simplesmente reconhecer diferenças e analisar estereótipos. De maneira mais fundamental, significa entender, engajar e transformar as diversas histórias, as narrativas culturais, as representações e as instituições que produzem o racismo e outras formas de discriminação.

Giroux também sugere que esse tipo de multiculturalismo expande as oportunidades de reflexão, troca e trabalho de identidade entre uma variedade de grupos dominantes e subalternos. De maneira mais importante, o multiculturalismo insurgente é constituído pela praxis crítica ou por esforços para conectar a reflexão "a lutas pelas condições materiais reais que estruturam a vida cotidiana" (p. 340).

Quando defendemos um *multiculturalismo* cosmopolita subalterno, queremos investir nas possibilidades de tradições multiculturais críticas, insurgentes e libertárias – com o devido respeito aos perigos de essencializar e os riscos associados a privilegiar determinados eixos de opressão em detrimento de outros (por exemplo, ver Farahmandpur, 2004). Ao mesmo tempo, já argumentamos que, *na melhor das hipóteses*, o projeto multicultural (mesmo em seus aspectos mais críticos) pode contribuir para reformular a identidade *nacional*, de maneira a acomodar as reivindicações de diferentes grupos de reconhecimento pelo Estado e desafiar certas formas de poder desigual que existem dentro dos limites territoriais. As teorias multiculturais em circulação não visam lidar com questões relacionadas com o cosmopolitismo. Contudo, existe uma contradição latente na política territorializada do multiculturalismo, em uma era de culturas e economias cada vez mais desterritorializadas (Bauman, 2001; Tomlinson, 1999). Um multiculturalismo cosmopolita deve desafiar as desigualdades aprofundadas pela devastação causada pela globalização. Giroux (1995a) parece ter essa relação em mente quando afirma que o "multiculturalismo insurgente deve servir para redefinir os debates existentes sobre a identidade nacional, enquanto, simultaneamente, estende suas preocupações teóricas a questões mais globais e internacionais" (p. 341).

Acreditamos que essa iniciativa relacional e multidimensional pode ser enriquecida por meio de uma interlocução com o debate ressurgente sobre o cosmopolitismo, especialmente a partir de uma perspectiva subalterna (Mignolo, 2000a, 2000b; Santos, 2002a) e pela análise crítica do desenvolvimento de várias escolas de pensamento na educação global. Porém, antes de examinarmos as dimensões cosmopolitas desse projeto, devemos primeiramente falar um pouco mais sobre o multiculturalismo e sua relação com o Estado, com o nacionalismo e com a identidade nacional.

NACIONALISMOS, IDENTIDADE NACIONAL E MULTICULTURALISMO

Não devemos falar sobre o nacionalismo no singular, mas de nacionalismos. O nacionalismo europeu foi pensado por idéias de superioridade, civilização e progresso. Considerando sua longa e sangrenta história, muitos pensadores contemporâneos que falam sobre a esquerda a definem como a *única* forma ideológica que o nacionalismo pode assumir. Para Said (2000), deve-se evitar essa perspectiva eurocêntrica, pois facilita o desdém para com o nacionalismo antiimperialista que se espalhou pelo Terceiro Mundo após a Segunda Guerra Mundial. Alguns críticos, observa o autor, tendem a ver nessa forma tardia de nacionalismo a repetição do nacionalismo ocidental: o estadismo, o chauvinismo e o populismo reacionário. Said adverte contra a condenação geral do nacionalismo do Terceiro Mundo, enfatizando sua importância durante as lutas anticoloniais por autodeterminação legítima e Estados independentes. Immanuel Wallerstein (em Nussbaum et al., 1996) defende uma posição semelhante, baseada em uma distinção nítida entre o "nacionalismo dos oprimidos" e o "nacionalismo do opressor".

Isso não significa que o nacionalismo descolonizador, enraizado nas lutas pela libertação, seja imune à degeneração para uma discriminação etnocêntrica, uma identidade política opressiva ou formas assassinas de chauvinismo. Said (2000, p. 426) faz uma distinção clara entre a resistência nacionalista autêntica contra o colonialismo e o "nativismo que transforma o nacionalismo em uma iniciativa redutora e degradante, em vez de uma iniciativa verdadeiramente libertária". Deve-se ter em mente que os Estados pós-coloniais da América Latina, embora fundamentando suas constituições em princípios liberais, mantiveram intactas as práticas políticas que serviram à ordem colonial, fechando os olhos à escravidão e intensificando o genocídio dos povos indígenas (Santos, 2002b).

À luz de tudo isso, será que o nacionalismo ainda pode proporcionar a energia necessária para a luta libertária? Muitos teóricos críticos e pós-coloniais argumentam que o nacionalismo e a identificação nacional permanecem como fontes poderosas de resistência contra a *globalização neocolonial*. Refletindo sobre o trabalho de Samir Amin – uma das vozes mais fortes a afirmar que o nacionalismo permanece válido no Terceiro Mundo –, Cheah (1998b, p. 33-34) explica que ele "sugere que o nacionalismo popular da periferia é um passo necessário para o cosmopolitismo socialista, pois vivemos em um sistema mundial capitalista e desigual, que limita as massas mais privadas de humanidade ao espaço nacional-periférico". É essencial reconhecer que a rejeição do nacionalismo em uma era de globalização desigual pode enfraquecer a capacidade dos Estados da periferia de combater o neoliberalismo. Em uma argumentação similar, Bello (2002, p. 23-24) clama por um sistema alternativo de governança global, que chama pelo sugestivo nome de "desglobalização" ou "reempoderamento do local e do nacional". Sua proposta, juntamente com outras (Brecher, Costello e Smith, 2000; Stiglitz, 2002), enfatiza a necessidade de democratizar os processos de decisão controlados atualmente por instituições que não são transparentes ou prestam contas publicamente e que são dominadas pelo Norte, como o Fundo Monetário Internacional, o Banco Mundial e a Organização Mundial do Comércio, por meio da participação e representação genuínas de Estados periféricos e grupos inferiores da sociedade civil.

Conforme revela a discussão anterior, o nacionalismo pode servir a muitas agendas. Considerando a nação como central à política, Verdery (1996, p. 228) argumenta que se "deve tratar a nação como um símbolo e qualquer forma de nacionalismo como algo com significados múltiplos, propostos como alternativas disputadas por diferentes grupos que manobram para se apoderar da definição do símbolo e seus efeitos legitimadores". Segundo nossa visão, parece importante perguntar: se os significados do caráter da nacionalidade e do nacionalismo são contestáveis e maleáveis, quais são as possibilidades para construir novas formas potencialmente libertárias? Devemos reconhecer que o nacionalismo continua sendo uma força na formação de identidades coletivas – que os progressistas devem abordar para que não seja usada e abusada pelos demagogos (ver Giroux, 1995b).

Há um mundo de diferenças entre as concepções dominantes da identidade nacional que se baseiam em uma cultura comum monolítica (ou mesmo em uma tolerância liberal) e as visões multiculturais insurgentes, baseadas no reconhecimento da diversidade por meio de negociações pela identidade coletiva e pela transformação das estruturas de poder. Ao analisar a relação entre a diversidade e o Estado Nacional, muitos analistas fazem uma distinção clara entre Estado e nação, ligando o primeiro à esfera da política e a segunda à esfera da cultura (por exemplo, ver O'Byrne, 2001). Dessa forma, um único Estado pode abranger muitas nações ou minorias culturalmente ligadas – aquilo que Kymlicka (1995, p. 11) chama de "Estado multinacional". Ainda assim, está claro que os Estados têm tido dificuldade para acomodar a diversidade e as identificações opostas. O Canadá costuma ser citado como um exemplo de Estado multinacional que tentou reconhecer as reivindicações e os direitos de vários grupos – os francófonos, as Primeiras Nações (nativas) e os imigrantes – sem ameaçar a identidade nacional universal. Contudo, acordos políticos baseados em uma suposta neutralidade, tolerância e até afirmação do Estado não apagaram os problemas de identidade e diferença cultural, garantindo, no máximo, um equilíbrio frágil (Ghai, 2000). O Estado ainda não aprendeu a lidar com suas nações de um modo genuinamente democrático. Em um nível fundamental, ainda precisamos entender que o Estado democrático não é um conceito unicamente político, mas um conceito econômico e cultural.

Com relação às questões de reconhecimento cultural, Fraser (1997, p. 15) afirma que a dominação cultural enfraquece o projeto democrático e sugere que o remédio está, no mínimo, em "reavaliar positivamente as identidades desrespeitadas e os produtos culturais de grupos desprivilegiados" e "reconhecer e valorizar positivamente a diversidade cultural". Ainda assim, essa conceituação da democracia cultural é antitética às noções atuais do que significa pertencer a um Estado Nacional.

Na verdade, grande parte da teorização democrática está contaminada pela visão de que o Estado deve se basear em uma tradição cultural uniforme. Dahl (1998, p. 149-150) discute aquelas que chama de "condições favoráveis para a democracia". O autor afirma que a democracia "é mais provável de se desenvolver e persistir em um país com subculturas nitidamente diferenciadas e conflitantes". Nessa visão, o multiculturalismo é compreendido como uma ameaça ao experimento democrático, em vez de ser um de seus componentes. Dahl cita a assimilação como uma das soluções possíveis para o "problema" multicultural. Falando em imigrantes da virada do século XX e seus descendentes, por exemplo, ele (p. 152) afirma em termos positivos que a assimilação "foi basicamente voluntária ou causada por mecanismos sociais (como a vergonha) que reduziram a necessidade de coerção pelo Estado". O mais surpreendente é a crença de Dahl de que qualquer Estado democrático poderia encontrar uma justificativa – se necessário – para tal coerção. Quando não se podem conciliar as diferenças culturais, conclui, a solução é a formação de unidades políticas independentes, nas quais os grupos culturais "possuam suficiente autonomia para manter sua identidade" (p. 155). Visto dessa forma, o problema é o multiculturalismo e não as estruturas antidemocráticas que não reconhecem as formas culturais variadas.

Ao contrário, é imperativo reconhecer que a diversidade não atrapalha a democracia ou a comunidade de forma inerente – seja em escala local, nacional, seja global. Fraser (1997, p. 75) nos lembra de que sempre houve uma "variedade de grupos opostos em competição", sejam "grupos femininos de elite, grupos de negros ou grupos de operários". Além disso, a autora (p. 84) insiste que "essa necessidade não impede a possibilidade de outra arena mais ampla, onde os membros de grupos diferentes e mais limitados falam para além das linhas da diversidade cultural". Para aqueles que argumentariam que os grupos múltiplos impedem um sentido mais amplo de comunidade nacional, é importante lembrar que "as pessoas participam de mais de um grupo, e que a participação em diferentes grupos pode se sobrepor" (p. 84). Dessa forma, entende-se a comunidade como algo que consiste de múltiplos pertencimentos em escalas múltiplas, com vínculos em uma abundância de níveis que criam todo tipo de unidades. Essa visão também envolve formas de espaços que possibilitam que "os espaços públicos alternativos subalternos" desenvolvam discursos e estratégias de oposição necessários para desafiar a dominação, com o devido reconhecimento de que nem todas as subalternidades são "virtuosas" (p. 81-82).

Essa reconceituação da democracia pode contribuir para reformular os tipos de nação e identidade nacional que imaginamos. Contudo, até o nível em que o multiculturalismo insurgente tenta imaginar um Estado multicultural democrático, ele ainda se alia ao ideal de nacionalidade. Do ponto de vista político, pode-se argumentar razoavelmente que os multiculturalistas da maior parte das linhas compartilham do mesmo compromisso de manter e fortalecer o Estado Nacional, embora cada facção reivindique uma compreensão diferente do que significa ser "americano". Mesmo se o Estado Nacional defendesse uma identidade ou um sistema de governo radicalmente includente, que proporcionasse uma deliberação contínua sobre questões de reconhecimento e redistribuição, essa identidade ainda permaneceria ligada ao território. Avançando em nosso argumento, queremos defender os nacionalismos dos oprimidos, bem como identidades nacionais e formações estatais que sejam radicalmente democráticas e criticamente multiculturais. Contudo, para ampliar os horizontes libertários do multiculturalismo, é necessário imaginar as possibilidades que existem para conectar as iniciativas e as identidades nacionais libertárias com o cosmopolitismo.

QUAL COSMOPOLITISMO?

Nos últimos anos, houve um interesse renovado no cosmopolitismo – uma orientação filosófica que geralmente se atribui aos estóicos, revivida posteriormente por Immanuel Kant, que enfatiza um regime de relações e direitos universais que emanam da humanidade compartilhada. Escrevendo na década de 1790, em uma época em que terminava a guerra entre a república francesa e os Estados monárquicos da Europa e estabeleceu-se um tratado, Kant escreveu um ensaio sobre a paz entre as nações. Em *Paz Perpétua* (Wood, 1998), ele esboçou uma concepção da ordem internacional baseada nos direitos da humanidade. Mais especificamente, "propôs princípios do direito internacional que se aplicam coletivamente a todos os seres humanos e, somente por essa razão, são especialmente pertinentes àqueles que têm poder sobre Estados" (Wood, 1998, p. 61). Defendendo uma federação de Estados governada pelo compromisso de respeitar um "direito cosmopolita" ou um "direito universal da humanidade", Kant não rejeitava o Estado e não defendia um Estado mundial. Pelo contrário, ele tentou limitar as ações militares dos Estados, apelando para um ideal universal que pudesse governar suas relações com os indivíduos e entre si sem coerção (Cheah, 1998b, Wood, 1998).

Em um conhecido ensaio intitulado "Patriotismo e Cosmopolitismo", a filósofa liberal Martha Nussbaum (Nussbaum et al., 1996, p. 4) fez um ataque frontal contra a política do nacionalismo, um ataque que associou à filosofia estóica e kantiana. No mundo contemporâneo, argumentou, a justiça e a igualdade "seriam mais bem servidas ... pelo antigo ideal do cosmopolita, a pessoa cuja lealdade é para com a comunidade mundial de seres humanos". Ela reconhece que, "para ser um cidadão do mundo, não é preciso abandonar as identificações locais", que podem "basear-se em identidades étnicas, lingüísticas, históricas, profissionais, de gênero ou sexuais". Em vez disso, afirma (p. 9), "também devemos trabalhar para que todos os seres humanos façam parte de nossa comunidade de diálogo e interesses". Contudo, em sua raiz, a posição de Nussbaum baseia-se na valorização da solidariedade "humana", com relações desiguais e profundamente estruturadas, como a raça e o gênero, compreendidas como algo que "não é necessário abandonar", como se isso nem sequer fosse possível. Embora seu chamado para ir além do limitado campo de visão facilitado pela lealdade nacional seja um ajuste bem-vindo, no final, seu apelo lembra demais o universalismo desincorporado que os filósofos europeus defendiam e até mesmo a ideologia do mercado mundial defendida pela nova classe gerencial (ver Harvey, 2000).

Todavia, já que Kant ficou conhecido como o pai do espírito cosmopolita, é importante observar uma história menos conhecida que diz respeito à sua imaginação geográfica. Em *Paz Perpétua*, Kant declara que "os povos da Terra encontram-se em graus variados de uma comunidade universal, desenvolvida até o ponto onde a violação de leis em *uma* parte do mundo é sentida em *toda a parte*" (Kant, citado em Harvey, 2000, p. 532). Em nítido contraste com essa proclamação universalista, Harvey (2000) mostra que o texto *Geografia*, de Kant – um trabalho que foi basicamente ignorado – marginaliza uma boa parte da humanidade. Ele explica que "embora grande parte do texto se dedique a fatos bizarros da geografia física ... os comentários [de Kant] sobre o 'homem' no sistema da natureza são profundamente perturbadores". Por exemplo, Kant escreve que "a humanidade alcançou seu nível mais elevado de perfeição com as raças brancas. Os índios amarelos têm menos talentos. Os negros são muito inferiores e alguns dos povos das Américas estão bem abaixo deles". Harvey (p. 533) relaciona outras afirmações de Kant, incluindo que "as mulheres birmanesas vestem roupas indecentes e orgulham-se de engravidar de europeus; os hottentots são sujos – pode-se sentir seu cheiro de longe; os javaneses são ladrões, trapaceiros e servis". Comparar a ética universal de Kant com sua sensibilidade "geográfica" sustenta as complexidades e as contradições de se defender uma ideologia cosmopolita em um mundo onde as divisões baseadas em classe, raça e gênero são profundas. De forma mais direta, Harvey (p. 535) sugere que:

> Tudo se resume ao seguinte: ou os malcheirosos hottentots e os preguiçosos samoanos precisam mudar para se qualificarem de modo a serem considerados pelo código étnico universal (nivelando assim todas as ... diferenças) ou os princípios universais atuam como um código intensamente discriminatório, rotulado como o bem universal.

Cremos que se deve levar bastante a sério a questão de que as práticas e os discursos opressivos podem estar logo abaixo da superfície cosmopolita.

Talvez uma maneira de responder à problemática apresentada por essa história e à questão de se o cosmopolitismo atualmente pode ou não constituir uma visão mais progressista é reconhecer primeiramente que a trajetória da origem e da história do cosmopolitismo foi bastante *anti*cosmopolita. Pollock, Bhabha, Breckenridge e Chakrabarty (2000, p. 586) lembram-nos da forma "radical em que podemos reescrever a história do cosmopolitismo e da forma dramática em que podemos redesenhar seu mapa quando estivermos preparados para pensar além dos limites da história intelectual européia". Os autores sugerem que um passo essencial para essa história é "olhar o mundo ao longo do tempo e do espaço e ver como as pessoas pensaram e agiram além do local". Em outras palavras, existem muitos cosmopolitismos, passados e presentes, que podem contribuir para reavaliar as atuais relações globais hegemônicas a partir da visão de baixo. "Os cosmopolitismos que realmente existem", de fato, baseiam-se em um espectro de ideologias dominantes e subalternas (Malcomson, 1998). Se a realidade histórica e contemporânea do cosmopolitismo é uma colagem de sentimentos e práticas, é essencial esclarecer em *quais* tipos de cosmopolitismos acreditamos que deveriam embasar o trabalho educacional progressista.

Por um lado, Vergés (2001, p. 169) nos lembra de que os discursos universalistas, ainda que enraizados na ideologia colonialista, podem ser reformulados pelos colonizados devido ao interesse de sua emancipação. A autora retrata como os intelectuais *creole* nas colônias francesas do Caribe – Martinica, Guadalupe e Reunião – reinterpretavam a noção européia de cosmopolitismo, de maneira que "seu humanismo universal era reforçado por sua oposição ao racismo e à exploração colonial". Referindo-se a esse projeto como *cosmopolitismo creole*, Vergés explica que (p. 171-172):

> Surge uma pequena elite de cor educada, que adota o vocabulário do republicanismo francês, creolizando-o e desenvolvendo suas próprias visões de direitos e de justiça.... Os *creoles* levaram a sério os princípios da democracia; portanto, combateram sua violação no império... Viajar pelo império francês transformou os *creoles* e levou-os a desenvolver um cosmopolitismo baseado na compreensão de uma humanidade compartilhada contra a ideologia racial.

A apropriação radical dos princípios republicanos pelos *creoles* para desafiar o poder colonial francês levou Vergés (p. 170) a afirmar que "a análise da reprodução, da imitação e da apropriação como fontes de criatividade [política] merece ser mais aprofundada nas sociedades *creoles*". Ela conclui com a seguinte questão (p. 180): "Pode haver uma revitalização do cosmopolitismo *creole* no contexto da globalização?". Nessa conjuntura, acreditamos que a questão – assim como a história na qual ela se baseia – exige que as iniciativas e as identidades subalternas construídas com base em discursos universalistas e fundamentadas em idiomas hegemônicos sejam avaliadas cuidadosamente por seu potencial libertário em determinados contextos, em vez de serem automaticamente excluídas como evidências da "cooptação dos oprimidos" (por exemplo, ver Gandin e Apple, 2002). Dito isso, ainda acreditamos que o trabalho educacional fundamentado em argumentos universais e descontextualizados de "cuidar de toda a humanidade" em um "mundo cada vez mais interdependente", como um exemplo apenas, corre muitos riscos – alguns dos quais ficarão claros quando discutirmos a tradição da educação global.

A narrativa histórica do cosmopolitismo *creole* nos permite considerar o cosmopolitismo a partir de uma perspectiva colonial que adota um idioma universalista. Mignolo (2000a, 2000b) também argumenta que o cosmopolitismo está ligado ao colonialismo e à subalternidade, mas defende uma forma de *cosmopolitismo crítico* que parte de "histórias locais" específicas que buscam combater os "modelos globais". O autor identifica aqueles que acredita terem sido os três modelos globais dominantes da era colonial moderna, incluindo o cristianismo do século XVI e sua missão civilizadora sob a liderança do colonialismo espanhol e português; o imperialismo dos séculos XVIII e XIX e sua missão civilizadora secular, prenunciado pelo colonialismo francês e inglês; finalmente, o colonialismo transnacional do final do século XX, liderado pelos Estados Unidos, com sua missão de globalização neoliberal. Em suma, os modelos globais são projetos cosmopolitas coordenados de cima para baixo com os propósitos de regulação, homogeneização e dominação. Em comparação, os projetos cosmopolitas críticos baseiam-se em determinadas histórias de colonialismo e são moldados por epistemologias subalternas que confrontam, de baixo para cima, os modelos globais.

Um ponto central ao cosmopolitismo crítico é o que Mignolo chama de "pensamento de fronteira", ou seja", o reconhecimento e a transformação do imaginário hegemônico a partir da perspectiva de pessoas em posições subalternas" (2000b, p. 736). Para esclarecer o que quer dizer com o termo "pensamento de fronteira", Mignolo observa que, quando os zapatistas usam a palavra *democracia*, eles conferem a ela um significado muito diferente da interpretação hegemônica construída pelo governo mexicano – um significado baseado não na filosofia política européia, que gira em torno do indivíduo, mas em concepções maias de comunidade. Ainda assim, esse é apenas um exemplo, e Mignolo (p. 745) enfatiza que os contornos e os contextos do pensamento de fronteira são diversos. Enquanto o cosmopolitismo *creole* era situado – em oposição – em um discurso universal de humanidade compartilhada, o cosmopolitismo crítico não é um projeto universalizante. Em vez disso, há uma rede de "satélites subalternos" que coexiste como parte de um esforço múltiplo que visa "apropriar e transformar os modelos globais ocidentais". Gostaríamos de dizer que aí está o potencial transformador do cosmopolitismo crítico na educação. Como pode o currículo sustentar a subalternidade epistemológica: Como podem as escolas constituir satélites – conectados com outros – na luta contra projetos nacionalmente homogeneizadores e contra a globalização vinda de cima para baixo?

Abordando uma questão afim, Santos (2002a, p. 460) pergunta, de maneira provocante: "Quem precisa do cosmopolitismo?". Ele conclui que são os "socialmente excluídos, as vítimas da concepção hegemônica do cosmopolitismo", os que necessitam de uma forma de "variedade opositora". Em vez de clamar por um humanismo universal, Santos (p. 456) defende um *cosmopolitismo subalterno* – ou um cosmopolitismo do oprimido – que acredita poder combater o fascismo social. Assim como a configuração dominante das relações na era atual, o fascismo social é "um regime caracterizado por relações sociais e por experiências de vida sob relações de poder e trocas extremamente desiguais, que levam a formas particularmente graves e potencialmente irreversíveis de exclusão". Quais são os ganhos de um cosmopolitismo subalterno que seja capaz de confrontar esse tipo de fascismo? "Além das lutas que são de natureza originalmente transnacional", Santos inclui um "vasto conjunto de lutas sociais ... de oposição que, embora de âmbito local ou nacional, são conectadas de diferentes maneiras com lutas paralelas em outros locais". Coletivamente, essa rede – do mesmo modo que os satélites subalternos de Mignolo – constitui o que Santos (p. 458-459) define como a "globalização contra-hegemônica de baixo para cima".

À medida que as lutas surgem e desenvolvem-se, seja em âmbito local, nacional seja em âmbito transnacional, a questão central é "se as práticas subalternas insurgentes tornam o mundo cada vez menos receptivo ao capitalismo global ou se, pelo contrário, o capitalismo global conseguiu cooptar essas práticas e transformá-las em meios para sua própria reprodução" (Santos, 2002a, p. 464). Talvez esse critério, se estendido para incluir não apenas as dimensões econômicas da globalização de cima, mas também seus aspectos políticos e culturais, possa funcionar como um meio para aferir o grau em que determinadas estratégias educacionais se alinham com a política do cosmopolitismo subalterno.

Tendo discutido a história do cosmopolitismo, uma história complicada e ainda por ser escrita, esperamos ter esclarecido o que queremos dizer com uma educação enraizada no *multiculturalismo cosmopolita subalterno*. Em vez de construir comunidades educacionais em torno de alguma filosofia abstrata ou universal, a qual postule uma humanidade comum ou um globalismo benevolente, acreditamos que as escolas devem criar um espaço para o pensamento de fronteira ou para a subalternidade epistemológica, desafiando o fascismo social nos níveis possíveis. Ao mesmo tempo, imaginamos que as salas de aula e as escolas podem existir como parte de uma rede diversa e interconectada, visando confrontar as relações de poder desiguais, não apenas em âmbito nacional, como também transnacional. Discutiremos agora a educação global e o grau em que ela pode ajudar no projeto de expandir os horizontes do multiculturalismo para incluir um cosmopolitismo subalterno.

EDUCAÇÃO GLOBAL: RUMO A UM COSMOPOLITISMO *SUBALTERNO*?

Reconhecemos que a idéia de que as escolas devem ultrapassar fronteiras nacionais é ambiciosa, ainda mais se voltada à subalternidade epistemológica. Desde o princípio, os sistemas estatais de educação ficaram encarregados de cultivar valores "comuns" e de criar a identidade nacional (Apple et al., 2003; Cornbleth e Waugh, 1999; Kaestle, 1983). Dessa forma, devemos reconhecer que as escolas não são locais propícios para cultivar tendências cosmopolitas contra-hegemônicas – ainda mais no ambiente pós-11 de setembro, que alimentou as formas mais retrógradas de lealdade nacional.

Isso fica especialmente claro nas respostas neoconservadoras à educação global. Escrevendo para a Fordham Foundation, Burack (2003) responde ao que chama de "ideologia educacional global" no campo da formação em estudos sociais, ou seja, uma ideologia que critica por ser "profundamente desconfiada das instituições, dos valores e do papel americano no mundo, ao mesmo tempo em que elogia de forma indiscriminada as instituições e os valores da maioria de outras sociedades". O autor (p. 41) afirma que a educação global é "o equivalente internacional das versões separatistas do multiculturalismo", significando que sua agenda visa a reformular criticamente a posição dos Estados Unidos e do Ocidente dentro do sistema mundial, assim como o multiculturalismo visa problematizar a posição histórica dos americanos de origem européia nos Estados Unidos. Burack acredita que a ampliação dessa visão para incluir o estudo de sociedades não-ocidentais levará a uma forma de "relativismo cultural", no qual todas as culturas são consideradas igualmente dignas de respeito – uma afirmação intimamente ligada à ansiedade de que a educação global possa acabar com a confiança na superioridade ocidental. Propondo um paradigma mais desejável para a educação global, ele (p. 65) conclama as escolas a "enfatizarem a centralidade constante do Ocidente"; por outro lado, em uma contradição profunda, mas não-reconhecida, esclarece: "O objetivo não é celebrar as glórias do Ocidente de forma indiscriminada, mas reconhecer ... que o Ocidente é a fonte de idéias e ideais cívicos mais importantes que queremos que os estudantes entendam" (p. 65). Na verdade, qualquer tipo de educação que desafie os estudantes a analisar as relações de poder em um contexto nacional ou global é considerada antitética frente aos interesses dos Estados Nacionais ocidentais.

Segundo Burack (2003), o "progressivismo transnacional", centrado na noção de cidadania global, enfraquece a soberania dos Estados Nacionais democráticos e eleva o papel que atores internacionais irresponsáveis devem desempenhar no governo do mundo. "Os defensores da educação global querem que os americanos duvidem da capacidade de sua sociedade civil nacional e de seu governo para lidar com desafios globais", escreve o autor (p. 58). Assim, a solidariedade transnacional e as sociedades civis internacionais são consideradas limitações antidemocráticas e injustificadas em relação ao poder nacional, sendo até vistas como um grande passo em direção a um governo mundial (ver também Lamy, 1990).

Contudo, a realidade é que a educação global nas escolas não reflete, nem de forma remota, essa ideologia, um fato que dá a Burack (2003) uma "razão para ter esperança". Na verdade, a identificação de qualquer forma de educação global nos Estados Unidos constitui uma forma de história não-tão-antiga. A educação global é originária da Guerra Fria e de tendências ainda mais recentes de globalização. As iniciativas curriculares e os padrões educacionais voltados à geografia, à história mundial e às línguas "estrangeiras" – particularmente à história mundial com ênfase mais global – não surgiram até a década de 1980 (e algumas muito depois). Além disso, sua adoção foi desigual (Smith, 2002).

Os primeiros proponentes da educação global nos Estados Unidos estavam indubitavelmente abrindo um novo caminho; em contrapartida, defendiam a educação global em termos bastante moderados. James Becker, que em 1973 escreveu *Education for a Global Society* (Educação para um Sociedade Global), defendia um tipo de humanismo universal compatível com as antigas concepções européias de cosmopolitismo. Ele nos lembra de que somos "um só mundo" e de que, embora não possamos "ignorar a diversidade da humanidade", a educação global "deve tentar conectar os homens, em vez de dividi-los, mostrando sua humanidade comum e enfatizando seu destino comum" (p. 33). O autor formula seu argumento com base na teoria dos sistemas mundiais, mostrando acreditar que o mundo seria mais bem compreendido como uma unidade única, que consiste de partes interdependentes. Ainda assim, o discurso da interdependência dificilmente expõe as relações de dominação e subordinação que existem entre as nações ou a maneira como as dependências são facilitadas por relações coloniais, Estados poderosos ou organizações internacionais que atuam em nome desses Estados.

Alguns anos depois, Robert Hanvey (1976) publicou seu manifesto pela educação global por intermédio do Centro de Estudos da Guerra/Paz. Intitulado *An Attainable Global Perspective* (Uma Perspectiva Global Alcançável), seu nome já fala em sua agenda subjacente – alcançável, implicando "objetivos modestos" (p. 2). Sua proposta detalhava diversos aspectos dessa perspectiva global, incluindo a consciência de perspectivas múltiplas, a percepção de questões mundiais, a percepção transcultural, o conhecimento do mundo como sistema e a percepção de soluções potenciais para problemas globais. Embora a perspectiva de Hanvey certamente representasse um avanço sobre concepções mais limitadas de educação social, ela não promovia nem sequer abria necessariamente o caminho para uma perspectiva comparável à subalternidade epistemológica ou para o pensamento de fronteira. Na falta de um imperativo ético explícito e qualquer noção de práxis (Freire, 1993, p. 28), Hanvey concluiu o seguinte com relação à cognição global dos problemas humanos e de suas soluções: "Não estou propondo que os estudantes escolham entre alternativas – apenas que eles as conheçam. Esse, em si, já é um passo levemente revolucionário". Pode ter sido um passo, mas as origens da educação global e as iniciativas postas em movimento desde sua criação não conduziram ao cosmopolitismo *subalterno*. Embora Becker e Hanvey, às vezes, façam menção de assimetrias de poder no sistema mundial (por exemplo, entre nações ricas e pobres), o ímpeto geral de seus argumentos estava em promover o entendimento transcultural, o respeito pela humanidade comum (com algum conhecimento da diversidade) e a percepção de importantes questões mundiais e suas implicações sistêmicas. Uma ordem mundial transformada ao longo de linhas genuinamente democráticas não estava e ainda não está na agenda da maioria das tradições educacionais globais. Na melhor das hipóteses, a prioridade na agenda atual é preparar os estudantes para competirem na nova economia global (Reich, 1992).

Entretanto, uma análise do desenvolvimento da educação global não revela que seus significados tenham se estendido pelo mapa político. Graham Pike (2000, p. 64) relata que:

> Para alguns, a educação global equivale a atribuir uma perspectiva geográfica mais ampla ao currículo de estudos sociais, de maneira a equipar os estudantes para competirem de forma mais efetiva no mercado. Para outros, ela representa uma reavaliação fundamental do conteúdo, da organização e do propósito da escolarização, alinhada a uma visão transformadora da educação.

De muitas maneiras, essas escolas de pensamento e prática representam as que existem na educação multicultural, variando de abordagens mais conservadoras a posições reconstrucionistas mais radicais. Ao mesmo tempo, Collins, Czarra e Smith (1998) proporcionam uma visão ampla dos estudos globais e internacionais das últimas cinco décadas e observam que a interdependência ou pensamento sistêmico foi o modelo de referência dominante. Analisando as concepções da educação global a partir da definição de Hanvey, Kirkwood (2001) afirma que as tradições mais recentes continuam a ser relativamente congruentes com as primeiras.

Dessa forma, é importante considerar o grau em que as tradições alternativas de educação global podem possibilitar que as escolas avancem rumo a um multiculturalismo *cosmopolita subalterno*. Merryfield (2001, p. 179) argumenta que "é hora de os educadores que trabalham com estudos sociais irem além da educação global concebida na Guerra Fria". O poder, a ética e a subalternidade estão no centro de sua reconceituação. Por exemplo, a autora sugere que os estudantes analisem a relação entre a formação do império e as construções dominantes do conhecimento. Além disso, ela enfatiza que (p. 187):

> É fundamental que os estudantes aprendam a partir do conhecimento e das experiências de pessoas que, por causa de raça, gênero, classe, cultura, nacionalidade, crenças religiosas ou políticas, são ignoradas, estereotipadas ou marginalizadas no conhecimento acadêmico tradicional. Ao contrário da educação global da década de 1970,

esse processo traz ao centro do currículo as vozes de pessoas do passado e do presente que foram silenciadas porque tinham pouco ou nenhum poder para serem ouvidas.

Propondo que a educação "descoloniza a mente", Merryfield (p. 185) sugere intervenções pedagógicas concretas: "Os estudantes podem analisar exemplos de representações européias de mulheres brancas e africanas, das descrições de autoras africanas sobre suas vidas e sobre os brancos que conheceram, da literatura americana branca sobre mulheres americanas brancas e afro-americanas e da escrita de autoras afro-americanas". Esse tipo de leitura da história e da literatura em "contraponto" – uma pedagogia que Said defendeu em *Culture and Imperialism* – é uma abordagem que Merryfield acredita que pode transformar a educação global tradicional.

O ensino de uma "nova" história mundial também pode ter algo a oferecer para o avanço do multiculturalismo cosmopolita subalterno. A história mundial esteve tradicionalmente "ligada a imagens totalizadoras e estereótipos do mundo ocidental". Dessa forma (Gyer e Bright, 1995, p. 1036):

> O simples ato de mapear e pensar o mundo envolveu historiadores de todo o mundo em um nexo de histórias do poder imperial, nas quais "outros" mundos e outras histórias foram inteiramente excluídos – subalternos ao ponto da inexistência – ou subordinados.

Assim, as maneiras dominantes de perceber o passado necessitaram da imaginação de toda uma nova tradição de estudiosos do Sudeste e Leste Asiático, do Oriente Médio, da África e da América Latina, uma alternativa que visa "apresentar os passados do mundo ... como uma trança de histórias entrelaçadas" (p. 1038). Por enquanto, essa iniciativa foi traçada por dois caminhos principais: o primeiro se concentra em histórias comparativas de poder e na necessidade de posicionar o oeste em um contexto genuinamente global. O segundo caminho começou a mapear histórias de mobilidade, diásporas e regiões fronteiriças. Geyer e Bright (1995, p. 1042) defendem a importância imediata dessa história:

> A recuperação da multiplicidade de passados do mundo nunca foi tão importante quanto agora o é ... pois, em uma era global, todos os passados do mundo estão simultaneamente presentes, colidindo, interagindo, misturando-se – produzindo uma colagem de histórias presentes que certamente não é a história de uma civilização global homogênea.

Se este for o caso – que a globalização tenha produzido um espaço onde histórias diversas, mas inter-relacionadas, se confrontam a cada momento –, o estudo de uma nova história mundial constitui um componente crucial de uma educação global contra-hegemônica.

Isso é especialmente verdadeiro porque essas narrativas dos passados do mundo revelam que a "integração global ... não foi um conjunto de procedimentos criados pelo Ocidente e impostos sobre o resto... E não foi simples ou consistentemente rejeitada". Pelo contrário, as histórias subalternas emergentes revelam que os grupos dominados "envolveram o poder ocidental em padrões complexos de acomodação e resistência" (Geyer e Bright, 1995, p. 1049). Se estudadas nas escolas, essas novas histórias mundiais de baixo para cima podem proporcionar um contexto para repensar as condições atuais a partir da posição da subalternidade epistemológica. A circulação dessas histórias em escolas não será fácil, por razões que já discutimos. Ainda assim, à medida que essa tradição começa – ainda que lentamente – a confrontar a velha, mas ainda dominante história mundial, muitas possibilidades pedagógicas podem começar a se formar.

As tradições mais transformadoras na educação global apontam para a maneira como se pode criar um espaço para o pensamento de fronteira nas salas de aula. Existem iniciativas notáveis para compartilhar com os professores formas de unir o local ao global nas salas de aula (ver Bigelow e Peterson, 2002; Merryfield, 1996). Os usos potenciais da tecnologia – ainda que não se possa superestimar sua acessibilidade – também podem abrir caminho para a reconstrução de uma educação global em direções críticas (McIntyre-Mills, 2000).

Apesar da missão histórica da escolarização em massa de engendrar uma "comunidade imaginada" nacional (Anderson, 1991), certas formas insurgentes e centrais de multiculturalismo com tradições transformadoras de educação global podem ajudar as escolas e as aulas a se tornarem satélites subalternos ligados a diversas iniciativas fora da escola – que auxiliam no projeto de combater o fascismo social dentro e fora da nação. De fato, o multiculturalismo cosmopolita subalterno busca promover uma densidade de afiliações e lealdades, o que levanta algumas questões que gostaríamos de abordar brevemente.

UMA DENSIDADE DE AFILIAÇÕES: POSSIBILIDADES E PRECAUÇÕES

Existe uma densidade de afiliações – um sentido complexo e estratificado de identificação com possibilidades libertárias – centrais ao multiculturalismo cosmopolita subalterno. Acreditamos que o currículo (e a escola em geral) deve motivar nos estudantes uma sensibilidade democrática radical voltada às diversas esferas de interesse, sejam elas locais, nacionais ou globais. Se não promoverem uma variedade de lealdades ou um tipo de *consciência tripla*, as escolas correm o risco de promover compreensões limitadas e a incapacidade de entender as associações intricadas e, muitas vezes, exploratórias que existem entre contextos de diferentes níveis. Pensando sobre a sala de aula detalhada na abertura do capítulo, é crucial que reflitamos sobre o desejo veemente do estudante de "parar de falar sobre Porto Rico" e voltar-se a uma história mais focada nos Estados Unidos e em seu glorioso papel nas Guerras Mundiais. O fato de que uma visão histórica mais ampla pode ser rejeitada com tanta facilidade revela uma dimensão da problemática perturbadora que estamos tentando abordar.

Ainda assim, reconhecemos que, ao afirmar a importância dessa densidade de afiliações, certamente atrairemos diversas críticas. Pode-se argumentar que é desejável privilegiar incondicionalmente determinada afiliação, como as locais ou as nacionais. Esse argumento fortaleceu formas libertárias e opressivas de nacionalismo. A partir de outro ponto de vista, algumas afiliações podem ser consideradas irrelevantes, conforme afirmam aqueles que dizem que estamos vivendo em um mundo cada vez mais pós-nacional, que torna obsoletas as sensibilidades locais. De maneira alternativa, pode-se levantar a questão de que afiliações em escalas mais amplas não possuem ressonância emocional ou base histórica, além de serem mais utópicas do que politicamente viáveis. Somado a isso, é essencial que se aborde o grau em que algumas afiliações se tornam problemáticas por causa de interesses conflitantes ou de uma aparente incompatibilidade, como as lealdades nacionais e transnacionais. Pode-se até dizer que as lealdades vinculadas aos domínios mais amplos são comprometidas por questões de representação e organização em níveis de associação que se desenvolvem de forma frágil, como a sociedade civil global. Existem fortes argumentos e evidências importantes que devem ser considerados em relação a essas posições. Gostaríamos de responder em parte a algumas dessas visões e preocupações.

Começamos por reconhecer que, de fato, há uma variedade de condições que exigem que certas afiliações sejam privilegiadas. Por exemplo, abusos locais contra o meio ambiente ou violência racial no bairro talvez exijam mobilizações intensivas na comunidade imediata, mesmo que estruturas mais amplas estejam envolvidas. Ao mesmo tempo, existem momentos em que a lealdade nacional deve assumir precedência. Exemplos disso são as iniciativas populares em nações latino-americanas e caribenhas que visam limitar a aceitação de políticas neoliberais impostas pelas elites e por organizações internacionais. Basicamente, não há nada inerentemente progressista ou retrógrado em priorizar afiliações locais ou mesmo nacionais. Pelo contrário, acreditamos que é perigoso pressupor, sem referência ao contexto, o tipo de lealdade que mais conduz à ação subalterna e à transformação democrática.

Todavia, alguns argumentam que as afiliações nacionais foram e são mais centrais. Por exemplo, Balakrishnan (1996) explica que a nação constitui a base para a ação de classe, pois o socialismo internacional, historicamente, não constituiu uma base para as lutas de massa. Segundo o autor, isso ocorreu porque não é fácil manter a ação revolucionária além das fronteiras nacionais, já que ela está intimamente ligada à memória nacional. Ele afirma que (p. 212):

> O caráter nacional imaginado em toda sua crueza é o passaporte para os excluídos na história mundial. Isso ocorre porque o Estado Nacional é o lugar onde se definiu o que estava em jogo nas grandes lutas de classe do século XX. A razão por que isso ocorreu nas estruturas do Estado Nacional ... é função da escala da ação coletiva efetiva.... [E] está claro que, quando alguém fala sobre seus ancestrais mortos, está falando sobre a nação, e não sobre o socialismo internacional.

Formular a análise nesses termos implica dizer que a memória emana apenas de passados locais ou nacionais e que energias e formas de coordenação necessárias para sustentar a ação política somente podem ser mobilizadas em contextos de escala limitada. As visões de que as afiliações globais têm raízes históricas frágeis, o mínimo poder emocional e pouco potencial político são conclusões tiradas potencialmente dessa visão. Porém, será que esse é necessariamente o caso, particularmente se considerarmos iniciativas mais recentes voltadas às implicações políticas, econômicas e culturais da globalização de cima para baixo? Por exemplo, o Fórum Social Mundial (2001) buscou "fortalecer e criar relações nacionais e internacionais entre organizações e movimentos da sociedade que ... aumentarão a capacidade de resistência social não-violenta ao processo de desumanização pelo qual passa o mundo". Existem indícios do desenvolvimento de formas novas (ainda que reconhecidamente precárias) de internacionalismo operário, à medida que trabalhadores do Primeiro e do Terceiro Mundo se organizam contra as forças do capital global. Um exemplo, entre muitos, é um caso de solidariedade internacional com os trabalhadores da Coca-Cola na Guatemala (Waterman, 1998). Iniciativas como essa revelam que as afiliações transnacionais podem ser bastante poderosas, à medida que os organizadores de todo o mundo se mobilizam coletivamente.

Em termos comparativos, em determinados meios, as sensibilidades globais são consideradas *mais* fundamentais do que as afiliações locais ou nacionais. Segundo essa linha de argumentação, as tecnologias, as diásporas e o declínio do Estado Nacional sob condições de globalização prenunciam uma era pós-nacional, na qual os sentimentos nacionais e a política territorial não estruturam a experiência de maneiras significativas. Por exemplo, Cheah (1998a) demonstra como determinadas teorias de hibridismo cultural e mobilidade diaspórica assumiram o potencial liberador singular da identificação cosmopolita. Na mesma linha, Radhakrishnan (2003, p. 323) articula a seguinte crítica:

> A apropriação pós-estruturalista da diáspora estetiza-a como um estilo de vida *avant-garde*, baseado na desterritorialização... A teoria da diáspora metropolitana ... deve ser desmistificada antes que se possa historiar a condição da diáspora como uma condição de dor e alienação dupla.

Com freqüência, a identificação cosmopolita é compreendida como a razão de ser da resistência e da ação subalternas, prestando-se muito menos atenção aos custos da destituição. Embora, indubitavelmente, seja verdade que muitas afiliações globais foram criadas pelo avanço nas tecnologias da comunicação, por níveis mais elevados de migração internacional e mesmo pela reorganização do Estado sob condições de globalização acelerada, também é verdade que "para a maioria que permanece no espaço periférico por escolha ou necessidade", o Estado Nacional permanece central, "pois não existe a alternativa do pós-nacionalismo por migração" (Cheah, 1998a, p. 314).

De fato, mesmo as afiliações globais, muitas vezes, são influenciadas por lealdades e hierarquias nacionais, conforme demonstra Schein (1998) em sua análise do Simpósio Internacional sobre o Povo Hmong. Nesse fórum transnacional, as afiliações e as histórias nacionais – e até intervenções estatais – influenciaram a presença de determinados grupos e a organização da agenda da conferência. Considerando a estrutura geral das atividades, Schein (p. 179-180) explica que "o efeito foi que 'os representantes das nações', vestidos e adornados para entreter o público hmong-americano, fizeram seus respectivos relatos segundo uma hierarquia estruturada pela supremacia da liderança hmong-americana", com um de seus líderes dizendo, em inglês, ao final do simpósio: "Obrigado, Deus abençoe a América".

Claro que nada disso significa que as solidariedades globais sejam mais problemáticas, menos libertárias ou difíceis de estabelecer do que as afiliações localizadas. A explosão dos movimentos sociais transnacionais de baixo para cima (Cohen e Rai, 2000) e mesmo a expansão da educação internacional (Rizvi, 2000) claramente revelam a importância fundamental da imaginação e ação globais. Mais uma vez, afirmamos que o problema é afirmar a primazia ou o potencial de determinada lealdade sem respeito ao conteúdo ou ao contexto político.

Pode-se imaginar um *continuum* de associações do local para o global, com uma variedade de possibilidades. De maneira compreensível, alega-se que esse conjunto de lealdades terá conflitos. Não negamos que possa haver conflitos entre afiliações de diferentes escalas, algumas das quais exigem uma negociação cuidadosa, mas adaptar essas lealdades segundo a escala não irá necessariamente gerar ou aliviar conflitos entre interesses e lealdades. Pelo contrário, o conflito potencialmente caracteriza as relações em qualquer nível, seja local, seja global. Talvez ainda mais enganosa seja a afirmação de que as lealdades nacionais e transnacionais são mutuamente excludentes. Com bastante impacto, Keck e Sikkink (1998, p. 12) analisaram a relação das redes de representação transnacionais com as arenas domésticas. Detalhando um padrão de "bumerangue", os autores discutem como as "ONGs [organizações não-governamentais] domésticas evitam o Estado e buscam aliados internacionais diretamente para tentar trazer pressão de fora sobre seus Estados". Essa triangulação de relações revela a maneira como as identidades, as preocupações e as campanhas globais e locais se formaram simultaneamente – sustentando iniciativas em determinados Estados, contribuindo para o ativismo sem fronteiras e reconstruindo as identidades dos participantes no processo.

O reconhecimento da inter-relação entre o nacional e o cosmopolita não exige negar que as mobilizações transnacionais, muitas vezes, evidenciam relações desiguais enraizadas no poder nacional diferencial. Na campanha transnacional chamada Educação para Todos, formaram-se alianças complexas entre organizações não-governamentais do norte e do sul, na tentativa de defender maior acesso à educação pública e gratuita em todo o mundo. Mas certas questões envolvendo a participação direta e a representação geográfica no movimento continuam a preocupar (Mundy e Murphy, 2001). Enfim, deve-se entender o caráter interconectado de cada uma dessas esferas de existência, ainda que sem noções românticas sobre determinadas afiliações dentro ou além das fronteiras.

Apesar dessas precauções, essas redes reais fazem parte do tecido do multiculturalismo cosmopolita subalterno, do qual acreditamos que as escolas representam uma fibra crucial. Diversas solidariedades são possíveis; no entanto, as escolas devem ajudar a promovê-las – ainda que de formas matizadas, dependendo da história, do contexto e do equilíbrio de prioridades democráticas em certos momentos críticos.

Além dos problemas de escala, resta a questão da *natureza* da afiliação. Defendemos um multiculturalismo cosmopolita *subalterno*, mas uma avaliação crítica e cautelosa das subalternidades é parte necessária do processo de afiliação. Existe uma tendência de romantizar o subalterno como inerentemente democrático. Lembrando um caso como esse, Spivak (1998, p. 336) relata uma conversa que teve enquanto estava envolvida em uma exposição de arte sobre uma comunidade de imigrantes em Londres:

> Quando propus que mostrássemos evidências do fato de que empresários étnicos agiam como cafetões e vendiam suas mulheres e seus filhos para o trabalho escravo ... a resposta do artista que trabalhava comigo foi que ele não queria mostrar a exploração sexista na comunidade. Ele apenas queria mostrar o racismo branco.

Essas evidências servem para nos lembrar de que nem todas as subalternidades baseiam-se no bom senso ou são informadas por uma consciência contra-hegemônica. No domínio transnacional, por exemplo, uma classe gerencial de cosmopolitas chineses estabeleceu negócios por todo o globo. Embora esse regime de diáspora resulte, em parte, de relações coloniais e pós-coloniais e embora os membros dessa classe permaneçam "outros" em termos culturais nos centros ocidentais, esses executivos construíram grandes fortunas por meio de um sentido flexível e relativamente apátrida de cidadania, da aceitação da liberalização econômica e da dependência de relações familiares patriarcais que promovem a acumulação (Ong, 1998). Esses exemplos enfatizam, no mínimo, que as relações subalternas e dominantes podem existir simultaneamente nas comunidades e que devemos avaliar cuidadosamente as potencialidades democráticas e antidemocráticas das identificações que o currículo e a escolarização promovem.

A GAROTA COM BANDEIRA: CONCLUSÃO OU COMEÇO?

Enfim, cada um de nós se situa em um mundo de contextos, incluindo forças nacionais e transnacionais que "às vezes agem em conjunto, às vezes em conflito, articuladas em diferentes níveis da elite e da subalternalidade" (Clifford, 1998, p. 368). Sugerimos que as escolas podem engendrar uma sensibilidade de caráter revolucionário, com base não em alguma afiliação humanista descontextualizada, mas em uma afiliação baseada em contextos locais, nacionais e globais, onde se luta por negociações específicas em busca de arranjos justos. Conforme Robbins (1998, p. 260) afirma, "ninguém realmente é ou pode ser cosmopolita no sentido de não pertencer a nenhum lugar.... E ninguém pode ser cosmopolita no sentido de pertencer a toda a parte". A grande ironia, então, é que todas as afiliações assumem sua significância em conjuntos concretos de relações e determinados passados e presentes. O trabalho que o multiculturalismo cosmopolita subalterno potencialmente pode fazer é ajudar os estudantes a desenvolver a capacidade de pensar e agir de formas contra-hegemônicas dentro e através das fronteiras. Todavia, sabemos que esse trabalho não será fácil.

Assim como abrimos este capítulo com um exemplo das complexidades envolvidas em realizar a visão que identificamos, permita-nos fechá-lo com um exemplo que, mais uma vez, evidencia os desafios significativos que temos. Um de nós (Paulino) tem uma filha que participou do Dia de Todas as Nações em sua escola, localizada nos Estados Unidos, mas que recebe crianças de aproximadamente 80 países diferentes. O principal evento do dia foi uma cerimônia da bandeira, durante a qual uma procissão de estudantes carregava as bandeiras de muitas nações – bandeiras que a escola posteriormente planejava colocar de forma permanente ao longo do corredor principal. Segundo um grupo de alunos com quem falamos informalmente – que eram oriundos ou descendentes de imigrantes do Brasil, Iraque, Laos, Peru, Filipinas, Porto Rico e dos Estados Unidos –, pouco se fez antes, durante ou depois do Dia de Todas as Nações para estimular um diálogo mais substancial, mais amplo e mais duradouro sobre questões relacionadas à diversidade, à identidade nacional, às relações globais ou à desigualdade. Segundo nos contaram, muitos estudantes nem sequer conseguiam identificar a maioria das bandeiras, quanto menos falar em histórias e culturas das nações representadas ou da posição que essas nações ocupam no atual regime global. Embora essa celebração, sem dúvida, tenha tido um apelo cosmopolita, ela demonstra o quanto ainda precisamos andar para que o multiculturalismo cosmopolita subalterno se realize. O evento também enfatiza o perigo de gestos simbólicos que têm o potencial de fazer com que nos sintamos cidadãos de um mundo multicultural, em vez de proporcionar que realmente pensemos e ajamos de maneiras mais críticas e informadas e confrontemos a opressão em diversos níveis. Talvez este capítulo possa ser lido como um convite para que outras nações respondam a essa proposta, que não pretende ser uma prescrição educacional universal que não se submeta ao debate, à tradução e à reinvenção. É chegada a hora de discutir como podemos fundamentar a educação com base no multiculturalismo cosmopolita subalterno e o que isso pode transmitir e significar em diferentes contextos.

REFERÊNCIAS

Abowitz, K. K. (2002). Imagining citizenship: Cosmopolitanism or patriotism? [electronic]. *Teachers* College Record. Available: http://www.tcrecord.org/Content.asp?ContentID=11008

Anderson, B. (1991). *Imagined communities*. New York: Verso.

Apple, M. W. (2000). *Official knowledge: Democratic education in a conservative age* (2nd ed.). New York: Routledge.

Apple, M. W., et al. (2003). *The state and the politics of knowledge*. New York: RoutledgeFalmer.

Balakrishnan, G. (1996). The national imagination. In G. Balakrishnan (Ed.), *Mapping the nation* (p. 198-213). New York: Verso.

Banks, J. A. (1995). Multicultural education: Historical development, dimensions, and practice. In J. A. Banks & C. A. McGee Banks (Eds.), *Handbook of research on multicultural education* (p. 3-24). New York: Macmillan.

Bauman, Z. (2001). The great war of recognition. *Theory, Culture, and Society*, 18 (2-3), 137-150.

Becker, J. (1973). *Education for a global society*. Bloomington, IN: Phi Delta Kappa Educational Foundation.

Bello, W. (2002). Prospects for good global governance: The view from the south [report prepared for the Bundestag, Federal Republic of Germany]. Bangkok, Thailand: Focus on the Global South.

Bigelow, B., & Peterson, B. (Eds.). (2002). *Rethinking globalization: Teaching for justice in an unjust world*. Milwaukee, WI: Rethinking Schools Press.

Brecher, J., Costello, T, & Smith, B. (2000). *Globalization from below*. Cambridge, MA: South End Press.

Burack, J. (2003). The student, the world, and the global education ideology. In J. Leming, L. Ellington, & K. Porter (Eds.), *Where did social studies go wrong?* (p. 40-69). Washington, DC: Thomas B. Fordham Foundation.

Buras, K. L. (1999). Questioning core assumptions: A critical reading of and response to E. D. Hirsch's The Schools We Need and Why We Don't Have Them. *Harvard Educational Review*, 69 (1), 67-93.

Buras, K. L. (2005). Tracing the core knowledge movement: History lessons from above and below. In M. W. Apple & K. L. Buras (Eds.), *The subaltern speak: Curriculum, power, and educational struggles* (ver capítulo 1). New York: Routledge.

Burbules, N. C., & Torres, C. A. (Eds.). (2000). *Globalization and education: Critical perspectives*. New York: Routledge.

Cheah, P. (1998a). Given culture: Rethinking cosmopolitical freedom ir. transnationalism. In P. Cheah & B. Robbins (Eds.), *Cosmopolitics: Thinking and feeling beyond the nation* (p. 290-328). Minneapolis: University of Minnesota Press.

Cheah, P. (1998b). The cosmopolitical-today. In P. Cheah & B. Robbins (Eds.), *Cosmopolitics: Thinking and feeling beyond the nation* (p. 20-41). Minneapolis: University of Minnesota Press.

Clifford, J. (1998). Mixed feelings. In P. Cheah & B. Robbins (Eds.), *Cosmopolitics: Thinking and feeling beyond the nation* (p. 362-370). Minneapolis: University of Minnesota Press.

Cohen, R., & Rai, S. (2000). Global social movements: Towards a cosmopolitan politics. In R. Cohen & S. Rai (Eds.), *Global social movements* (p. 3-17). London: Athlone Press.

Collins, H. T., Czarrs, P., & Smith A. P. (1998). Guidelines for global and international studies education: Challenges, cultures, and connections. *Social Education*, 62 (5), 311-317.

Cornbleth, C., & Waugh, D. (1999). *The great speckled bird: Multicultural politics and education policymaking*. Mahwah, NJ: Lawrence Erlbaum Associates.

Dahl, R. A. (1998). *On democracy*. New Haven, CT: Yale University Press.

Diaz, C. F., Massialas, B. G., & Xanthopoulos, J. A. (1999). *Global perspectives for educators* Needham Heights, MA: Allyn & Bacon.

Dimitriadis, G., & McCarthy, C. (2001). *Reading and teaching the postcolonial: From Baldwin to Basquiat and beyond*. New York: Teachers College Press.

Parahmandpur, R. (2004). Essay review: A Marxist critique of Michnel Apple's neo-Marxist approach to educational reform [versão eletrônica]. *Journal for Critical Education Policy Studies*, 2 (1). Disponível em: http://www.jceps.com

Fraser, N. (1997). *Justice interruptus*. New York: Roudedge.

Freire, P. (1993). *Pedagogy of the oppressed*. New York: Continuum.

Gandin, L. A., & Apple, M. W. (2002). Challenging neo-liberalism, building democracy: Creating the Citizen School in Porto Alegre, Brazil. *Journal of Education Policy*, 17 (2), 259-279.

Geyer, M, & Bright, C. (1995). World history in a global age. *American Historical Review*, 100 (4), 1034-1060.

Ghai, Y. (2000). Universalism and relativism: Human rights as a framework for negotiating interethnic claims. *Cardozo Law Review, 21*, 1095-1140.

Giroux, H. A. (1995a). Insurgent multiculturalism and the promise of pedagogy. In D. T. Goldberg (Ed.), *Multiculturalism: A critical reader* (p. 325- 343). Oxford, UK: Blackwell.

Giroux, H. A. (1995b). National identity and the politics of multiculturalism. *College Literature*, 22 (2), 42-57.

Gonzalez, J. (1998). "Puerto Rico had never seen anything like it": The meaning of the general strike. *The Progressive*, 62 (9), 24-27.

Grant, C. A., & Slecter, C. E. (2003). *Turning on learning: Five approaches for multicultural teaching plans for race, class, gender, and disability* (3rd ed.). New York: John Wiley & Sons.

Hanvey, R. G. (1976). *An attainable global perspective.* New York: Center for War/Peace Studies.

Harvey, D. (2000). Cosmopolitanism and the banality of geographical evils. *Public Culture*, 12 (2), 529-564.

Hirsch, E. D., Jr. (1992). *Toward a centrist curriculum: Two kinds of multiculturalism in elementary school.* Charlottesville, VA: Core Knowledge Foundation.

Huntington, S. A. (1997). *Clash of civilizations and the remaking of world order.* New York: Touchstone.

Kaestle, C. F. (1983). *Pillars of the republic: Common schools and American society, 1780-1860.* New York: Hill & Wang.

Keck, M., & Sikkink, K. (1998). *Activists beyond borders.* Ithaca, NY: Cornell University Press.

Kirkwood, T. F. (2001). Our global age requires global education: Clarifying definitional ambiguities. *Social Studies*, 92 (1), 10-15.

Kymlicka, W. (1995). *Multicultural citizenship: A liberal theory of minority rights.* Oxford, UK: Clarendon Press.

Lamy, S. L. (1990). Global education: A conflict of images. In K. A. Tye (Ed.), *Global education: From thought to action* (p. 49-63). Alexandria, VA: Association for Supervision and Curriculum Development.

Malcomson, S. L. (1998). The varieties of cosmopolitan experience. In P. Cheah & B. Robbins (Eds.), *Cosmopolitics: Thinking and feeling beyond the nation* (p. 233-245). Minneapolis: University of Minnesota Press.

McIntyre-Mills, J. J. (2000). *Global citizenship and social movements: Creating transcultural webs of meaning for the new millennium.* London: Harwood Academic Publishers.

McLaren, P., & Farahmandpur, R. (2001). Class, cultism, and multiculturalism: A notebook on forging a revolutionary politics. *Multicultural Education*, 8 (3), 2-14.

Merryfield, M. M. (Ed.). (1996). *Making connections between multicultural and global education: Teacher educators and teacher education programs.* Washington, DC: American Association of Colleges for Teacher Education.

Merryfield, M. M. (2001). Moving the center of global education: From imperial world views that divide the world to double consciousness, contrapuntal pedagogy, hybridity, and crosscultural competence. In W. B. Stanley (Ed.), *Critical issues in social studies research for the 21st century* (p. 179-207). Greenwich, CT. Information Age Publishing.

Mignolo, W. D. (2000a). *Local histories/global designs: Coloniality, subaltern knowledge, and border thinking.* Princeton, NJ: Princeton University Press.

Mignolo, W. D. (2000b). The many faces of cosmo-polls: Border thinking and critical cosmopolitanism. *Public Culture,* 12 (3), 721-748.

Mundy, K., & Murphy, L. (2001). Transnational advocacy, global civil society? Emerging evidence from the field of education. *Comparative Education Review,* 45 (1), 85-126.

Nussbaum, M. C., et al. (1996). *For love of country: Debating the limits of patriotism.* Boston, MA: Beacon Press.

O'Byrne, D. J. (2001). On the construction of political identity: Negotiation and strategies beyond the nation-state. In P. Kennedy & C. J. Danks (Eds.), *Globalization and national identities: Crisis or opportunity?* (p. 139-157). New York: Palgrave.

Ong, A. (1998). Flexible citizenship among Chinese cosmopolitans. In P. Cheah & B. Robbins (Eds.), *Cosmopolitics: Thinking and feeling beyond the nation* (p. 134-162). Minneapolis: University of Minnesota Press.

Pieterse, J. N. (2004). *Globalization and culture: Global melange.* New York: Rowman & Littlefield Publishers.

Pike, G. (2000). Global education and national identity: In pursuit of meaning. *Theory into Practice,* 39 (2), 64-73.

Pollock, S., Bhabha, H. K., Breckenridge, C. A., & Chakrabarty, D. (2000). Cosmopolitanisms. *Public Culture,* 12 (3), 577-589.

Radhakrishnan, R. (2003). Postcoloniality and the boundaries of identity. In L. M. Alcoff & E. Mendieta (Eds.), *Identities: Race, class, gender, and nationality* (p. 312-329). Maiden, MD: Blackwell Publishing.

Reich, R. B. (1992). *The work of nations: Preparing ourselves for 21st-century capitalism.* New York: Vintage Books.

Rizvi, F. (2000). International education and the production of global imagination. In N. C. Burbules & C. A. Torres (Eds.), *Globalization and education: Critical perspectives* (p. 205-225). New York: Routledge.

Robbins, B. (1998) Comparative cosmopolitanisms. In P. Cheah & B. Robbins (Eds.), *Cosmopolitics: Thinking and feeling beyond the nation* (p. 246-264). Minneapolis: University of Minnesota Press.

Said, E. W. (2000). *Reflections on exile and other essays.* Cambridge, MA: Harvard University Press.

Santiago, R. (Ed.). (1995). *Boricuas: Influential Puerto Rican writings.* New York: Ballantine Books.

Santos, Boaventura de Sousa. (2001). Nuestra America: Reinventing a subaltern paradigm of recognition and redistribution. *Theory, Culture, and Society,* 18 (2-3), 185-217.

Santos, Boaventura de Sousa. (2002a). Can law be emancipatioy? In Boaventura de Sousa Santos, *Toward a new common sense: Law, science and politics in the paradigmatic transition.* London: Butterworths.

Santos, Boaventura de Sousa. (2002b). Toward a multicultural conception of human rights. *Beyond Law,* 9 (25), 9-32.

Schlesinger, A. M., Jr. (1992). *The disuniting of America: Reflections on a multicultural society* New York: W. W. Norton & Company.

Shein, L. (1998). Importing Miao brethren to Hmong America: A not-so-stateless transnationalism. In P. Cheah & B. Robbins (Eds.), *Cosmopolitics: Thinking and feeling beyond the nation* (p. 163-191). Minneapolis: University of Minnesota Press.

Smith, A. F. (2002). How global is the curriculum? *Educational Leadership,* 60 (2), 38-41.

Spivak, G. C. (1998). Cultural talks in the hot peace: Revisiting the "global village." In P Cheah & B. Robbins (Eds.), *Cosmopolitics: Thinking and feeling beyond the nation* (p. 329-348). Minneapolis: University of Minnesota Press.

Stiglitz, J. E. (2002). *Globalization and its discontents.* New York: W.W. Norton & Company.

Sunshine, C. A., & Menkart, D. (Eds.). (1999). *Caribbean connections: Classroom resources for secondary schools.* Washington, DC: Ecumenical Program on Central America and the Caribbean.

Tomlinson, J. (1999). *Globalization and culture.* Chicago, IL: University of Chicago Press.

Torres, C. A. (1998). *Democracy, education, and multiculturalism: Dilemmas of citizenship in a global world.* New York: Rowman & Littlefield.

Tye, B. B., & Tye, K. A. (1992). *Global education: A study of school change.* Albany: State University of New York Press.

Ukpokodu, N. (1999). Multiculturalism vs. globalism. *Social Education,* 63 (5), 298-300.

Verdery, K. (1996). Whither "nation" and "nationalism"? In G. Balakrishnan (Ed.), *Mapping the nation* (p. 226-234). New York: Verso.

Vergés, F. (2001). Vertigo and emancipation, creole cosmopolitanism and cultural politics. *Theory, Culture, and Society,* 18 (2-3), 169-183.

Waterman, P. (1998). *Globalization, social movements and the new internationalisms.* Washington, DC: Mansell.

WLIW. (1999). *The Puerto Ricans: Our American story* [vídeo]. New York: Author.

Wood, A. W. (1998). Kant's project for perpetual peace. In P Cheah & B. Robbins (Eds.), *Cosmopolitics: Thinking and feeling beyond the nation* (p. 59-76). Minneapolis: University of Minnesota Press.

World Social Forum. (2001). World social forum charter of principles. Disponível em: http:// www.forumsocialmundial.org.br/eng/gcartas.asp.?id_menu=4&cd_ language=2

11
RESPONDENDO AO CONHECIMENTO OFICIAL

MICHAEL W. APPLE E KRISTEN L. BURAS

Este capítulo conclusivo, talvez não seja como os que estamos acostumados a ver. Não queremos chegar a todas as conclusões possíveis a partir dos capítulos anteriores. De fato, acreditamos que isso poderia impedir os tipos de debates que são importantes para o desenvolvimento de ações produtivas e efetivas sobre as complicadas relações de dominação e subordinação que existem em nossas sociedades. Por isso, decidimos levantar uma série de questões e dúvidas que, esperamos, levem a ações mais reflexivas e bem-sucedidas para combater essas relações.

Dessa forma, também queremos sugerir que aqueles que trabalham com estudos críticos em educação devem ter uma visão menos romântica das questões envolvidas na política da subalternidade, para que seja possível chegar a compreensões e intervenções estratégicas mais efetivas. Dizemos isso porque acreditamos que uma grande parte do que conta como teoria "radical" em educação é excessivamente retórica (Apple, 2006); portanto, menos capaz do que deveria ser de combater as atuais forças neoliberais e neoconservadoras. É claro que isso deve ser feito de um modo que dê continuidade à antiga tradição de gerar e abrir espaços onde as vozes subalternas se tornam públicas – e são ouvidas.

A seguir, levantamos algumas questões fundamentais e sugerimos algumas das implicações levantadas pelos argumentos e temas que tiveram papéis importantes neste livro.

I. Como e de que maneiras a direita se apropriou do discurso da subalternidade e com que propósitos?

Em um dos primeiros capítulos deste livro, Michael Apple revela como os fundamentalistas religiosos e os evangélicos tentaram assumir a identidade de uma comunidade subalterna. Seguindo a trilha dos envolvidos na luta afro-americana pelos direitos civis, por exemplo, mulheres brancas conservadoras e de classe média, no movimento pela escolarização em casa, incluem-se entre os "novos oprimidos". De forma simples, defendem uma variedade de crenças religiosas e formas culturais que as escolas públicas tradicionais não reconhecem ou evitam. Posicionadas conforme relações sobrepostas de subordinação e dominação, essas mães transformaram a esfera do lar em um campo de ativismo, no qual as crianças, ironicamente, aprendem sobre a adequação de determinadas formas de marginalização (por exemplo, que os homossexuais vivem "em pecado") e são treinadas para irem ao mundo e defenderem esses compromissos. Da mesma forma, Kristen L. Buras mostrou como E. D. Hirsch – representando determinada facção em um bloco conservador mais amplo – acata e redefine demandas subalternas por reconhecimento e redistribuição por meio de um discurso descrito como multiculturalismo direitista. Na construção de uma visão educacional que apela para as preocupações de grupos dominantes e subalternos, na integração de diversas comunidades em vários contextos ao movimento e mesmo na criação de uma *"nova* velha história" para as escolas que usam o currículo do *Core Knowledge* e que incorporam os subalternos de forma condicional, fica clara a importância da construção de pactos estratégicos e da apropriação.

Ainda assim, o discurso da subalternidade mantém-se situado no conjunto de alianças tensas e peculiares, conforme demonstrado no movimento do *Core Knowledge* (Conhecimento Nuclear) e nas iniciativas relacionadas com o sistema de vale-educação de Milwaukee. Conforme Thomas Pedroni, a subalternidade nem sempre se alia de forma tão fácil aos discursos hegemônicos, e existem rupturas nessas alianças. Por isso, aqueles de nós que se envolvem profundamente nas lutas em educação e na arena sociocultural mais ampla devem questionar se a adoção de discursos subalternos e a exaltação das comunidades subalternas nesses movimentos de reforma diluem o poder da direita ou o ampliam. Quais são os efeitos disso? O que isso significa para nossas tentativas de construir alianças contra-hegemônicas para combater a direita?

II. O que se pode ganhar adotando uma visão menos romântica da subalternidade e analisando as contradições das vozes subalternas? Por outro lado, quais são os perigos de se problematizar o subalterno?

Kevin Kumashiro abre seu capítulo compartilhando parte da resistência que enfrentou em suas tentativas de analisar comunidades submetidas à opressão racial e sexual de maneiras menos românticas e de revelar as contradições que existem nessas comunidades. O autor critica o que descreve como a "parcialidade intencional" de muitos que trabalham na educação antiopressiva. O que, muitas vezes, se ignora nessas tradições importantes, as quais inegavelmente contribuíram para o projeto democrático, é a multiplicidade de posições que cada um de nós ocupa. Por exemplo, pense na disputa documentada por Glenabah Martinez em torno da construção de um monumento para honrar o conquistador Juan de Oñate. Cada facção na disputa – povos indígenas e *Nuevos Mexicanos* – tem sido subordinada tradicionalmente a grupos dominantes. Ainda assim, sem entendimentos menos românticos e mais complexos da mistura e do amálgama entre a dominação e a subalternidade em nossas identidades e histórias, não temos as ferramentas teóricas necessárias para compreender o vínculo entre o poder e o desempoderamento embutido nesse conflito. O que significa quando um grupo tradicionalmente marginalizado exige o reconhecimento de sua história por meio de um monumento que algumas pessoas da comunidade acreditam honrar a cultura hispânica, enquanto muitos desconsideram que essa história implica a subordinação de outro grupo subalterno – os nativos americanos, cujas vidas e terras foram roubadas pela conquista espanhola?

Voltando novamente às mulheres envolvidas com a escolarização em casa, pessoas que são subordinadas ao longo de padrões de gênero encontraram um modo de aumentar seu poder dentro da esfera do lar, ensinando as crianças, ironicamente, sobre a "adequação" de marginalizar determinados "outros", como *gays* e lésbicas (ou até pessoas que não sejam "suficientemente cristãs"). Afinal, esse é o tipo de conteúdo promovido pelo currículo bíblico que tantas pessoas usam. Além disso, no caso do *Core Knowledge*, nem todas as comunidades marginalizadas enxergam a necessidade de recontextualizar o currículo a partir da visão de baixo. Elas o percebem como uma forma de bênção, que deve ser aceita. Em uma escola afro-americana de baixa renda em Atlanta, por exemplo, o currículo *Core Knowledge* opõe-se nitidamente aos currículos de escolas que servem a populações semelhantes, que enfatizam temas africanos e afro-americanos. Os alunos que estudam nos padrões do currículo *Core*, conforme a propaganda do diretor, "escutam Mozart e Beethoven, falam francês e lêem clássicos como 'Robinson Crusoé'" (Donsky, 2005). A aceitação de formas dominantes e até retrógradas por mulheres e comunidades de cor não corresponde à maneira como os subalternos supostamente *deveriam* entender o mundo e agir. Mas é exatamente sobre isso que estamos falando.

As teorias existentes sobre o reconhecimento cultural, especialmente na educação, baseiam-se principalmente no pressuposto de que determinada forma de consciência sempre está associada à subalternidade – uma forma que rejeita a cultura dominante, resiste à assimilação ou recusa-se a perpetuar as relações existentes de poder desigual. Embora seja o caso que histórias bastante reais tenham contribuído para o desenvolvimento de determinadas tendências e sensibilidades nas comunidades oprimidas, elas nem sempre são uniformes e progressivas, sendo influenciadas por identificações múltiplas baseadas em classe, raça, gênero, sexualidade, língua, "capacidade" e origem nacional. Assim, gostaríamos de argumentar que é crucial que se expliquem as contradições da subalternidade e a internalização da consciência do "opressor". Se não entendermos isso, podemos, na verdade, contribuir para jogar as pessoas oprimidas nos braços dos grupos dominantes, sendo considerados arrogantes e insensíveis às complicadas vozes que vêm de baixo, que podem não dizer aquilo que esperamos ou queremos ouvir.

Nossa incapacidade de pensar sobre isso apenas alimentou os ataques de muitos conservadores culturais que criticam o multiculturalismo por sua posição "relativista" quanto à cultura – dizendo que essa tradição eleva incondicionalmente os oprimidos, enquanto retrata o opressor negativamente. Talvez a causa das iniciativas educacionais libertárias em torno da diversidade fosse mais bem servida por uma exploração mais matizada dos tipos de diversidade e dos critérios específicos que podem ser usados para distinguir quais formas culturais merecem reconhecimento e quais não merecem (por exemplo, ver Fraser, 1997; Fraser e Honneth, 2003). Essa é uma questão *muito* complicada, mas o mundo real e uma política que tente lidar com ela de formas progressistas não podem ser construídos simplesmente desejando-se que ela desapareça.

Compreendemos bem que existe um risco em problematizar o subalterno. Os grupos oprimidos já são vulneráveis e já são vistos com freqüência como atrasados, responsáveis por seu próprio *status* subordinado e até culpados de "discriminação reversa". Se não for feito de forma cuidadosa, esse tipo de trabalho pode voltar-se contra os teóricos e ativistas progressistas, enfraquecendo laços coletivos dentro e entre as comunidades subalternas e deixando as comunidades oprimidas mais vulneráveis a alegações de que somos *todos* oprimidos e opressores de um jeito ou de outro. O reconhecimento de que esses perigos são bastante reais significa que também devemos reconhecer os tipos de desafio que deverão ser abordados no trabalho teórico futuro, considerados cuidadosamente em iniciativas populares e trabalhados na prática da sala de aula à medida que os educadores críticos lidam com estudantes situados ao longo de múltiplos eixos de poder.

III. **Sob quais condições os grupos subalternos "tornam-se de direita"? Sob quais condições eles ocupam taticamente um "terceiro espaço", onde apóiam as reformas e os movimentos educacionais sob a direção principal de forças conservadoras, mas o fazem por razões que não se encaixam confortavelmente nos propósitos e nos interesses dos grupos dominantes?**

Baseando-se em Apple e Oliver (2003), apesar de seu e de nosso firme apoio para as grandes reformas construídas em Porto Alegre, Luís Armando Gandin nos lembra de que mesmo indivíduos com compromissos políticos relativamente progressistas podem ser levados à direita. No contexto do projeto da Escola Cidadã em Porto Alegre, o autor adverte que a tendência na Secretaria Municipal de Educação (SMED) de representar certos professores como conservadores – particularmente os que demonstram estar preocupados ou que parecem resistentes aos tipos de mudança que o projeto representa – apenas promove uma resistência ainda maior nesses professores. Além disso, o autor enfatiza que o bom senso em sua resistência não conseguirá influenciar a direção do projeto se eles forem vistos apenas como contra-revolucionários que atrapalham o caminho do progresso.

Ao mesmo tempo, Pedroni demonstra que nem todos os grupos subalternos "tornam-se direita" em seu apoio para reformas educacionais conservadoras. Na aliança de Milwaukee em torno do sistema de vale-educação, ele revela como os pais e as mães afro-americanos raramente explicavam sua participação no programa de vale-educação por meio de discursos neoliberais intactos. Esses tipos de aliança condicional possibilitaram que grupos tradicionalmente oprimidos agissem nos espaços proporcionados pelas reformas educacionais conservadoras. Isso não significa que essas alianças condicionais devam ser sempre aplaudidas, mas que não devemos infantilizar os grupos oprimidos, considerando-os necessariamente ingênuos quando o fizerem.

É importante lembrar, por exemplo, que o currículo *Core Knowledge* foi recontextualizado por uma variedade de atores educacionais – algo que ajudou o movimento a crescer, mas que também exigiu o disciplinamento de forças menos conservadoras dentro dele. Pensando novamente sobre a disputa com relação à estátua de Oñate e sobre as iniciativas em torno do sistema de vale-educação, Martinez e Pedroni revelam o quanto os grupos subalternos assumem a posição, muitas vezes privilegiada e conservadora, do *contribuinte* – no primeiro caso, certos indígenas, para justificar a oposição ao uso de verbas públicas para construir a estátua e, no segundo, a mãe afro-americana Sonia Israel, que afirmou que as escolas públicas agiam como se "estivessem lhe presenteando com algo" quando são seus "impostos que pagam a educação pública". Mais uma vez, precisamos pensar cuidadosamente sobre os fatores que aproximam as pessoas da direita e as condições em que elas adotam posições que parecem ser direitistas, mas por razões que, em uma análise mais aprofundada, pelo menos em parte, são contrárias aos esforços da direita. O que isso significa para a construção de alianças progressistas? Outro aspecto também importante: será que esse reconhecimento dos usos táticos de posições e recursos direitistas por grupos subalternos nos leva a simplesmente *aceitar* de forma indiscriminada esse apoio, a não argumentar contra ele, ou a pressupor que não existe um debate vigoroso sobre essas táticas nas próprias comunidades oprimidas? Isso também seria um grande engano.

IV. **A esquerda está sendo honesta com relação ao poder da modernização conservadora? Estamos pensando de forma suficientemente tática? Na mesma linha, o que podemos aprender com o sucesso da direita? Que lições a esquerda deve rejeitar para que se usem "meios democráticos" para alcançar "fins democráticos"?**

Conforme Kumashiro observa em sua análise da política na era pós-11 de setembro, "o negócio do medo traz muito lucro". Sem dúvida, o cultivo do medo é uma arma poderosa nas disputas pelo senso comum, e as forças da modernização conservadora têm usado essa arma com muita habilidade. A detração também tem servido bem aos grupos dominantes. O fato de nos dizerem para procurar *aqui*, no chamado analfabetismo cultural das famílias pobres, quando deveríamos estar procurando *lá*, na política da marginalização no cânone do conhecimento dominante, também é uma estratégia que a direita usa de forma efetiva (e, conforme observa Kumashiro, às vezes também a esquerda).

Da mesma forma, o uso de certas concessões é uma estratégia para a manutenção da hegemonia, conforme reconhecia Antonio Gramsci, teórico que discutimos no capítulo de abertura deste livro. As autoridades da secretaria de educação "permitiram" que estudantes indígenas usassem suas vestimentas nativas durante a cerimônia de graduação, mas somente se cobertas pela toga e pela beca. As demandas dos grupos étnicos taiwaneses por uma educação para a indigenização baseada em Taiwan são satisfeitas, desde que ligadas à China continental. Os grupos subalternos são incorporados nos textos de história do currículo *Core*, mas apenas em determinadas condições. As concessões e a condicionalidade servem aos interesses da direita, de maneiras poderosas. Acreditamos ser necessário que educadores e ativistas progressistas comecem a pensar cuidadosamente sobre as estratégias empregadas e sobre o que podemos aprender com elas. Contudo, uma coisa é certa, não devemos simplesmente copiar as táticas da direita, pois isso significaria abrir mão de alguns de nossos princípios básicos mais firmes e importantes.

Por meio de determinados apelos e da desarticulação e rearticulação de determinadas preocupações subalternas, a direita encontrou maneiras de construir alianças híbridas (Apple, 2006). Será que a esquerda pode aprender algo com a direita nesse sentido? Essa questão deve ser abordada cuidadosamente. Enquanto é verdade que determinadas alianças entre grupos díspares podem ter possibilidades progressistas – como no caso da coalizão entre grupos de esquerda e de direita contra a comercialização de crianças pelo *Channel One* – também existem grandes perigos em se entrar nessas alianças e/ou adotar as estratégias usadas pelas forças conservadoras. Apelar às sensibilidades cotidianas dos grupos excluídos na tentativa de redefini-los de maneiras que promovam relações de subordinação e dominação não é algo muito desejável, assim como a (des)apropriação de vozes subalternas, conforme evidenciada no discurso de Hirsch sobre o apoio de James Farmer para o *Core Knowledge*, quando, na verdade, o apoio de Farmer foi muito menos definitivo. Todavia, o que a esquerda pode aprender (na verdade, recuperar, já que muitos movimentos progressistas dentro e fora da educação têm uma história poderosa disso; ver Anyon, 2005, para mais informações) é buscar interesses que correspondam aos das comunidades oprimidas, usando-os como pontos de partida para construir alternativas mais progressistas. Isso deve ser feito mantendo-se um profundo respeito pelas perspectivas e pelos argumentos dos grupos subalternos – especialmente com o devido reconhecimento aos elementos do bom senso, mesmo em posições com as quais podemos discordar a princípio.

Ainda há mais. Conforme já afirmamos em outro texto, outra estratégia para os ativistas também pode ser expor as comunidades subalternas a evidências contrárias às reivindicações e promessas da direita (Buras e Apple, 2005). Uma visão excessivamente romântica de que não se deve ensinar, de que não existem coisas que intelectuais orgânicos profundamente comprometidos devem dizer aos excluídos, é exatamente isso – romântica. De fato, existem lições a aprender com as visões que vêm de cima e as que vêm de baixo, o que nos leva à próxima questão.

V. Quais são as características das lutas contra-hegemônicas bem-sucedidas?

A questão do sucesso da direita nos leva a levantar questões a respeito dos sucessos das lutas contra-hegemônicas, algumas das quais foram documentadas pelos colaboradores deste livro. Em seu capítulo, Apple enfatiza a importância do trabalho de identidade nos movimentos educacionais conservadores, mas também reconhece que a política de identidade é uma parte crucial de todos os movimentos sociais e educacionais, incluindo os contra-hegemônicos.

Mesmo antes que essas lutas sejam travadas de forma coletiva e organizada, o processo de formação de identidades já está em andamento, conforme reconhece habilmente o Teatro do Oprimido, de Boal. Assim, enquanto a oposição de estudantes indígenas à dominação cultural (conforme documentada por Martinez) nunca assumiu a forma de resistência de massa, a indisposição de um estudante nativo para crer que Odisseu pudesse "ter estabelecido os valores para uma civilização", o orgulho indígena e o conhecimento da cultura promovido nos estudos nativo-americanos são componentes essenciais do tipo de subjetividade de que dependem as mobilizações mais amplas.

Do ponto de vista teórico, conforme mencionado anteriormente e enfatizado por Gandin, as lutas contra-hegemônicas levam a sério o trabalho de rearticular os discursos e as posições de sujeito dominantes com fins contra-hegemônicos. Em termos mais claros, isso é exatamente o que aconteceu no projeto da Escola Cidadã, quando ativistas redefiniram os fundamentos neoliberais, como autonomia e descentração, a fim de adequá-los a seus propósitos – ou seja, para não disciplinar a esfera pública, mas para democratizá-la. Conforme observa Chen, os movimentos de oposição reconhecem que o Estado está *sempre* em formação, o que abre espaço para mediar sua relação com e entre os grupos subalternos, a educação e outras arenas sociais. Embora Gandin fale em trabalhar nas "brechas" e Chen fale em encontrar as "áreas cinzas", ambos inserem essa idéia no contexto de reorientar os modelos dominantes e construir novas formas de senso comum dentro das condições que os grupos menos poderosos enfrentam diariamente. Talvez isso também seja o que Aronowitz quer dizer quando se refere a um etnógrafo sueco que insistia que devemos "cavar no solo onde pisamos" – nesse caso, acadêmicos progressistas em suas próprias universidades.

De um modo igualmente poderoso, Delgado Bernal nos lembra, em sua análise das revoltas na zona leste de Los Angeles, de que as mobilizações bem-sucedidas baseiam-se em um conceito multidimensional de ativismo e liderança popular. Pelo reconhecimento de diversas maneiras de participar ou "liderar", as lutas contra-hegemônicas podem ser fortalecidas. Ainda que porta-vozes oficiais sejam essenciais, ela recorda que a formação de redes e a organização para construir uma base ampla de apoio e conscientização, de "forma sutil ou direta" (seja deixando jornais de caráter radical em banheiros para os estudantes lerem, seja subindo em um carro para fazer um discurso espontâneo para a multidão), todas são contribuições importantes e absolutamente essenciais para o sucesso das iniciativas de oposição em educação e outras áreas. Essa base ampla de apoio, de fato, foi essencial para o sucesso dos movimentos de oposição em Taiwan, onde iniciativas educacionais foram fortalecidas por tentativas de ganhar vagas na legislatura e de ocupar tempo na mídia.

Não há como deixar de enfatizar o caráter amplo e coletivo desses movimentos. Conforme mostra Gandin, o Partido dos Trabalhadores e a Escola Cidadã não buscavam governar de cima, mas democratizar a governança e a tomada de decisões – algo que deve ser levado muito a sério para que grupos subalternos díspares possam se integrar de forma orgânica e democrática às lutas educacionais coletivas. Os conservadores certamente reconhecem isso, conforme fica evidente pelo apelo populista de Hirsch para os professores e pela sua insistência (claramente verdadeira apenas em parte) de que o *Core Knowledge* "desde o princípio é um movimento de baixo para cima, e não de cima para baixo". É claro que a direita não é o único conjunto de grupos que pode usar outras pessoas para amparar seus objetivos de longa duração. De fato, considerando o uso de segmentos subalternos pela Core Knowledge Foundation para lhe conferir legitimidade, os menos poderosos também podem usar os poderosos de formas contra-hegemônicas, como quando aqueles que organizaram as paralisações em Los Angeles buscaram obter o apoio de Bobby Kennedy para sua causa. Nesse caso, também temos uma longa história de criatividade, e essa história deve ser recuperada e considerada como parte de um conjunto de estratégias de longo prazo em educação e ação social.

VI. Existem vozes e formas de ação subalternas cujo potencial transformador não seja reconhecido? Quem são os subalternos entre os subalternos?

Acreditamos que devemos começar aqui analisando como as vozes e a ação subalternas costumam ser bastante divididas por linhas de gênero. São mulheres brancas que estão fazendo grande parte do trabalho oculto e bastante intenso da escolarização em casa. São mulheres afro-americanas que tomam decisões educacionais relacionadas com o sistema de vale-educação em Milwaukee. E, embora todos os 13 presos por seu envolvimento com a paralisação escolar em Los Angeles fossem homens, as mulheres – conforme mostrado pelas histórias orais de Delgado Bernal – tiveram o papel crucial de mobilizar e manter a resistência de massa. Ainda assim, grande parte disso não é reconhecida, o que nos leva de maneira peculiar à dúvida de Spivak com relação a se os subalternos podem falar e ser ouvidos. Acreditamos que o desafio é começar a reconhecer que existem subalternos entre os subalternos – vozes e formas de ação que residem nas margens das margens. Devemos questionar a existência dessas margens e tornar visível o conhecimento e as contribuições essenciais desses grupos. Em vez de esperar que determinados grupos convertam-se ou ignorem e encubram suas diferenças, devemos mostrar como o fato de certas identidades e vozes se recusarem a ser colocadas em segundo plano ou assimiladas constitui uma poderosa crítica das relações de dominação.

Ao mesmo tempo, devemos pensar como a visibilidade e a invisibilidade condicionais também têm sido usadas por determinados grupos de maneiras contra-hegemônicas, conforme descrito por uma ativista *chicana* que mostrou como assumia a posição esperada para seu gênero a fim de mobilizar mais apoio para as paralisações. Seu comportamento tradicionalmente feminino de "boazinha" ajudou a ganhar o apoio de administradores escolares e de uma geração mais velha e mais conservadora de *chicanos* na comunidade. Nesse caso, também podemos pensar em mulheres religiosas e conservadoras, cuja atividade em casa é compreendida como uma forma de administração social, significando que a educação dos filhos tem o potencial de transformar a esfera pública de maneira a adaptar a sociedade civil e o Estado à sua visão religiosa. Mas será que é possível empregar esse sentimento religioso e a preocupação com os filhos de maneiras progressistas, além de retrógradas? Jim Wallis (2005), um evangélico de inclinação progressista, por exemplo, afirma que esse pode ser e é o caso.

Essas questões também estão centralmente ligadas às relações entre o centro e a periferia. Nas favelas do Brasil, as comunidades pobres, em vez de ser consideradas culturalmente deficientes, buscaram validar o conhecimento popular por meio do projeto da Escola Cidadã, sugerindo temas produtivos em torno dos quais o currículo pode se desenvolver. Todavia, juntamente com essas iniciativas, há os discursos da SMED sobre a necessidade de desafiar o senso comum, citando mais uma vez a luta para ser ouvido, o que conta como falar, e assim por diante. Encontrando-se mais uma vez em um impasse entre as turmas regulares e os estudos nativo-americanos, os estudantes indígenas valorizam os projetos comunitários como um meio de manter sua identidade e obter uma formação, embora a presença dessas vozes na sala de aula "normal" claramente possa (e às vezes ocorre) desafiar os currículos hegemônicos. Quando também pensamos sobre o movimento do *Core Knowledge*, devemos nos questionar: quais vozes e conhecimentos estão fora do currículo *Core*? E será que a própria preocupação com um currículo básico pode se transformar em um conjunto de desafios articulados com relação a quem tem decidido e deve decidir o que conta como algo "comum" entre nós? A simples questão de qual deve ser o currículo básico já pode servir como ponto de partida rumo a unidades descentralizadas, que sejam capazes de nos unir em torno da idéia de uma cultura comum, não como uma coisa, mas como um processo de deliberação em constante evolução e uma arena política/educativa para promover o debate (Williams, 1989).

VII. Quais são os limites e as possibilidades para os subalternos resistirem, rearticularem e reinventarem a modernização conservadora, particularmente em termos da reforma curricular e educacional?

Recordemos a maneira como o movimento *Core Knowledge* tem sido, às vezes, reinterpretado no nível da sala de aula, de modo a questionar a visão educacional oficial dos neoconservadores. Os estudantes aprendiam sobre Thomas Jefferson, mas aprendiam lições diferentes: o presidente como um escravagista *versus* o presidente como um herói. Esse tipo de variação curricular tem gerado, em parte, iniciativas para disciplinar a diversidade no movimento e para alinhar seus apoiadores com as concepções dominantes da alfabetização cultural. Os estudantes nativo-americanos claramente adaptaram determinadas pressões para melhorar seus históricos e seus futuros, cursando disciplinas "normais". Mesmo assim, um estudante, ao ser questionado sobre *quando* seria um nativo educado, respondeu: "Quando eu falar navajo". Na mesma linha, os *chicanos* em Los Angeles fizeram pressão pela educação bilíngüe, enquanto os ativistas de Taiwan rejeitaram a noção de que as línguas nativas representavam apenas dialetos locais ou analfabetismo, enquanto o mandarim padrão representava uma "língua comum". Da mesma forma, Gandin revela o poder dos grupos subalternos em seu apoio às escolas democráticas, redefinindo a linguagem do neoliberalismo. Kumashiro também nos desafia a pensar sobre como determinadas reformas educacionais antiopressivas também podem ser reconstruídas de maneiras que confrontem as formas dominantes, em vez de esperar a assimilação dos oprimidos – o que claramente não é automático, conforme revelam os exemplos citados.

Lembrando a Conferência da Liderança da Juventude Mexicano-Americana discutida pelas ativistas *chicanas*, veremos que seu propósito oficial era adaptar os estudantes à cultura e às maneiras anglo-americanas. Porém, as estudantes relatam suas experiências no acampamento como momentos fundamentais, durante os quais fomentou-se uma consciência mais radical como *chicanas*, posteriormente canalizada para diversas causas ativistas no retorno à escola. Devemos levar a sério a idéia de que a modernização conservadora tem um correlato, como sugeriu Pedroni, na modernização progressista. Como seria esse movimento? Quais são os espaços dentro das práticas educacionais dominantes onde isso pode e *realmente ocorre* (ver, por exemplo, Apple e Beane, 1995; Gutstein e Peterson, 2005)? Esses espaços para criar e recriar o currículo e para realizar reformas educacionais críticas devem ser avaliados criteriosamente, e não apenas como algo que se aborda com retórica, sacudindo a bandeira teórica da pedagogia crítica. Devemos ser específicos, e não apenas criadores de *slogans*.

VIII. Como podem os estudiosos progressistas usar suas habilidades analíticas e comprometer-se com as lutas subalternas quando seu trabalho é cada vez mais proletarizado, mercantilizado, privatizado, e a crise econômica e ideológica, por sua vez, é tão grave?

"Estamos entrando em uma nova fase da subalternidade", adverte Aronowitz em seu capítulo. O trabalho intelectual é cada vez mais mercantilizado (ver também Apple, 1995). As forças empresariais, militares e estatais acabaram com a liberdade acadêmica e com a investigação aberta, colocando o conhecimento a serviço da indústria privada, dependendo de parcerias com empresários e permitindo que as fontes de financiamento ditem o que constitui o conhecimento útil. Essa situação remonta às lutas dos estudantes nativos para definir a utilidade de certas formas de conhecimento perante as formas existentes de relações econômicas e a necessidade de uma carreira no futuro. De certa maneira paralela, os estudiosos progressistas na academia obviamente devem lutar contra as forças do capital para defender a utilidade de determinadas formas de conhecimento, além da importância do caráter público do conhecimento. Ainda assim, isso também pode enfraquecer o futuro de suas carreiras na academia se a estabilidade lhes for negada por razões não-acadêmicas ou por seu trabalho não ser suficientemente neutro ou desafiar os interesses das fontes de financiamento. Segundo argumenta Aronowitz, uma nova classe gerencial assumiu o controle da administração da universidade e começou a definir as agendas de ensino e de pesquisa. Nessas condições, questionamos se existem maneiras de os radicais da academia participarem das lutas subalternas, à medida que precisamente essas formas de compromissos epistemológicos e políticos/culturais se tornam periféricas? Levando-nos de volta à questão do quê sustenta as lutas contra-hegemônicas bem-sucedidas, Aronowitz nos desafia a encontrar os "exemplos concretos" pelos quais "ideais mais abstratos" são violados e a usá-los como meios para instigar o ativismo. Acreditamos que esse ativismo deva ser considerado cuidadosamente, pois, como este livro deixou claro, as vozes dos subalternos são fortalecidas e magnificadas quando articuladas de formas coletivas.

IX. O desenvolvimento de uma tripla consciência que incorpore interesses e afiliações locais, nacionais e globais e gire em torno da subalternidade epistemológica na esfera da educação é desejável ou mesmo possível? Até que ponto iniciativas educacionais transnacionais vindas de baixo podem enfraquecer a globalização que vem de cima? Quais são os limites e as possibilidades do multiculturalismo cosmopolita subalterno dentro e fora dos Estados Unidos?

Uma das questões que Aronowitz levanta é que a solidariedade dos progressistas da academia em relação aos progressistas em outros domínios pode servir apenas para fortalecer os movimentos subalternos de toda parte. Um dos locais onde o movimento transnacional contra o capital global deve começar, sugere o autor, é dentro de nossas próprias instituições de educação superior. Essa visão está em sintonia com a visão do multiculturalismo cosmopolita subalterno desenvolvida por Buras e Motter. Devemos ser criteriosos com relação ao potencial dessas histórias locais para interromper modelos globais (Mignolo, 2000). Da mesma forma, o projeto da Escola Cidadã parece ser exatamente o tipo de "satélite" educacional subalterno que, segundo sugerem Buras e Motter, poderia ser potencialmente conectado com outros espaços contra-hegemônicos. Gandin indica, de fato, que o projeto foi desenvolvido em um espírito correspondente ao multiculturalismo insurgente. Além disso, no projeto, o conhecimento subalterno no nível local (por exemplo, por meio de complexos temáticos) aproxima-se da história brasileira e mundial, ainda que em uma perspectiva crítica e não-tradicional. A Escola Cidadã parece ter o potencial para promover o tipo de *consciência tripla* ou afiliações múltiplas, o que é central ao multiculturalismo cosmopolita subalterno.

Da mesma forma, as lutas dos ativistas de Taiwan revelam a importância de fazer relações críticas entre o local, o nacional e o global. Seus movimentos de oposição parecem se alinhar intimamente ao "nacionalismo do oprimido", descrito por Buras e Motter, e visavam fundamentar culturas étnicas locais e construir uma identidade nacional taiwanesa mais ampla contra o Estado colonial chinês. De forma importante, as lutas por construções da geografia e da soberania apenas enfatizam ainda mais a significância do pensamento de fronteira – em mais de uma maneira. De forma relacionada, a discussão de Apple sobre a tecnologia e seus efeitos retradicionalizantes no movimento da escolarização em casa também deve nos fazer pensar sobre o lugar da tecnologia, bem como o contexto de seu uso, dentro de projetos potencialmente destradicionalizantes direcionados para o multiculturalismo cosmopolita subalterno.

X. **À luz dos debates sobre a construção do sujeito subalterno histórico – debates em que Spivak foi tão central – o que se pode dizer sobre a importância do trabalho de identidade e das disputas pela construção da história para a formação do sujeito dominante/ subalterno contemporâneo? Até que ponto o sujeito subalterno fala em determinadas histórias, responde às histórias oficiais e participa da construção da história?**

Chen nos lembra de que a luta pela narração do massacre de 28 de fevereiro foi central para o sentido de identidade coletiva. Mesmo assim, apesar das memórias contrárias procuradas e validadas pelos ativistas, a narrativa oficial não menciona detalhes absolutamente importantes, como quem foram os responsáveis pelo massacre. Da mesma forma, a coletânea de histórias orais feministas *chicanas* de Delgado Bernal e as tensões entre as narrativas sobre o passado nas aulas de história americana e de estudos nativo-americanos revelam que nossa percepção do passado tem muito a ver com as nossas lutas no presente. Nos livros de história do *Core Knowledge*, Buras identificou como uma *nova* velha história foi estrategicamente construída, uma história que excede os limites das histórias aditivas, defendendo formas mais sofisticadas de incorporação e reconhecimento histórico. Contudo, essas narrativas, muitas vezes, *desunificam* a história dos Estados Unidos, mascarando as relações de poder que moldaram as histórias entremeadas de grupos subalternos e de elite no passado ou centrando a narrativa em relações cooperativas, em vez de conflituosas.

Ainda assim, a consciência das relações de subordinação e dominação é o primeiro passo para avançar para a sensibilidade crítica necessária para construir movimentos contra-hegemônicos em educação e em outras áreas. Foi Gramsci quem disse que parte do projeto de construir um novo senso comum era perceber como os sedimentos do passado estão repletos de concepções atuais do mundo e aprender a separar os elementos progressistas dos retrógrados. Será que é preciso refazer ou reimaginar o passado antes que os grupos subalternos possam reconstruir o futuro? É claro que colocar a pergunta dessa forma torna o processo de transformação linear demais, mas a questão permanece. Refazer e reimaginar um passado proporcionam memórias contrárias cruciais que podem desempenhar papéis significativos no projeto de construir uma democracia "densa".

O ÔNIBUS ESCOLAR RETORNA

No capítulo introdutório deste livro, falamos que colocaríamos os subalternos no ônibus escolar e faríamos um passeio pela escola urbana, a escolarização em casa, a academia e diversas reformas e movimentos educacionais. Enquanto isso, queríamos enfocar a importante questão de Spivak: "os subalternos podem falar?". Esperamos que tenhamos esclarecido que a resposta não é simplesmente "sim" ou "não". Nas relações de poder desiguais e em lutas educacionais díspares, há uma variedade de limites e possibilidades. Nosso trabalho, assim, é avaliar esses espaços cuidadosamente e sem romantismos e ser o mais táticos, estratégicos e democráticos possível na reconstrução desses espaços em direções mais democráticas. Uma parte do que estamos sugerindo também é uma nova teorização da política do reconhecimento, em linhas que considerem seriamente as complexidades e as contradições da dominação e subalternidade na direita e na esquerda.

O desafio para todos nós é pensar dentro e através das fronteiras sobre as implicações dos argumentos feitos neste livro para as teorias e práticas envolvidas na reconstrução crítica e democrática do currículo, da escolarização e do teatro da educação em um sentido mais amplo. Como já dissemos, isso exigirá retornar às visões de Boal de que o discurso ocorre de muitas maneiras, em muitos níveis e em muitas vozes.

Uma das sugestões que tentamos fazer neste volume é recomendar aos progressistas que sejam mais estratégicos, que entendam que nem visões românticas demais, nem abordagens retóricas demais são suficientes. Dessa forma, compreendemos que isso pode dificultar o encontro de soluções fáceis. Contudo, se a realidade é ideologicamente complicada, simplesmente repetir o mantra gramsciano "pessimismo do intelecto, otimismo da vontade" não mudará muita coisa. Essa é uma das razões pelas quais também não nos concentramos apenas na complexidade, mas em lutas duradouras e bem-sucedidas que fizeram a verdadeira diferença.

Não queremos ser compreendidos incorretamente. Embora tenhamos integrado neste livro alguns elementos das chamadas questões pós-modernas ou pós-estruturais, acreditamos firmemente que tudo isso ocorre em contextos materiais reais e determinados. As economias e as relações de classe não são simples "textos", mas existem como relações estruturantes massivas e ignorá-las significa correr riscos. Todavia, não estamos em uma igreja, de modo que não precisamos nos preocupar com heresias. Os projetos políticos, culturais e educacionais críticos talvez exijam novos recursos. A justificativa para seu uso não deve ser se eles são ou não leais à determinada visão de glórias passadas ou *da* posição politicamente correta, mas se nos ajudam a imaginar, continuar e construir formas poderosas de intervenção nas relações de dominação e subordinação que caracterizam a nossa sociedade de maneira tão clara.

Ao ler esta última página e fechar o livro, talvez seja uma boa idéia, ironicamente, voltar à primeira página – ou seja, à capa. Dissemos que Gramsci dedicava-se a uma variedade de formas culturais como parte de seu projeto educacional. Queremos deixar o leitor com essa imagem e as complexidades que ela sugere no que diz respeito às vozes subalternas.

REFERÊNCIAS

Anyon, J. (2005). *Radical possibilities.* New York: Routledge.

Apple, M. W. (1995). *Education and* power (2nd ed.). New York: Routledge.

Apple, M. W. (2006). *Educating the "right" way: Markets, standards, god, and inequality* (2nd ed.). New York: Roudedge.

Apple, M. W, & Beane, J. A. (1995). *Democratic schools.* Alexandria, VA: Association for Supervision and Curriculum Development.

Apple, M. W., & Oliver, A. (2003). Becoming right. In Michael W. Apple, et al., *The state and the politics of knowledge.* New York: RoutledgeFalmer.

Buras, K. L., & Apple, M. W. (2005). School choice, neoliberal promises, and unpromising evidence. *Educational Polity, 19 (3), 550-564.*

Donsky, P. (27 de fevereiro de 2005). Capitol View Elementary looks past poverty, employs classics to enrich students' world. *Atlanta Journal Constitution.*

Fraser, N. (1997). *Justice interruptus.* New York: Roudedge.

Fraser, N. & Honneth, A. (2003). *Redistribution or recognition? A political philosophical exchange.* New York: Verso.

Gutstein, E., & Peterson, B. (2005). *Rethinking mathematics: Teaching social justice by the numbers.* Milwaukee, WI: Rethinking Schools.

Mignolo, W. D. (2000). *Local histories/global designs: Coloniality, subaltern knowledge, and border thinking.* Princeton, NJ: Princeton University Press.

Wallis, J. (2005). *God's politics.* New York: HarperCollins.

Williams, R. (1989). *Resources of hope.* New York: Verso.

ÍNDICE

A

Abell Foundation, 61-62
Abuso de prisioneiros no Iraque, 168-170
Academic Capitalism (Slaughter e Leslie), 185-186
Ação coletiva, 203-204
Ação subalterna, 109-114, 116, 120-121
  como área da pesquisa educacional, 117-121, 281-283
  falta de reconhecimento, 201-202
  formação de identidade e, 112-114
Acesso/escolha escolar, 20-21, 227-229
Adams, D. W., 127-128
Administração Clinton, 66, 187
Adoção de textos e livros didáticos, 53, 102
  Apple e Oliver sobre, 102-105
  como questão política, 30-32
  conhecimento "oficial" na, 9-11, 24-25, 68-74, 202
  leitura dominante, negociada e opositora de, 136-137
  representações de Taiwan, 209-212
  tradição seletiva na, 36, 130-131, 138-139
  venda de Deus na escolarização em casa, 93-95
Afiliações nacionais, 262-264
Afiliações, 262-266
Afro-americanos e o programa de vale-educação escolares de Milwaukee, 37-38, 101, 105-108, 275-276
  ação subalterna, 112-114, 116
  coalizão para construção de alianças, 115-116
  entrevistas pessoais, 113-116
  escolha parental, 102, 105-106
  formação de identidade, 101-102, 109-114
Albizu Campos, Pedro, 245-246
Alfabetização cultural, 56-57, 64
  conteúdos eurocêntricos da, 65
  movimento do *Core Knowledge*, 56-59
Alliance for Democracy, 14-16, 18-19
American Association for the Advancement of Science, 186-187
American Civil Liberties Union (ACLU), 116
Amir, Samir, 251-252
Apple, Michael W., 9, 11, 36-38, 83, 101-113, 116-118, 120-121, 127-128, 130-131, 138-139, 234-235, 237-239, 249-250, 273, 275-276
Aronowitz, Stanley, 39-40, 181, 281-283
Assimilação, 167-168, 174-178
Associação Americana de Professores Universitários (AAUP), 189-191
Associação de Estudantes Mexicano-Americanos (MASA), 148-149
Ativismo *chicano*, 38-39, 145
  influência multidimensional do gênero, 29-30, 159-162
  jornais comunitários ativistas, 148-149
  liderança, reconceituação, 151-160
  luta por educação de qualidade, 146-149

movimento pelos direitos civis, 152-153, 155, 160-161
origens em Camp Hess Kramer, 147-149, 153-154
revolta escolar na zona leste de Los Angeles, 146-152, 162, 278-280
Ativismo comunitário, 148-149, 156; *ver também* Ativismo *chicano*
Attainable Global Perspective, An (Hanvey), 259-260
Autonomia, 66-68, 183-184, 194-195, 224-226
Avaliação, 146-147

B

Bakhtin, Mikhail, 68-69
Balakrishnan, G., 263-264
Ball, S. J., 22, 222-223
Becker, James, 258-260
"Becoming Right" (Apple e Oliver), 102, 112-113, 117-118
Bello, W., 252-253
Benedict, Ruth, 189-190
Benham, M., 135-136
Bernstein, B., 94, 203
Bhabha, H. K., 255
Bishop, Wayne, 66
Boal, Augusto, 15-19, 284-285
Board of Regents of the University of Wis-con-sin System v. Southworth et al., 18-19
"Boy without a Flag, The" (Rodriguez), 246
Bradley Foundation, 21, 105-106, 113-115
Brasher, B., 90-91
Breckenridge, C. A., 255
Bright, C., 261-262
Brodkin Sacks, Karen, 152-153, 156
Bunch, Charlotte, 152-153
Burack, J., 257-259
Buras, Kristen L., 9, 22, 37-38, 40-41, 49, 245, 273-274, 282-283
Bush, George W., 20
Bush, Jeb, 66

C

Cadernos da prisão (Gramsci), 11-14
Camp Hess Kramer, 147-149, 153-154
Campo de concentração para nipo-americanos, 169, 171-172

"Can the Subaltern Speak?" (Spivak), 25-28, 181
Canal Um, 277-278
Capitalismo global, 39-40, 181
neoliberalismo e, 222-223
Cargo public/eletivo, 157-158
Carl, Jim, 104-108
Caso de estabilidade de Chapela, 188-189
Castells, Manuel, 83-84
Center for War/Peace Studies, 259-260
Chakrabarty, D., 255
Chaves, César, 156-157
Cheah, P., 246-247, 251-252, 263-264
Chen, Jyh-Jia, 39-40, 201, 278-279, 283-284
Cheney, Lynne, 66
Chicano: A History of the Mexican American Civil Rights Movement, 145
"Child's Hope, A" (Paige), 21
Chomsky, Noam, 184
Cidadania global, 258-259
Cisneros, Sandra, 33-34
Coalizão por uma Birmânia Livre, 14-15
Colaboração, 224-225
Cole, Jonathan, 185-186
Coleman, James, 20
Collins, H. T., 260-261
Comissão Americana de Direitos Civis, 146-147, 158-159
Comissão de Relações Humanas de Los Angeles, 146-147
Comitê de Educação do Conselho de Assuntos Mexicano-Americanos, 146-147
Common Knowledge (boletim), 59-60
Complexo militar-industrial, 184
Complexo universitário-empresarial, 185-186
Conferência nacional do *Core Knowledge*, 58-59, 73-74
Conhecimento "de quem" como "oficial", 9-11, 25, 30-31, 130-131, 202
Conhecimento e escolarização, *ver também* Adoção de textos e livros didáticos
democratização do conhecimento, 229-233
identidades culturais e, 54-55
mercantilização, 186-187
natureza política, 53-54

"nova" velha história, 24-25, 68-74
Conhecimento oficial, 202
Conscientização, 152-153, 155-156
Construção de alianças, 51, 63-67, 115-116
Cooper, J., 135-136
CORE (Congresso de Igualdade Racial), 65
Core Knowledge Foundation, 22, 56-57, 62-63, 65
  adoção pelas escolas, 61-64
  alfabetização cultural e, 56-59
  alianças culturais da, 51
  alianças da, 63-67
  autonomia, disciplina e, 66-69
  autonomia dos professores e, 59-60, 67-68
  avanço da reforma, 60-64
  capital intelectual e mobilidade ascendente, 55-56
  como movimento de baixo para cima, 66-68, 279-280
  crianças de minorias e cultura pública, 65
  diretrizes de conteúdo, 57-58
  igualdade racial e, 56-57
  movimento do *Core Knowledge*, 22, 37-38, 274-276
  "nova" velha história, 37-38, 68-74, 274, 280-281, 283-284
    imigrantes, 69-72
    líderes de direitos civis, 73-74
  papel da, 58-61
  recursos curriculares/apoio de sala de aula, 60-61, 67-68
  reforma educacional e, 49
  visão educacional de Hirsch, 52-57
Core Knowledge Sequence, 56-57, 59-60
Cornbleth, Catherine, 33-34
Cosmopolitismo, 54-56, 248-249
  afiliações, 264-265
  base filosófica do, 254-255
  cosmopolitismo *creole* de Vergés, 256
  cosmopolitismo crítico, 256-257
  cosmopolitismo subalterno, 256-258
  pensamento de fronteira e, 256-257
Cultura
  balcanização da sociedade, 28-29
  cultura comum, 49, 54-55
  identidade e, 24-28
  mudança social e, 203

Cultural Literacy Foundation, 56-57
Cultural Literacy: What Every American Needs to Know (Hirsch), 49, 56-57, 65
Culture and Imperialism (Said), 260-261
Currículo, *ver também* Conhecimento e escolarização
  como incoerente, 53
  currículo nacional, 54-55, 58-59
  luta ideológico pelo, 52-53
  movimento *core* e, 60-61, 67-68
  nacional, 54-55, 58-59, 246-247
  processo político do, 130-131
  produção, distribuição e recepção, 30-34
  tradições seletivas, 139-140
Czarra, F., 260-261

D

Dahl, R. A., 253-254
De Certeau, Michel, 111-114, 120-121
Decisão *Brown*, 20, 55-56
"Declaração de Independência Cultural", 51
Delgado Bernal, Dolores, 29-30, 37-38, 145, 278-280, 283-284
Democracia/democratização, 35
  de gestão, 232-234, 278-279
  democracia cultural, 253-254
  reconceituação da, 253-255
Derrida, Jacques, 194-196
Descentração, 224-225
Desglobalização, 252-253
Dictionary of Cultural Literacy (Hirsch, Kett e Trefil), 56-57
Dimitriadis, G., 249-250
Direita Cristã, 13-14, 21, 32-33, 90-91, 273; *ver também* Fundamentalistas religiosos
Direitos humanos, 181
Disputas étnicas, 203-204
Diversidade, 248-249
Dolby, Nadine, 33-34
Dominação cultural, 50, 140-141
  dominação lingüística, 211-213

E

Economia informal, 183
Educação global, 257-262; *ver também* Cosmopolitismo; Multiculturalis-

mo estratégias de descolonização, 260-262
afiliações nacionais e, 262-264
cosmopolitismo subalterno e, 257-262
desenvolvimento da, 259-261
educação multicultural e, 246-247
educação multicultural vs., 246-247
globalização neocolonial, 251-252
globalização, 34, 36,182
história da, 245
movimento da modernização conservadora, 222-223
objetivos e perspectivas da, 259-260
resposta neoconservadora à, 257-259
Educação maori, 125-126
Educação superior
   carreiras administrativas, 191-193
   complexo universitário-empresarial, 185-186
   corporatização da academia, 192-194
   estabilidade, 188-190
   financiamento pela Guerra Fria, 190-191
   futuro da, 194-197
   governança compartilhada da, 189
   história no século XX, 183-187
   liberdade acadêmica, 183, 186-190, 194-195
   mercantilização do conhecimento, 186-187
   sindicalismo acadêmico, 190-191
   universidade autônoma, 184
Educating the "Right" Way (Apple), 83
Education for a Global Society (Becker), 258-259
Education for All, 265-266
Educational Issues Coordinating Committee (EICC), 151-152
Eisenhower, Dwight D., 184
Enterprise Foundation, 61-62
Escola regular, 54-55
Escolarização em casa
   como movimento social, 37-38, 84-88
   como trabalho para um gênero específico, 88-91
   crescimento da, 87-89
   demografia da, 85-86
   desconfiança do Estado, 87-89
   grupos cristãos e includentes, 84-85
   papel das mulheres na esfera pública/privada, 37-38, 90-93, 96-98
   realidades da vida cotidiana, 94-97
   tecnologia e crescimento da, 84-89
   trabalho emocional da, 94-95
   vendendo Deus, 93-95
Escolarização em casa *charter*, 87-88
Escolarização em massa, 261-262
Escolha parental, 102, 105-106; *ver também* Ati-vismo *chicano*; Exemplo de escolarização em casa de Milwaukee, 104-108
Estabilidade, 188-189
Estudantes *gays*, lésbicas, bissexuais e transgêneros (GLBTO), 173-178
Estudo de caso da Mountain View High School (MVHS), 38-39, 126
   controvérsia sobre traje na colação de grau, 126-130
   estudos nativo-americanos, 133-137
   habilidades e conhecimento, 127-129
   jovens indígenas, 126, 129-130
   oposições binárias, 130-132
Estudo de caso de Taiwan
   contestando narrativas oficiais/memórias contrárias, 206-209
   debates sobre educação para indigenização, 211-215, 276-277, 282-283
   Estado em formação, 203-207
   história pós-Segunda Guerra Mundial, 203-205
   linguagens e culturas localizadas, 211-216
   massacre de 28 de fevereiro, 203-204, 206-208, 215-216, 283-284
   movimento pela Nova Constituição, 205-206
   movimentos de oposição, 202-204
   política cultural no, 201
   política do mandarim como língua única (educação para sinificação), 211-212
   produção curricular, 214-215
   reformas de Lee Teng-hui, 205-206
   relações entre Estado e educação, 202, 215-216
   representações textuais, 209-212
   soberania contestada, 208-212
Estudo de caso de Taiwan, 211-215
Estudos críticos em educação, 273
Estudos nativo-americanos, 133-137
Ética confucionista, 32-33

Eurocentrismo, 29-30, 49, 66-67, 248-249, 251-252
Evangélicos, *ver* Fundamentalistas religiosos
Exxon Education Foundation, 56-57

F

Farmer, James, 56-57, 65-66, 277-278
Farris, Michael, 95-96
Federação Americana de Professores (AFT), 64, 66-67
Feldman, Sandra, 64-65
Feynman, Richard, 187
Foner, Eric, 24
Fordham Foundation, 257-258
Formação de identidade, 201, 278-279
    ação subalterna e, 112-114
    afro-americanos, 101-102, 109-114
    na pesquisa educacional, 117-121
    plano de vale-educação de Milwaukee, 101-102, 109-114
Formação de professores bilíngüe/bicultural, 146-147
Formação de redes, 152-153, 156-158
    redes sociais comunitárias/familiares, 156-157
Formalismo, 53
Fórum Social Mundial, 263-264
Foucault, Michel, 111-112
Fraser, F., 216-217
Fraser, N., 37-38, 252-254
Free Congress Foundation, 50-51, 73-74
Freire, Paulo, 36-37, 236-237
Friedman, Milton, 21
Fundamentalistas religiosos, 13-14, 21, 32-33, 90-91, 273
    abnegação ativista, 91-92
    como os novos oprimidos, 83
    domesticidade e, 91-92
Fung, A., 237

G

Gandin, Luís Armando, 35, 39-40, 221, 275-276, 278-283
Gates, Henry Louis, 65
Gee, J. P., 222-223
Gênero
    estudantes GLBT, 173-178
    influência multidimensional do, 29-30, 159-154
    liderança e, 152-153
    trabalho para um gênero específico, 88-91
Geografia (Kant), 255
Geyer, M., 261-262
Giroux, H. A., 250-251
Glazer, Nathan, 50, 73-74
Gould, Stephen J., 188
Gramsci, Antonio, 11-14, 25, 29-30, 238-239, 276-277, 283-285
Grant, C. A., 247-248
Guerras culturais, 28-29, 36, 51
Guha, Ranajit, 25

H

Hall, Stuart, 27-28, 117-120, 130-132, 238-239
Hanvey, Robert, 259-260
Hardisty, Jean, 97-98
Hargreaves, A., 237
Harvey, R. G., 255
Hensey, Holly, 62-63
Herman, Edward, 184
Higher Learning in America (Veblen), 183
Hingangaroa Smith, Graham, 125-126
Hirsch, E. D, 22, 37-38, 49, 51-70, 248-249, 274, 277-279
Holler If You Hear Me (Michie), 28-29
Home School Legal Defense Association, 95-96
House on Mango Street, The (Cisneros), 28-29
Hsiau, H.-H., 208-209
Huerta, L., 88-89
Hull, G., 222-223
Huntington, S. A., 249-250

I

Identidade cultural
    juventude indígena, 127-128, 140-141
    oposições binárias, 130-133, 201
Identidade nacional, 257-258
    multiculturalismo e, 250-255
Ideologia e Currículo (Apple), 11
Imigração, 182

Imperialismo, 245-246
Inside Eastside, 148-149, 156
Instituto Nacional de Saúde, 186-187
Internet
　escolarização em casa e, 84-89, 94-96
　na educação, 83-84
　pastores eletrônicos, 84-85

J

Jones, Connie, 67-68
Jovens/pessoas indígenas, 38-39, 125-126, 276-279; *ver também* Estudo de caso da Mountain View High School (MVHS)
　colonização de, 10, 140-141
　dominação lingüística, 211-214
　experiência de aprendizagem, 135-136
　tradição oral, 136-137

K

Kaestle, Carl, 54-55
Kaneko, L., 169
Kant, Immanuel, 254-255
Keck, M., 264-265
Kennedy, Robert, 156-157
Kenney, Martin, 185-186
King, Martin Luther, Jr., 83
Kirkwood, T. F., 260-261
Klare, Michael, 184
Kliebard, Herbert, 52
Knowledge for What? (Lynd), 183
Koven, S., 91-92
Kuhn, Thomas, 152-153
Kumashiro, Kevin K., 30-31, 39-40, 167, 274, 276-277
Kuomintang (KMT), 203-216
Kymlicka, W., 252-253

L

La Raza, 148-149, 156
Laboratório de aprendizagem, 229
Laclau, Ernesto, 119-121
Ladson-Billings, Gloria, 54-55
Lankshear, C., 222-223
Lee Teng-hui, 204-207, 211-212
Lei Morrill, 184
Lei No Child Left Behind, 20-21, 172-173
Leis antidiscriminação, 176-177

Leo, Terri, 11
Leslie, L. L., 185-186
Lewontin, Richard, 188
Liberdade acadêmica, 183, 186-190, 194-195
Liderança
　cargo eletivo/indicação, 157-158
　conscientização, 155-156
　formação de redes, 156-157
　gênero e, 152-153
　influências multidimensionais do gênero, 159-162
　liderança cooperativa, 152-153
　liderança popular, 152-154
　mudança de paradigma na, 152-153
　mulheres da classe trabalhadora, 152-153
　participação, implementação e organização, 153-155
　porta-voz, 158-160
　reconceituação da, 149-160
Liderança/movimentos populares, 146, 152-154, 162, 262-263, 278-279
Liga urbana, 116
Localismo, 53
Lutas libertárias, 246-247
Lynd, Robert, 183-184

M

Mackley, Timm, 64
Mao Tsé-Tung, 207-208
Martinez, Glenabah, 10, 38-39, 125, 274, 276-279
Matematicamente correto, 66
McCarthy, Cameron, 10, 249-250
Mead, Margaret, 189-190
Mercantilização da escola, 110-111, 115-116
Merryfield, M. M., 260-261
Mexican American Education Commission, 157-158
Mexican American Youth Leadership Conference, 146-147, 281-282
Meyer, D. S., 87-88
Michel, S., 91-92
Michie, Gregory, 28-29
Mignolo, W. D., 256-258
Mills, C. Wright, 184
Mobilização de massa, 203-204

Modelo de hierarquia empresarial na educação, 192-193
Modernização conservadora, 13-14, 19-24, 33-34, 38-39, 102-103, 117-120, 222-223
Moloney, William, 62-63
Motter, Paulino, 40-41, 245, 282-283
Mouffe, Chantal, 119-121
Movimento da escola *charter*, 37-38, 87-88
Movimento operário, 195-196
Movimento pelos direitos civis, 152-153, 155, 160-161
Movimentos estudantis, *ver também* Ativismo *chicano*
   radicalismo e protestos não-brancos, 145
Movimentos sociais, 195-196
   disputas étnicas e, 202
   entendimento de, 86-88
   política de identidade e, 86-87
Multiculturalismo cosmopolita subalterno, 246-247, 256-258, 282-283
   educação global e, 257-262
Multiculturalismo cosmopolita, 246-248, 250-251
Multiculturalismo, *ver também* Multiculturalismo cosmopolita
   afiliações globais, 264-266
   afiliações nacionais, 262-264
   argumento a favor, 246-247
   como ameaça, 19, 49
   confusão da missão e, 62-63
   multiculturalismo direitista, 37-38, 51
   nacionalismos/identidade nacional e, 250-255
   política do, 247-252
   teóricos críticos sobre, 250-251
   visão de Glazer, 50
   visão de Hirsch sobre, 248-250
Muñoz, Carlos, 145

N

Nacionalismos, 34, 245
   identidade coletiva, 252-253
   multiculturalismo e, 251-253
"Nation at Risk", 62-63
National Association for the Advance-ment of Colored People, 18-19
National Science Foundation, 186-187
Nativos americanos, 126-128, 133
Naturalismo, 53

Nava, Julian, 147-148, 154-155
Ndimande, B. S., 36
Neoconservadores, 13-14, 19-20, 22, 50-51, 102-103, 105-106
Neoliberalismo, 102-103, 105-106, 221
   capitalismo e, 222-223
"Nova classe média", 102-103
Novos Movimentos Sociais, 202-204
Nussbaum, Martha, 254-255

O

Official Knowledge (Apple), 130-131
Oliver, Anita, 101-113, 117-118, 120-121, 237, 275-276
Organizando para a ação, 152-155
Orgulho nativo, 135-136
Orientalismo, 168-170

P

Paige, Rod, 21, 66
Palme, Goran, 195-196
Pandey, Gyan, 25-26
Pardo, Mary, 162
Partido Comunista Chinês (PCC), 203-211
Patriarcado, 160-161
"Patriotism and Cosmopolitanism" (Nussbaum), 254-255
Paz Perpétua (Kant), 254-255
Pedroni, Thomas C., 21, 37-38, 101, 274, 275-277, 281-282
Pensamento de fronteira, 256-257
People for the American Way, 116
Pesquisa científica, 187
Peters, Sylvia, 61-62
Pike, Graham, 259-260
Planejamento acadêmico, 193-194
Política de identidade, 24-28, 70-71, 145
   cultura e, 24-28
   identidade coletiva, 34, 252-253, 283-284
   identidade nacional, 250-255, 257-258
   movimentos sociais e, 86-87
Pollock, S., 255
Populistas autoritários, 83, 85-86, 96-97, 102-103
Pós-11 de setembro
   clima de medo, 168, 170-172, 276-277
   guerra contra o terrorismo, 36, 170-171
   liberdade acadêmica, 188

Power Elite, The (Mills), 184
Privação de direitos e privilégios, 182
Privatização do conhecimento científico, 185-186
Processos de alinhamento teórico, 203
Programa de Escolha Parental de Milwaukee, 110-111
Progressivismo, 52, 55-56, 222-223
Projeto da Escola Cidadã (Brasil), 40-41, 221, 275-276, 278-279
  avaliação do sucesso, 233-237, 240-242
  ciclos de progressão, 228-229
  cidadania e, 225-226
  conselho escolar, 232-234
  contexto, local e global, 221-224
  contradições e problemas potenciais, 237-240
  decálogo do currículo, 230-233
  democratização da governança, 232-234, 278-279
  democratização do acesso à escola, 227-229
  democratização do conhecimento, 229-233
  laboratório de aprendizagem, 229
  multiculturalismo do, 236-237
  novas estruturas educacionais, 233-237
  precondições para, 223-226
  principais objetivos do, 226-228
  professores como conservadores, 237-238
  sustentabilidade do, 238-239
Puerto Ricans: Our American Story (filme), 245

Q
Quist, David, 188

R
Radhakrishnan, R., 263-264
Ravitch, Diane, 73-74
Reforma educacional, 13-19; *ver também* Movimento do *Core knowledge*
  ação e identidade subalternas, 117-121
  aliança hegemônica na, 102-105
  baseada no mercado, 101
  como teatro político, 19
  demandas de assimilação, 174-178
  desigualdades e, 173-174
  distração/medo em iniciativas, 173-175
  luta por qualidade na, 146-149
  opressões baseadas em raça e sexualidade, 174-175
  participação dos marginalizados, 117-118
  pesquisa educacional, 187
  temores da "nação em risco", 172-173
Reforma escolar, *ver* Reforma educacional
Relações de poder
  jovens indígenas e educação, 125-128
  "microfísica do poder" de Foucault, 111-112
  multiculturalismo, 250-251
Relativismo cultural, 258-259
Revoltas escolares na zona leste de Los Angeles, 146-152, 162, 278-280
Reynolds, Glenn, 61-62
Robbins, B., 266-267
Rodriguez, Abraham, 246
Rodriguez, Richard, 65-66
Roosevelt, Franklin D., 184
Rose, Margaret, 159-160

S
Said, E., 169, 251-252, 260-261
Santos, Boaventura de Sousa, 235-238, 246-247, 256-257
Saro-Wiwa, Ken, 14-15
Schafly, Phyllis, 34
Schein, L, 264-265
Schlesinger, A. M., Jr., 68-69, 248-249
Schools We Need and Why We Don't Have Them (Hirsch), 52, 66
Schunk, Mae, 62-64
Sexismo, 161
Sexualidade
  discursos pós-11 de setembro, 39-40, 168-169
  homossexualidade na escola, 173-176
Shanker, Albert, 64
"Shoyu Kid, The" (Kaneko), 169
Sikkink, K., 264-265
Silva, T. T., 221-223
Sindicalismo acadêmico, 190-191
Slaughter, S., 185-186
Sleeter, C. E., 247-248
Smith, A. F., 260-261

Smith, Mary Lee, 31-32
South Asian Subaltern Studies Collective, 25
Southworth, Scott, 18-19
Spivak, Gayatri, 10, 25-31, 181, 265-266, 279-280, 283-284
Stevens, M., 84-86
Stiglitz, Joseph, 35
Stone, I. F., 184
Structure of Scientific Revolutions, The (Kuhn), 152-153
Subalternos/grupos subalternos
 ativismo social das décadas de 1970 e 1980, 50
 demandas por reconhecimento cultural, 53
 dominação e, 36-38
 Gramsci sobre, 11-14
 movimento *Core* e, 66-67
 mulheres cristãs conservadoras, 83
 novas históricas de, 68-69
 perigos da problematização dos, 274-276
 política de identidade e cultural, 24-28
 política de oposição, 253-254, 277-280
 posicionamento político de, 275-277
 privação de direitos e privilégios, 182
 subclasses trabalhadoras intelectuais, 183, 195-197
 voz dos, 11, 14-16, 25-28
 vozes neoconservadoras, 273-274

T

Takayama, Keita, 20
Teatro do Oprimido, 15-18
Tecnologia
 destradicionalização da sociedade, 83-84
 escolarização em casa e, 84-89, 94-96
 globalização e, 83-84
 intensificação da reflexão social, 83-84
Teoria do espetáculo político, 31-32
Thompson, Tommy, 105-106
Torres, C. A., 247-248
Tovar, Irene, 146-147

Tradição oral, 136-137
Trilling, Lionel, 189-190

U

União de estudantes mexicano-americanos (UMAS), 148-149
Unidade nacional, 49
United Farm Workers of America (UFW), 159-160
Universidades de pesquisa, 188
"Unusual Allies: Elite and Grass-roots Origins of Parental Choice in Milwaukee" (Carl), 104-105

V

Vale-educação, *ver* Afro-americanos e o programa de vale-educação de Milwaukee
Vales, *ver* Afro-americanos e o programa de vale-educação de Milwaukee
Veblen, Thorstein, 183-184
Verdery, K., 252-253
Vergés, F., 256

W

Wallerstein, Immanuel, 251-252
Wallis, Jim, 280-281
Walton Foundation, 66
Walton, John, 66
Weinberg, Steven, 187
What Your K-6 Grader Needs to Know Series (Hirsch), 60-61
White House Forum on Civic Literacy, 66
Wilkins, David, 125
Williams, Polly, 101,105-108
Williams, Raymond, 130-131

Y

Yoshino, K., 174-176
Young Citizens for Community Action (YCCA), 147-148, 153-154, 157-158